U0274213

法庭上的柳叶刀

何兵——著

清華大學出版社
北 京

图书在版编目(CIP)数据

法庭上的柳叶刀 / 何兵著 . -- 北京 : 清华大学出版社 , 2024. 7 (2024. 7 重印). -- ISBN 978-7-302-66500-7

Ⅰ. D925.05

中国国家版本馆 CIP 数据核字第 2024RB3983 号

责任编辑： 刘　晶
封面设计： 徐　超
版式设计： 方加青
责任校对： 王荣静
责任印制： 杨　艳

出版发行： 清华大学出版社
网　　址： https://www.tup.com.cn，https://www.wqxuetang.com
地　　址： 北京清华大学学研大厦 A 座　　**邮　　编：** 100084
社 总 机： 010-83470000　　**邮　　购：** 010-62786544
投稿与读者服务： 010-62776969，c-service@tup.tsinghua.edu.cn
质 量 反 馈： 010-62772015，zhiliang@tup.tsinghua.edu.cn
印 装 者： 北京联兴盛业印刷股份有限公司
经　　销： 全国新华书店
开　　本： 170mm×240mm　　**印　张：** 21.25　　**插　页：** 5　　**字　数：** 379 千字
版　　次： 2024 年 7 月第 1 版　　**印　次：** 2024 年 7 月第 2 次印刷
定　　价： 128.00 元

产品编号：107130-01

作者简介

何兵，1964 年生于安徽巢湖。北京大学法学博士，中国政法大学法学院教授，博士生导师。中国政法大学公共决策研究中心主任，中国案例法学研究会副会长。北京市中闻律师事务所兼职律师。先后在美国哥伦比亚大学、日东东京大学等海外高校做访问学者。

谢留卿案中，与周海洋律师（左一）、胡明律师（右一）在庭上

达尔威公司案的代理律师

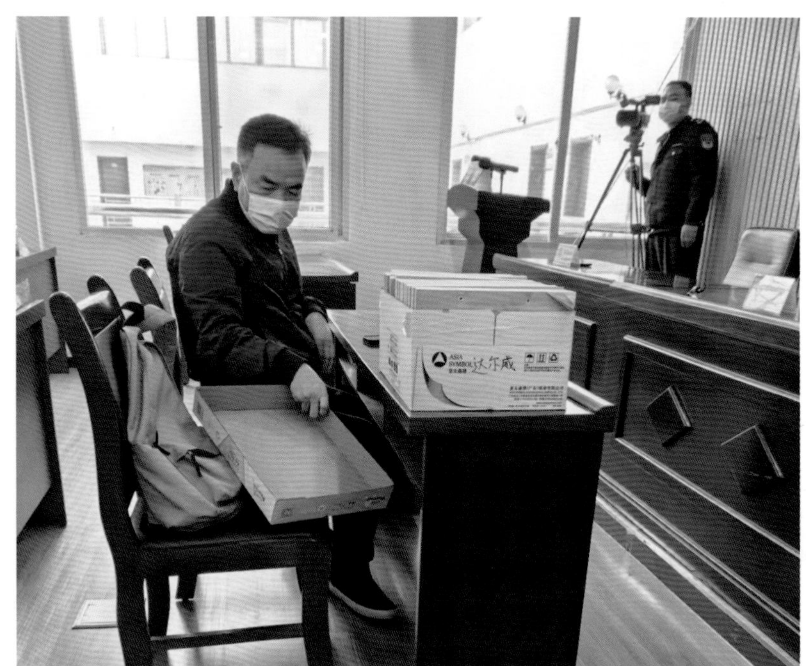

达尔威公司案阅卷

白城浮桥案，再审休庭后

（左起：律师助理唐冬燕，辩护人周海洋、卢义杰、杨帆、杜振强律师）

与易延友教授（中间）及何如（右一）、徐冯彬（左二）、卢义杰（左一）律师在东北办案

张某某案中，与罗翔教授及其他律师在一起

[前排左起：沈亚川、何兵、罗翔、王兴律师；

后排部分律师：张磊（左三）刘金滨（左五）、杜鑫磊（右三）、刘征（右一）]

与周海洋（左二）、李宁志（右一）、杜振强（左一）律师在养殖场取证

与律师助理林义杰下乡取证

董某非法经营案援助律师

（右起：徐冯彬、薛光明、张仿、袁毓菁、姚文乾律师）

吴怡萱律师在竹溪法院开庭

杜华程律师（右）在研究案件

李爱军律师（左）与赵琮律师（右）在检察机关反映情况

序

追求刑辩精细主义

周光权

5月13日，何兵教授发来他的书稿《法庭上的柳叶刀》清样，嘱我写序。开始，我对这样的邀请有点为难，作序不是我的强项。但转念一想，何兵教授为人直率、豪爽，是多年的好友，更何况他作为行政法出身的教授，跨界深耕多年，上下求索，写出了诸多很不错的辩护词，着实值得敬佩，也就不好再推脱。

原本以为序言能够很快写好，但如何切入比较难，加上进入5月份的研究生毕业答辩季，答应何兵教授的事情，便一拖再拖。5月22日，何兵教授发来出版社的终审稿，说“万事俱备，只欠东风”；我回复：“东风不与周郎便！”他有点无语，又等了几天，委婉地进行催促。我自己也觉得很不好意思，勉强写出若干文字，聊表对何兵教授出版新书的祝贺。

虽是书序，但也想表达我的看法：刑事辩护如果想要有前途，必须追求精细主义！自说自话的辩护，吵架式辩护以及其他“各种式”的刑事辩护，都应该消隐。

一

刑事辩护必须走向精细主义，这是来自被告人的期待。

人之为人，已然不易。“人艰不拆”的说法，已经充分说明了这一点。少数人，最后成为被告人，进入人生“至暗时刻”，更是何等凄惨。此时，被告人对律师充满特殊期待：他所聘请的对方所从事的职业极其特殊——能够摆事实、讲道理、判断事态走向，并能够清晰提出建议。

许多律师只会讲自己这一个侧面的道理，对于公诉和判决逻辑完全不予理会，这是不合适的。被告人显然不想聘请一个只能自说自话的律师。自说自话的本领，被告人也能掌握。但是，被告人希望他所聘请的律师能够说服检察官和法官。也就是说，此时的律师，掌握着一套被告人所不具备的方法论，能够进行论证，在后续与检察官的交锋中，能够表达被告人的关切，进行多个回合的类似于网球赛的辩论，从而使得被告人的利益最大化。

我观察，有的律师“斗志昂扬”，似乎坚信“有理就在声高”。这样的律师，在法庭上，除了不讲法律和法理之外，逢山开路，遇水搭桥，其他道理都讲，法庭辩护有沦为吵架的阵势。但是，被告人显然也不想聘请一个只会吵架的人。论证和吵架，肯定不一样。吵架是不需要讲逻辑的，吵架能力和论证说理的能力成反比，吵架能力越强，说理能力越弱。你看看大街上吵架的“赢家”，是靠讲理赢的吗？但是，律师一定要学会理性地论证，一定要用理性的话语，做到平等对话、尊重他人、以理服人。一位优秀的刑辩律师，在展开论证的时候，一定要避免逻辑上的颠三倒四，确保自己的观点言之成理，要有证据支撑，不能只靠臆想；还要准确归纳别人的观点，不能曲解别人的论证，否则会导致自己的论证可信度降低；至于论证时的情绪控制，则包括很多方面，比如不能一听到控方的观点就天然地反对，这会导致对很多问题完全没有办法充分展开讨论。

律师只掌握吵架技巧，不可能使当事人利益最大化。《伊索寓言》里有一篇故事叫《太阳和风》，大意是：来了一个路人，太阳和风打赌说，谁能够把他的衣服给脱下来，谁就厉害。风听了之后，就开始使劲刮。但是，风越刮，那人把衣服裹得越紧。后来，太阳升起来了，那人觉得热，就把衣服脱了，太阳赢了。通过这个故事可以看出，刑辩律师如果想让别人接受、认同某种结论，有时候不需要强制、逼迫对方接受自己的观点，不需要去吵，不需要掀桌子。善于论证，言之成理，让别人自愿接受，比什么都重要。

我知道有的律师也同时办理民事案件，可能会将代理民事的逻辑带入刑事辩护中。说实话，民事代理对论证的要求不是那么高，民事庭审中说到激动处，吵架般地发泄几句，也是可能的。但是，对于刑事辩护律师而言，在论证方面的要求往往更高、更严格，我觉得这可能是刑辩业务独特的地方。处理民事案件或者对民法的适用，很多时候跟生活常识有关联，一件民事案件处理得公平还是不公平，有时候依赖于直觉或一般人的法感觉。尤其像婚姻家庭案件的处理，在适用民法的时候，只要不太偏私，结论不要让老百姓感觉很意外就行。双方律师在庭上吵几句，似乎也基本合理。但是，刑法所涉及的都是生杀予夺的重大问题，律师的任务极其艰巨，要同时说服法官、检察官，谈何容易？有的律师还肩负说服被告人的责任。被告人特别是有的被告人被定罪以后，总觉得自己的行为在法律上没有问题（尤其是传销、非法吸收公众存款等案件的被告人）。这个时候，律师想把道理给被告人讲清楚，就比较困难。这些都说明，仅掌握自说自话的本领，或仅有吵架本事的律师，不能说自己是成功的律师。

二

当下的刑事司法现状，对律师不是那么友好，这是众所周知的事实。刑事辩护在当下要走向精细主义，存在一些现实困难。但是，精细主义的方向是没有问题的，再难也得朝着那个方向走。

比如，在刑法领域，大量存在用对“违法事实”的归纳取代犯罪构成的现象。换言之，会“整词”。通过这种“整词”，减轻了法官、检察官的论证责任。律师无论如何辩护，观点都很难被采纳，从而引发错判。例如，自从“套路贷”这个词被发明以后，很多人认为有套路就是“套路贷”。某省的公检法机关曾经制定了一个认定“套路贷”的裁判标准下发，其中有一条就是“有套路就是套路贷”。这个标准广受批评。虽然放高利贷时可能有点套路，但是，套路如果无关紧要的话，根本就不是“套路贷”，也不是诈骗。很多人买理财、买保险的时候，就会发现，这些业务也是多多少少有点“套路”的，但也没有说大量的保险公司都构成诈骗。有的保险公司故意把保险条款上的字写得那么小，根本就不想让客户把这些字看清楚；条文也列那么多，买个七八十块钱的保险，保险提示条款要好几十页，也可以认为那就是一种“套路”。有套路就是“套路贷”，“套路贷”就是诈骗？但是，诈骗罪的判断极其复杂，诈骗罪是定式犯，有固定的结构。还有一些词，比如“养老诈骗”也是这样。我觉得这些词都很有欺骗性，只是对现象的罗列，很多司法人员经常被这些缺乏说理的词语所欺骗。本书中的第一个案件“谢留卿等诈骗案”的指控和判决中，都有先认定被告人有套路，然后确定其构成诈骗罪的路径依赖。但这是司法缺乏说理和论证的表现。

在这样的司法背景下，要求刑辩精细主义，存在很多困难。但是，很多律师接受了正规的法学教育，掌握了刑法教义学原理，如果坚持和追求精细主义辩护，把那些珍珠般的原理全都串起来进行体系化思考，就能够展示出让法官和检察官都很震撼的辩护要点，让别人觉得你的论证是真的好，想不认同你的观点都很难，那样的辩护才是值得期待的。

三

何兵教授属于刑事辩护领域的“一股清流”。他走的不是自说自话的路子，似乎也基本不在法庭上和别人吵架，他的辩护有相当的技术含量，走的是技术路线。这受益于他常年从事法学教育工作。他的阅读量，视野以及见识，都使得他的论证有底气。他能够讲出教义学上的道理来。当然，遇到一些难题，他也能够虚心向刑法学同仁请教。

当下，有很多辩护，虽然辩护词洋洋洒洒数万字，但走的不是精细主义路线，徒增法官检察官的工作量。例如，遇到一些故意杀人的案件，有的辩护词习惯性地说，被告人童年的经历过于悲惨，患有创伤后的应激障碍，他没有更好的仇恨排遣的渠道，只能够通过杀人这种方式复仇。并且说这种复仇，有着深刻的人性和社会基础，还举了很多历史上复仇的故事，之后，又提到国家法律应当适当吸纳一些民间的正义情感，最后说被告人是一个什么样的人。这个辩护词没有技术含量，文学爱好者都会这一套，无视案件基本事实，用趣闻逸事代替说理，以引证代替论证，不谈实体法和程序法，辩护价值很有限，光凭被告人过去的悲惨经历，没办法说服法官。

何兵教授的辩护词极少煽情，都能够立足于案件基本事实，通过结合证据的论证，建构一套说理体系，所提出的请求也没有超越刑法的规定。他讲刑法学上的道理，不走极端，语言表述温和理性。他收到本书中的辩护词，都是“好词”。我比较看重的是，在他的辩护词所展示的思考逻辑里，都能够先考虑行为、后果等要素，后考虑犯罪故意等主观要素，这跟阶层犯罪论和刑法客观主义的逻辑，其实也是差不多的。他没有用太多的专业术语，但刑法学特别关注的问题，他都有所顾及，这是难能可贵的，也是我把他归入技术流的主要原因。

另外一点，何兵教授在辩护过程中，特别关注是否可能有相反的观点。刑法中好多问题都有相反的观点，律师辩护一定要特别注意别人相反的观点。何兵教授显然注意到了，当他自己赞成一个观点并展开论证时，事实上公诉人可能完全反对他的观点，法官也可能有一套完全相反的观点及论证。此时，自己的论证就要回应对方的关切。这一点，在何兵教授的书中有充分的展示。

何兵教授拿起“柳叶刀”，作了必要的探索，也树立了一个好的榜样。我也期待有更多走技术路线的刑辩律师出现，更期待中国刑事辩护业务早日实现精细主义。

是为序！

2024 年 5 月 30 日于清华园

自序

一、读书还能赚钱的工作

八十年代中期，我在家乡的团县委工作。这是一个清水“衙门”，“一杯茶，一包烟，一张报纸混半天”。坐了三年多的办公室，我看到了生活的尽头——副科，正科，副县。在县城，副县基本上就是天花板了。我那时还是个“上进的青年”，梦想着别样的人生。读书是我的爱好，而钱，又是生活的必须。我想找一份通过读书来赚钱的工作。

一天，在县委大院门口，遇见一个熟人。他告诉我一个消息，国家第二次律师资格考试，三个月后举行。我急切地问，专科可以报考吗？答曰：可以。又问：没学过法律可以吗？答曰：可以。我于是报了名。

买了两本辅导资料，一本考试涉及的法律汇编，复习三个月，竟然考取了。那时候，国家法律少，每部法律的条文也少——可能仅及当今的三分之一，考生何其幸运！法律汇编，总共 100 来页。记得是宪法、刑法、刑事诉讼法、民法通则、民事诉讼法（试行）、经济合同法、婚姻法、继承法，似乎还有一个工矿产品购销条例，然后就没了。今天的考生，面临的法律条文，大约是当年的十倍。他们被法条“压垮”了。

考取律师资格不久，我辞了机关工作，到县法律顾问处，成为专职律师。

二、我的开山师傅

我的开山师傅，姜保贞律师，是我们县的法律元老。解放初，在华东大学江淮分校学习过。1956 年初，他在县法院庭长任上，被组织看中，要求他做律师，他成了我们县第一位律师。1958 年，律师制度被取消，他个人也受到冲击，几年后，才又回到法院。1981 年，国家恢复律师制度，他一个人把“法律顾问处”的牌子，又竖起来。他开庭开到了八十八岁。

我跟他学徒时，他六十来岁。身材不高，腰板笔直，总是笑声朗朗。当年，我们县法院，位处县城最热闹的街面上。每逢开庭，他精神抖擞地行走在街头，一头银发，迎风抖动，是县城一景。我替师傅誊抄了两个多月的起诉书、答辩状，他就带我上庭。那时没有律师实习制度，上了几次庭，他就让我独立办案。我成了年轻的出庭律师。

法律顾问处，是事业单位，有编制，财政发给全额工资外，单位还按照业务量，发放与工资差不多的奖金。我的收入，是机关工作人员的两倍，很丰厚，我很满意——何况当事人还不时地请下酒馆！我们全县，当时只有六名律师。提到自己的职业，底气十足。那时，我感觉很幸福，对未来充满信心。对于常人来说，幸福就是：我过得比你好。

三、不懂法哲学

到了年底，单位要评先进。我师傅说：我看小何不错，就小何吧。另一位老律师，尊敬的闻正权律师，提出了不同看法。他是“文革”前复旦大学科班出身，是我们县的名人，是法律顾问处的另一根台柱子。

他说：小何表现确实不错，但他没有上过法学院，没有经过正规法律训练。他不懂法哲学，将来发展受限。我那时，不仅不懂法哲学，甚至没听说过这个名词。最终，闻律师的女弟子，评上了当年的先进。她是安徽大学法律系毕业的，确实很优秀，我们是好朋友。

能否评上先进，当然是小事，无足萦怀。但闻律师说我不懂法哲学，这个事使我思量几天，似乎又看到了职业的尽头。我于是决意报考研究生。第一年，报考中国政法大学——我现在服务的大学，没考上。第二年，考取了北京大学研究生。我曾经在课堂上，鼓励学生说：人生是难以预料的。我一个学物理的专科生，当年做梦也想不到，有一天，会到中国政法大学教法律。大家将来毕业，人生受挫折时，一定要保持定力。人生是一场慢跑，不要计较一时的得失。

四、你努力吧

我的硕士导师，刘家兴教授，是民事诉讼法专家，我国《民事诉讼法》四位起草专家之一。他是四川人，乡音浓厚而纯正。见面问我的第一句话是：“你是伙兵吧？”

导师的乡音，其他同学听起来费劲，我却一点不吃力，这就是师生缘分？

我的博士生导师，姜明安教授，湖南人，同样乡音纯正。别人很难听懂，我听起来，从不违和。

北大老师，对学生好。一不逼学生做课题，二不逼学生写论文，属于散养。刘家兴老师，每年春节之后，都要请学生到家中做客。他自己说，他在家里，每年请两次客。阳历年，请亲家。阴历年，请学生。我的博士生导师组组长，罗豪才教授，几乎每次上课结束后，都会说，我最近发现一个小馆子不错……

饭后，谈及法治，刘老师说：“你努力吧！”我尊敬的刘家兴教授，作古将近十年了。他是对的，我还在努力。

五、他太可怜了，谁帮帮他？

我的博士生导师，姜明安教授，最大特点是，没有心机。当年的规矩，博士生入学一年多后，必须经过一次中期考核。如果不通过，就要打道回府，听上去骇人。考核前一天，我的同窗何海波——他现在是清华大学法学院教授，是令人尊敬的行政法专家——惴惴不安地问：姜老师，如果中期考核不通过，我们怎么办啊？姜老师一愣，他应该没想到，还有这个选项。他说：这怎么可能？你们不通过，下次就不请这些导师来了。

有一天上课，他评论当时正在进行的、全国广为关注的“北大博士生刘燕文诉北京大学学位案”。他说：“听说刘燕文不懂法律，在法庭净说些没用的。太可怜了，你们谁帮帮他？”本校的教授，在课堂上鼓励自己的学生，代理状告本校案件。这种气度，不知今天尚存否？

何海波教授当年和我一个宿舍，同窗三年。日常看上去，平平静静的。虽然留着一蓬大胡子，但也不吓人，浙江台州人。鲁迅说过，台州人，骨头硬。这何海波，不惹事，但也不怕事，骨头也硬。他约来了刘燕文，中午在宿舍讨论案件。我卧在床上假寐，偶尔插上几点建议。海波说：你就别睡了，起来一起干吧。刘备到卧龙岗上请诸葛，无非如此。我从床上缓缓坐起说：好，一起干。

我回顾这些往事，是因为法律这个行业，有太多的诱惑与杀戮。一不小心，就被猪油蒙了心。我们要不时地回首往事，守护初心。

六、在法庭上修行

北大毕业后，我先后在烟台大学和中国政法大学任教，同时在律师事务所兼职。起初，我对兼职律师并不热心，而是热心于在报纸上开专栏，从法律角度，评论社会事件。先后在《法制日报》《人民法院报》《检察日报》《南方周末》《南方都市报》开设专栏。一时间，颇有点纵横捭阖、意气风发的意思，一如我的同事罗翔教授和赵宏教授今天正在做的。后来对于写文章，我有些心灰意冷。一位我尊敬的领导，曾经问我：你文字很好，怎么不写了？我说，写了那么多，好像也没什么用。

确实，我一再提醒过理论界和实务部门，认罪认罚制度在美国导致严重社会问题，万万要慎之再慎；律师人数不能大跃进，饥饿的律师们，会像成群的蝗虫，吞噬着社会；法院不应站在纠纷解决的前端，而应处于末端，从而大幅度减少法院的案件负担。这些，我都在十年甚至二十年前警告过，然而……

近十年来，我将主要精力投入了法庭。

在天山脚下的乌鲁木齐，办理百商集团恶势力案件时，企业家王某对我说，他们公司的产品，畅销新疆，远销西亚，是乌市最大的民营企业之一，资产近百亿，检察院却要给他量刑 15 ～ 20 年！他确实没有恶行，最后检辩双方各退一步，他被判了 7 年。企业受此重挫，虽然死里逃生，仍在艰难苦熬。

在湖北襄阳，宋玉的家乡宜城，我和罗翔教授以及其他近二十名律师，为了解救襄大集团——当时资产也近百亿，正准备上市——费尽心力。案件胶着之际，我到襄阳的隆中，拜谒诸葛，求赐锦囊妙计。案件最终惊动湖北省的最高领导，检察院撤回了涉黑指控。他被判了 8 年，企业虽然保住了，现在同样在苦熬。

在安徽芜湖，我和周海洋律师作为谢留卿的辩护人，与 100 多名律师并肩作战，豪气干云。检察院指控 63 名被告诈骗，一审判决 42 人无罪。我们不服，认为全案无罪，上诉。检察院不服，提出抗诉。二审芜湖中院，开庭近 50 天，108 位律师披挂上阵，出演了一场现代司法史上最精彩的律政剧。

我们曾十赴大巴山中，解救一对父女；又曾穿越湘西绵绵的群山，解救一位美籍华人。在遥远的海角天涯，在高高的兴安岭，在南方的小街水巷，在东北的莽莽森林……我们倾听着不同的人们，用不同的乡音，诉说着他们的悲哀与忧愁。

我深切地感受到，法律唯有正确实施，才能保护社会，否则会肢解家庭，破坏社会。我确曾救过许多企业和被告，但夜半三更，从脑海里滑过的，偏偏是那些没能救出来的面孔。他们让我惭愧，促我自省。

我把近十年的办案经历，看作是对中国法律的运行进行的社会学意义上的田野调查。我对中国法律，有了更切肤的体验。我在法庭上修行——带着我曾经的学生，如今的伙伴们。

令人欣慰的是，我们在修行的同时，也为国家法律的完善，做出了菲薄的贡献。

我们在谢留卿诈骗案中，就上级检察院异地调派检察官出庭支持公诉制度，向全国人大提请备案审查，认为最高人民检察院制定的相应规则，违背了《人民检察院组织法》。我们的申请理由得到全国人大的认可，从而推动最高人民检察院修改了相应的规则。

在陶苏根职务犯罪案中，我们提出公诉机关不能仅提供价格评估报告，还应当提供价格认定报告的事实依据、过程及方法。这一辩护理由被江苏省高级人民法院采纳，该判决被收入最高人民法院《刑事审判参考》。

在郭礼峰诈骗集团案中，我们认为该案不构成诈骗罪，而构成开设赌场罪。区分两罪的核心是参与人是否陷入错误认识进而处分财物。该理由被安徽省高级人民法院判决采纳，该案例收入人民法院案例库。

在于萌非法持有枪支案中，我们提出不能仅依据枪口比动能一个标准定罪，应结合购买的途径、目的，被告一贯表现等综合认定。这一理由被法院采纳，该案例也被收入人民法院案例库。

在扬州科奇公司非法经营案中，我们提出行政机关的内部文件不能单独作为定罪依据。这一理由在关联案件，上海市闵行区检察院诉卞飞非法经营案中，被法院采纳。该判决被刊登在《最高人民法院公报》。

七、法庭上的柳叶刀

律师接受委托后，究竟以何种方式行事？我最近一直在思量。

近年来，律师队伍盲目扩张，良莠不齐。在合肥中院办理郭礼峰等人诈骗案时，有所亲历。被告想开创一种商业模式，事先咨询律师。律师出具书面意见，认为这是民法上的射幸行为——例如街头的套娃游戏，商场的有奖销售——合法可为。结果，安徽肥西县公安将公司近百名员工，以诈骗罪抓获。

检察院审查起诉时，问被告是否承认诈骗，被告不认。又问被告是否承认开设赌场——相对较轻的罪名，他也不认。他说，我的律师告诉我，我是无罪的。其实，他确实构成开设赌场罪。近百个家庭，因为律师的失误，陷入困境。

开庭前一天晚上，竟然有律师在律师群内，问“谁有案件电子卷宗？”他太不负责了，案卷有几百本，他不看卷就上庭。虽然没看卷，也已成功地劝服自己的被告认罪。开庭质证时，我们详细举证和质证，力证指控不成立。一些律师公然在庭上，背后插刀，说我们在浪费时间。我们一意孤行，最终成功地让二审法院，改了罪，减了刑。

这样的律师，不在少数。在安徽芜湖谢留卿诈骗案中，近十名被告，在律师的劝导下，认罪认罚，结果法院判决被告无罪。这些律师，真丢人。

我在微信上建了一个群，叫“何兵法律工作室”。我对工作室的人说，律师办案，就像医生看病，如履薄冰。除了艺高胆大，还要讲良心。毕竟律师的肩头，寄托着被告的生命和自由，家属的希望和未来。刑事辩护，不让订立风险委托合同。合同签订后，律师究竟付出多少心力，合同和法律难以约束，主要凭律师的良心和职业伦理。

律师的工作，与外科医生十分相像。医生事先要详查病情，研究治疗方案，手术时，要大胆心细，柳叶刀不能有偏差。与医生不同的是，律师不仅要在法庭内抗争，还要在法庭外抗争。其间机会的把握、火候的拿捏，极其重要。医生面对的，是可以控制的物理组织。律师面对的，是难以掌控的形形色色的人和事。

每个人的知识和能力，都是有局限的。为了防止偏差，我们工作室的工作模式是，经常召开案件研讨会，集体研究。研究案件时，我们会把对手的文件，如起诉书和判决书，逐段截取，办案律师们集体逐句逐字研读，从而找出破绽。这是一个非常有挑战性也非常有兴味的过程。研读字句，会从检察官或法官的遣词造句中看出：他们试图隐瞒什么？他们的证据中，缺失什么？证据之间，存在什么不可调和的冲突？他们在事实、法律和逻辑上，有什么漏洞？

我们重要的法律文件，如辩护词、控告信等，律师草拟好以后，由一位助理，逐字逐句地朗读，全体办案律师，共同磋商，集体敲定——我们称为“过会”。为了防止偏差，我还邀请我的同学，一位北大刑法博士，作为工作室的顾问，为我们把关。本书大部分案件，他都全程参与，付出了心血。

本书就是这样出台的辩护词结集，此外还附录了我的几篇有关法律职业的讲话稿和几篇办案札记。张庭案代理词，是一起行政案件的代理意见，不属于刑事辩护词范畴，但鉴于本案涉及重大的法律问题，我一并将其纳入本书。虽然我们一直在努力，但错误和偏差仍然难免。我将这些文字结集出版，一是要完成科研任务，二是真心向同行求教。

需要特别说明的是，“半山亭”部分，早期文章与后期文章的观点，并不完全吻合甚至相悖。这缘于我对法律的认知，发生了变化，大言不惭地说吧，我的思想升华了。历史不容篡改，少作也不容篡改。留下少作，好比留下沙漠上一行一行的足印，透露出旅人的行迹。

清华大学法学院周光权院长，与我相识多年，遇上重大刑事案件，我经常向其请益。今日更承蒙不弃，赐以序文。罗翔教授不仅是我的北大校友和法大同事，而且还是战友。在几起重大刑事案件中，我们曾同台辩护，互为依傍。为避免拙作陷入寂寥，特别隆重推荐。青年作家兼书法家大生（刘蟾），为拙作精心题签，还特为书写贾岛诗作一首，用作书签，为拙作增色。编辑刘晶女士，对拙作精雕细琢，细为筹划。我爱人黄萍女士，几十年来对我工作大力支持，生活上细心照顾。在此一并致谢。

本书中，正文之前，插印数张团队律师办案的照片，作为个人与时代的记录。每一案件的辩护词之前，有案情回顾和办案过程，内文中还有律师的点评。虽然这不是一本讲故事的书，但相信细心的读者，仍然从中可以感受律师们的苦心孤诣，窥见柳叶刀在法庭上翻飞。

二〇二四年四月十六日

安徽　宿州

目录

一起惊动全国人大的诈骗案

——谢留卿案二审辩护词

【案情回顾】

2018年8月15日，安徽省繁昌县人民检察院指控销售收藏品的谢留卿等63人犯诈骗罪，向繁昌县人民法院提起公诉。指控内容为：谢留卿先后成立多家公司，形成犯罪集团，采取虚构事实、隐瞒真相的手段互相配合，以“北京中金收藏”的名义对外销售虚假产品。经过两次开庭，2021年2月1日，繁昌县法院宣告本案42名被告人无罪，对其他被告人判决有罪。这是我国司法史上同时判决无罪人数最多的一份判决。后谢留卿等人不服，提起上诉。同时，繁昌县检察院提出抗诉，称一审判决错误认定事实与适用法律，要求从重判处，芜湖市检察院出庭支持抗诉。

二审期间，安徽省检从全省各地抽调精英检察官，组成11人团队，代表芜湖市检察院出庭支持抗诉。就该抗诉团队组织形式的合法性，我们和其他辩护律师研究后形成书面意见，由部分辩护律师联合署名提请全国人大法工委审议。2022年12月28日，全国人大常委会审审议通过了《全国人民代表大会常务委员会法制工作委员会关于十三届全国人大以来暨2022年备案审查工作情况的报告》，该报告载明：“宪法和有关组织法等法律共同构成检察权行使的法律依据，根据人民检察院组织法有关规定，上级人民检察院可以调用辖区的检察人员办理案件；被调用的检察人员代表办理案件的人民检察院履行出庭支持公诉等各项检察职责的，须经本级人大常委会作出相关任职决定。我们已向有关制定机关提出了研究意见，建议予以考虑。”根据这一审查意见，2023年9月5日最高人民检察院发布《最高人民检察院关于上级人民检察院统一调用辖区的检察人员办理案件若干问题的规定》，对实践乱相进行调整和规范。芜湖市检补充提供了大量证据材料，其支持刑事抗诉意见书调整了原有指控内容：谢留卿为首的犯罪集团，以北京中金鼎盛国际艺术品收藏有限公司（以下简称中金公司）为依托，以非法占有为目的，向被害人虚构涉案“藏品”的稀缺性和流通性，设计并实施包括隐瞒公司经营地点和使用化名、编制并使用销售话术、统一使用北京区号在内的犯罪套路，使被害人陷入错误认识，购买高价藏品。

针对以上抗诉意见，在长达50余日的二审庭审中，我们与其他辩护律师依法据理一一在法庭上予以回应，并形成了本篇辩护意见。截至本书成稿，本案经15次层报延长审限，于2024年5月22日二审宣判，二审法院以“尽管市场上仍有同类产品以相同的价格在销售，部分涉案产品作者具有一定的名气、地位和成就，产品本身具有一定的价值，但与被害人错误认为自己以较低费用获取价值高且具有巨大增值空间的收藏品而交付的钱款难成对价，被害人由此遭受了财产损失”为核心逻辑，推翻一审判决。二审法院认定谢留卿等63人以犯罪集团的形式实施诈骗犯罪，对谢留聊以诈骗罪判处有期徒刑15年，并处罚金1500万元；对刘艳芳等43名被告人以诈骗罪分别判处有期徒刑12年至拘役6个月不等的刑罚，并处罚金；对陈丹等11名犯罪情节轻微的被告人免于刑事处罚；对王梦阁等8名情节显著轻微、危害不大的被告人宣告无罪[安徽省芜湖市中级人民法院，（2021）皖02刑终126号]。

【办案经过】

该案一审第一次开庭后，我介入案件，与周海洋律师共同为第一被告谢留卿做无罪辩护。王兴、张磊、李中伟等多位国内知名律师也加入为其他被告人提供一审辩护。接受委托后，我们提交了大量证据材料，以争取再次开庭。

鉴定机构的结论是决定本案是否构成诈骗的关键性证据，这个证据能否打掉，决定了本案的胜负。我们研究发现，本案的价格鉴定机构不具备鉴定资质，且其越权对产品真伪进行鉴定①，我们立即就其违法行为向行政主管部门正式控告，并督促行政部门办理。2019年5月13日，**该机构被直接撤销**，其作出的鉴定结论成了无本之木，自然不得采信。鉴定机构的上级主管部门，**杭州市价格协会也收到警告处分并被责令整改。在此基础上，案件随后经第二次开庭，取得了一审42人无罪的辩护效果。**

① 在办理涉及价格认定的多起案件中，我发现，常有价格认定机构，对价格认定对象的客观属性错误判断——如价格认定对象真伪、性质、产权情况等。例如，在我参与办理的某起非法采矿案件中，价格认定机构直接将涉案储量报告评估出的基础储量，按照采出的矿产品市场价格进行认定，导致整体犯罪金额畸高；再如，在一起故意毁坏财物案件中，价格认定机构将违建仓房按照产权齐全的房屋进行评估，导致毁财金额畸高。对价格认定的质证，要重视审查这一问题。

2021年12月1日，本案二审在芜湖市中院开庭审理，100余名刑辩律师，从全国各地赶来为本案其他当事人出庭辩护，且几乎全部做无罪辩护。庭审历时52日，直至2022年1月21日才结束。这场旷日持久的庭审，既展现了各位知名刑辩大律师的精彩辩护，也呈现了一位位新锐律师的理想与激情。

在法庭调查阶段，为了清楚呈现我方观点、有针对性地回应检方指控，我与十余位年轻律师一起，就每种案涉藏品制作专门的举证、质证PPT。白天，律师们出席法庭审判，晚上，大家集合庭审情况，就具体内容进行讨论修正。最后，由各位律师轮流按分工进行质证，效果明显。

【辩护意见写作思路】

随着经济发展与人民生活水平的提高，艺术品销售已成时兴行业。但与日用百货不同，艺术品价格本身的主观性极强，还会随着时间流逝与市场行情变动，涨跌捉摸不定。且艺术品销售方式更加依赖宣传与推销，容易陷入违法犯罪的争议。

本辩护意见开篇立论，通过引入国家对艺术品行业的政策方针、介绍中金公司的藏品情况，为中金公司所从事的收藏品销售经营业务正名，也为整篇辩护词奠定基调。随即，辩护意见有针对性地回应抗诉意见，指出谢留卿等人不属于刑事诈骗的犯罪集团，逐一分析中金公司的各类销售行为的合法性，明确稀缺性与流通性并非艺术品的重要属性，并就虚假宣传与虚假艺术品，民事欺诈与刑事诈骗进行界分。最后，我们结合案件情况，强调判决需要情、理、法的统一，得出全案指控不能成立的最终结论。

以下为辩护词选摘。

尊敬的审判长、审判员：

北京市中闻律师事务所接受谢留卿的委托，指派何兵、周海洋担任谢留卿的辩护人，现发表辩护意见如下。

一、中金公司从事的是国家重点扶持的文化产业

【对新兴行业，一份不当的判决，会产生毁灭性影响。辩护词的写作，站位要高、眼光要远、立意要深。开篇，我们从正面论述、介绍国家在法律与政

策上对艺术品销售行业的认可与支持，并介绍案涉藏品的来源与价值，为中金公司所从事的艺术品销售业务正名。紧接着，辩护人结合文化艺术创作产业的新近发展情况，回应出庭检察员将使用现代科技、机械加工艺术品与使用“小作坊”方式生产艺术品视为劣质生产模式的成见。本部分先立后破，为全篇奠定基调。】

（一）中金公司销售的艺术品不仅为国家明确许可，而且是中华民族文化传承和传播的时代精品

习近平总书记在文化传承发展座谈会上指出，党的十八大以来，党中央在领导党和人民群众推进治国理政的实践中把文化建设摆在全局工作的重要位置。……在新的起点上继续推动文化繁荣、建设文化强国、建设中华民族现代文明，是我们在新时代新的文化使命。文化的传承和传播是需要载体的，为落实习近平总书记和党中央文化建设的指示和要求，国家出台多项政策扶持文化产业发展。其中，2014 年 2 月 26 日发布的《国务院关于推进文化创意和设计服务与相关产业融合发展的若干意见》（国发〔2014〕10 号）、2014 年 3 月 20 日发布的《文化部关于贯彻落实〈国务院关于推进文化创意和设计服务与相关产业融合发展的若干意见〉的实施意见》（文产发〔2014〕15 号），要求坚持：“文化传承，科技支撑。依托丰厚文化资源，丰富创意和设计内涵，拓展物质和非物质文化遗产传承利用途径，促进文化遗产资源在与产业和市场的结合中实现传承和可持续发展。加强科技与文化的结合，促进创意和设计产品服务的生产、交易和成果转化，创造具有中国特色的现代新产品，实现文化价值与实用价值的有机统一。”“坚持保护传承和创新发展相结合，促进艺术衍生产品、艺术授权产品的开发生产，加快工艺美术产品、传统手工艺品与现代科技和时代元素融合。”

为落实上述意见，文化部还于 2015 年 12 月 17 日审议通过了《艺术品经营管理办法》，该办法第二条第一款规定：“本办法所称艺术品，是指绘画作品、书法篆刻作品、雕塑雕刻作品、艺术摄影作品、装置艺术作品、工艺美术作品等及上述作品的有限复制品。本办法所称艺术品不包括文物。”中金公司所销售的，正是该条所规定的艺术品。

中金公司销售的艺术品，是广大文化企业、文艺工作者根据新时代新征程的恢宏气象，用情用力讲好中国故事，向世界展现可信、可爱、可敬的中国形象而创作的时代精品。如故宫十大珍宝瓷，是为庆贺故宫博物院建院九十周年，邀请中国古陶瓷工艺美术大师黄云鹏领衔制作的十件皇宫珍宝瓷仿古精品。如 AIIB 合玺，是为庆祝亚洲基础设施投资银行开业这一举世瞩目的国际

盛事，由北京工美集团出品、中国工艺美术大师王希伟创作雕刻的艺术精品。如申奥徽宝，是为庆祝中国成功申办2022年第24届冬奥会，经北京2022年冬季奥林匹克运动会申办组委会授权，由北京工美集团出品，中国工艺美术大师王希伟、2008年北京奥运会徽（中国印）镌刻人李建忠创作的艺术精品。

（二）中金公司从事的艺术品经营业务不仅是国家鼓励的新兴市场增长点，还是传承美、满足社会发展和人民群众美好生活需求的重要载体

《国务院关于推进文化创意和设计服务与相关产业融合发展的若干意见》《文化部关于贯彻落实〈国务院关于推进文化创意和设计服务与相关产业融合发展的若干意见〉的实施意见》都要求通过引进战略资本、实行股份制改造等多种方式，积极培育、开拓文化艺术品的国内和国际市场，要求“加强艺术品市场需求和消费趋势预测研究，促进艺术创作与市场需求对接、与生活结合。推动画廊业健康发展，扶持经纪代理制画廊等市场主体，引导、培育和建设艺术品一级市场。鼓励原创新媒体艺术发展。鼓励开发艺术衍生品和艺术授权产品，培育艺术品市场新增长点”。《文化部“十三五”时期文化产业发展规划》载明：“鼓励开发艺术衍生品和艺术授权产品，培育艺术品市场新增长点。”

中金公司从事的艺术品经营，正是上述意见在市场经营领域的具体体现。如为庆祝2014北京APEC会议胜利举办，宜兴市国礼紫砂艺术研究所特发行中国第一套由汪成琼、范国英创作的“国礼紫砂”纪念壶——2014北京APEC领导人专用紫砂壶《紫东方·太平五壶》典藏版，后为满足海外客户购买需求又增加制作了四五百套。为纪念2016年G20峰会胜利举办，宜兴市国礼紫砂艺术研究所特发行汪成琼、范国英创作的“国礼紫砂——2016年G20峰会官方指定用品《日月同辉》紫砂壶”，后为满足海外客户购买需求又增加制作了2016套。

中金公司从事的艺术品经营业务不仅是国家鼓励的新兴市场增长点，还是传承美、满足社会发展和人民群众美好生活需求的重要载体。2021年4月19日，习近平总书记考察清华大学时强调，要“发挥美术在服务经济社会发展中的重要作用，把更多美术元素、艺术元素应用到城乡规划建设中”，“把美术成果更好地服务于人民群众的高品质生活需求”。

实际上，芜湖市也正在把美术元素、艺术元素应用到城乡规划建设中。以芜湖神山公园为例，该公园布满现代化雕塑，充分体现了把美术元素运用到城市更新中的重要命题。芜湖市还把美术成果服务于人民群众的高品质生活需求。如芜湖市某民宿将类似于本案的画作，一幅山水画放置于主卧室中央，这

幅画在该民宿的装饰中起到了升华、点睛的作用。我们的国家曾经很贫穷，在党的带领下我们日益富裕、富强，我们必须思考什么样的生活是我们应当追求的。是让人民群众的物质欲望不断地增长，还是将人民群众的消费导向更高层次的文化领域？如果我们贪图更大的房屋，贪图更豪华的车辆，必然会消耗更多的资源，破坏更多的环境。国家对这个问题的回答具有战略意义，国家政策正把人民群众的消费逐步向文化生活和精神生活的富足方向引导。

中金公司从事的是发现、表达和创造美的行业。物品的价值与美不仅需要发现和表达，还需要创造。普通人去黄河后会非常感慨却不会表达，我们可能说："哎呀，黄河真壮观。"普通人到芜湖看长江感觉"长江真宽阔，真长"。同样的景象由李白表达则截然不同："黄河之水天上来，奔流到海不复回。"李白的两句诗，描绘出黄河一泻千里的气势，培养了人民对祖国的热爱。同样是长江，在《三国演义》里是："滚滚长江东逝水，浪花淘尽英雄。"在苏东坡口中则更具历史之恢宏："大江东去，浪淘尽，千古风流人物，故垒西边，人道是，三国周郎赤壁。"这些诗词瞬时把我们祖国的壮美江山和恢宏历史紧密地糅合起来，赤壁也因此出名，成为著名旅游景点。上述情形，也从侧面反映出文化建设是民族凝聚力的核心，是建立国家和民族文化自信的重要手段和方法。

（三）艺术品创作必须结合时代元素，包括利用时代科技

任何时代的艺术创作，都体现了时代特色。《国务院关于推进文化创意和设计服务与相关产业融合发展的若干意见》就要求："坚持保护传承和创新发展相结合，促进艺术衍生产品、艺术授权产品的开发生产，加快工艺美术产品、传统手工艺品与现代科技和时代元素融合。"《文化部关于贯彻落实〈国务院关于推进文化创意和设计服务与相关产业融合发展的若干意见〉的实施意见》载明："支持多种艺术形式、艺术风格、艺术流派创新发展，鼓励创作更多思想性艺术性观赏性俱佳的艺术品。加强艺术品市场需求和消费趋势预测研究，促进艺术创作与市场需求对接、与生活结合。"

因此，文化艺术创作和产业的发展，要将传统手工艺和现代科学技术元素结合起来。这其实回答了出庭检察员提出的部分艺术品的创作、制作中，存在一些程序、环节使用现代科技、机械的情况。这实际是科技发展、时代进步的必然，不能由此简单地推定相关工艺品因此而不具有价值。今天看来古老、传统的文物、老物件，在当年都具有现代性。比如青铜器，在西周它代表最先进的技术，后世也是通过商周时期的青铜器，才了解到那个时期中华文明相较于

其他文明的先进性。现代人创作文艺品结合了AI技术进行设计，使用新材料、添加新内容，若干年以后，后人会发现那段时期的中国已经把AI技术应用到了艺术品生产。就案涉艺术品而言，如中国工艺美术大师王希伟等人所说，现在玉雕都是人机结合，没有单纯的全部的人工。北京工美关于2022年《冬奥徽宝》的官方宣传，也充分证实确实如此。汪成琼也明确说虽然成型时借助了模具，但案涉的紫砂壶都是手工制作的。所以，具体的工艺品一定是时代的，不仅表现时代的影像，而且具有时代的科技烙印。

（四）大师工作室的“作坊模式”为国家所提倡，不是伪劣的代名词

出庭检察员认为案涉的许多工艺品是大师工作室制作，是“小作坊”出来的，因而不具有价值和收藏价值，即大师工作室制作就是伪劣的代名词。这种观点是错误的。

大师工作室的“作坊模式”，是国家重点鼓励和扶持的。《文化部关于贯彻落实〈国务院关于推进文化创意和设计服务与相关产业融合发展的若干意见〉的实施意见》提出：“培育具有地方特色的小微文化企业和个人工作室，支持文化创意和设计服务企业向专、精、特、新发展，重点培育一批具有较强创意创新能力和发展潜力的中小微文化企业。”文化部下设的紫砂研究中心的运行实体，实际上就是汪成琼大师的工作团队。中国工艺美术大师王希伟，也有自己的工作室并对外承接业务。张铁成大师也有自己的工作室，并长期与北京工美合作。案涉的许多白玉玉玺，就是其工作室承接并由张铁成大师亲自雕刻的。

艺术的传承，一般都是师傅带徒弟，或者说需要大师带助理。对此，上述实施意见载明：“鼓励依托工作室、文化名人、艺术大师，培养具有较强创意创新能力和国际视野的文化创意和设计服务人才。”一些复杂的工艺、程序，也需要艺术家相互之间的配合。师傅带徒弟，或者说大师带助理是从古至今普遍存在的工作模式，是再正常不过的合作模式。如锦绣前程珐琅彩圆盘制作大师熊建军在证言中明确说：“是我领衔制作，意思是我本人做设计创意，产品用料、烧制、加工等，我亲自把关，必须要严格按照我的标准制作，但是不可能每道工序都是我本人亲手制作，这款锦绣前程珐琅彩大圆盘也是我们制作团队制作的，我们团队有好几十人。”

客观地说，大师工作室团队协作，往往比大师一人工作更易创作出优秀作品。如本案的辩护，案件卷宗数百本，电子数据有5T，辩护人在举证阶段举示了约80套PPT。如果让一位辩护人制作，工作量大，也难以保证PPT的质

量。与熊建军相同，辩护人也是与助理合作，辩护人预先设定PPT内容的大类、范围与具体格式等，然后让助理按照该设计方案工作；助理完工后，辩护人逐一审查、核对并修改。这种合作提升了整个辩护工作的质量，这就是工作室制作的必要性。再以法律检索为例，我国法律发展迅速，法律法规、判例不断更新，年轻人相较中老年人接受新法更快，运用新技术的检索能力更强。所以与助理的合作，不是单向的指令式合作，而是教学相长。所以，绝不要认为工作室模式下的年轻人能力不行。青出于蓝而胜于蓝，如果我们对年轻人不抱有希望，我们对未来的希望又从何而来？

安徽省也认可并支持大师工作室的模式。《安徽省传统工艺美术保护和发展办法》第二十六条规定："鼓励工艺美术大师创办企业或者建立个人工作室。工艺美术大师创办企业或者建立个人工作室的，享受国家和省有关促进中小企业发展的优惠政策。工艺美术大师有工作单位的，其所在单位应当为工艺美术大师设立大师工作室，并为其到大专院校进修和参加国内外交流活动提供便利条件。"

再如河南省镇平县，系中国玉器之乡，玉文化、包括玉雕在内的玉产业是其走向全国、世界的名片。河南省政府官网2011年发布："南阳市共有16位中国玉雕大师，占全国总数10%……南阳市此次入选的6位设计师，都是从镇平这片玉雕沃土中成长出来的优秀人才。"包括北京工美在内的全国大部分玉雕工艺品，都出自镇平。所以，检察员认为镇平是河南的一个县，怎么可能出好的玉雕人才、玉雕技术等观点，都是缺乏了解和常识的偏见，是错误的。

安徽芜湖的繁昌窑历史上也曾闻名海内外，也曾与景德镇窑一时瑜亮，但景德镇的陶瓷品生产已是当地的支柱性产业，而繁昌窑当下只能作为文物遗迹，进行旅游开发。这种巨大的发展变化，也充分说明只有在先进的理念之下，方有科学的战略决策，才能有发展。

二、谢留卿明令禁止违规销售，运营公司非为实施犯罪，不构成犯罪集团

【"一个苹果上有一个黑点，把那一黑点挖去即可，不能说它就是个黑苹果或烂苹果。"经营发展中的企业，难以避免出现违法违规现象。企业出现少量且情节轻微的违法违规行为，不宜动辄用刑法进行毁灭性打击。这不利于民营经济的发展，也不利于营商环境的保护。在本部分，我们从企业的成立初衷、企业日常经营制度如售后制度，以及企业对违法行为的既往处置态度等多方面出发，针对犯罪集团的构成要件，论证中金公司并非谢留卿为实施犯罪而成立

的犯罪集团。强调不能因企业运营中出现的个别违法行为，对企业的正常经营通盘否定。】

（一）原审 63 名被告人并非为共同实施犯罪而聚集，也无犯罪集团的组织约束

根据《刑法》第二十六条第二款的规定，犯罪集团是指三人以上为共同实施犯罪而组成的较为固定的犯罪组织。犯罪集团作为共同犯罪的一种形式，不仅要有共同的犯罪故意和犯罪行为，还要有集团这一组织对成员的控制，即成员加入后，组织轻易不让成员脱离。具体到本案，如构成犯罪集团，则谢留卿是为实施诈骗犯罪而成立公司，员工是为实施诈骗犯罪而到该公司工作，且不能随意离职。

谢留卿一贯守法经营，自 2007 年成立北京中金公司，其一直依托北京中金公司对外经营艺术品。通过裁判文书网的检索可见，自 2007 年成立以来，中金系公司没有买卖合同纠纷，行政处罚或涉嫌犯罪，谢留卿不是为了实施犯罪而设立公司。案发时中金公司在职员工 284 人，10% 左右是亲友推荐，90% 左右是市场招聘，这些员工也不是为了实施诈骗犯罪而加入中金公司。而且，所有的中金公司员工，均可以自由加入或离职。本案除谢留卿之外的其他 62 名原审被告人，均可以随时自愿退出，中金公司不存在限制员工离职的情况，更不存在因担心员工掌握了所谓犯罪秘密而限制其离职的情况。这显然不符合犯罪集团对其成员控制的天然属性。

对此，《刑事审判参考》第 413 号练永伟等贩卖毒品案，就犯罪集团的组织控制进行了描述：“犯罪集团内部都具有较强的组织性和一定的稳定性……从此可以看出，其他被告人不愿实施犯罪行为是可以自愿退出的，练永明对其他犯罪分子并无突出的控制和领导作用，内部约束并不严格，该团伙的组织程度较低……因此，本案不能认定为犯罪集团，认定为一般共同犯罪更为恰当。”根据该案的裁判要旨，检察机关关于原审 63 名被告人构成犯罪集团的指控，显然是错误的，本案不构成集团犯罪。

中金公司所销艺术品数量以万计，被指控涉嫌诈骗的艺术品占比极小。借用罗翔教授的比喻，一个苹果上有一个黑点，把那一黑点挖去即可，不能说它就是个黑苹果或烂苹果。和中金公司庞大的销售总量相比，案涉争议至多相当于苹果上有个“黑点”，而不能指控中金公司就是个“黑苹果”“烂苹果”，更不能指控原审 63 名被告人就是犯罪集团。

本案的被害人，约半数参加现场展会后购买产品，基本都有收藏经验，79% 不是老人，其中年龄以 45 岁至 55 岁为主。在收藏领域中，不但需要有一定的经验和知识，而且需要一定的经济基础。所以，支持抗诉意见书关于谢留卿等人“利用中老年人没有收藏知识，又希望通过收藏增加家庭收入的心理”的指控，显然与事实不符。否则，按照检察机关的指控逻辑，中金公司的产品只能卖给青少年。可是一旦卖给青少年，又可能涉嫌利用青少年没有收藏知识经验、没有经济能力实施犯罪。因此，检察机关是以假想的逻辑和无法证成的结论作为前提，自行给中金公司设置义务，实为强人所难。

控方为了证明中金公司诈骗犯罪的社会危害性，举例强调了几位被害人，但庭审已经查明该几名被害人的情况都与检察机关所述不一致。如被害人肖某，媒体报道过，检察机关也多次强调他被骗得太惨了，但实际情况恰恰相反。肖某的生活简直可以用奢靡来形容，让人大跌眼镜。再如检察机关称被害人“农民郭某”因被骗负债累累，生活悲惨，但电子证据显示郭某在出席现场发布会时，身着羊绒大衣，皮鞋锃亮，手上戴着黄灿灿的金戒指。更为重要的，郭某在中金公司仅购买了 27 万元的物品，却声称被骗 100 余万元，谁在诈骗？

（二）谢留卿明令禁止违规销售

2018 年 11 月印发的《中央企业合规管理指引（试行）》第四章对央企的合规管理运行进行了规定，要求的合规管理包括建立健全合规管理制度、建立合规风险识别预警机制、建立健全合规审查机制、完善违规行为处罚机制、开展合规管理评估等。与适用于中央企业的该指引相比对，谢留卿作为民营企业的老板，其在公司经营中制定、落实的管理制度，证明谢留卿已完成对公司的合规管理，完全尽到了公司合规管理的责任；其不仅主观上没有指挥或纵容员工诈骗的故意，客观上也一直坚持从公司管理层面禁止员工实施违法违规的销售行为。

2012—2017 年，中金公司先后 14 次明文禁止违规销售。早在 2012 年 11 月，谢留卿就在公司发布通知，要求客服不得编造升值案例、不得承诺艺术品升值、不允许采取冒充拍卖行的方式进行销售。此后，谢留卿分别在 2013 年 6 月、2013 年 8 月、2013 年 12 月、2014 年 3 月、2015 年 4 月、2015 年 8 月、2016 年 5 月、2016 年 8 月、2016 年 9 月、2017 年 4 月多次以发布通知或员工手册的方式，禁止客服人员违规销售。检察机关指控的涉嫌诈骗行为，均是谢留卿再三禁止的，也都可以在上述文件里找到相应的规定。上述通知不仅在员工大会公开宣布，还张贴于公司办公室等多处醒目位置。检察机关认为中金公司的规章制度形同虚设，均系故意掩饰犯罪的指控，显然与事实不符。

谢留卿还逐步完善多项制度以避免违规销售。如中金公司通过在收藏票背面印刷客户须知的方式提示买家：公司不允许客服采取违规销售的方式进行推销，请客户不要相信客服的违规承诺。又如实施质检制度，要求质检部采取录音抽检的方式或直接回访客户，检查客服是否有违规销售行为。再如制定核单制度，要求在核单时与买家确认是否有承诺回购或冒充拍卖行等违规销售行为。在公司组织召开的员工大会上，谢留卿也反复强调客服应当合规销售。谢留卿不仅制定上述制度，并要求公司严格执行，如不仅通报处罚违规销售的客服人员，还让小组长、总监承担连带责任，以此督促总监落实公司禁止违规销售的制度。质检回访表中数以千计的回访记录，证明回访是真实存在、有效运行的，回访表中载明的回访反馈，证明购买后所谓“被害人”都回答“没有问题”，包括出庭被害人吴某贞。法庭调查阶段也显示，吴某贞当时接受了中金公司的换货，后未对公司就艺术品有其他任何主张，当时连民事纠纷都不存在。

即便从常识常理出发考量，谢留卿和公司层面也不可能鼓励承诺回购、冒充拍卖行等违规销售手段。因为无论客服使用了哪一种手段，都很有可能导致客户直接寻求公司兑现。如承诺回购后，客户若有意向，必然会向公司要求回购。违规销售行为一旦被鼓励，这样的客户也会越来越多，这将导致公司和老板谢留卿本人面临巨大的售后压力。更何况此类违规销售手段几乎是“一次性”的，一次兑现不了，必然导致客户减少对中金公司的信任。久而久之，中金公司也会失去越来越多的稳定客户。而中金公司的藏品均可以通过合法合规的手段推销销售，谢留卿和公司层面绝对不会为了一时的销售额而承担失去客户、客户大规模要求售后等压力和风险。

（三）即使上游厂商虚假宣传，因中金公司已满足艺术品经营法定尽职调查标准，也不应受到归责

检察机关认为中金公司仅查看案涉工艺品的授权证书或其他证书，没有真实、全面掌握案涉工艺品的出品方、工艺或大师等的详细情况。但是，《艺术品经营管理办法》第十条规定：“艺术品经营单位应买受人要求，应当对买受人购买的艺术品进行尽职调查，提供以下证明材料之一：（一）艺术品创作者本人认可或者出具的原创证明文件；（二）第三方鉴定评估机构出具的证明文件；（三）其他能够证明或者追溯艺术品来源的证明文件。”根据该规定，中金公司

仅需查看上述证明材料之一，即已完成了全部的尽职调查义务。本案中，中金公司销售的工艺品，都有相关的出品证书、创作证书、品鉴证书、鉴定证书等，相关证书的提供者均认可证书的内容，更有部分创作者拍摄视频以证明其创造的真实性。因此，谢留卿在经营中金公司时，已经履行了法定的尽职调查义务，检察机关要求谢留卿必须时刻在创作、制作现场监督的说法，没有法律依据，也是不可能实现且违反常识和常理的。

综上，中金公司有着严格的管理制度，谢留卿也一向要求员工严格遵守，违者必罚。虽然个别员工的个别销售行为存在有失诚信的现象，涉嫌违法违规，但不能据此就认为所有的销售行为都是违法违规的，认为公司老板谢留卿故意让员工实施诈骗犯罪，进而指控原审 63 人构成诈骗罪。所以，绝不能因中金公司个别员工偶尔的不规范销售行为，就以点带面、以偏概全地否定中金公司所有的合法经营行为。否则，按照现在的指控逻辑，没有几家公司能禁得住这样的审查，那只有一个后果——家家扶得罪人归。

三、被指控的行为不是诈骗行为

【在刑事案件办理中，公诉机关的首要职责是严把案件审查关，通过对证据材料的依法审查，实现对侦查行为的监督，从而依法公正办理案件。但实践中，部分公诉人认为“国家不能输”，对案件中存在的明显、重大的问题视而不见，曲解案件事实，为了公诉而公诉。本案中，部分出庭检察员“为赋新词强说愁”，将企业的一些正常、正当的经营行为，包装成了诈骗手段。如部分员工在电话或网络销售时不使用本名而用化名，就被列成诈骗犯罪手段。这其实是非常常见的网络销售方式，在京东、淘宝等网络销售平台上，几乎没有哪家客服人员使用真名与客户交流，使用化名是常态。如此化名行为也被指控为诈骗手段，明显违背了人民群众的日常生活常识。在本部分，辩护人将结合法律法规与常理常识，对这些指控的所谓诈骗手段一一回应。】

（一）涉案艺术品具有投资价值、投资属性

检察机关指控：原审被告谢留卿等 63 人对涉案“藏品”进行虚假包装，营造“藏品”珍贵稀缺、流通性强，能够保值增值的假象。该指控强调涉案艺术品不具有投资价值，中金公司员工销售时宣传艺术品具有投资价值的行为，构成诈骗。我们认为这一观点完全不能成立，涉案艺术品具有投资价值和投资属性。

“以艺术品为标的物的投资经营活动及服务”，是文化部颁布的《艺术品经

营管理办法》第二条明确规定的内容。文化部文化市场司《2014中国艺术品市场年度报告》也载明:“艺术品和股票、房地产投资被并列为全球三大投资品类，相对于股票和房地产而言，艺术品投资低风险、高利润的特点具有更大的吸引力。”这证明，作为中央主管部门，文化部也承认工艺品具有投资价值和投资属性，中金公司关于投资价值的宣传，并无不当。客观分析中国现在和未来的民间投资选择，会发现艺术品投资确属低风险、高利润。以房产投资为对比，现在投资房产不仅将来有可能交房产税，30年后，房子还会产生大额折旧，成为“老破小”，如由子女继承还可能要缴纳遗产税，随着中国人口总量出现下降，房地产投资的时代基本已成为过去式。

文化部2012年《艺术品市场法规制度汇编及鉴藏投资指引》载明:“艺术品不像工业产品那样具有实用功能，主要是为了满足人们的精神需要。一些像瓷器、家具等类型的古代艺术品在当时可能具有实用功能，但现在更多的被用于研究、欣赏、收藏和投资……随着时代的推移，艺术品的投资价值也越来越受到关注，越来越多的人希望通过投资、买入艺术品来获取未来增值。”本案的少数被害人如吴某贞，出现经济或者生活困难，主要是因为自己没有经济实力，却又喜欢收藏，借高利贷投资想短期赚取“快钱”。这种想法和行为，违背了艺术品投资的基本规律，不论是炒房、炒股还是艺术品投资，用高杠杆来寻求迅速盈利都不可取。

（二）中金公司没有虚构公司主体，客户都能找到中金公司

检察机关指控：中金公司有的员工使用化名、客服人员在郑州上班却对客户说公司是北京中金、手机实名制统一使用北京地区电话号码等行为，是以北京中金鼎盛国际艺术品收藏有限公司为依托，设计并实施隐蔽复杂的诈骗犯罪套路。但在案证据证明检察机关的这一指控不成立。

中金公司确实存在少数员工使用化名的情况，但这不是中金公司的统一要求，主要是有的客服人员嫌自己的名字不好听，不好记，给自己起了个好听、好记的名字，有的就是自己的小名，还有的客服人员是为了方便联系客户沿用了原客服人员的名字。而且，手机实名制，也决定了如果真的实施违法犯罪行为，有权部门只要查询对应的手机号码，就可查找到客服的真实身份，也不可能如检察机关所说的是借此逃避打击。同时，《消费者权益保护法》第二十一条规定:“经营者应当标明其真实名称和标记。租赁他人柜台或者场地的经营者，应当标明其真实名称和标记”。即标明真实名称是经营者的法定义务，但

不是销售客服人员的法定义务。检察机关当庭播放的客服不愿说出北京办公地点的销售录音，明显是有的客户在骚扰客服人员，这也和一些原审被告人当庭所说的为什么不愿意告诉客户真实姓名的理由相印证。这种情况，在商业活动中也较为常见，即只闻工号不知姓名，也很少有人问客服人员的真实姓名。

河南郑州的中金公司，是北京中金公司在郑州设立的分公司，从公司法角度讲，客服人员自称是北京中金公司的员工没有任何法律障碍。而且，中金公司的客服在销售时，首先都要介绍自己是中金公司的某某某，给客户邮寄的画册、推送的公司公众号等，都有北京中金公司的网址、400 电话、统一社会信用代码等，工商查询也可以查询到北京中金公司的注册地址，许多客户也到北京中金公司参加现场发布会。中金公司投放的电视广告，也有公司的上述信息。

更为重要的是，中金公司的市场部员工上门送货时，都带着身份证和员工卡，员工卡上也载明北京中金公司、公司联系方式等内容；客户签收的收藏票，也载明中金收藏。因此，即使少数客服人员使用化名，即使客服人员在郑州办公，这都不能改变也掩饰不了北京中金公司是市场行为主体的事实，谢留卿等人没有虚构公司主体，所有的客户也都能找到中金公司。检察机关的指控，实际是该机关自己给中金公司设定、强加一些法律义务。检察机关的这一行为，既没有法律依据，也没有事实基础，是错误的。

（三）检察机关指控的“隐瞒公司真实情况”行为，不会使买家丧失民事救济可能，不构成诈骗

检察机关还指控“中金公司不以中金鼎盛公司的名义与员工签订劳动合同，公司纳税极不正常”，“不使用对公账户接受被害人钱款，不以公司的名义向被害人开具发票”等行为，并将这些行为都视为“隐瞒公司真实情况”，都是诈骗。客观说，上述行为确有一些涉嫌违法违规，但违反的是公司行政管理、财务管理方面的制度规范，不影响客户向中金公司主张权利，寻求救济，更不涉嫌诈骗犯罪。

北京中金公司在河南郑州设立分公司，将客服等部门放在郑州分公司，将退货、艺术品发布、展厅等放在北京总公司经营，完全符合《公司法》的规定。更何况对外都统一称北京中金公司，责任承担也是北京中金公司，完全合法，公司客户向北京中金公司寻求民事救济均没有任何障碍。虽然中金公司在销售中，偶尔存在不以中金公司名义向客户出具发票的情况，但这不影响客户向中金公司寻求救济。因为中金公司销售的每一件艺术品，都配有记载销售金

额及艺术品名称或品类的中金公司收藏票。买家持该收藏票即可向中金公司主张权利，寻求救济。更何况，在法律上，发票也并非唯一证明买卖合同成立的证据。对此，《关于审理买卖合同纠纷案件适用法律问题的解释》第一条第一款规定："当事人之间没有书面合同，一方以送货单、收货单、结算单、发票等主张存在买卖合同关系的，人民法院应当结合当事人之间的交易方式、交易习惯以及其他相关证据，对买卖合同是否成立作出认定。"

至于纳税是否正常，是否使用对公账户收款等，中金公司一直正常给员工缴纳社保，向税务机关缴纳税款，也从未否认收到客户钱款。检察机关将这些认定为套路诈骗的内容，显然是欲加之罪。检察机关在拼凑上述指控内容的时候，完全回避、否定了中金公司给客户"无理由退货"的客观实际。中金公司虽然从未承诺"无理由退货"，但实际上一直在这样做，特别是部分自称家庭困难等的问题客户，在不影响二次销售的情况下，都会予以全额退款。这实际上远远超出了《消费者权益保护法》等法律的要求。

（四）个别员工承诺回购属无权代理，不能归责于谢留卿或中金公司

中金公司明令禁止客服承诺回购，个别员工承诺回购系无权代理，与谢留卿及中金公司无关。如 2014 年 9 月 15 日《关于对客服一部甜甜、杨萌的通报批评》载明："公司不允许员工私自承诺高价回收客户所购买的藏品。"

严格意义上，如果中金公司承诺回购，也属于民事对赌，本身并不违法。如承诺回购而中金公司又不回购，仅构成民事违约。只有中金在承诺时已不打算、也不可能回购，比如承诺时无任何还款能力，同时满足其他犯罪构成要件时，才涉嫌合同诈骗，而非一般诈骗。因为，员工承诺回购系代表中金承诺回购，而非员工个人回购，此时仅能认定为单位合同诈骗。更关键的是，依据《民法典》第一百七十一条，行为人没有代理权，未经被代理人追认的，对被代理人中金公司不发生任何效力。

（五）对涉案艺术品未来价值的预测，不构成诈骗；实际损失和投资风险有实质区别

检察机关指控中金公司客服在销售时，说案涉艺术品在未来会升值，有很大的升值空间，从而导致被害人产生短期内获取高额投资回报的错误认识。但是，诈骗罪中的虚构事实不包括对将来或然事实的预测，检察机关此项指控不成立。

《刑事审判参考》113 辑第 1238 号指导案例载明：诈骗罪中的虚构事实不

包括对将来事实的预测。“诈骗罪中的虚构事实是虚构与客观事实相反的事实，并不包括行为人不能控制，存在或然性、对将来事实的预测。如售楼员以房子会增值为由，说服客户投资房产，即使售楼员内心认为房子并不会增值，也不能认为其虚构事实。客户因此买了房子亏损，也不能认为售楼员构成诈骗罪。”根据该指导案例的裁判要旨，中金客服以艺术品会增值为由劝说服客户购买的行为，也不构成诈骗罪。

检察机关指控中的“损失”，不是被害人被诈骗的财产损失，实际是投资风险承担问题。本案中，被害人是因为听侦查人员说购买的艺术品是假的，才认为自己被诈骗了。到目前为止，有的被害人仍不愿意将购买的艺术品交给办案机关，有的只交了部分。典型的如被害人马某亮，一直拒绝将其购买的张介宇大师的画作《胡杨礼赞》交给办案机关。一边说被诈骗，一边拒绝交出购买的艺术品，一边又说是因为侦查人员告知其购买了假货，才觉得被诈骗。但所有的艺术品，都是货真价实。因此，本案被害人实际上不存在所谓的诈骗罪下的财产损失。对投资风险的承担，可以参考近几年多发的一类现象：客户在开发商处听信可能升值的宣传，购买房产或车库，后来价格下跌了。结果，业主们组织起来起诉，主张开发商欺诈消费者、虚假营销等，法院如何对待这种诉请呢？大连高新技术产业园区人民法院（2019）辽 0293 民初 1386 号裁判文书载明:“虽然原告购买的地下车位在较短的时间内出现了降价的情况。但在市场经济环境下，商品价格的波动应属于平常人可以理解并应预见的范畴，属于可以预见的商业风险，不能以此认定是协议订立时的客观环境发生了无法预见到的变化。”可见，本案这些所谓的受害人即使到民事法庭打官司都难以胜诉。

价值判断源于人的主观认识，因人而异。对艺术品未来价值的判断，更是如此。这也正是诈骗罪不处罚对未来事实的预测的根本原因所在，本案也应如此。

（六）刑法的不当介入，反而会损害客户权益，是强制要求中金公司担保投资升值

如认定本案系通过销售艺术品进行诈骗，会导致所谓被害人利益受损，也会使得投资行为再无栖身之地。根据《刑法》第六十四条之规定，供犯罪所用的本人财物，应当予以没收。检察机关指控谢留卿等人通过销售涉案艺术品进行诈骗，是将涉案艺术品认定为犯罪工具，如人民法院认定谢留卿的行为构成诈骗，则必须依法没收涉案艺术品。

无论是检察机关指控，还是一审认定的涉案艺术品，价值均已上涨。如

指控的“一带一路”和玺，中金公司销售价为碧玉版 15 640 元、青玉典藏版 2 380 元、青玉至尊版 9 980 元。但辩方 2018 年向北京工美集团购买的相同产品的价格显示，三类产品的销售价格全部上涨：碧玉版 25 800 元、青玉典藏版 3 980 元、青玉至尊版 15 800 元，上涨幅度分别为 65%、67%、58%。再如一审认定的抗战徽宝青白玉版，中金公司销售价格为 9 800 元，2018 年北京工美集团售价为 29 800 元，上涨幅度高达 204%。如果法院认定本案构成犯罪，则必然导致被害人利益受损。诈骗犯罪，一定是导致被骗人利益受损的行为，刑法的目的之一，是修补这一受损的状态。但本案中，谢留卿等人的销售行为导致被害人的财产整体增加，被害人利益并未受损，反而是刑法介入后认定销售行为构成犯罪，才会导致被害人财产受损。这显然不符合刑法的目的。

此外，若认定销售升值的艺术品不构成诈骗，而销售未升值的艺术品属于诈骗，其背后的定罪逻辑，则是要求中金公司销售艺术品时必须对艺术品的升值情况进行担保。刑法的这种不当介入，是司法机关意图彻底消灭民事行为中的风险，强制购买方必须获益，彻底否定投资市场中的“风险自担”原则，将使得投资行业再无栖身之地。

四、谢留卿等人不具有非法占有目的

【经仔细审查中金公司的经营情况，我们发现，谢留卿等没有非法占有的主观目的。在案证据充分证明，案涉藏品有明确的出品方和来源；出品方规定了全国统一的市场销售价，谢留卿等人按出品方规定的市场销售价进行销售，没有虚高价格。同时，宣传推广艺术家是艺术品经营行业的惯例。大家之作，如没有任何宣传，也可能一文不值。允许宣传的适当溢美，是合理且符合艺术品市场规律的。此外，谢留卿等采用有效的退货制度，退货流程完善，对客户的保障程度高于法定标准，充分保障了客户退货返款的权利。】

（一）涉案主要艺术品系上游厂家统一定价

检察机关指控中金公司构成诈骗的一个重要理由，是中金公司进货价较低，但市场销售价相对较高。然而，中金公司销售的艺术品，不仅有明确的进货价，而且基本都有全国统一的市场销售价。这些价格分别由中国奥组委、北京工美、故宫博物院等出品方与上游厂商规定，中金公司并无价格主导权，更没有定价权。中金公司销售的所有艺术品的价格，都没有超出指导价范围，有的还略低于其他同行的市场零售价（见表 1-1）。至于极少数自行定价的艺术品，将其售价与统一定价的同类艺术品相比较，会发现这些艺术品的自行定价也符合市场规律。这一情况表明，中金公司与买家的实际成交价格，未偏离正常市场价格，是真实的交易行为。

表 1-1 部分艺术品上游定价与市场售价对比示例

作品名称	监制、出品方 / 上游经销商	上游定价	指控售价
中国飞天宝玺	北京工美集团、北京故宫文化产品开发有限公司	49 800 元	49 600 元
里约奥运徽宝（白玉版）	中国奥委会授权、北京工美集团	128 000 元	128 000 元
建军大业玉玺	中国工美（集团）公司	16 800 元	160 000 元
范曾书法	深圳市金一百艺术品股份有限公司	15 万～ 19.8 万元	10 万元
范曾画作	深圳市金一百艺术品股份有限公司	30 万～ 35 万元	30 万元
文嘉画作	国宝苑（北京）文化发展有限公司	8 000 元 / 平尺	8 000 元 / 平尺
方凤富《果实飘香》	北京东方典藏国际收藏品有限公司	25 000 元 / 平尺	23 571 元 / 平尺

（二）宣传推广艺术家是艺术品经营行业的惯例

《北京市画廊行业经营规范》规定：“画廊有责任对其所代理或合作的艺术家进行宣传推广，通过展览、出版或促进学术研究等方式增加艺术家及其作品的知名度……”根据该规定，案涉的上游代理商、供货商对其签约画家等的宣传推广，谢留卿对中金公司签约画家的宣传推广，均系当尽之责。

客观地讲，没有大师不需要包装。日本国宝级艺术家村上隆在《艺术创业论》一书中强调：“不明白艺术行业的运作逻辑，艺术家就无法生存。对艺术保持乌托邦式幻想的人最好避而远之。”以近代画家常玉的作品为例，年轻时常玉的作品不被人所欣赏，但大收藏家侯谢看出他的画很有前景，1931 年侯谢收藏了常玉的 111 幅油画及 600 幅素描。侯谢的大量购买，使常玉的作品开始被法国画坛注意及收藏，并于多间画廊展出，多次参与秋季沙龙及独立沙龙展，特别是参加在欧洲地位很高的法国杜勒里沙龙。结果 1932 年常玉和侯谢闹翻，此后没有名家帮常玉推广，他的作品价格又降了下去。晚年的常玉靠朋友接济、制作石膏、陶制工艺品，绘制雕漆家具图纹勉强度日。常玉去世后，他的画作在巴黎的市场成捆出售，价格不过数百法郎。但近年来，常玉的画作在香港苏富比拍卖行却常拍至上亿元的高价。常玉的画作看似简单，外行看其画，似稚童所作，每幅画寥寥数笔。所以，对艺术品价格的判断，我们并非专业人士。当你面对美无法表达时，必须保持缄默。

（三）剔除有统一定价的艺术品，一审认定“犯罪数额”仅剩 1 718 780 元

一审判决认定本案不构成集团犯罪，必须逐笔审定诈骗数额，剔除上游统一定价艺术品后，可能涉嫌诈骗数额为 1 718 780 元（见表 1-2）。

表 1-2　剔除有统一定价的艺术品表

序号	被害人	画　　作	类别	指控售价
1	刘某楼	无私工笔画（4.2 平尺）	画作	27 000 元
2	冯某	李庚款画作（两幅）	画作	600 000 元
3	莫某	老子出关图	画作	360 000 元
4	郭某贤	秋香画作（2.8 平尺）	画作	68 000 元
5	秦某龙	清明上河图邮票	邮票	3 980 元
6	秦某龙	无私立轴工笔画作（无私画作 4.2 平尺）	画作	36 000 元
7	秦某龙	瑞雪兆丰年立轴工笔画作	画作	65 000 元
8	秦某龙	老子出关图	画作	300 000 元
9	秦某龙	胡杨礼赞（3 平尺）	画作	75 000 元
10	秦某龙	百龙卷	画作	39 800 元
11	郭某	诗意山水画 2 幅	画作	96 000 元
12	郭某	江山青衡绝壁	画作	48 000 元
总计				1 718 780 元

（四）剔除进价为售价三分之一以上的产品，“犯罪数额”不到 50 万元

在上述金额基础上，比照工美等统一定价艺术品，将艺术品进价高于售价三分之一的艺术品再次剔除，本案实际涉嫌犯罪金额不到 50 万元（见表 1-3）。

表 1-3　剔除有统一定价、进价在售价三分之一以上的艺术品表

序号	被害人	画　　作	类别	指控售价
1	秦某龙	无私立轴工笔画作（无私画作 4.2 平尺）	画作	36 000 元
2	秦某龙	瑞雪兆丰年立轴工笔画作	画作	65 000 元
3	秦某龙	胡杨礼赞（3 平尺）	画作	75 000 元
4	秦某龙	百龙卷	画作	39 800 元
5	郭某	诗意山水画	画作	48 000 元
6	郭某	诗意山水画	画作	48 000 元
7	郭某	江山青衡绝壁	画作	48 000 元
总计				359 800 元

（五）中金公司有完善的退货制度，购买多年后仍可全额退款

中金公司在销售过程中实行了送货上门、验货付款、无理由退货制度。客户下单确定购买后，中金公司派员工送货上门，客户当场验货并查看收藏票、收藏证书等，确认满意后才收货、付款。在其付款之前，客户无需任何理由，可以随时无条件拒绝履行合同，且无需承担任何违约责任。

中金公司制定了《退换货流程》，甚至允许“先退部分款再收货”。2016年8月15日《关于对已退职客服四部杜小丽的通报及追责决定》显示，在退换货制度实行过程中，对于“隐瞒客户退货要求，不及时上报公司”的员工，即使离职也要进行追责。2013年以来，中金公司累计退货三千余万元，退货时间也不仅限于《消费者权益保护法》第二十四条规定的七日。此处仅举一例，类似的情况很普遍。如杨某栓2016年1月12日购买了“故宫十大珍宝瓷”，中金公司在2017年3月18日仍然为其办理了全额退款，间隔431天；再如陆某于2013年9月5日购买了“七星伴月翡翠金银月饼”“富贵中秋吉祥银月饼1kg”，中金公司在2017年6月16日仍然为其办理了全额退款，间隔1 380天。

以上事实表明，中金公司在交易中充分保障了买家利益，是通过交易进行等价交易（等价交换），不是以交易为幌子，也没有非法占有买家财物意图。

五、稀缺性和流通性并非艺术品的重要属性

【抗诉意见书称，谢留卿等向被害人虚构涉案“藏品”的稀缺性和流通性，进而论证案涉藏品价不符实。然而，稀缺性和流通性并非艺术品的重要属性，影响艺术品价格的要素很多，其中流通性系定价因素而非定价结果，对稀缺性的宣传本身不构成诈骗。】

艺术品定价因素繁多，定价过程复杂。文化部文化市场司2012年《艺术品市场法规制度汇编及鉴藏投资指引》指明：“艺术品定价是一个非常复杂且充满不确定性的过程，但一般讲来，艺术品价格的确定主要受以下三个因素的影响：第一，艺术品本身的价值。艺术品本身的价值包括其艺术价值、学术价值、历史价值、研究价值、欣赏价值和稀缺价值等。第二，艺术品市场。艺术品市场与其他市场领域一样，都是波动性发展。一般受整个经济环境、政治环境、政策环境、其他投资领域收益等因素的影响……第三，其他因素。例如，艺术品作者的地位、艺术品作品的知名度（展览、著录等）、购买环境、人际关系等。”抗诉意见书列明的稀缺性和流通性并非艺术品的重要属性。

（一）流通性并非定价因素，而是定价结果

出庭检察员称部分涉案艺术品上拍后无人购买，因此不具有流通性。2022年1月11日，辩护人在阿里法拍的司法拍卖栏，检索了芜湖地区的房屋拍卖情况，发现共计194套房产中止拍卖，绝大多数房屋拍卖中止的原因系无人报名。但我们不能认为，这些房屋不具有流通性。非常明显，房屋流拍的真实原因是其定价过高。因此，拍卖不成功并不意味着商品不具有流通性，真实原因是定价不符合市场预期，所以，流通性系定价结果而非定价因素。

（二）稀缺性与发行数量无关，宣传稀缺性不构成诈骗

2019年8月，中国奥委会官网发布北京冬奥首款印玺，合计7 022方。同时奥委会官网页面宣传：“为了保证产品的稀缺性、纪念性和唯一性，北京冬奥徽宝典藏版、珍藏版，以精致的宝盒收藏，每套产品都标有限量编号。”奥委会不仅保证生产7 022方的印玺具有稀缺性，还列明具有唯一性，其唯一性的根据仅仅是编号不同。2020年12月18日，北京冬奥委员会官网发布冬奥金镶玉瓶、冬奥双玺。官网显示，北京冬奥组委会同样保证艺术品的稀缺性、纪念性、唯一性。由此可见，稀缺性、纪念性、唯一性，与数量无关。上述创作设计队伍，其实就是我们部分涉案艺术品的原班人马。

上述奥组委的官方宣传，足以证明稀缺性不能以发行量决定。如1968年发行的案涉文10邮票，发行量达1 500万枚，面值40分。相较于当年约7亿的人口，发行量非常之大。而现在该种邮票，京东标价53 901元。所以收藏邮票的特点是“藏”，它是因为时间的流逝而导致稀缺性，不能以当时的发行量来判断它的稀缺性。案涉艺术品的收藏，也会经历这个过程。

其实，不经历上述过程，数量也不能和稀缺性画等号。比如范曾的字画，总量限定在多少才具有稀缺性？辩护人相信检察机关无法给出一个具体的数量标准。所以，艺术品的稀缺性不能由发行量决定。

（三）影响艺术品价格的因素很多，如欣赏价值因素，甚至还包括人际关系因素

涉案画家张介宇的画作《胡杨礼赞》悬挂于人民大会堂金色大厅，金色大厅是清华大学建筑学院资深教授王炜珏（林徽因的表妹）组织设计的，她根据整体风格判断：“这个大厅一定要有民族特色，将来在国际上成为建筑装饰的典范，让金色大厅成为一个中国符号。”正是因为《胡杨礼赞》反映了我国的多

民族性特征，表现出极高的欣赏价值，才会被放入人民大会堂。

人际关系、情感因素也是确定收艺术品价值的因素。1999 年，在刘燕文诉北京大学案件开庭前，姜明安教授给何兵律师、何海波教授写过一封信，在信中提醒："下次开庭要好好准备，与两个院长对阵，要打出水平来，发言要和缓，但要有力。依法以理服人。"姜明安教授写这封信时没有想到它会有历史价值，收到这封信的何兵律师、何海波教授当时也是以平常信件对待，但经过了二十多年，何兵律师真实地认识到姜明安教授所说"发言要和缓，但要有力。依法以理服人"的珍贵。或许这封信对其他人价值不高，于何兵律师、何海波教授而言却意义非凡。

六、民事欺诈和刑事诈骗的区分方法

【根据法秩序统一原理以及刑法与民法的关系，在法律性质上，刑法属于事后法，在整个法律体系中属于保障法的地位，适用刑法应当坚持谨慎、谦抑的立场。如司法机关肆意将普通民事欺诈升格为刑事诈骗进行打击，则从商者将惶惶不可终日。

司法实践中，民事欺诈行为与诈骗手段行为的区分，一直以来都是难点。在本部分，我们通过体系解释，引入《刑法》外规范对民事欺诈的界定，结合权威指导案例、热点案例确立的区分原则，还原案涉销售行为的本真属性，使企业实施的一般民事欺诈行为区分于刑事诈骗行为。这部分论述，对于本案法律定性上的意义，不言而喻。】

判断涉案交易行为是否构成诈骗犯罪，首先应明确民事欺诈与刑事诈骗的区别。本案中金公司和谢留卿都没有逃避退货退款，各被害人都能通过民事途径获得充分、有效的救济，原审被告人不构成诈骗。

（一）非刑事法律规范表明，欺诈行为受多法调整，民事欺诈可通过民事途径进行救济

本案虽存在欺诈行为，但欺诈行为受多法所调整。

《民法典》第一百四十八条规定："一方以欺诈手段，使对方在违背真实意思的情况下实施的民事法律行为，受欺诈方有权请求人民法院或者仲裁机构予以撤销。"

《消费者权益保护法》第五十五条规定："经营者提供商品或者服务有欺诈行为的，应当按照消费者的要求增加赔偿其受到的损失。"《侵害消费者权益行

为处罚办法》对“欺诈”行为进行了列举。

《广告法》第二十八条规定：“广告以虚假或者引人误解的内容欺骗、误导消费者的，构成虚假广告。”该法第五十六条明确了虚假广告的法律责任，“违反本法规定，发布虚假广告，欺骗、误导消费者，使购买商品或者接受服务的消费者的合法权益受到损害的，由广告主依法承担民事责任”。

《反不正当竞争法》第八条规定：“经营者不得对其商品的性能、功能、质量、销售状况、用户评价、曾获荣誉等作虚假或者引人误解的商业宣传，欺骗、误导消费者。经营者不得通过组织虚假交易等方式，帮助其他经营者进行虚假或者引人误解的商业宣传。”需要特别注意的是，本案所指控的制造拍卖记录对应于“经营者不得通过组织虚假交易等方式，帮助其他经营者进行虚假或者引人误解的商业宣传”。

此外，《反不正当竞争法》第二十条规定：“经营者违反本法第八条规定对其商品作虚假或者引人误解的商业宣传，或者通过组织虚假交易等方式帮助其他经营者进行虚假或者引人误解的商业宣传的，由监督检查部门责令停止违法行为，处二十万元以上一百万元以下的罚款；情节严重的，处一百万元以上二百万元以下的罚款，可以吊销营业执照。经营者违反本法第八条规定，属于发布虚假广告的，依照《中华人民共和国广告法》的规定处罚。”对于前述制造虚假拍卖记录行为，广告法将其界定为虚假广告，根据我国法律统一性原则，对于同一行为，已进行充分规制的，不应重复评价。

通过对上述非刑事法律规范的梳理可以看出，民事欺诈均有相应的民事救济渠道，受骗人可以通过民事手段挽回损失，得到补偿。

（二）司法解释及权威判例表明，是否逃避偿还、能否获得民事救济的可能性，是区分民事欺诈与刑事诈骗的重要标准

众所周知，司法实践对诈骗罪的认定，最注重的是行为人是否有非法占有目的。《全国法院审理金融犯罪案件工作座谈会纪要》（以下简称《纪要》）汇总了七种成立金融诈骗罪中非法占有目的的情形：（1）明知没有归还能力而大量骗取资金的；（2）非法获取资金后逃跑的；（3）肆意挥霍骗取资金的；（4）使用骗取的资金进行违法犯罪活动的；（5）抽逃、转移资金、隐匿财产，以逃避返还资金的；（6）隐匿、销毁账目，或者搞假破产、假倒闭，以逃避返还资金的；（7）其他非法占有资金、拒不返还的行为。上述七种情形的共通之处在于，被骗人实体上因被告人逃避偿还而无法得到赔偿，程序上丧失民事救济可能

性。由于前述规定是对金融诈骗罪的特殊规定，故其认定标准可以推及一般诈骗罪。

《刑事审判参考》第 122 辑所载指导案例第 1342 号“黄钰诈骗案”从司法实践的角度印证了前述观点：区分民事欺诈与刑事诈骗，主要从两个方面判断，“一是看行为人是否有逃避偿还款物的行为……二是被骗人能否通过民事途径进行救济。一般来说，构成诈骗罪的行为，应当是不能通过民事途径进行救济的行为。欺骗行为尚不严重，不影响被骗人通过民事途径进行救济的，不宜轻易认定为诈骗犯罪。将能够通过民事途径救济的骗取财物行为排除在诈骗犯罪之外，也符合刑法的谦抑性原则”。该案裁判过程颇值得关注，长春市朝阳区法院一审判决诈骗罪、有期徒刑十年后，二审法院长春中院改判有期徒刑三年、缓刑五年，并报最高法核准；吉林高院同意二审判决，并报请最高法核准；最高法经复核认为，部分事实不清，证据不足，不予核准。最终，长春市朝阳区人民法院判决黄钰无罪。判决已生效。

2021 年 12 月 17 日，广州市中院依法根据前述指导案例精神宣判前湖北首富兰某不构成合同诈骗罪。广州中院列明的四点出罪理由中的第一点和第二点完全遵循指导案例精神：（1）被害人李某能够通过民事途径进行救济；（2）被告人兰某未逃避偿还款物。

具体地，广州中院判决书判定：“经查民事欺诈与刑事诈骗，行为人在客观上都实施了占有他人财物的行为，但是客观上的占有与行为人主观上是否具有非法占有的目的，并不具有必然的对应关系，不能从客观上存在占有的事实，直接推定行为人主观上具有非法占有的目的。被告人兰某的行为是否构成合同诈骗罪，须正确判定其是否有非法占有的目的。（1）李某能够通过民事诉讼进行救济。一般来说，构成诈骗罪的行为，应当是不能通过民事途径进行救济的行为。其行为尚不严重，不影响民事途径进行救济的，不宜轻易认定为诈骗犯罪。将能够通过民事救济的骗取财物行为排除在诈骗罪之外，符合刑法的谦抑性原则……（2）被告人兰某未逃避偿还款物……没有出现无法返还的后果。”

（三）被害人民商事诉请尚不可能得到法院支持，被告人更不可能构成刑事诈骗

本案中，被害人如果提起民商事诉讼，他们的诉请依法尚且不可能得到法院支持，遑论被告人构成刑事诈骗。《民法典》第一百四十八条规定：“一方以欺诈手段，使对方在违背真实意思的情况下实施的民事法律行为，受欺诈方

有权请求人民法院或者仲裁机构予以撤销。”第一百四十七条规定：“基于重大误解实施的民事法律行为，行为人有权请求人民法院或者仲裁机构予以撤销。”第一百五十一条规定：“一方利用对方处于危困状态、缺乏判断能力等情形，致使民事法律行为成立时显失公平的，受损害方有权请求人民法院或者仲裁机构予以撤销。”第一百五十二条规定：“有下列情形之一的，撤销权消灭：（一）当事人自知道或者应当知道撤销事由之日起一年内、重大误解的当事人自知道或者应当知道撤销事由之日起九十日内没有行使撤销权……（三）当事人知道撤销事由后明确表示或者以自己的行为表明放弃撤销权。当事人自民事法律行为发生之日起五年内没有行使撤销权的，撤销权消灭。”

即使被害人受欺诈、因年老不具有收藏知识构成显失公平或重大误解而主张退货，相关诉请也因除斥期间已经届满，撤销权消灭，无法得到法院支持。

（四）只有其他法律不能处理或处理无效时，才适用刑法处理

张明楷教授在《刑法在法律体系中的地位——兼论刑法的补充性与法律体系的概念》一文中提出：“使刑法从部门法发展为保障法，则又是历史的一大进步。这表现在，凡是能用其他法律处理的，就用其他法律处理，只有在其他法律不能处理或处理无效时，才用刑法处理。这样，刑罚的适用范围就大大缩小了，公民的自由范围更加扩大了……现代刑法在法律体系中处于保障法的地位，不仅是理论分析的当然结论，也是历史发展的必然结果。”据此，本案首先应当由民法来处理，民法处理不了的用行政法来处理，行政法处理不了的才考虑动用刑法。

罗翔教授在《空白罪状中谈刑事不法与行政不法的规范关联》中指出，刑事不法需具备严重的法益侵害性：“行政不法和刑事不法具有相同性，两者都违反了行政法规范，绝对不应该存在符合行政法规范的行为，却在刑法上是犯罪的现象。但是两者在性质上的不同在于：单纯的行政不法只需要具备规范违反性，也即只需要违反行政管理秩序就可以进行行政处罚，但刑事不法还需要具备严重的法益侵害性。”

罗翔教授认为，一个行为可能受到法律上的多种评价，首先是道德不法。比如夸大宣传行为确属不当，但是夸大宣传并不就属民事欺诈，卖瓜的王婆明知瓜品质一般，叫卖时却称瓜甜，她属于商业不诚信，尚处于道德不法评价阶层内，民事欺诈都不构成。更恶劣的行为，才轮到民商事不法评价，再到行政不法，最后严重侵害法益的犯罪行为才轮到刑事不法进行评价。

（五）小结

由于刑法调整与保护的社会关系的范围及其强制性的不同，当其他部门法不能充分保护某种社会关系时，刑法则作为其补充。也即，只要通过其他部门法能够解决问题，就不需要刑法的介入。因而，如果属于民事欺诈，自然仍有寻求民事救济、寻求返还的可能，此时当然不能成立诈骗罪。

七、虚假艺术品与虚假宣传的法律界分

【出庭检察员指控，少数员工使用隐瞒真实姓名、请客户到东方国宝现场观摩、同事之间相互帮忙冒充拍卖行、承诺回购与宣传孤品等方式进行诈骗。其实，“王婆卖瓜，自卖自夸”，对产品进行宣传，是商家经营中的常见揽客方式，也常有夸大现象。是否只要宣传中含有不实成分，就直接构成诈骗行为按照诈骗处理，值得深思。宣传有夸大，不一定构成诈骗，严重的可能构成虚假广告罪，一般的可能只需行政处罚，正常的夸大既不需要行政处罚，也不需要刑事处罚。本部分进一步就案涉虚假宣传行为的法律属性，进行准确界定，并指出检方故意混淆艺术品虚假与宣传虚假概念。】

（一）虚假宣传的法律界定

检察机关指控的包括虚构稀缺性、流通性在内的所有行为，实际上是虚假宣传行为，为《侵害消费者权益行为处罚办法》所规制。该办法第六条规定：“经营者向消费者提供有关商品服务的信息应当真实、全面、准确，不得有下列虚假或引人误解的宣传行为：（一）不以真实名称和标记提供商品或者服务；（二）以虚假或者引人误解的商品说明、商品标准、实物样品等方式销售商品或者服务；（三）作虚假或者引人误解的现场说明和演示；（四）采用虚构交易、虚标成交量、虚假评论或者雇佣他人等方式进行欺骗性销售诱导；（五）以虚假的‘清仓价’‘甩卖价’‘最低价’‘优惠价’或者其他欺骗性价格表示销售商品或者服务；（六）以虚假的‘有奖销售’‘还本销售’‘体验销售’等方式销售商品或者服务；（七）谎称正品销售‘处理品’‘残次品’‘等外品’等商品；（八）夸大或隐瞒所提供的商品或者服务的数量、质量、性能等与消费者有重大利害关系的信息误导消费者；（九）以其他虚假或者引人误解的宣传方式误导消费者。”

检方指控的少数员工使用化名或隐瞒真实姓名，符合上述第（一）项中的不以真实名称和标记提供商品；检方指控的虚假说明、样品，属于上述第（二）

项；请客户到东方国宝或人民大会堂现场观摩，属于第（三）项中的现场说明或者演示；同事之间相互帮忙，包括冒充拍卖行的行为，属于上述第（四）项中的雇佣他人进行欺骗性销售诱导。本案员工行为实际上较该款所禁止之行为在危害性上更轻微，个别员工只是在客户无购买欲望或购买欲望不强时加以诱导，且并未外聘他人。冒充拍卖行是指暗示客户在所售价位存在出售可能，也与第（五）项中的欺骗性价格相吻合；控方所指控的承诺回购，更是与上述第（六）项的“还本销售”相一致。控方所指控的物品不值中金所售价格，则与上述第（七）项相符，都是将劣等品谎称正品；而控方所指控的宣传术语“孤品”等其他宣传术语虚假，则符合第（八）项夸大或隐瞒商品的数量、质量、性能等与消费者有重大利害关系的信息。此外，第（九）项“以其他虚假或者引人误解的宣传方式误导消费者的”作为兜底条款，也实现了《侵害消费者权益行为处罚办法》对本案可能存在的不规范销售行为的全覆盖。

（二）虚假广告的法律界定

不同于一般销售宣传，本案销售模式之一是电话广告。那么，广告法如何界定与规制虚假宣传行为？《广告法》第二十八条规定：“广告以虚假或者引人误解的内容欺骗、误导消费者的，构成虚假广告。广告有下列情形之一的，为虚假广告：（一）商品或者服务不存在的；（二）商品的性能、功能、产地、用途、质量、规格、成分、价格、生产者、有效期限、销售状况、曾获荣誉等信息，或者服务的内容、提供者、形式、质量、价格、销售状况、曾获荣誉等信息，以及与商品或者服务有关的允诺等信息与实际情况不符，对购买行为有实质性影响的；（三）使用虚构、伪造或者无法验证的科研成果、统计资料、调查结果、文摘、引用语等信息作证明材料的……（五）以虚假或者引人误解的内容欺骗、误导消费者的其他情形。”

冒充拍卖行实际上是营造上述第（二）项的“销售状况”，通过冒充拍卖行佐证这个艺术品在某个价位很畅销。而第（二）项“曾获荣誉”则覆盖大师所获荣誉真伪的问题。需要特别注意的是，第（二）项规定商家允诺信息与实际情况不符，对购买行为有实质性影响的才可能构成虚假广告。如果冒充拍卖行的行为只是加强了客户购买艺术品的欲望，并未产生实质影响的，实际上连虚假广告都无法构成。至于商家提供的拍卖统计数据、证书等内容虚假则为上述第（五）项所涵摄。

《广告法》第五十五条第一款规定：“违反本法规定，发布虚假广告的，由市场监督管理部门责令停止发布广告，责令广告主在相应范围内消除影响，处广告费用三倍以上五倍以下的罚款……”可见，行政机关对于上述虚假广告行为，系采取广告费用三倍以上五倍以下罚款的行政处罚进行规制。

结合前述，冒充拍卖行属于《侵害消费者权益行为处罚办法》第六条第（四）项规制的“雇佣他人进行欺骗性诱导销售”。行为内容为《广告法》第二十八条规定的“营造销售状况”所涵盖。即使不属于此条，根据《广告法》第二十八条第五项，也应当纳入其他欺诈方法进行认定。关键在于，只要艺术品是真实的，那么通常这些销售行为就应当定为虚假广告和虚假宣传。

对于虚假宣传、虚假广告的，民事层面上用三倍赔偿来处罚、遏制这种行为，而行政法上通过对行为主体予以行政处罚，甚至吊销执照来进行约束。最后才轮到刑法这一补充法的规制。

（三）“以假充真”的法律界定

检察机关指控中金公司所售艺术品涉嫌虚假，即“以假充真”。“两高”《关于办理生产、销售伪劣商品刑事案件具体应用法律若干问题的解释》第一条第二款就“以假充真”进行了界定：“刑法第一百四十条规定的‘以假充真’，是指以不具有某种使用性能的产品冒充具有该种使用性能的产品的行为。”对于“以假充真”行为的判断，第一条第三款规定：“对本条规定的上述行为难以确定的，应当委托法律、行政法规规定的产品质量检验机构进行鉴定。”目前本案仅有价格鉴定，无产品质量检验机构的鉴定结果。一审控、辩、审已经确认案涉艺术品均为真品，二审检察机关指控的“虚假”艺术品，实质是虚假宣传，如查二审检察机关认为艺术品“虚假”，则本案属于“难以确定”的情形，理应进行补充鉴定。

（四）刑法条文中对类似行为的法律定性

结合《刑法》条文中对类似行为的法律界定，也可发现本案销售行为不应受刑事诈骗罪的苛责。《刑法》第一百八十二条规定了操纵证券、期货市场罪：“有下列情形之一，操纵证券、期货市场，影响证券、期货交易价格或者证券、期货交易量，情节严重的，处五年以下有期徒刑或者拘役，并处或者单处罚金；情节特别严重的，处五年以上十年以下有期徒刑，并处罚金：……（四）不以成交为目的，频繁或者大量申报买入、卖出证券、期货合约并撤销申报的；（五）利用虚假或者不确定的重大信息，诱导投资者进行证券、期货交易的……”其中第（四）项的制造虚假交易，也即本案中所谓的自拍自买。第（五）项中的“利用虚假或者不确定的重大信息诱导投资者进行证券期货交易的”与冒充拍卖行相符。然而，证券市场上的操纵行为对社会和受害人造成的危害远远大于本案，操纵证券市场行为涉及几千人乃至上万人的财产损失，交易金额往往以千万元乃至上亿元计。正是此种行为对证券市场及公私财产的巨大危害性才使立法者予以单独规定。该条款说明，对于欺诈行为，刑法不同条款都进行了规范。辩护人认为，涉案行为符合具体条文规范的，应当以具体条文规范来进行定性和处罚。本案至多构成虚假广告罪，而虚假广告罪还需要情节严重才能符合刑事犯罪的构成要件。

实际上，检方混淆了艺术品虚假和宣传虚假的概念，抗诉意见书所列的“虚构作者身份，虚构产品材质、制造工艺，虚构作者头衔、名气，虚构授权机构，虚构收藏机构”等等指控所主张的都属于法律上的虚假宣传，而不是艺术品本身的虚假。正如“两高”《关于办理生产、销售伪劣商品刑事案件具体应用法律若干问题的解释》第一条第三款之规定，如定性本案中金公司所售艺术品虚假，公诉机关就必须提供鉴定结论。

八、本案判决应以法为据，以理服人，以情感人

【一份好的司法裁判，应当是法、理、情的充分融合，让司法有力度更有温度，以实现法律效果与社会效果的统一。庭审期间，部分已经被判决无罪或取保候审的公司职员，白天参加这场耗时达两个月的庭审，在法庭上接受询问，晚上则一起出去摆地摊谋生。案发前，她们有的刚从学校毕业，懵懂间走入社会，有的是两个孩子的母亲，还有的因为案件迟迟未能下判与未婚夫长期分离不能成婚……

我常说，囹圄空虚，方为盛世。如今，怎样依法公正办理这样一个新兴行业案件，考验着控辩审三方。居庙堂之高者，当忧思其民，在辩护词的最后，我以范文正公这句千年前的告诫做结，以唤醒司法良知。】

（一）一审判决无罪，二审检察机关提交无罪改有罪新证据的，应当发回重审

《刑事审判参考》第九十辑第 833 号指导案例明确：“检察机关在二审期间提供新证据，涉及无罪改有罪、轻罪改重罪，应当发回重审。以保障被告人的辩护权、上诉权等合法权益。刑法、刑事诉讼法均明确规定，应当依法保障被

告人行使辩护权、上诉权。一审作出无罪判决，检察机关提出抗诉并在二审期间收集到证明被告人犯罪的新证据。如果二审法院可以直接采纳检察机关提交的上述新证据，并据此认定被告人有罪，作出有罪判决，实际上就意味着被告人丧失了就新证据作出的有罪判决的上诉救济的机会，也变相剥夺了被告人的辩护权和上诉权。”本案二审检察机关出示了大量新证据用以改变原无罪判决定性或提升原审有罪判决刑期。但原审被告人、上诉人及辩护人在二审程序就此类新证据仅进行过一次质证，如法院欲依据该等新证据支持抗诉机关主张，则出于保护原审被告人及上诉人上诉权之必要与维护我国两审终审审级制度之要求，本案必须发回重审。

（二）对于新兴事物、新兴行业的出现应该给予一定的宽容

“傻子瓜子”系芜湖本市品牌。《邓小平文选》提道：“农村改革初期，安徽出了个‘傻子瓜子’问题。当时许多人不舒服，说他赚了一百万，主张动他。我说不能动，一动人们就会说政策变了，得不偿失。”“傻子瓜子”因为没有被动，现在还是芜湖的知名品牌，这一段故事也被奉为美谈。本案举国关注，判决将成为事实上的指导案例，对全国的艺术品行业产生巨大影响，与当年“傻子瓜子”事件没有任何区别。对本案的处理应学习小平同志的政治智慧，“不能动”。

（三）以发展眼光看待民营企业历史上的不规范问题

2018 年 11 月，习近平总书记在民营企业座谈会上的讲话中明确要求：“对一些民营企业历史上曾经有过的一些不规范行为，要以发展的眼光看问题，按照罪刑法定、疑罪从无的原则处理，让企业家卸下思想包袱，轻装前进。”虽然部分不规范行为并非源自谢留卿指使，但我们也不可否认它们客观上确实存在。可如果把所有的不规范销售行为全部纳入刑法来处理，这也直接违背了习近平总书记的上述要求。

（四）居庙堂之上者，当忧思其民

2021 年 11 月 16 日，党中央在《中共中央关于党的百年奋斗重大成就和历史经验的决议》中着重强调：“改革开放以后，党坚持依法治国，不断推进社会主义法治建设。同时，有法不依、执法不严、司法不公、违法不究等问题严重存在……”文件阐明了司法领域存在的重大问题，也进一步说明了端正司法观

念的必要性。我们必须反思，本案是否属于司法不公、有法不依、执法不严？二审抗诉机关在二审程序中未予提交对上诉人有利的大量新证据，实际上就体现了上述问题。

庭审期间，部分上诉人、原审被告人白天参与庭审，晚上在夜市摆摊以维持生计。身处庙堂之上者必须充分理解民间的疾苦，这样的判决才能以理服人，以情感人。如果陷如此多的年轻人于囹圄，让他们的生活失去经济来源，让他们幼小的孩子失去父母的陪伴与照顾，这对孩子有什么好处？对社会有什么好处？

综上，辩护人认为：谢留卿等63名原审被告人主观上无诈骗故意，客观上无诈骗行为，检察机关的指控不能成立。

同时，检察机关指控的涉嫌诈骗行为，是与具体销售行为、具体艺术品相对应的，办案机关冻结的谢留卿家人、亲朋好友的银行卡，扣押的库房里的艺术品等财产与本案无关，应当依法解除冻结，将扣押的艺术品等财产依法发还中金公司等财产所有权人。

以上意见，望采纳为盼。

北京市中闻律师事务所律师：何兵　周海洋

律师助理：杜振强

二〇二二年一月二十日

步步为营，为市值百亿龙头企业去黑
——张某某案涉嫌寻衅滋事、非法拘禁等罪的指控不能成立的辩护词

【案情回顾】

襄大集团是湖北养猪龙头企业，曾在全国养猪业中排名第五，2018 年正处于上市辅导期，当时企业资产将近百亿元。张某某系该企业实际控制人。2019 年 11 月 12 日，包括张某某在内的多名襄大集团人员，被湖北省竹溪县公安局采取强制措施（该案系异地管辖），张某某及公司多名负责人被指涉黑。

我们介入该案时，除张某某外的十余名企业高管、员工已经被以涉黑罪名起诉至法院，只有张某某还在审查起诉阶段。

审查起诉过程中，为了拼凑张某某等人的暴力行为，检察机关对张某某二十余年前判决并已执行的案件提起抗诉。经我与罗翔教授、徐冯彬律师、杜华程律师辩护，法院驳回检察机关的抗诉。

经过我们与竹溪检察院反复沟通，张某某等人最终未被认定为黑社会性质组织，已被起诉至法院的十余名被告人，均被撤回了涉黑指控 [变更起诉决定书（撤回涉黑指控），湖北省竹溪县人民检察院鄂溪检刑检变诉〔2021〕Z1 号]。

竹溪县人民检察院最初指控，张某某等人犯寻衅滋事罪、非法拘禁罪、串通投标罪、高利转贷罪、聚众冲击国家机关罪，对张某某建议量刑十五至二十年。经过我们一审、二审的辩护，张某某最终量刑为八年半 [驳回抗诉裁定书，宜城县人民法院，（2021）鄂 0684 刑再 1 号]。

【办案经过】

我们在辩护过程中搜集了大量证据，成为整篇辩护词重点部分的基础。我们去养殖户家、工厂进行调查取证，以便发现问题并在极短的时间内引起办案

机关重视。如检方指控张某某涉黑，吸纳“两劳人员”到公司。但经过走访调查发现，实际上是张某某应政府要求，帮助解决“两劳”人员回归社会。

本案的转折点之一，是前述抗诉的“案中案”。该案涉及的妨害公务罪，是检疫人员到张某某的养鸡场去收取检疫费，张某某方面和检疫人员发生了争执，当年的判决没有认定构成妨害公务罪。罗翔教授提出，刑法上的“公务”是指法律法规授权的公务（这是我一开始确实没有想到的。因为，在行政法上，规章授权的也是公务）。于是我们就研究收取检疫费究竟是按照法律法规收的，还是按照规章收的。最终发现，抗诉书列明的《关于畜禽检疫工作的规定》第七条第一款第二项，只规定了“家畜检疫”可以收费，“家畜”就是猪马牛，而鸡鸭鹅是“家禽”。因此，国务院的行政法规没有关于“家禽”检疫收费的授权。但检察院抗诉时却把法条中的“家畜”直接改成了“家禽”，偷换了条文。

当时，有其他律师认为抗诉案应当通过程序抗辩，将案件缓一缓。但研究完案卷后，我当时就提出这个案件是最好的突破口，要坚决彻底地打赢这一仗，“秀一把肌肉”，展示律师们的实力，让各级政府部门及公众知道这是一起彻头彻尾的冤案。开庭时，旁听席坐满了十堰市和竹溪县公检法领导，襄阳市政法系统的重要官员也来旁听此案。我们把案件中的事实和程序问题一一拆解。从抗诉案的结果和撤回涉黑起诉来看，我们的辩护相当成功。

为查明指控所有犯罪事实，十多位辩护律师驻场襄大集团，与公司法务和财务人员对接，搜罗证据并多方对证人进行取证。近三十位律师反复研究案卷，剖析法律条文，最终认为检方对张某某的全案指控不能成立。

【辩护意见写作思路】

本辩护词从程序和实体两方面入手，首先说明了本案另案处理存在“未审先判”的问题，然后详细说明了我们在讯问同步录音录像中发现的问题。最后，我们按照起诉书的指控，对各项罪逐一辩驳。

以下为本案辩护词选摘。

竹溪县人民法院：

我们是贵院审理的张某某等人涉嫌寻衅滋事等罪一案中，被告人张某某的辩护人何兵、罗翔。现就该案发表辩护意见如下。

一、本案审判程序严重违法，且存在严重的刑讯逼供行为

【另案处理是近年来司法实践中的乱象。有些办案人员为了冤案“搞成”，先把他们认为容易搞定的被告起诉到法院。等着部分案件判决以后，再起诉另一部分他们认为难以搞定的被告，并以先行作出的判决对被告施压，达到所谓“分而治之，逐个瓦解”的目的。这种强行将共同犯罪分案审理的做法，是严重违反诉讼法理的。最突出的问题是，先案判决对案件事实和法律关系的判定，对后诉被告有预决的效力，而这些后诉的被告，无法参与前案的程序，无法提供证据也无法辩护，实质上他们被缺席判决。这种司法乱象亟待解决。

有些人认为这是法律漏洞。但事实上，我国法律相当健全，辩护律师要善于检索相关法律规定用于维护被告的权益。

早在20世纪80年代，最高人民法院、最高人民检察院和公安部就一直要求共同犯罪要全案办理。《关于当前办理集团犯罪案件中具体应用法律的若干问题的解答》（1986年颁布，现行有效）第三点对此有特别规定：“办理共同犯罪案件特别是集团犯罪案件，除对其中已逃跑的成员可以另案处理外，一定要把全案的事实查清，然后对应当追究刑事责任的同案人，全案起诉，全案判处。切不要全案事实还没有查清，就急于杀掉首要分子或主犯，或者把案件拆散，分开处理。这样做，不仅可能造成定罪不准，量刑失当，而且会造成死无对证，很容易漏掉同案成员的罪行，甚至漏掉罪犯，难以做到依法‘从重从快，一网打尽’”。】

（一）本案五份另案判决对张某某未审先定，系缺席审判

《刑事诉讼法》第十二条规定：“未经人民法院依法判决，对任何人都不得确定有罪。”也即，对任何人都不能未审先判。

在竹溪县人民检察院将本案起诉至竹溪县人民法院之前，已经通过对从犯另案处理的模式实质地对张某某判决有罪。另案处理的五份判决中，（2020）鄂0324刑初82号判决认定：“本院认为，张某某（另案处理）因琐事发泄情绪，借故生非、逞强耍狠，指使龚某某（另案处理）……其行为均已触犯刑法，构成寻衅滋事罪。”（2020）鄂0324刑初81号判决认定：“本院认为，张某某（另案处理）与被害人李某5发生纠纷后，为发泄情绪，借故生非、逞强耍狠，指使龚某某（另案处理）……”（2020）鄂0324刑初79号判决认定：“本院认为……被告人王某3听从张某某（另案处理）的安排，组织本部门员工对被害人高某2非法实施拘禁……”（2020）鄂0324刑初78号判决认定：“经审

理查明，2015 年 3 月中下旬，张某某（另案处理）为向湖北超亿科技有限公司法人代表谢某某追要到期借款及利息，指使王某 1（另案处理）对谢某某 24 小时看管，逼其还债。”（2020）鄂 0324 刑初 80 号判决认定：“本院认为被告人黄某 3……其明知张某某（另案处理）组织大规模人员到某某法院聚集已经涉嫌违法……被告人程伟平……仍然按照张某某的指示，多次组织召开冲击某某法院的筹备会，组织、误导大批不明真相的员工参与围堵。”

刑事判决书既包括法院认为部分，也包括判决的主文。张某某与其他另案处理的被告人如龚某某、王某 1 等所谓主犯均已在上述另案处理判决书的主文与法院认为部分被认定构成犯罪，且本案起诉前上述判决均已宣判。

在上述案件处理过程中，张某某等人已经到案，没有在逃，却仍然被另案拆分处理；并且在另案判决主文中直接认定张某某的授意，张某某没有参与任何质证与抗辩。五份另案判决是对张某某的未审先定，严重侵犯了张某某的诉讼权利。名为另案处理，实际上是对张某某进行缺席审判。

（二）本案是利用刑讯逼供、编造笔录等非法取证方式堆造的假案

《关于办理刑事案件严格排除非法证据若干问题的规定》第一条：“严禁刑讯逼供和以威胁、引诱、欺骗以及其他非法方法收集证据，不得强迫任何人证实自己有罪。对一切案件的判处都要重证据，重调查研究，不轻信口供。”《关于建立健全防范刑事冤假错案工作机制的意见》规定：“采用刑讯逼供或者冻、饿、晒、烤、疲劳审讯等非法方法收集的被告人供述，应当排除。”

本案中，侦办人员采用了冻、饿、人格侮辱、威胁、引诱、欺骗被告人，故意对无罪辩解不予记录，肆意编造有罪供述，不让被告人核对签字，以被告人亲友刑期、安全为价码逼供等种种非法办案方式。以下仅举两例。

范某某在 2019 年 11 月 13 日至 2019 年 12 月初，被采用“冻”的方式刑讯逼供。范某某在看守所内手书材料诉说：“公安机关拿着 2013 年张某某董事长与某某实业的两个借款合同和一个合作协议，逼我说这是借款。他们在冬天不给（我）棉衣穿和鞋穿，用‘冻’的方式让我说这是借款，找我签字，他们就说我高利转贷。”竹溪检察院 2020 年 7 月 15 日就范某某讯问合法性核查同录内容则显示：“2019 月 11 月 13 日以后，在看守所提审我，把我的棉衣、衣服扒了，我只剩下一个衬衣，一个单裤，一双袜子，鞋子也没给我穿。侦查人员说，你要是说，老实交代，我就做工作，给你衣服穿。结果我冻了一天，咳嗽，把血都咳出来了。一直到 12 月初，才给我棉衣棉裤穿……我想修改笔录，

他们就发火，一定要让我写笔录‘跟我供述的一致’，这句话一个字都不能落。实际上和我说的根本不一样。”公诉机关当庭播放的视频也显示，对于范某某反映的刑讯逼供情形，检察机关并未予以记录。范某某 2019 年 11 月 13 日后形成的笔录，应当全部予以排除。

龚某某的笔录系通过编造、诱供、指供、疲劳审讯的方式形成。同步录音录像显示，从 5 月 10 日至 5 月 30 日，办案机关对龚某某进行长期不间断疲劳审讯。龚某某当庭陈述，在看守所接受连续讯问后，其脊椎多节突出，已影响正常坐立。同步录音录像显示，在龚某某完全无法回忆起当年的细节时，办案人员反复灌输细节，形成虚假供述。2020 年 5 月 25 日 12 时 30 分至 2020 年 5 月 25 日 20 时 10 分同步录音录像显示如下。

龚某某：会不会把我搞下去？

讯问人员：你放心，我会充分考虑你。

龚某某：有这句话我就放心了。

（讯问人员之间交流：这个之后就不用问他了，就按当时我们讲的这个顺序记就行，细节方面补充一下就行，不需要再问他。）

龚某某：说实话，你叫我补充细节，我都想不起来。

13:03:25

龚某某:（用手指着摄像头说了些什么，听不清）。

讯问人员:听得到，没得事，没得事，这个不会看的，这是我们内部的。

17:11:25

龚某某:被张某某看到了我要这样说的话，起码要把我杀了。

讯问人员:他还有本事把你杀了啊，你不用考虑这个问题，他永远看不到这个材料。

龚某某:律师不看的啊？

讯问人员:还有我跟你说，等到律师看到材料的时候，那时候到后期，我跟你明说，我们前面就已经说得很明白了，这个张已经在里边了，判不了死刑也要把牢底坐穿，都说了这句话了，这个东西他把所有罪加起来，已经不得了，他今年已经 57 了，你自己算一下。

龚某某:那最少搞他 20 年，77，那最少 17 年是要坐的。

讯问人员:还有我跟你说，涉黑是不允许减刑的，对领头的，这都是最狠的，所以说要给他搞定，不要有顾忌。

（由于龚某某对于办案人灌输的细节无法全部记清楚，办案人员教授龚某某就虚假供述如何应对检察官、法官的核查。）

2020年5月25日15:08:31

龚某某：……咋说的，不会再问这问题了吧？

讯问人员：摇头，你到时候看一遍大概记得就行。

龚某某：……我就说我说过了。

讯问人员：检察官、法官他们会看你，他们会提示，他们问得简单得很，你在公安机关的供述是否属实啊，你说属实就行。

龚某某：其他人不会再来问了吧？

讯问人员：不会，要来问也是我们来问，不得别人来问。

龚某某：别人来问我都说写你们的就行了（说话模糊）。

讯问人员：问你就说我们在问，不会放别人了。

…………

除上述两例外，编造虚假笔录、引诱或威胁、辱骂被告人、篡改被告人真实供述、隐匿被告人无罪辩解、故意不记录证人真实意思等非法取证方式在本案笔录中普遍存在。相关办案人员已涉嫌徇私枉法罪、妨害作证罪，有关证据均不得作为定案证据予以援引。

经辩护人统计，除证人外，对被告人已明确记载进行了同步讯问录音录像的，共计有199份，而目前仅有72份同步录音录像被移送到案，在贵院基于已发现的非法取证问题向竹溪县检察院多次要求调取的情况下，剩余127份同步录音录像仍未到案，无法排除可能存在的非法取证问题，相应笔录均不应采信。

二、检察机关指控张某某涉嫌“某某商城”寻衅滋事，不能成立

（一）在案证据明确，工地现场由李某1全权负责

张某某在2020年7月的笔录中提到：“工地上的负责人是李某1，他在工地上全权负责，谈协议、签协议和拆房子都是他在那里搞。”李某1也在2020年6月23日的笔录中称，他是在2008年5月接替李某2负责拆迁协商工作，张某某到工地上，只是“查看工作进度”。胡某1在2020年的5月24日的笔录中也提到，“张某某到工地上去的少，他是老板，事情多，不可能经常在工地上。李某1在工地上待得多些，因为他是工地上的负责人。”李某2在2020

年5月25日的笔录中也提到，“当时张某某安排李某1在老建筑公司那负责房屋拆迁谈判和开发建设”。

对于李某1负责工地全权工作一事，还有负责拆迁的黄某1与胡某2、乐某某三人的证言相互印证。黄某1在2020年5月23日的笔录中明确说，是胡某2找到他，二人主动找到张某某，请求承包该工程的拆迁事宜。“在办公室，张某某让我和胡某2在拆迁活路过程中，有什么事情直接和李某1对接。”“张某某到工地上去也很少催我们早点把房子拆完的话，一般都是李某1给他汇报工作后，李某1在安排我们做活路。”而胡某2在2020年5月22日的笔录中也称，张某某“当时没说具体时间，就是让我们尽快把房子拆完”。胡某2还提到:“我们在工地上做活路主要是听李某1的，而且我找张某某要建筑公司拆迁活路的时候，张某某也跟我说过建筑公司的拆迁活路具体由李某1负责。”“我们几个人首先是听李某1的，李某1让怎么搞，我们就按照他说的安排工人做活路”。在6月27日的笔录中，胡某2再次提到，“不管是与住户签房屋补偿协议，还是说哪里房子可以拆了，都是他（李某1）在那里负责”。此外，乐某某在2020年5月25日的笔录中也提到，“我只晓得是李某1在那里负责”。

也就是说，在工地现场的其他人均明确，老建筑公司工地的拆迁是李某1具体负责。

（二）起诉书指控断水断电及言语恐吓，与事实不符

起诉书指控，李某1等人对被拆迁户采取了言语恐吓、断水断电的手段，与事实不符。

关于言语恐吓手段，仅有被害人的陈述，在案证据中无论是总负责的李某1还是现场施工的黄某1、胡某2，都没有对此的描述，系孤证，依法不能认定。至于所谓刑满释放人员一事，更是无稽之谈。《关于进一步加强对刑满释放、解除劳教人员安置和帮教工作的意见》第四条第一款规定:“要继续大力提倡工厂、企业和各种经济实体接收、安置刑满释放、解除劳教人员，主动承担社会责任。有关部门要对安置工作作出突出成绩的单位予以表彰，并在生产经营上给予支持，政策上实行优惠”。张某某在黄某1的请求下，将涉案工程交予黄某1，是对服刑人员安置工作的支持，而非以此恐吓。

关于停水停电一事，在案的宜城市建设局在2008年9月24日出具的一份《关于原建筑公司24户职工反映问题的回复》记载:“经过调查，24户

职工反映堵路问题属实，但停水只有4户，停电并不属实……当天（9月22日）中午疏通道路，对于停水的住户由建筑公司留守人员组织人员全力修复现已供水。”所谓“被害人”称李某1等人采取断水断电的说法，显然不属实，而停水的4户是否为本案涉及的被拆迁人，也不确定。黄某1也在2020年5月23日笔录中提到，“我的印象中，除了那个女的外，我们没有与那里住户发生冲突”。

退一步说，如果李某1等人要采取断水断电的手段逼迫签订拆迁协议，也不可能仅对4户停水，不能排除因施工的失误而导致断水。

（三）李某3房屋并未被强拆，且是李某1指挥

本起指控中，起诉书指控李某1等人对李某3房屋强拆，与事实不符。李某3在2020年4月25日的笔录中明确说，当时是拆其楼上房屋，“下班回来后我发现楼上被拆了，我心里很不高兴”。出警的姚某在2020年5月26日的笔录中同样提到，他“看到搞拆迁的已经在拆报警的那个女的楼上房屋楼板了……报警人家中也没有看到物品被损坏情况”。也即，李某3的房屋并未被强拆。

究竟是谁安排拆除李某3楼上房屋一事，具体做此事的胡某1在2020年5月24日的笔录中提到，“当时我们也是按照李某1说的去做”，张某某没有指使。

（四）王某2所称建筑垃圾、砌围墙一事，均是李某1指挥

乐某某砌围墙一事，李某1称是乐某某带人砌墙，是张某某安排。此言不实。

乐某某在2020年5月25日的笔录中明确说，“我去的时候要拆的房子都已经拆完了”。也就是说，乐某某没有去砌过围墙。显然，李某1关于张某某安排乐某某砌围墙的说法，是虚假的。

事实上，围墙和堵路，都是李某1安排的。在场的黄某1在2020年5月23日的笔录中明确提到，“当时李某1让我们砌围墙……我见这样的情况，就打电话报了警”。黄某1把王某2拉开，是李某1说“把她拉过去”。“我当时不应该只听襄大建筑经理李某1的……李某1代表张某某安排我们做活路，他让我们做什么我们就做什么。”6月29日，黄某1再次称“李某1为促使靠近马路边的一栋家属楼还没搬走的住户早点签协议，让我和胡某2在那栋家属楼

门前砌围墙”。“我们去拆房子的时候，李某 1 就安排管水电的工人将办公楼和需要拆迁的 2 栋家属楼住户水电停了……砖渣也是李某 1 让我们堆的，他当时让胡某 1 找的那些工人。”

胡某 2 在 2020 年 5 月 22 日的笔录中也明确说，“是李某 1 让我们把每月拆完的房子围起来”。其在 6 月 27 日笔录也提到，“李某 1 让人把那栋家属楼门前砌个围墙”。

至于黄某 1 在 2020 年 6 月 29 日笔录所说，“李某 1 这么做，肯定也是听张某某的”，则是猜测性言论。《最高人民法院关于适用〈中华人民共和国刑事诉讼法〉的解释》第八十八条第二款明确规定，“证人的猜测性、评论性、推断性的证言，不得作为证据使用”。

（五）所有被拆迁人均得到了高额补偿，张某某系亏本开发

【一般来说，冤案中被指控的寻衅滋事，往往事出有因。但有些办案人员会故意模糊这部分引发双方冲突的内容，只着重强调行为人的不妥当行为。如我们遇到过，所谓“被害人”一方盗挖矿山，行为人为制止非法采矿行为，将挖机上的电路板拆卸下来，随后转交给国土执法部门。按理说，如果矿山是行为人自家的，这种行为就属于自力救济；如果矿山还未出让，那就是典型的见义勇为。但是，有些办案人员为了“凑”出一个黑社会性质组织，就会把这类行为指控为寻衅滋事。

本案中也有这种情况。因为公安机关立案侦查时认定张某某等人属于黑社会性质组织，所以将大量拆迁行为认定为“寻衅滋事”。我们在阅卷、搜集证据中发现，张某某当年是不愿意进行拆迁的。尤其是公安局家属楼，张某某知道有恶意敲诈拆迁款的户主后，与公安局协商停止开发，是公安局要求张某某继续开发并大力配合，张某某拆迁时也支付了超出市场正常价格的补偿。

我们在辩护中特别注意这类细节的挖掘。近些年来，寻衅滋事罪被滥用的现象较为严重，甚至成了口袋罪，被社会所诟病。律师在寻衅滋事罪的辩护中，除了考虑客观行为是否符合该罪所列举的类型外，还要特别注意《最高人民法院、最高人民检察院关于办理寻衅滋事刑事案件适用法律若干问题的解释》第一条第一款提到的“无事生非”“借故生非”的主观动机。当辩护律师能够提供证据证实该事件事出有因时，自然可以否定这一指控。】

我们根据在案证据，整理了涉案的补偿价格，具体见表 2-1。

表 2-1　涉案补偿价格表（部分）

拆迁户	面　积	房屋评估价格	初始补偿标准	协商后实际补偿金额
李某 3	76.67m²	84 183.66 元	138 006 元	16 万多元
王某 2	57.43m²	63 058.14 元	103 374 元	23 万元
李某 4	57.43m²	63 058.14 元	103 374 元	22 万元
吴某某	57.43m²	63 058.14 元	103 374 元	20 万元
赵某某	57.43m²	63 058.14 元	103 374 元	103 374 元
杨某 1	76.67m²	84 183.66 元	138 006 元	16.5 万元
许某某	57.43m²	63 058.14 元	103 374 元	十几万元

由该表可以清楚地看到，涉案被拆迁人均获得了远高于其房屋价值的补偿。而张某某在 2021 年 3 月 17 日的笔录中提到，收购宜城建筑公司的土地，是因“2006—2007 年，领导找到我……说他（谭某某）搞不下去了，政府想让我来接手……2008 年，政府让我将宜城市建筑工程公司的那块地进行开发……成本每平方米 1 900 元，我卖出去是每平方米 1 700 元，这个项目我是亏钱的”。

三、张某某涉嫌“某某广场”寻衅滋事的指控不能成立

（一）房屋征收补偿本是政府在出让土地前应当履行的义务，张某某替政府履责，在此过程中发生的纠纷，应由征收主体承担责任

《国有土地上房屋征收与补偿条例》（下称《条例》）第四条规定:“市、县级人民政府负责本行政区域的房屋征收与补偿工作。市、县级人民政府确定的房屋征收部门（以下称房屋征收部门）组织实施本行政区域的房屋征收与补偿工作。市、县级人民政府有关部门应当依照本条例的规定和本级人民政府规定的职责分工，互相配合，保障房屋征收与补偿工作的顺利进行。”显然，依照法律规定，本案涉及的房屋征收补偿工作，应当由当地政府负责。《关于支持襄大集团打造百亿元企业现场办公会会议纪要》（〔2012〕第 1 号）也明确记载，在相关领导的支持下，确定“拆迁工作由市政府征求拆迁户意见后实施”。

本案的特殊之处在于，当地政府为不用履行该项法定义务，便委托襄大公司进行土地征收补偿工作。张某某在 2020 年 7 月 5 日的笔录中也提到，“2014 年之前搞房屋拆迁都是开发商搞，政府搞拆迁都搞不下来，实际上拆迁这个事是城投公司来搞，但他们没搞又委托我们搞”。

对于这样一种委托行为的责任承担，《条例》第五条第二款明确规定："房屋征收部门对房屋征收实施单位在委托范围内实施的房屋征收与补偿行为负责监督，并对其行为后果承担法律责任。"因此，本案因房屋征收补偿行为造成的后果，依法应当由当地政府承担。

也即，襄大公司虽然事实上承担了涉案房屋征收补偿工作，但不能认为此类主体因此即成了补偿安置的法定义务主体，也不能认为其实际取得了独立实施补偿安置的行政主体资格，更不能认为市、县人民政府即因此免除了法定的补偿安置义务。

（二）本起指控均是由被拆迁人无理要求引发，且支付了超过被拆迁人房屋价值的对价，依法不能认定为寻衅滋事

在案张某 1、何某某、李某 4 等人的笔录清晰地显示，本案所有被拆迁人的房产评估，是由城投公司委托进行的，张某某等人没有介入。我们根据在案证据，整理了政府评估价格与张某某等人实际支付的补偿价格，具体见表 2-2。

表 2-2　政府评估价格与实际补偿价格对比

拆迁户	面积	房屋评估价格	初始补偿标准	协商后实际补偿金额
车某	102.88m^2	280 448.00 元	288 060.16 元	144.6m^2 的房屋与现金 9 万元
王某	67.50m^2	189 000.00 元	194 130.00 元	按照 1 ∶ 1.2 的比例置换新房与现金 5 万余元
江某某	113.91m^2	318 948.00 元	327 605.16 元	置换 136.69m^2 的新房与现金 17.3 万元
周某某	102.88m^2		123.45m^2 房屋	按照 1 ∶ 1.2 的比例置换新房与现金 7 万元
张某 3	67.50m^2	189 000.00 元	214 130.00 元	110m^2 的房屋与安置费 7 万元
付某某	67.50m^2	189 000.00 元	194 130.00 元	32 万元
黄某 2	67.50m^2	189 000.00 元	194 130.00 元	118.43m^2 的房屋与现金 19.2 万元
严某某	100.63m^2	224 505.53 元	112.70m^2 房屋	170m^2 的新房
郑某 1	95.84m^2	268 352.00 元	307 873.30 元	79.5 万元
徐某某	123.03m^2	34 483.00 元	409 216.24 元	202.06m^2 的新房
刘某 1	102.88m^2		123.46m^2 房屋	120m^2 的房屋与现金 12 万元
郝某某	550m^2		660m^2 房屋	720m^2 的住宅与现金 9 万元

由该表可以清楚地看到，涉案被拆迁人均获得了远高于其房屋价值的补偿。检察机关称："被拆迁房屋补偿金额的多少，不影响被告人寻衅滋事罪的构

成。一是被告人对被害人房屋的补偿是犯罪既遂后的补偿行为，不影响犯罪的成立；二是《拆迁补偿条例》明确规定，在未达成补偿协议，未补偿到位的情况下，被害人有权拒绝搬迁”。

要提请合议庭注意的是，前述拆迁补偿并非是犯罪既遂后积极赔偿损失的行为。事实上，在拆迁的商谈过程中，张某某等人对被拆迁人的补偿金额，就远高于其房屋实际价值。在拆迁过程中进一步提高了补偿金额，并非为了寻求所谓“被害人”谅解，而是因为整体过程仍属于洽谈，是双方就房屋拆迁补偿金额的谈判，进一步证明张某某等人并无“无事生非”的动机。而《拆迁补偿条例》的适用，并不能证明张某某等人有罪，因为该条例是限于政府与被拆迁人之间的规定，张某某系帮助征收部门进行拆迁工作。

（三）张某某没有授意李某1、张某1采取不文明的手段拆迁，张某某甚至打算放弃拆迁

李某1在2019年11月22日的笔录中，提到了其向公司具体上报进展的内容，即“有变化就报进展，没有变化就报无进展”。也就是说，李某1等现场负责人向上汇报的是协议签订进展，没有签订协议的，仅上报称“无进展”，并不会就违法拆迁的事情向张某某汇报。这与张某某2020年7月5日的笔录相互印证，张某某提到:“后来李某1向我汇报有一户姓郑的钉子户，想多要钱。我说只要不太过分，给他点钱搞平了算了。至于后来发生的事情有没有打姓郑的，有没有骂姓郑的，我都不清楚。我作为襄大公司的领导，把任务分给各单位后，由各单位自行完成任务。”

事实上，李某1早有不向张某某汇报即自行其是的行为。如在张某某2021年3月17日谈到襄大建筑工程降低资质一事时提到，“当时因为一个老板向李某1借了襄大建筑公司的资质在枣阳承建工程，后来因为这个工程项目不合格，我的襄大建筑公司从二级降到三级，这时我才知道李某1将襄大建筑的二级资质借给枣阳这个老板搞工程的事，我当时很生气，吵了李某1和那个枣阳的老板”。

张某1在2020年6月16日的笔录中也明确提到，张某某很少到工地上，“他去了也只是到处看看”。并且，在拆迁张某2家房屋时，“我没有提前跟张某某汇报过这件事”;“当那个女的回来之后，找到张某某，他才知道这件事的”。在2020年6月18日的笔录中，张某1还提到一个细节，他在支出给松江的几千块钱时，“拿之前我给张某某汇报过，只是说为了拆迁支出了几千块

钱的费用，没有跟他说具体做什么花费的”。在对黄某2家进行拆迁时，张某1在2020年6月20日上午的笔录中明确说，在现场“没有看到张某某来过”，也没有就与黄某2拆迁谈判的事情和张某某说过。在对郝某某家拆迁时，张某1在2020年6月20日下午的笔录中也提到，“我没看到他（张某某）来过”“谈的过程中没有跟他说过，协议签了之后跟他汇报一声就行了”。

虽然张某1于2020年6月22日、6月23日的笔录中记载，“张某某经常让我加快拆迁进度的意思，无非就是让我想办法让那些不同意签协议搬走的住户签协议搬走，虽然张某某明面上没有跟我把这件事说透，让我自己想办法，但是我明白他的意思，就是要让我采取些非常规软硬皆施的手段促使那些没有签协议的住户签协议搬走”。但在庭审中，张某1已经说明了这样的说法系办案人员编造并逼迫他签字的。更为重要的是，即使按照这样说法，也更是证明张某某完全没有直接授意张某1采取不文明的方法拆迁。张某1关于“软硬皆施”的说法，系其本人的猜测性意见，而无论是《最高人民法院关于适用〈中华人民共和国刑事诉讼法〉的解释》第八十八条第二款，还是《关于办理死刑案件审查判断证据若干问题的规定》第十二条第二款均明确：“证人的猜测性、评论性、推断性的证言，不能作为证据使用，但根据一般生活经验判断符合事实的除外。”

这些情况足以证明，在工地上因拆迁发生的纠纷，张某1并不会提前汇报给张某某，张某某也没有事先指使张某1采取不文明的手段拆迁。

此外，李某1在2020年6月14日的笔录中特别提到，因为公安局家属楼拆迁难度大，“张某某决定公安局家属楼不再进行协议谈判，申请项目变更，将公安局家属楼排除项目之外”，直到2013年7月公安局领导主动联系张某某，询问是否要继续开发。这表明，张某某并无强烈的开发意愿，其没有必要指挥李某1、张某1采取不文明的手段进行拆迁。

（四）检察机关指控张某某授意的说法，根本不能成立

辩论阶段，检察机关认为：“张某某的强拆行为的授意体现在拆迁的全过程。其一，张某某安排刑满释放人员等参与拆迁。为推进拆迁进度，张某某安排刑满释放人员黄某1、胡某2等协助拆迁，由这些人再召集其他社会闲散人员，在拆迁时对居民形成一种强大的心理威慑。其二，在实施过程中具体指挥了强制拆迁，张某某除了动员住户拆迁总体催办拆迁进度外，还亲自指挥具体实施强制拆迁行为，并安排拆迁，拆掉黄某2家油布，安排工人挖楼梯，安排

李某 1 铲平郑某 1 家房屋等。其三，对下属实施的暴力拆迁行为公然予以奖励。在公司员工唐某、郑某 2 因强拆行为被行政拘留后，张某某公司派人送生活费给二人，每人一万元，也证明了张某某对强拆行为的支持和鼓励”。

首先，辩护人在“某某商城”一起的质证中已经说明过，在案证据证明，是黄某 1、胡某 2 主动向张某某提出承接工程，并不是张某某故意寻找刑满释放人员以恐吓被拆迁人。关于言语恐吓手段，仅有被害人的陈述，在案证据中无论是总负责的李某 1 还是现场施工的黄某 1、胡某 2，都没有对此的描述，系孤证，依法不能认定。更为重要的是，《关于进一步加强对刑满释放、解除劳教人员安置和帮教工作的意见》第四条第一款规定：“要继续大力提倡工厂、企业和各种经济实体接收、安置刑满释放、解除劳教人员，主动承担社会责任。有关部门要对安置工作作出突出成绩的单位予以表彰，并在生产经营上给予支持，政策上实行优惠。”张某某在黄某 1 的请求下，将涉案工程交予黄某 1，是对服刑人员安置工作的支持，而非以此恐吓。

其次，张某某没有具体指挥拆迁行动。要提请合议庭注意的是，公安机关在就寻衅滋事指控讯问张某某时，根本没有讯问张某某是否具体地安排了检察机关所举例的事项。指认张某某具体指挥拆迁的说法，没有得到相互印证，不应采信。

最后，唐某和郑某 2 被拘留后得到的一万元，并非是对二人的奖励。庭审已经查明的事实是，二人本不应被拘留，其被处罚的违法事实，其实是挖机司机周后云在施工过程中发生的意外。在这种情况下，因二人蒙受不白之冤，公司才对二人进行补偿，绝非奖励。

（五）在案价格认定不能作为定案依据

1. 本案不应由十堰市价格认定中心进行价格认定

《价格认定规定》第十条规定：“县级人民政府价格主管部门的价格认定机构办理本级纪律检查委员会、基层人民法院、人民检察院、人民政府各部门以及国务院垂直管理部门所属机构提出的价格认定事项。”

本案由竹溪县公安局、竹溪县检察院及竹溪县人民法院办理，依照上述规定应由“县级人民政府价格主管部门的价格认定机构办理”。但本案的价格认定，系由竹溪县公安局直接委托十堰市价格认定中心进行鉴定。

2. 该起指控的价格认定，使用了错误的方法

【价格认定是涉及财产型犯罪中的重要问题。在陶某涉嫌受贿等罪一案中，

我们已经专门进行过论述。

我在此想特别提示一个问题，就是辩护律师要处处留心，多去各类行业主管部门的官网上，了解相关工作动态。我们为什么能够一眼看出价格认定的方法错误？是因为我们在价格认证中心的官网上，注意到复核处处长署名的《涉案价格认定复核裁定常见问题及方法解析》一文。我们同意并使用了该文的观点，认为对于毁财型犯罪，应当通过成本法认定价格。】

本起指控涉及的价格认定结论第6页记载："……采用市场法对价格认定标的在价格认定基准日的市场中等价格进行了客观公正的分析测算……"

但是，在国家发改委价格认证中心官网，由国家发改委价格认证中心复核处处长署名的，名为《涉案价格认定复核裁定常见问题及方法解析》一文特别提道："根据我中心2014年出台的《毁坏财物损失价格认定规则》，办理毁坏财物损失案件价格认定时只考虑'直接损失'的原则。'强拆'案件虽然是由于拆迁补偿造成的，但是这类案件属于毁坏公私财物案件，价格认定应采用'成本法'计算受损房屋的'直接损失'。即价格认定是测算被毁坏房屋的直接损失，而不是对房屋的市场成交价格进行认定"。

本起指控的价格认定结论采取"市场法"，显然有误。

四、检察机关指控张某某涉嫌李某5一事、某某足道寻衅滋事，不能成立

（一）张某某没有参与李某5被寻衅滋事一事

1. 张某某对龚某某殴打李某5一事不知情，也没有动机指使龚某某殴打李某5

张某某的当庭陈述及张某某在卷的讯问笔录，均供述从未指使龚某某。虽然，在龚某某殴打李某5的四次笔录中，第4次（2020年5月25日）的笔录改称，是张某某指使了龚某某殴打李某5。但是，通过庭审发现，龚某某该日的笔录是被办案人员威胁、疲劳审讯、编造所形成；5月25日的同步录音录像也显示，笔录全部是侦查人员自行编造，无一句实话，甚至办案人员教唆龚某某如何在检察官面前、法官面前作假。而且，宜城市鄢城派出所的两次呈请结案报告书里面，根本就没有提到张某某指使龚某某殴打李某5。显然，指控张某某指使龚某某殴打李某5的唯一证据，是虚假的。

更为重要的是，在案证据中，根本没有起诉书所称的李某5攻击张某某是黑社会的网帖。且龚某某在回答公诉人发问时明确说："他（李某5）在网上攻

击我是黑社会，是张某某的狗腿子和打手，我已经至少两次跟他当面沟通过。”也即，李某 5 和张某某此前未有纠纷，张某某没有动机指使龚某某殴打李某 5。

因此，龚某某找人殴打李某 5 一事，与张某某无关。

2. 龚某某在房管局殴打李某 5，与张某某无关

李某 5 代表襄大新村业主委员会在会议室开会结束时，因言语矛盾龚某某打了李某 5 一巴掌，后双方被拉开。徐某 1、洪某的笔录证实，由于事发突然，在龚某某殴打李某 5 之前，其与张某某无任何交流。

因此，龚某某在房管局殴打李某 5 之事，亦与张某某无关。

3. 李某 5 存在严重过错，龚某某殴打李某 5 不属于无事生非、借故生非

最高人民法院、最高人民检察院《关于办理寻衅滋事刑事案件适用法律若干问题的解释》第一条第三款规定，行为人因婚恋、家庭、邻里、债务等纠纷，实施殴打、辱骂、恐吓他人或者损毁、占用他人财物等行为的，一般不认定为“寻衅滋事”，但经有关部门批评制止或者处理处罚后，继续实施前列行为，破坏社会秩序的除外。

李某 5 殴打龚某某不是无事生非、借故生非：龚某某的笔录、洪某的笔录以及时任社区副书记徐某的笔录能够相互印证，李某 5 在网上造谣、攻击龚某某是黑社会，并且敲诈勒索龚某某。而且，龚某某也当庭证实，其与李某 5 之间的矛盾起因，确实是李某 5 用删除诬告网帖一事，敲诈勒索龚某某。

因此，即使龚某某找人或亲自殴打李某 5，本起指控也是因李某 5 的诬告陷害行为引发，不构成寻衅滋事罪。

（二）某某足道寻衅滋事一事，不构成犯罪

1. 价格认定结论错误

【公安机关委托出具的价格认定书，认为所有物品的损毁率都是 100%。但我们在阅卷过程中发现，证人和被害人的笔录都提到损失不大。带着这样的疑点，我们认真审查了现场的监控视频，发现根本不存在 100% 的损毁。还有许多在笔录中被提到完全损毁的财物，在视频里不仅没有损毁，还被正常使用，进而从根本上动摇了价格认定。】

本起事实的核心是被损坏物品的价格有没有达到两千元。

价格认定结论书中，所有的物品被损坏率都是 100%，也即完全损毁。但是，视频和相关的照片证实电脑显示器完好无损，电话、点钞机、木座椅仍在使用，不存在 100% 损毁的结果。被告人、被害人笔录以及某某足道的经理笔

录，证实损失只有六七百元，总体损失不可能有价格认定报告中的两千元以上。

此外，价格认定中心人员在认定过程中，没有见到实物，即他们通过行政案卷内的照片认定物品完全损坏。某某足道的经理笔录中，明确说损失的价值不超过一千元，有些修复后可以使用，有些没有损坏。物品所有人自己说没有坏、损失不到一千元；价格认定中心说物品完全损坏了、损失超过两千元。

2. 价格认定程序错误

本案价格认定结论系将鉴定意见作为证据使用。根据《刑事诉讼法》及司法解释的要求，鉴定意见应有鉴定人签字。庭审中公诉人却依据国家发改委的文件认为价格认定结论不需要签字。

辩护人要强调的是，刑事指控是最严厉的指控。既然作为鉴定意见使用，就必须按照鉴定意见的要求审查证据。《刑事诉讼法》及相关司法解释规定，对鉴定意见有异议可以申请鉴定人出庭，即鉴定人也属于申请回避的对象。如果鉴定意见无鉴定人签字，辩护人如何申请鉴定人出庭，如何申请鉴定人回避？

3. 本案已经妥善解决

本起事实发生之后，双方已经达成和解：龚某某请邓某吃了几次饭，期间给邓某的钱，邓某没有要。公安机关处理此事时，也因为不满足刑事立案标准，最终由双方自行解决。

五、检察机关指控张某某涉嫌非法拘禁，不能成立

（一）三起指控的起因，均是由于相对方欠钱不还，不构成犯罪

本案得到各方确认的一个事实是，全部三起非法拘禁的指控，起因均是债务人严重过错。在高某 1 一起中，是因高某 1 长期拖欠饲料款；谢某某一起中，谢某某拖欠债务，甚至到案发前停止计算，仍有六千余万元利息没有归还（按照判决计算到辩论之日的利息）；高某 2 一起，更是因为高某 2 为归还赌债，将代养的生猪私下出售给他人，高某 2 也已经被判决侵占罪服刑至今。

因此，本案三起非法拘禁的指控，均显然不能成立。

（二）对高某 1 被非法拘禁的指控，不能成立

1. 本起指控起因是高某 1 拖欠饲料款不还，高某 1 也称公安机关“小题大做”

本案得到各方确认的事实是，高某 1 拖欠了饲料款。高某 1 在 2020 年 4

月 3 日的同步录音录像（视频时间 11:12:50）中明确说："如果不是那一次发生不愉快，归根结底他（张某某）是我生命中的贵人。我们当时是地地道道的农民，没有他我们也做不了生意……其实这也不叫是事情，你们把他小题大做了呀！"

也就是说，本起指控的行为对高某 1 而言，就是正常的索取债务的方式，对其生活并没有严重影响，显然不属于情节严重。

2. 张某某没有授意张某 1 限制高某 1 人身自由

张某某在 2020 年 7 月 5 日的笔录中提到，他不清楚经销商欠款不还如何处理，此事是直接由各地区经理负责。

对此，张某 1 在 2020 年 6 月 22 日的笔录也提到，"作为老板他关心的是结果，至于具体我怎么去要，他不会关心的"。不仅如此，高某 1 在 2020 年 4 月 23 日的笔录中描述，"我记得他公司确实有人找他签字，他就让我们走了"。在 4 月 3 日的录像中，高某 1 也说过："我没听到他亲口要把我带走的。"

显然，张某某、张某 1 和高某 1 的笔录相互印证，张某某没有授意张某 1 限制高某 1 的人身自由。

（三）对谢某某被非法拘禁的指控，不能成立

非法拘禁罪的成立，需要剥夺被拘禁人的人身自由。而检察机关在起诉书中指控的，并非张某某授意王某 1 剥夺谢某某的人身自由，而是"非法限制其出行和行动自由"。

张某某在 2020 年 6 月 30 日的笔录中明确，其与谢某某产生债务的原因，是相关领导多次要求张某某帮助谢某某偿还其所欠政府债务，张某某出借资金并非自愿。在资金出借后，双方仅约定了 9.6% 的年息，而直到 2017 年，某某法院确认谢某某仍拖欠利息 6 811 万余元，至今没有归还。

前述张某某笔录显示，在雇佣王某 1 要账的过程中，张某某"给王某 1 交待不能搞坏事，一定要给老谢面子"。在实际要账过程中，王某 1 在 2020 年 4 月 13 日、4 月 14 日的笔录中也提到，"谢某某去哪我就远远跟着他"，其未剥夺谢某某的人身自由。起诉书所称王某 1 等人在谢某某去酒店吃饭时将其强行带回，与事实完全不符。谢某某在 2020 年 4 月 27 日的笔录中没有提到"强行"一事，事实上是吃饭过程中他让王某 1 在外等候，待接待完客人后回公司，王某 1 等人同意了。

（四）对高某2被非法拘禁的指控，不能成立

检察机关指控本起犯罪，开始于2015年10月9日。但事实上，襄大职工李某6在2015年10月8日已经就高某2偷卖生猪一事，向派出所报案。但出警警察现场答复，双方之间属于经济纠纷，应去法院解决。需提请合议庭注意的是，高某2在本起指控发生后，已被宜城市人民法院以侵占罪判处刑罚。也就是说，本起指控之所以发生，是因为高某2的犯罪行为给襄大公司造成了严重损害，且案发时公安机关没有依法处理。

在案的客观书证显示，起诉书所称的“辱骂”“殴打”或“看管”均不存在。在刘某2015年10月8日的报警记录中，高某2从未向出警警察诉称被“殴打”或“辱骂”。在本起指控结束后的10月20日，派出所经过调查出具的书面《调查报告》，也没有记载高某2曾向公安机关反映过被“辱骂”“殴打”或“看管”的内容。也就是说，本案可能有随身跟贴的行为，但并无构成非法拘禁罪的剥夺人身自由的行为，否则无论是当年的公安机关调查，还是人民法院判决高某2有罪的过程中，都会有此项内容的记载。

六、本案串通投标的指控，不能成立

（一）除科研项目外，个人不能独立构成本罪

《刑法》第二百二十三条虽然没有规定串通投标罪的认定必须违反前置法，但刑法理论通说认为，“违反招投标法”是串通投标罪的不成文的构成要件要素。在司法实践中，最高人民检察院发布的第二十四批指导性案例中，也通过许某某、包某某串通投标立案监督案支持了刑法理论通说。因此，对于本罪犯罪主体是否适格的认定，必须考虑《招标投标法》等法律法规。

《招标投标法》第二十五条规定：“投标人是响应招标、参加投标竞争的法人或者其他组织。依法招标的科研项目允许个人参加投标的，投标的个人适用本法有关投标人的规定。”也就是说，只有参与科研项目招标的个人，才能独立构成串通投标罪的主体。本案均不是科研项目，因此，即使按照起诉书的指控，串通投标的行为主体必须是“法人或者其他组织”，而不能由张某某个人独立构成犯罪。

（二）涉案投标行为没有损害其他投标人利益

第十三届全国人大宪法和法律委员会副主任委员、清华大学周光权教授专

门在《法治日报》上撰写了题为《“刑民（行）关系与犯罪认定”之十五　串通投标罪的实质限定》的文章。该文明确提到：“对于本罪的认定，固然要顾及前置法，但是值得注意的是，对刑事违法性的判断不是形式上的，‘顾及’前置法不等于‘从属于’前置法，刑法上所固有的违法性判断必须得到承认。因此，完全可能存在行为违反招标投标法，但在独立判断刑事违法性之后，认定该行为并不构成犯罪的情形”。周光权并举出已经施工后为完善相关手续和仅有一家实际投标人的两个案例，并详细说明了这两种情形分别因为没有其他投标人利益受损、不可能与其他客观上并不存在的投标人相互串通投标报价，故不会有实质性、刑法上所固有的违法性，不构成犯罪。

本案的情形与周光权教授所举案例相同。涉案除人民医院项目外，各项目的招标人均为襄大实业公司。雅新名都的招标人雅新置业公司则在 2016 年 9 月 3 日，由原股东汪某某将其持有 100% 股权全部转让给张某某，案发时也系襄大集团旗下公司。

辩护人提交的人民医院与襄大所签协议、宜城市城建档案馆所存《工程开工报告》等证据显示，各项目进行招标前，均已开始施工。也即，相关指控涉及的所谓“招投标”活动，发生于工程施工之后，所谓“招投标”是在人民医院、襄大实业公司、某某置业公司同意的情况下，为完善相关手续而进行的，其他人早已知晓不可能通过招投标获得前述项目，不会参与招标，事实上也没有其他公司参与招标。也即，涉案投标行为没有导致其他投标人利益受损，不符合串通投标罪的构成要件。

具体来看，人民医院外科大楼、配套工程及襄大各自建项目，虽然名义上有其他公司参与投标，但实际上均是由李某 1 所控制，最终由襄大建筑公司中标。这一行为虽然违反了《招标投标法实施条例》第四十四条第二款规定的开标条件，应当重新招标，但投标人实际只有襄大建筑公司，不可能与其他客观上并不存在的投标人相互串通投标报价。而如前所述，襄大实业公司、雅新置业公司和襄大建筑公司均为襄大集团旗下公司，故实际上也不存在招标人与投标人串通。

（三）涉案投标行为没有损害招标人利益，没有损害国家、集体和公民合法权益

从实际情况来看，在人民医院涉案项目中，若投标人数量不足导致流标，将无法确保 2010 年年底启动工程，既影响工程进度，也会致使中央财政收回

预算。在此背景下，襄大建筑公司作为宜城少有的建筑工程施工总承包二级资质企业，又具备全程垫资建设的意愿、实力，已是涉案项目的最优选择。并且，该工程质量最终受有关部门肯定，获得襄阳市建筑领域最高奖“隆中杯”。故襄大建筑公司没有损害招标人利益，也没有损害国家、集体和公民合法权益。

而在襄大集团各自建项目中，襄大实业公司、雅新置业公司作为招标人，与中标人襄大建筑公司同为襄大集团旗下公司，招标人对投标人行为事先知晓且认可，工程通过竣工并顺利使用至今，故招标人利益及国家、集体和公民合法权益实际上也不存在损害。

（四）人民医院外的涉案项目如今不需招标，本案已无刑事违法性

需要提请注意的是，人民医院外的涉案项目不是使用国有资金、国际组织资金等建设的项目，只可能属于《招标投标法》第三条规定需要招标的“大型基础设施、公用事业等关系社会公共利益、公众安全的项目”。而国家发展改革委2018年6月发布的《必须招标的基础设施和公用事业项目范围规定》，“大型基础设施、公用事业等关系社会公共利益、公众安全的项目”范围里已删去了“商品住宅，包括经济适用房”。因此，本案如今已经不具有行政违法性，当然不具有刑事违法性。

公诉人在辩论阶段援引《招投标法实施条例》第九条，称襄大实业公司不具备房地产开发资质和房屋、建筑工程资质，不符合该条“除招标投标法第六十六条规定的可以不进行招标的特殊情况外，有下列情形之一的，可以不进行招标:（二）采购人依法能够自行建设、生产或者提供”之规定，故相关项目应当招标。对此，辩护人必须指出，公诉人所言系对该法条的误读。该法条前提为《招标投标法》第六十六条，即“涉及国家安全、国家秘密、抢险救灾或者属于利用扶贫资金实行以工代赈、需要使用农民工等特殊情况，不适宜进行招标的项目，按照国家有关规定可以不进行招标”，显然，《招标投标法》第六十六条以及衍生出的《招投标法实施条例》第九条均为法定招标情形的但书条款，规定的是需要招标情形中的例外情形。而如前所述，本案中，襄大集团各自建项目本身就不需要招标，当然不适用《招投标法实施条例》第九条之规定。

（五）本案行为性质上属于违法发包，张某某未违反行政法律规范，不应承担刑事责任

【对于法定犯的认定，以行为在前置法上具有违法性为前提，辩护律师必

须关注前置的行政法。

我们注意到，本起指控与刑法条文中串通招投标不同的是，本案是招标人提前内定中标单位。我们查找了涉及招投标的行政法律规范，发现对此的法律定性是违法发包。而对我们有利的是，行政法中并未对违法发包行为中的承包人设立罚则，我们据此作无罪辩护。】

事实上，根据《建筑工程施工发包与承包违法行为认定查处管理办法》第六条之规定，依法应当招标未招标或未按照法定招标程序发包的，属于违法发包，应当依据《招标投标法》第四十九条、《招标投标法实施条例》第六十四条的规定进行处罚。而根据前述条款，对违法发包的，行政法规仅规定对发包人进行处罚。

如前所述，人民医院将依法应当招标未招标的工程项目，直接指定襄大建筑公司施工，系典型的违法发包行为。但必须注意到，涉及招投标的行政法律规范中，并未对违法发包行为中的承包人设立罚则。也即，在这种情形下，承包人并不被认定违反行政法律规范。具体至本案中，襄大建筑公司因人民医院违法发包而成为涉案工程的施工人，该行为本身并不违反行政法律规范，也当然不可能构成犯罪。

七、本案高利转贷的指控，不能成立

【当下我国金融业发展迅速且已取得巨大成就，但是企业融资难这一问题仍然存在，导致企业间互相拆借之事时有发生，但鉴于我国对金融领域的高强度监管，企业间互相拆借的行为被严令禁止，甚至通过刑法对此加以规制。时至今日，我国市场经济活动已经发生了翻天覆地的变化，模式多种多样，企业经营要活起来，银行资金也要流动。本案开庭时，法院门口站满了本地各家银行的工作人员，叮嘱我们一定要辩护成功，张某某出来还要跟他们续签贷款合同。我们认为，现在的高利转贷罪构造不符合市场经济，不当地限制了资金的流转，应予改造甚至废除。】

指控事实总述如下。

（一）涉案银行贷款性质是担保贷款，不是信贷资金，不属于高利转贷罪的犯罪对象

【对于该罪名辩护的底层逻辑是，在入罪问题上必须坚持刑法的最后性和补充性，民事法律和刑法关于套取信贷资金的理解必须保持一致，在民商法上

套取担保资金贷款不属于套取信贷资金，不违反民商法，民间借贷合同即为有效。如果在刑法中套取担保贷款属于套取信贷资金进而构成犯罪，要追究刑事责任，那么也会因合同违反刑法导致民间借贷合同无效。这就产生一个巨大矛盾，按照民商法民间借贷合同是有效的，按照刑法民间借贷合同是无效的。在出罪问题上，必须坚持刑法的独立性，单纯地违反金融管理秩序，只是行政不法，必须证明行为已经危及了金融资金安全的法益，才构成犯罪。】

（1）根据《贷款通则》规定，金融机构的贷款分为信用贷款、担保贷款和票据贴现。信用贷款是指银行根据贷款人的信誉状况，无需提供担保的贷款。由于信用贷款能否按时获得清偿，完全取决于贷款人的个人信誉，因此如果允许贷款人在获得贷款后随意转贷给他人牟利，会加重金融机构的信贷风险。但对于有足额担保的贷款，金融机构在发放贷款后所面临的信贷风险较低，不属于高利转贷罪所规制的信贷资金。

根据《贷款通则》第九条的规定，信用贷款、担保贷款和票据贴现的含义分别如下。信用贷款，系指以借款人的信誉发放的贷款。担保贷款，系指保证贷款、抵押贷款、质押贷款。保证贷款，系指按《担保法》规定的保证方式以第三人承诺在借款人不能偿还贷款时，按约定承担一般保证责任或者连带责任而发放的贷款。抵押贷款，系指按《担保法》规定的抵押方式以借款人或第三人的财产作为抵押物发放的贷款。质押贷款，系指按《担保法》规定的质押方式以借款人或第三人的动产或权利作为质物发放的贷款。票据贴现，系指贷款人以购买借款人未到期商业票据的方式发放的贷款。

（2）《最高人民法院关于审理民间借贷案件适用法律若干问题的规定》第十四条规定，具有下列情形之一，人民法院应当认定民间借贷合同无效：……套取金融机构信贷资金又高利转贷给借款人，且借款人事先知道或者应当知道的。

以下为两则参考案例。

最高人民法院（2019）最高法民申 3251 号民事裁定书：本院经审查认为，根据《贷款通则》第九条规定，金融机构的贷款分为信用贷款、担保贷款和票据贴现。可见，信用贷款有别于担保贷款，系指依借款人的信誉发放的贷款，借款人无需提供担保。由于该项贷款是否能够按期收回完全取决于借款人的信誉，故金融机构在发放贷款时要对借款的借款用途、经营状况、管理水平等严格审查，从严把握，以降低贷款风险。如果允许借款人以信用贷款的方式获得信用资金后，随意转借给他人牟利，则会加剧金融机构的信贷风险，扰乱金融秩序。由此，《最高人民法院关于审理民间借贷案件适用法律若干问题的规定》第十四条第（一）项就进行规制，规定因此而订立的民间借贷合同无效。其目的就在于维护信贷秩序，防范金融风险。而本案中，立邦公司为其向金融机构借款 1 000 万元提供了相应的抵押物，且抵押物是真实的，并不存在虚假。即便存在以支付材料款名义申请贷款但却最终用于放贷，也只是构成借款用途与约定不符。因此，本案情形并非套取信用贷款，并不构成适用《最高人民法院关于审理民间借贷案件适用法律若干问题的规定》第十四条第（一）项规定的前提。

湖北省高级人民法院（2017）鄂民申 896 号民事裁定书：关于魏海方、唐玉梅主张严敞芝的借款中 30 万元属于严敞芝的儿子卢俊以住房抵押贷款方式套取银行贷款，应当为无效行为的问题。根据《最高人民法院关于审理民间借贷案件适用法律若干问题的规定》第十四条第（一）项规定："具有下列情形之一，人民法院应当认定民间借贷合同无效：……套取金融机构信贷资金又高利转贷给借款人，且借款人事先知道或者应当知道的……"但是本案中诉争民间借贷纠纷不属于该条款适用的情形。理由是：该条款规范的主体主要限定在享有银行信贷配额和使用信贷资金的企业，并且通过信贷资金转贷牟利。上述行为属于严重扰乱信贷资金市场秩序，损害社会公共利益，故依法被认定为无效。本案中卢俊以住房抵押贷款方式向银行借款 30 万元与上述司法解释中规范信贷资金的使用存在不同，卢俊以银行抵押贷款进行转贷目的主要还是用于生活，属于个人理财的一种方式，并且卢俊自身承担了贷款偿还风险，故卢俊将其 30 万元银行贷款交给严敞芝的行为不属于上述司法解释认定为无效的情形。

本案中张某某控制的公司向银行贷取的资金，均有公司机器设备、生产线等公司资产及张某某个人资产提供充足担保，且从未拖欠银行贷款。张某某的公司所贷取的款项，属于金融机构贷款类别中的担保贷款。对于行为人以抵押物为担保获得的贷款，亦不属于《最高人民法院关于审理民间借贷案件适用法律若干问题规定》中的套取金融机构信贷资金的情形。而从体系解释的角度上，民事责任的承担轻于刑事责任，在行为人不承担民事责任的情况下，举轻以明重，行为人将获得的担保贷款转贷给他人的，不属于套取信贷资金的行为，不构成犯罪。在提供足额担保的情况下，即使存在套取行为，也不会对银行的信贷资金安全造成任何风险，将担保贷款排除出高利转贷罪保护的信贷资金范围并未违反当初设立本罪的立法原意。

需要特别说明的是，最高人民法院《关于修改〈关于审理民间借贷案件适用法律若干问题的规定〉的决定》（法释〔2020〕17号）对原司法解释进行了修改，将2015年司法解释的第十四条“套取金融机构信贷资金又高利转贷给借款人，且借款人事先知道或者应当知道的”修改为“套取金融机构贷款转贷的”。新的司法解释不再使用“信贷资金”的表述，而以“贷款”一词取而代之，就是考虑到信贷资金不等于贷款，它必须理解为信用贷款。

在本案中，如果按照公诉机关的逻辑，会出现一个非常可怕的现象。那就是按照民商法规定，该贷款合同有效，但是按照刑法规定，由于涉及高利转贷罪，借款合同和贷款合同就是无效合同，法秩序会出现一个巨大的矛盾。现在还有许多银行等着和襄大集团签订贷款展期合同，但是按照公诉机关的指控，这些展期合同的签订也存在巨大的民事风险甚至刑事追诉风险。一方面，如果高利转贷罪成立，那么这些合同也要归于无效；另一方面，试图签订展期合同本身就是明知他人实施“高利转贷”依然提供帮助，似乎可以成立高利转贷罪的共同犯罪。

（二）涉案银行贷款全部及时、足额清偿本息，银行未发生损失，无追究刑事责任必要

【企业之间合理的拆借本可以通过民商事法律或者行政法律法规加以规制，最终却“动用”了刑事法规。于此而言，高利转贷罪扩大了经济领域相关刑事责任的范围，当然也包括所有将银行贷款转贷的行为。深入而言，当下高利转贷罪在适用之时并未考虑公司之间资金合理流动之需要；并未考虑到市场经济参加者追求经济利益之目的；高利转贷罪在实践中处于扩张的状态。】

中国农业银行关于印发《关于依法收贷工作的若干法律指导意见》的通知农银发〔2001〕196号）中有如下规定。依靠《刑法》维护银行债权。《刑法》对破坏社会主义市场经济秩序的犯罪作了详细规定。在依法收贷中发现债务人有下列情形的，贷款行可以通过向有关司法机关举报、利用刑事诉讼程序维护金融债权：（五）以转贷牟利为目的，套取金融机构信贷资金高利转贷他人，违法所得数额较大，造成银行巨大损失的（《刑法》第一百七十五条“高利转贷罪”）。

《贷款通则》第七十一条规定：借款人有下列情形之一，由贷款人对其部分或全部贷款加收利息；情节特别严重的，由贷款人停止支付借款人尚未使用的贷款，并提前收回部分或全部贷款：……套取贷款相互借贷牟取非法收入的。

本案在案证据材料显示，张某某所控制的襄大集团，有严格的融资管理制度，从未拖欠银行借款，甚至在本案开庭审理期间，当地各银行负责人均主动请求张某某签订贷款延期合同。

（三）张某某不具有转贷牟利的目的

【高利转贷罪的认定，关键在于确定贷款行为是否伴随超出法定利率范围的高额利息，并且这种行为是否是出于转贷牟利的目的。如果行为人在贷款之前并没有转贷牟利的直接故意，即没有在贷款之初就打算通过高利转贷来获取非法收益，那么指控就难以成立。直接故意在此处意味着，行为人在行为前已有明确目的和意图进行转贷牟利。如果牟利仅是后来的行为，或者出于其他原因而不是事先计划的结果，则不应构成高利转贷罪。】

根据刑法规定，高利转贷罪的转贷牟利目的必须产生在贷款之前。但是本案并无足够证据证明张某某及公司在贷款之前就存在这种目的。侦查机关指控张某某存在“过桥倒账”行为。但“过桥倒账”，是由于银行规定的受托支付而产生，在企业经营中十分常见，本是为了规避银行的内部规定。受托对象也会经过银行审核，并不属于违法情况。而且2019年后，银行内部规定修改，不再进行受托支付的限制，“过桥资金”的这一伴生行为就没有存在必要了，因此，控方是在将一个本身只是违反银行限制规定，后来银行主动取消该限制规定的行为，当作主要的犯罪事实进行指控，有罗织和凑数罪名之嫌。另外，张某某从不经手具体资金运作，他多次吩咐财务人员不可挪用银行贷款，他对具体资金来源和去向并不知情；多笔所谓借款实为项目投资款，并非利用转贷牟利。

需要说明的是，目的犯一定是直接故意，不包括间接故意。即便认为张某某存在放任的心态，但是放任也只是一种间接故意，而非直接故意。公诉机关没有任何证据可以证明张某某存在希望转贷的直接故意。

（四）张某某对外出借使用的是个人账户里的资金

在张某某将个人账户全然交给公司打理的情况下，公司的财务人员会使用张某某个人账户内的资金应急支付公司的银行贷款和贷款利息以及公司的其他应付款项，所以会挪用和拆借张某某的资金，因此襄大公司存在对张某某的欠款。公司再以经营获得的利润返还对张某某的欠款，长期频繁的拆借转账，变更了资金的性质，所以张某某对外出借的资金，应当属于个人资金。

（五）司法会计鉴定意见书鉴定方法错误，不具备准确性及真实性

1. 资金性质确定存在根本错误

检方指控张某某控制的襄大农牧以过桥倒账方式套出贷款放贷，却无任何证据证明资金流经张某某关联公司仅为过桥走账，在无任何证据情况下，直接否认了关联公司之间的交易真实性。如指控张某某向董某某、毕某某高利转贷61 280 280.79元，检方认为贷款从襄大农牧流向襄大建筑公司的1.783亿仅为过桥走账。而事实上，襄大农牧该笔资金实际投入了襄大建筑工业园区宜城本部、各地鸡场、孵化厂及猪场用于工程建设，存在大量与之印证的工程协议、支付凭证及工程结算汇总表，此类证据侦查机关并未收集并进行司法鉴定，便直接认定此类交易的不真实并定性为过桥走账，严重缺少事实及法律依据。襄大农牧从银行获得的贷款资金是真实用于支付襄大建筑工程款，而非通过过桥倒账手段用于后续转贷。

同时，辩护人聘请第三方会计师事务所出具复核报告，发现本案的司法会计鉴定方法存在错误。

本案中《司法会计鉴定意见书》第五部分（分析说明）将鉴定方法的描述为:“本次鉴定，由于存在银行贷款资金转入出借方账户后，与出借方账户的余额以及其他与本次鉴定无关的资金混合的情况，故本次鉴定按照贷款资金先用于支付其他资金，剩下的用于支付借款资金的原则，计算出贷款资金的实际使用量。当贷款资金流入后，无支付其他资金情况的，对流出的贷款资金我们剔除流经各账户的余额和收到的其他资金。当贷款资金流入后，有支付其他资金情况的，在流入的贷款资金中先剔除支付的其他款项和付款后的账户余额。”该司法会计鉴定意见书按照贷款资金先用于支付其他资金，剩下的用于支付借款资金的原则，计算出贷款资金的实际使用量，有支付其他资金情况的，在流入的贷款资金中先剔除支付的其他款项和付款后的账户余额。

但上述鉴定中关于“支付其他资金”仅考虑了跟襄大农牧及相关个人关联方（即《鉴定意见书》中贷款资金流向图中相关公司及个人）之外的其他公司及个人的支付情况，未考虑跟流经的贷款资金流向图中的相关公司及个人之间的支付是否属于日常经营范围的货款、工程款或往来欠款还款。如上所述，在不存在任何证据的情况下，上述鉴定直接否定了襄大集团与其关联公司之间交易的真实性。我们认为，鉴定报告应先对资金流向各环节的交易真实性进行判断，并进行剔除，才能得出实际用于转贷的金额。

此外，襄大集团旗下的襄大建筑公司因没有资金而没有建立公司账本；襄大粮油购销公司、国祥兴农公司等属于无实体经营的公司；张某某个人资金与襄大集团的企业资金混同，存在大量拆借情况，没有明确的账目能剥离出个人资金和企业资金。在此基础上，鉴定机构根本无法准确得出对外出借资金中银行贷款占比具体应为多少。辩护人认为侦查机关委托的机构出具的鉴定意见，不具备准确性与公正性。

2. 违法所得金额计算存在重大错误

（1）对指控转贷资金和自有资金应区分不同分摊标准。

根据《最高人民法院关于审理民间借贷案件适用法律若干问题的规定》第二十六条规定："借贷双方约定的利率超过年利率 36%，超过部分的利息约定无效。"

在部分指控事实中，张某某对外出借资金金额明显高于指控转贷资金金额、存在以高额自有资金对外提供借款的事实。在民间借贷收取利息中，对指控转贷资金和自有资金应区分不同分摊标准；对指控转贷资金按照银行贷款利率计算利息，剩余利息全部分摊至自有资金，重新计算自有资金利息标准，如不超过 36%，则张某某有权以自有资金获利。且张某某以自有资金获利金额未超过法律保护范围、未以银行贷款资金获利的，不存在应科处刑罚的违法所得。此种情况下，检方多指控违法所得金额合计 24 519 393.14 元。

（2）"根据每一笔民间借贷资金中指控转贷金额占全部民间借贷资金的比例，分摊指控转贷金额对应的贷款利息、出借利息"的鉴定方法错误。

《司法会计鉴定意见书》按比例计算分摊利息的方法不合理。因为该方法假设每一笔收回的出借资金中只有对应比例的转借银行资金（其余为自有资金），这样会造成转借银行资金收回时间延长从而加长计息时间。由于货币资金是种类物，按一般通识，应认为最开始收回的出借资金全部是转借银行资金，全部用于冲抵借出的转借银行资金。以避免扩大计算转借利息。

《司法会计鉴定意见书》计算的结果是：利息差为 51 761 485.80 元。

按新方法重新计算的结果是：利息差为 18 905 856.94 元。

差异为：51 761 485.80−18 905 856.94 = 32 855 628.86 元。

差异率：32 855 628.86÷51 761 485.80 = 63.48%。

（3）鉴定材料缺少资金流向图所涉单位完整财务资料，遗漏必要鉴定事项。

① 遗漏鉴定每笔资金历次支付原因，具备正当支付事由的资金可由权利人进一步自由处分。

目前鉴定材料为银行流水，不是法定的“借贷记账法记账”所必备的规范会计账（会计报表、总分类账、明细分类账、记账凭证），鉴定材料不充分、不完整。

仅依据银行流水只能认定特定时间点发生一笔转账，不能认定收支两方历史债权债务关系、资金支付原因，不能排除为正当业务往来（货款、工程款、清偿借款等）而合法支付的资金，不能排除因清偿张某某对襄大公司的借款而合法支付的资金。

具备正当支付事由的资金由收款方合法享有，收款方有权自由处分，后续支付行为与高利转贷无关，不能认定资金流转是服务于“高利转贷”。

最高人民法院（2016）最高法民申2272号民事裁定书：仅凭高鹏公司2013年至2014年期间的银行流水，无法全面认定高鹏公司营业情况。高鹏公司的银行流水未注明款项发生的原因，即使与交易相对人有双向资金流动，也不足以证明高鹏公司与交易对方发生的均是借贷关系。肖光升主张高鹏公司是以借贷为主营业务及主要收入来源，依据不足。肖光升主张本案应适用《最高人民法院关于审理民间借贷案件适用法律若干问题的规定》第十四条第一款第一项、第二项规定，认定《借款合同》无效，理据不足。

《人民检察院司法会计工作细则（试行）》第十一条规定：委托鉴定应当提供以下材料：（一）鉴定涉及的财务会计资料及相关材料，如会计报表、总分类账、明细分类账、记账 凭证及所附原始凭证、银行对账单等；（二）与鉴定有关的勘验检查笔录、扣押清单、调取证据通知书等；（三）鉴定所需的其他相关材料。

第二十一条规定：遇有重大、疑难、复杂技术问题的，经委托单位或部门同意，可以聘请其他鉴定机构的鉴定人或具有专门知识的人员参与鉴定。

可见，对于人民检察院自己鉴定的，都需要提供财务会计资料，那么委托第三方鉴定就更需要财务会计资料。

此外，《湖北省司法会计鉴定指南》也明确规定：司法会计鉴定是指依法取得司法会计鉴定资格的鉴定机构和鉴定人受司法机关或当事人委托，运用会计学的原理和方法，通过检查、计算、验证和监证对会计凭证、会计账簿和会计报表和其他财务会计资料等财务状况等进行检验、鉴别和判断并提供鉴定意见的活动。

显然，在缺乏会计凭证、会计账簿和会计报表和其他财务会计资料的情况下，根本无法进行相应的会计鉴定。

② 遗漏鉴定襄大农牧及所有关联方在取得涉案银行贷款前的自有货币资金金额，贷款单位为经营便利将贷款资金用于涉案支付、将等额自有资金用于贷款项目，应视同使用自有资金提供民间借贷。

（六）高利转贷是单位行为，由单位贷款、单位支付资金、单位获利，并非张某某个人行为

参考判例（2019）最高法民申418号民事裁定书：关于合同效力的问题。经审查，裴军与张忠善签订的借据系双方当事人真实意思表示。现裴军以350万元为本金按月利率2%主张本金和利息，符合法律规定。根据《民间借贷规定》第十四条第一项“套取金融机构信贷资金又高利转贷给借款人，且借款人事先知道或应当知道的，人民法院应当认定民间借贷合同无效”的规定，经审查，本案借款的出借人为裴军，并非勤园公司，而向银行贷款的贷款人为勤园公司，并非裴军。虽然裴军出借给张忠善的资金来源于勤园公司，但该资金并非裴军从金融机构套取的信贷资金，其也非专门从事民间借贷的人员，故本案不符合《民间借贷规定》第十四条第一项规定的情形。

本案中，襄大农牧公司与相关银行签署借款合同，是从金融机构取得涉案贷款的主体，是履行确保资金用途符合约定、清偿借款本息等借款合同义务的主体。公司收到贷款资金后对外支付，支付款项计入公司财务资料，用以界定公司与收款方的法律关系，支付行为属于公司行为。同时，据张某某陈述，其个人名下收取利息的银行卡由公司保管使用，利息为公司经营所用，公司是获利主体。公安机关未进一步收集张某某使用民间借贷利息用于个人消费或购置大额资产的证据材料。

指控事实分述（因本起指控涉及十一起犯罪事实，为简略起见，辩护人节选三例指控事实的辩护意见）

【本案中，姑且不论认定该罪证据严重缺乏，鉴定方法存在根本错误等问题。仅看本案的借款方，显然均是张某某“高利转贷”行为的直接受益者。如借款人毕某某，当时因收购开发楚都国际大酒店项目缺乏资金，才找到张某某协商借款事宜。如今楚都国际大酒店已然成为宜城当地的地标酒店。

又如借款人杨某某控制的湖北某农业有限公司资金链断裂，求助张某某帮助企业走出困境，2016年4月，在随州市政府协调下，湖北某农业有限公司得以顺利被湖北正大有限公司收购；2012年5月，襄阳某投资实业有限公司法定代表人林某某开发襄阳市房地产项目缺乏资金，张某某提供了4亿元资金支

持，才扭转了该地产项目被集体控告重大欺诈销售、面临崩盘的局面。

从该案件涉及的多方主体来看，转贷行为至少存在三个方面的价值：第一，银行充足的资金得以流通，资金的用途得以充分发挥；第二，陷入困境的企业或者个人获得了转贷资金后成功地解了燃眉之急；第三，转贷行为人在此过程中获得了利息差的回报。

然而，正是这种对多方主体均存在一定利益的行为，却被刑法强制规定为犯罪。张某某领导的湖北襄大集团，拥有17家全资子公司和66家分公司，员工5 000余人，数千合作养殖户，直接关系数万人的生计，这样的指控后果对所有人而言都是“灭顶之灾”，直接导致当地营商经济环境的全面崩坏。

1997年高利转贷入罪时，我国信贷市场仍实行计划经济体制，未实现真正市场化。因此，高利转贷罪行为入罪时的立法目的是维护计划经济体制下的金融市场秩序。然而自1997年刑法典颁布以来，除颁布一部单行刑法之外，短短二十几年时间里陆续出台的十二部《刑法修正案》均未对高利转贷罪进行任何形式的修改。鉴于实践中的巨大变化，刑事立法者急需对高利转贷行为重新思考和定位。】

本书收录的对于第4起指控事实的辩护词选摘如下。

指控事实四：襄阳某实业投资公司案

2012年9月至2013年9月，张某某向襄阳市某实业投资有限公司（李勇）支付的1 000 000元借款中，银行贷款资金量为40 805 879.2元，借款利息与银行贷款利息差额合计为3 652 230.25元。

1. 涉案3笔银行贷款为担保贷款，不是信贷资金

（1）附件：湖北银行《流动资金借款合同》（4 100万元）

第十一条之1. 本合同项下债务的担保方式为：由湖北襄大实业集团有限公司和宜城市宾馆有限责任公司提供房地产担保，并签订相应的担保合同，本合同属于该担保合同项下的主合同。

（2）附件：中国农业发展银行《流动资金借款合同》（8 000万元）

第九条之9.2.1保证担保方式，担保合同编号为：42068401-2012宜城保字0046号。

（3）附件：中国农业发展银行《流动资金借款合同》（1.2亿元）

第九条之9.2.1抵押担保方式，担保合同编号为：42068401-2012宜城（抵）字0011号；

9.2.2 保证担保方式，担保合同编号为：42068401-2012 宜城（抵）字0047 号。

2.“将民间借贷利息均摊于民间借贷总额进而计算转贷获利金额”的鉴定方法错误，张某某因出借自有资金获利未超过法定保护范围、不存在违法所得

（1）湖北某实业借款中有大量资金为张某某或公司自有资金，个人与公司之间、公司与公司之间开展民间借贷受法律保护，张某某或者公司有权以自有资金放贷并取得民事法律最大保护范围内的利息。如果指控转贷资金适用贷款利率平价出借、自有资金实际利率不超过 36%，张某某或公司就没有取得超出民事法律保护范畴的利息。高利转贷罪是结果犯，没有违法所得就没有犯罪。

（2）假定民间借贷业务中，指控银行转贷资金 40 805 879.20 元按银行贷款利率平价计息，剩余利息全部分摊于自有资金，重新计算自有资金利息标准为29.78%，明显小于法律保护上限 36%，张某某或公司以自有资金获利、没有取得超出法律保护范围的利息，不存在违法所得。

①涉案三笔银行贷款总额 3.41 亿元，指控转贷资金 40 805 879.20 元占贷款总额的 11.96%。

②某实业借款总额 1 亿元，指控转贷资金 40 805 879.20 元占借款总额的40.8%，自有资金资金 59 194 120.8 元占借款总额的 59.2%。

③《司法会计鉴定意见书》第 31 页认定民间借贷收取利息 39 036 666.67元，指控转贷资金 40 805 879.20 元应当分摊的银行贷款利息为 1 997 456.27元，两者差额为 37 039 210.3 元。

④假定 37 039 210.3 元利息全部来源于自有资金资金 59 194 120.8 元，参考《司法鉴定意见书》第 25 页利息积数计算表得出自有资金 59 194 120.8 元的利息基数为 44 766 811 376，（75 627 124 401.27÷100 000 000×59 194 120.8），计算自有资金应分摊利率为 29.78%（37 039 210.3 元 ÷ 利息积数 44 766 811 376×360）。

3. 鉴定所使用“假定指控转贷资金均匀分布于民间借贷资金、按比例计算分摊利息”的方法错误，转贷利息差 3 652 230.25 元结论错误；按照最初收回的民间借贷资金首先冲抵指控转贷资金的方法重新计算利息差为 1 819 361.06元，差异率高达 50.18%

辩方证据：关于对张某某涉嫌高利转贷项目中《司法会计鉴定意见书》执行商定程序的报告

委托方认为，《司法会计鉴定意见书》按比例计算分摊利息的方法不合理。

因为该方法假设每一笔收回的出借资金中只有对应比例的转借银行资金（其余为自有资金），这样会造成转借银行资金收回时间延长从而加长计息时间。由于货币资金是种类物，按一般通识应认为最开始收回的出借资金全部是转借银行资金，全部用于冲抵借出的转借银行资金，以避免扩大计算转借利息。

本次商定程序重新计算利息差为 1 819 361.06 元，《司法会计鉴定意见书》中利息差为 3 652 230.25 元。二者差异为 1 832 869.19 元，差异率为 50.18%。

八、本案聚众冲击国家机关的指控，不能成立

【这是本案最重要的一起指控，也可以说是本案的导火索。公诉机关指控张某某的员工围堵法院，但事实上是因为企业社保账户被违法查封而集体上访。为此，我们仔细审阅现场视频发现：从早上六点半到九点半，有上百人刷卡通过；八点十分左右，襄大公司高管还组织员工让出中间的电动拉门；九点十分，市领导和中院领导陪同襄大公司高管、员工代表进入法院谈判。薛光明和杜振强律师把三个小时、数个摄像头录下的视频，一分一秒地细数并记录，最终统计发现这一时间段内至少 112 人次、18 辆车进出，说明没有围堵的行为。我们还结合在卷的法院当日开庭安排，证明在员工上访的那个时间段，法院是没有安排开庭的。】

（一）本起指控的现场，没有任何冲击行为

国务院《信访条例》第二十条规定：“信访人在信访过程中应当遵守法律、法规，不得损害国家、社会、集体的利益和其他公民的合法权利，自觉维护社会公共秩序和信访秩序，不得有下列行为：（一）在国家机关办公场所周围、公共场所非法聚集，围堵、冲击国家机关，拦截公务车辆，或者堵塞、阻断交通的……”

在入罪问题上，行政法上的概念只能比刑法的相同概念范畴宽，而不是窄。比如行政法上的卖淫的范围就要宽于刑法上的卖淫。既然在行政法上单纯的聚集、围堵都不属于冲击，那么在刑法上单纯的聚集，围堵就更不能解释为冲击。

中国裁判文书网公布的湖北省司法机关以聚众冲击国家机关罪判决案件显示，大部分被告人都存在强行侵入国家机关的行为，存在谩骂、殴打工作人员的行为或者破坏国家机关设施的行为。仅在门口静坐，未闯入国家机关，未与工作人员发生肢体冲突，未实施破坏行为的，不构成聚众冲击国家机关罪。通

过观看、分析视听资料证据中的监控录像视频，能够清楚发现襄大员工集体上访的全过程如下：2016年9月12日上午6:40左右，襄大员工陆续赶到某某法院大门前，此时某某法院大门方向实际上有五个出入口，以面向办公楼方向从左至右分别是左侧门卫亭、电动拉门、员工刷卡通道、右侧门卫亭、诉讼服务通道。员工主要聚集的区域即前四个出入口，而且左侧门卫亭和诉讼服务通道本就不一直开启，在员工上访期间，人员进出基本都是通过电动拉门、员工刷卡通道和右侧门卫亭。

6:40至7:30近一小时期间，员工人数并不多，只要有人员想要进出法院，都十分顺利，期间也有多辆轿车、电动车、自行车顺利进出中院。7:30左右，员工人数逐渐增多，也站到了电动拉门前，但员工刷卡通道和右侧门卫亭前，始终留有大约一米左右距离用于人员通行，并且经统计，从7:30至9:30，至少有上百人从员工刷卡通道和右侧门卫亭通过，无论进出都能够通行。而在8:50左右，襄大公司高管人员便组织员工分散两边，将中间电动拉门区域空出，并且在9:10左右，有市政府领导和法院领导，连同公司管理层和员工代表进入法院谈话。在此全过程中，员工始终主要面向街道、背对中院大门站立，拉有横幅，但没有员工强行冲入中院门内，更没有冲入办公楼内。即便在各个入口有人员出入的情况下，也没有襄大员工跟随进入。

同时，通过以上对视频录像的分析，也可排除“围堵”行为，在员工聚集上访的全过程中，都有人员从几处通道进出法院，没有员工进行阻拦、跟随，或其他滋扰、妨碍行为，因此法院仍旧基本保持出入畅通，襄大员工的聚集上访行为也不构成“围堵”。

事发当天在该法院执勤的法警也证明，本案不存在冲击行为。如徐某2称：“我们法院很多法官和干警陆陆续续来上班了，开车的进不了大院，我们就跟堵在门口的人说把门让一下，然后这些人就把大门让开了。”在办案人员询问是否有人想要硬闯法院大院或者呼喊口号时，徐某2回答：“这些人没有想要冲进法院的大院的，都只是在大门口站着，把大门围着，没有暴力冲击想进大院的。口号我听到有人喊了，但是具体喊的什么内容我没有听清，就喊了几句，持续的时间也不长。”当天在法院监控室工作的于某某也明确说没有人硬闯，法警贾某某也称没有人强行进入大院内，并说“他们主要是在大门口堵着，也不闹，就是拉着横幅举着牌子站在大门口，也没有过激的行为”。法警闫某某也明确说“大体上是非常有序的，没有出现打砸的行为，就是举着牌匾拉着横幅和标语站在固定区域。撤离的时候，有专门的人负责点名，然后再统一安排乘车，上车秩序维持的非常好，走的时候，这些人把带来的东西也都一并带回，并安排专人打扫滞留场所内的垃圾杂物”。

（二）本起指控没有致使国家机关工作无法进行，也没有造成严重损失

根据我国《刑法》规定，聚众冲击国家机关罪系结果犯，需要造成“严重损失”，且该损失必须是物质性的、有形的损失，不能是无法计算的、无形的损失。

将本案中的集体上访行为与其他聚众冲击国家机关罪判决中的行为对比后，发现襄大集团虽然聚集了较多的人数，但和同类案件中恶意殴打工作人员或限制其人身自由、进入办公场所内闹事、打砸财物的泄愤性、报复性行为相比，襄大集团的上访行为明显具有吸引关注、反映问题的色彩，本案中实行行为不具备“冲击性”。

但本起事实相关证据中，没有任何证据能证明本次襄大员工的集体上访给法院造成了严重损失，仅仅是聚集的行为，无法必然导致损失出现，更何况是“严重损失”。

虽然一些证人证言提到某某法院受到影响，原本安排的庭审活动没有顺利进行，但根据该法院9月5日至9月30日开庭案件统计表，9月12日开庭审理的案件都是在下午，一个在15:00，一个在16:00，而起诉书也认定襄大员工自上午9:30就开始撤离，根本不会影响到下午的庭审活动。

本起事实还有证人证言提到在襄大员工上访期间发生了交通事故，但在案书证《道路交通事故认定书》中没有事故事实描述，也未提到法院门前情况，更没有提到交通事故与襄大员工上访之间的关联性，即使沿路有市民看热闹发生交通事故，也并非对该法院造成的严重损失。

（三）本起指控事出有因，是某某法院严重违法在先，上访行为具有自救性质，且属于紧急避险

事实上，在案证据证明，襄大员工到该法院上访有两个主要原因。其一，该法院错误处理了公司用于缴纳社会保险的账户，致使员工社会保险断缴，部分员工生活受到严重影响，在本次集体上访前，已有多名员工单独或联合到信访局等部门反映情况，该市政法委也专门向上级有关单位请求协调解决。其二，张某某在与楚都公司的诉讼中作为胜诉方、申请执行人，正当行使权利，请求法院拍卖楚都公司土地，却在连续两次缴纳拍卖费用后被无故叫停，对

此该法院领导也承认存在问题，襄城区人民检察院也曾为此专门发出过检察建议。

而在本次上访结束后，各部门也已经提出处理意见，认为是集体上访行为，并积极配合解决襄大员工诉求，解冻社保账户，也证明这是有正当理由的维权上访行为。时任院长在《关于“9 • 12 围堵某某法院群体性事件”的情况报告》中也将该事件评价为“严重违法”，并未提出涉嫌刑事犯罪。

此外，襄大员工上访的两项事由，均非襄大公司一家企业遭遇的问题，时任法院副院长的雷某泉在证言中也提到“由于楚都公司所涉及的债权人特别多，而且楚都公司已经是资不抵债的状态，债权人经常围堵襄阳市人民政府，襄阳市政府信访压力较大”。可见不是张某某襄大公司一家企业员工进行过集体上访。在某某法院从事保安工作的李某 7 也在证言中称“其实某某法院平常也有很多人来上访，偶尔也有集体上访的”。

根据刑法理论，权利被侵害的人，在无法采取法律上的正式程序，而是凭借自己的力量来恢复权利的行为，这属于自救行为，是阻却违法事由的一种。在张某某案中，张某某面对某某法院的严重违法行为，张某某在法律途径内穷尽了各种可能，但依然无济于事，百般无奈之下出此下策，即便不当，但也具备自救性质，可以比照防卫过当、避险过当免除处罚。

北京市中闻律师事务所律师：何兵

北京市华一律师事务所律师：罗翔

二〇二一年十一月十九日

电子数据揭真相，一辩救了百余家

——郭某等人不构成诈骗罪的辩护词

【案情回顾】

郭某于2017年5月起，组建拓牛公司等多家公司，从第三方购得网络购物平台软件，将从正规厂家购入的价格较低的茶叶、红酒等，在购物平台上标价出售。

在该软件的促销升级区，客户购买茶叶、红酒等促销商品后可获得猜奇偶的“升级”机会，一旦“升级”成功，不仅可以提货，还可以获得购物价格160%的现金或商品。如果升级“失败”，则只能提货。是否升级成功，系按正规彩票“重庆时时彩”开奖结果同步确定。部分业务员称可以用该模式投资，且风险低、盈利快，并向客户发送盈利截图，诱导客户在平台注册、充值。有些潜在客户还会被拉进微信群，群中指导老师喊单炒气氛，吸引客户操作。

软件运行不到一年，安徽省肥西县公安就以诈骗为由，将公司上下一百余人抓捕归案。合肥市检察院以诈骗罪将郭某等28名公司成员诉至法院，并对其他公司员工以诈骗罪另案处理。一审判决认定，郭某公司的购物升级模式构成诈骗罪，犯罪金额达2.3亿余元。

二审阶段，安徽省高级人民法院采纳辩护意见，改判本案为开设赌场罪，各被告人一审刑期累计176年，二审累计减少86年3个月。判决后，另案起诉的46名被告人于2023年7月3日一审宣判，罪名也改为开设赌场罪，并均判缓刑[安徽省高级人民法院，（2022）皖刑终48号]。

本案判决后收录于人民法院案例库首批22件开设赌场罪裁判案例，详见《郭某峰等开设赌场案——准确区分开设赌场行为与诈骗行为》。

【办案经过】

2019年11月，我接受委托，与黄梦奇律师共同担任郭某的辩护人。同时，李爱军、仲兆庶、周海洋、何如、徐冯彬、薛光明、杜鑫磊、杜振强、卢义杰、陈蒙等律师在一审、二审阶段分别担任多名被告人的辩护人，杜华程律师深度参与了案件辩护工作。接手案件时，公安机关已对外宣传“摧毁诈骗集团”业绩，辩护工作面临巨大舆论压力。接手案件后，我分析认为被告人的行为更符合开设赌场罪。如定诈骗罪，由于数额巨大，依法可能判处10年以上有期徒刑，甚至无期。如定开设赌场罪，情节严重的，按《刑法修正案（十一）》之前的规定，法定刑在3年以上10年以下。认罪认罚，刑期可在7年以下。如能改变定性，本案刑期将会大幅度降低。

按照这个思路，我组织团队开展法律研究，找到了支持我们辩护观点的多份最高人民法院、最高人民检察院权威案例，以及安徽省内大量类案判决，甚至找到了其他案件当事人使用与本案同一软件平台却按开设赌场处理的判决。此外，我们以电子数据中的投注记录为依托，利用计算机技术重建了Excel中客户的购买记录，并编写程序，在86万余次的购买记录中，根据用户名统计出每位用户的参与次数、输赢次数。数据显示，平台和用户的输赢比例是持平的，而且涉案的被告人自己参赌的赔付率与所谓受害人的赔付率是一致的。所谓故意引导客户买输的指控不攻自破，被告人根本没有控制输赢。

经过争取，本案二审得以开庭审理。法庭上，我们通过可视化方法，用大量权威案例、计算机技术及严密的法律分析，有力、充分地呈现了本案构成开设赌场罪而非诈骗罪的理由。最终，安徽省高级人民法院采纳了律师的罪轻辩护意见，改判本案开设赌场罪。

【写作思路】

本篇辩护词，辩护人主要从三个角度出发：行为人是否实施了诈骗罪中的欺骗行为、受骗者是否系基于错误认识而处分财产、被告人是否具有非法占有目的来分析本案构成诈骗罪与否。同时，辩护人通过将被告人的软件升级模式与开设赌场进行对比，目光在法律和事实中反复穿梭，以对被告人的行为模式在法律属性上进行准确界定。其中，辩护人使用的主要论证依据为相关权威案例与计算机统计结果。

以下为辩护词选摘。

尊敬的合议庭：

北京市中闻律师事务所、北京市中闻（上海）律师事务所接受上诉人郭某的委托，分别指派何兵律师、黄梦奇律师共同担任郭某的辩护人。辩护人认为，原审法院对本案定性错误，上诉人郭某不构成诈骗罪，仅构成开设赌场罪。具体辩护意见如下。

一、郭某等人未控制输赢、未限制提现，不构成诈骗罪

【本部分辩护意见使用三段论的论证方式，开门见山地指出郭某等人不构成诈骗。首先，我们通过引入相关法规与指导性案例，明确赌博与诈骗的核心区别——被告人是否人为控制赌局的输赢；随后，辩护人利用计算机程序进行统计，从被告人是否修改数据、被害人在每场赌局中的输赢概率，以及被告人自己参赌的输赢情况，说明被告人没有控制赌局输赢，进而得出本案被告人不构成诈骗。同时，辩护意见阐明，本案被告人不限制客户提现离场，进一步佐证被告人在每局赌局内，获取财物均不具有确定性，具有偶然性。】

（一）人为控制赌博输赢，或无法提现的，才构成诈骗

“两高一部”《办理跨境赌博犯罪案件若干问题的意见》中明确，“使用专门工具、设备或者其他手段**诱使他人参赌，人为控制赌局输赢，**构成犯罪的，依照刑法关于诈骗犯罪的规定定罪处罚。网上开设赌场，**人为控制赌局输赢，或者无法实现提现，**构成犯罪的，依照刑法关于诈骗犯罪的规定定罪处罚。部分参赌者赢利、提现不影响诈骗犯罪的认定。”

赌博是射幸行为，**输赢结果具有偶然性，**参赌人员在主观上具有成本风险意识，即通过一定的成本投入获取财物，但是输赢均不确定，所谓愿赌服输，哪怕血本无归。而诈骗罪是恶意占有，空手套白狼式的巧取、骗取，根本不具有成本风险意识，行为人主观目标单一，即一次性获取他人财物，**获取财物具有确定性**。因此，虽然形式上是赌博，但行为人对被害人的输赢结果已经完全控制（通过后台操作或者封锁账号），赌博只是诈骗的表象，非法占有才是行为人的目的。

最高人民法院《指导性案例 146 号——陈庆豪、陈淑娟、赵延海开设赌场

案》同样体现了这一精神。该案裁判要点指出："以'二元期权'交易的名义，在法定期货交易场所之外利用互联网招揽'投资者'，以未来某段时间外汇品种的价格走势为交易对象，**按照'买涨''买跌'确定盈亏，买对涨跌方向的'投资者'得利，买错的本金归网站（庄家）所有，盈亏结果不与价格实际涨跌幅度挂钩的，本质是'押大小、赌输赢'，是披着期权交易外衣的赌博行为。**对相关网站应当认定为赌博网站。"

因此，赌博行为构成诈骗罪的要件在于行为人操控了每个赌局的输赢结果，或者禁止提现。而本案"升级"活动成功与否完全依照"重庆时时彩"的结果，具有偶然性；被告人未控制，也无法控制"重庆时时彩"的开奖号码，不可能采用作弊手段控制输赢。

（二）郭某等没有控制输赢结果，也不能预测输赢结果

本案一审判决书已明确认定，郭某等被告人"不能预知时时彩开奖结果、无法控制客户竞猜的结果，亦没有修改平台中奖数据"。对此，在卷各项证据材料均能予以证明，具体如下。

第一，被害人在每场赌局中的输赢概率均等。辩护人根据在案电子数据统计，被害人参与购物升级 2 447 064 次，猜赢 1 217 575 次，猜输 1 229 489 次，赢率 0.4976，接近 50%。

第二，各被告人均明确未修改数据。一审、二审庭审中，发问阶段全案无一被告人陈述对结果进行过控制或者修改，也不能进行预测。在卷郭某仙第一次讯问笔录（证据卷 5 第 6 页）以及郭某仙第三次讯问笔录（证据卷 5 第 52 页）显示，郭某等没有修改数据，也没有必要通过修改数据赚钱。江某敬（证据卷 6 第 11 页）也明确公司不能修改数据。

第三，无客观证据证实各被告人曾对后台数据进行修改或控制。在案的现有证据，包括上海弘连网络科技有限公司计算机司法鉴定所出具的《司法鉴定意见》也证实，郭某没有在猜奇偶中对后台数据进行过修改，也没有任何修改日志的记录。

第四，被告人自己参与猜奇偶的输赢概率也是各约 50%，与客户玩猜奇偶的输赢概率一致。法庭发问环节中，我们发现很多被告人自己也玩猜奇偶。因此我们整理出公司员工名单，以弘连司法鉴定附件中的电子数据为依据，对员工参与猜奇偶后的输赢次数与结果进行统计，发现：①金额上，参与的员工输赢金额相近，求和后，各被告人一共输 44 207 元；②次数上，各被告人猜赢次

数为 1 550 次，猜输次数 1 533 次，赢率 0.502。即使被告人自己玩，输赢概率也与顾客输赢概率接近一致，证明公司未自行调整输赢概率，输赢始终具有偶然性。

第五，开奖结果直连“重庆时时彩”，在平台提示下客户对此明知，平台客户也会在时时彩官网进行检验。蓝马公司一部三组业务员林某笔录中提到，“我们也会把‘重庆时时彩’的开奖网址发给客户”。本案中，绝大部分客户均系参与猜奇偶升级活动的，而猜奇偶升级活动的中奖数据来源于公开的“重庆时时彩”。任何人在任何时间都可以公开查询知悉，郭某对此不具备作假的现实条件，一旦作假，由于数万被害人可以在“重庆时时彩”官网查验，立即会被发现，而本案中，无一被害人反映开奖数据被修改或与“重庆时时彩”官网不一致。

需要特别说明的是，平台客观存在修改数据的能力不能等同于平台为控制输赢实际修改过数据。林某 1 在第 4 次讯问笔录中提到，“我们的管理后台确实有修改‘重庆时时彩’数据的设置，但是我从未修改过，因为我知道这是严重违法行为，我只是在后台补录过‘重庆时时彩’开奖数据。为什么要后台补录‘重庆时时彩’开奖数据？因为平台有时候会出现系统故障，也就是有时候‘重庆时时彩’开奖数据不能成功接入‘醉江山’平台的风云榜，如果我们不及时手动补录开奖数据，那么这一期的开奖结果就一直不能够公布，其实客户通过时时彩官网已经知道了升级结果，会投诉到公司的。”

由此，此处管理后台修改“重庆时时彩”数据的设置实际上是为了在系统出现错误、未及时更新时补录正确数据，并不是为了把正确的开奖结果改成错误的开奖结果。此处恰恰可以证明，郭某等人明明能为控制输赢修改数据而未修改，并没有诈骗客户的主观故意。

（三）平台从不限制客户提现（出金），可随时兑现

在案证据显示，客户出金随时都能予以兑现，一审判决也未认定郭某等人限制客户提现。

与诈骗平台不同，“醉江山”商城的客户能够随时入金、出金，商城并没有设置各种障碍阻碍客户的出金。根据上海弘连网络科技有限公司计算机司法鉴定所出具的《司法鉴定意见书》，出入金流水记录中，执行成功的入金（充值）记录有 235 536 条，自 2017 年 5 月 11 日 17:19:10 始至 2018 年 4 月 29 日 9:47:16 止，总计 1 242 087 565.213 元。执行成功的出金共有 46 370

条，从 2017 年 5 月 11 日 17:48:41 始至 2018 年 4 月 25 日 21:14:38 止，总计 62 074 988.309 元。出金与入金记录的起止时间高度吻合，且该鉴定书未认定郭某等存在任何限制出金的行为。

最高人民检察院官网于 2018 年 7 月 6 日刊登的《私设平台从事电子期货交易如何定性》一文强调:“认定行为人非法占有目的的主要障碍在于：一是交易规则是公开的，相关数据也是根据国际实时走势、汇率，并没有篡改，客户买卖是自愿行为，客户都是明知规则来处置自己的财产，不符合诈骗罪的构成要件。二是该案并不以直接非法占有客户的投资款为目的，而是通过收取交易手续费等方式牟利，收费比例也是明确的，采用标准化合约交易模式进行交易。**三是从投资者角度来看，在案证据显示投资者取回资金时都能予以兑现，出金入金都很顺畅。**”该点对于判定郭某是否具有非法占有资金的故意具有重要的参考意义。

（四）本案“被害人”总体“亏多赚少”，系“久赌必输”

本案一审判决认定，郭某等被告人通过不平等的规则设置，单方面加大被害人风险，使整体盈亏结果不再具有偶然性、射幸性。这混淆了控制赌局输赢和赌场整体盈利的概念，本案中被害人总体“亏多赚少”，是“久赌必输”的必然结果。

经统计，本案每个被害人少则几百次，多则几千次参与升级购物，不可能有一个被害人在同一个平台被诈骗成百上千次，其参与次数如此之多明显系嗜赌成性。如客户刘某廷与汇鑫 13 楼营销三部经理罗某花微信聊天记录中，刘某廷表示:“唉，钱还没到急死我了。”“哎，我贪心了，不然早些时候提现我就赚了。”

一审法院所认定的本案客户的亏损，实质上是认定客户购买商品所支付的对价，即商品本身不值钱。

事实上，客户亏损主要有 3 个因素：第一，投资客户嗜赌的本性，消耗了客户的本金。换句话来说，购买商品实质上是参与促销升级需要购买筹码或者支付入场费。这一点，平台上所有商品明码标价，所有客户都是清楚的。第二，赔率不对等。如客户买 10 万元的产品，升级成功，则赚 60%，但是要是升级失败，则亏 100%。该赌博规则不能控制输赢，只要参与商城的客户，对此也早已心知肚明。第三，客户亏损时往往是在资金最高点，而赚钱在最低点。换句话来说，就是客户没有足够的后备资金。这一点，“投资人”郭某 1

的笔录就说得很清楚，“我们在亏钱，我们心里肯定希望翻本，但是再进行更大的倍投需要更多的资金，我们没有充足的资金进行倍投，只能再返回小单进行下单，就这样反反复复输掉了”。

《刑事审判参考》第1238号指导案例“徐波等人非法经营案”同样指出：“经统计，客户的交易盈利占比并不低，盈利总次数占交易总次数的49.2%，符合期货赌博性质的偶然性，并不存在所谓的“反向行情”问题。但为何客户交易有接近50%的正确率，大部分客户还遭遇亏损呢？我们认为，可以从以下几方面解释。一是存在高额的手续费，消耗了客户的本金。二是涨跌同样百分比，实际却不同。如10万元涨50%，则赚5万元，但从15万元跌50%，却只剩下7.5万元。反过来，如果10万元跌50%，则剩5万元，要从5万元回本到10万元，却要涨100%。因此，长期下去亏损概率必然远远大于盈利概率。三是客户亏损时往往是在资金最高点，而赚钱在资金低点。四是资金不对等。庄家资金雄厚，但散户资金分散，在长期交易中不占优势，等等。”因此，不能因大部分客户亏损就认为被告人构成诈骗罪，认定犯罪不能从结果倒推行为性质。

二、“醉江山”的运营模式涉嫌开设赌场罪

（一）赔率不对等，是赌场的惯常经营手法，不构成诈骗

一审判决认为：“平台对于被害人投资的收益与损失规定了不同的比例，即猜中额外获利60%，猜错则100%资金不能退货、提现，破坏了交易的平衡，造成双方地位的严重不对等。”一审判决的观点混淆了开设赌场罪与诈骗罪之间的界限，赔率设置的不对等并不代表被告人控制了赌博的输赢结果，不能以此认定为诈骗罪。

实际上，设置不对等的赔率是赌场中惯常的经营方式，只要客户知悉该不对等的赔率，即不构成诈骗。司法实践中，各地法院也并未依据赔率的不对等认定有关被告人构成诈骗。芜湖市中院作出的（2015）芜中刑终字第00276号判决书中同样提到，“赌博规则为赌彩票开奖结果某个数字的大小、单双或具体数字等，PC彩猜单双或大小的赔率为1∶1.4，猜具体数字的赔率为1∶6，时时彩赔率为1∶0.95，如果开奖结果为0或9则庄家通吃”，最终认定“被告人杨某甲提供卡卡工作室给吴某等人进行网络赌博，收取管理费，并参与赌博，其行为构成开设赌场罪”。

郑州市中院（2019）豫01刑终262号判决书中指出，“如果中奖，网站会按**投资金额的2倍**进行返还，如果没有中奖，不再返还。客户如果购买了‘和’，网站也是先将客户投注的钱扣除掉，如果中奖，网站会按**投资金额的9倍**进行返还，如果**没有中奖，不再返还**”。法院最终认定，“被告人曹凯以营利为目的，提供场地开设赌场，情节严重，其行为已构成开设赌场罪”。

（二）设置盈利上限，不构成诈骗罪

一审判决认为:“平台以‘防沉迷’为由，对被害人的盈利上限进行了单方面限制，但是对亏损不作限制，目的是防止被害人单次大额翻本。被害人反复追加操作，一旦资金规模达到或超出上限，被害人的风险和收益进一步失衡，已不再具有交易的性质。”这一观点是错误的，对于盈利上限的限制并不能改变输赢结果，被害人每次参赌输赢概率均为50%，其最终亏损系因“久赌必输”而非被骗。

在辛某等人涉嫌诈骗罪“一起购”平台案一案中，公诉机关指控:“该平台软件以销售商品参与升级为幌子，采用设置不对等赔率规则，限制单个订单最大下单数、单日下单数、**单日最大盈利额等风险防控措施**，控制并**确保平台盈利**。被告人辛某、郑巍卫将购买的茶叶、酒水等以市场价10倍左右在平台标注价格，被告人孙开璇、娄盼玲、郁博文等人及业务员假冒投资者等，通过微信等发布虚假投资广告、盈利截图等，谎称平台稳赚不赔，诱骗他人到平台注册、充值，并在平台购买高价商品，以猜奇偶的方式参与升级，按**‘重庆时时彩’**开奖结果同步确定升级是否成功。升级成功可获得所购商品价款一半的奖励金，同时可以退货；升级失败可选择支付运费提货或者按10∶1的比率将所购商品价款兑换成银豆等。”以涉嫌诈骗罪向靖江市法院提起公诉。

对上述指控，靖江市法院认为:“被告人辛某等虽通过虚假宣传引诱客户参与购物升级，但涉案平台系按照‘重庆时时彩’开奖结果确定客户升级成功与否，**开奖结果是随机的，并非由平台实际控制，客户对于以购物升级方式获得竞猜机会以及平台中奖规则是明知的，并非陷入错误认识，亦非基于错误认识而处分财物**。被告人辛某等实则以营利为目的，以购物升级方式变相接受投注，吸引社会公众参与竞猜赌博，按照‘重庆时时彩’开奖结果确定输赢，系披着购物交易外衣的赌博行为，其行为符合开设赌场罪的构成要件。本案各被告人均构成开设赌场罪，对部分辩护人提出的该辩护意见，本院予以采纳，**对公诉机关指控的罪名予以变更**。”最终以开设赌场罪对被告人进行定罪量刑。

需要提请注意的是，盈利上限的规定系为保证平台合规，为了防止滋生赌博、防沉迷而设定的。对盈利上限的设置并非平台本意，本案一审、二审发问阶段，各被告人均明确陈述，其所享有的业务提成与客户输赢无关，甚至希望客户多赢钱以继续参赌。在案蓝马公司一部一组经理韩某文 2018 年 4 月 27 日笔录也显示："底薪是 3 000 元……提成是按照系统显示差价的百分之八计算……"

各业务员不仅会明确告知限制盈利上限的规则，还会引导客户进行"双号操作"。本案中，诸多被害人都通过多开微信号，规避该止盈规则。多名被害人的笔录显示，"大神"等平台的业务员引导被害人多开账号，规避了有关盈利上限的规则限制。因此，该规则对客户的盈亏实际也不产生影响，也证明设置盈利上限并非出于诈骗财产的目的。

（三）在案证据不能证明被告人调整单个客户盈利上限，且调整上限不构成诈骗

一审判决认定："各被告人及同案犯通过监控后台数据了解客户的出入金、盈亏等情况，对于偶然出现盈利的客户，会通过调低盈利上限甚至限制操作等方式，以达到降低个例中获利金额的目的；对深信不疑愿意不断高额入金的客户调高盈利上限，使其陷于易受重创的危险境地。"对上述事实，在案并无其他证据证明，并且调整盈利上限不构成诈骗，其实质是控制被害人赌博的次数，而非控制输赢。

"醉江山风控群"聊天记录显示，2017 年 7 月 5 日，"醉江山"平台是没有"单个客户限制"功能，也就是说在 2017 年 7 月 5 日之前，没有客户因为被限制盈利而亏损。"郭总"与于某辉 2017 年 6 月 12 日的聊天照片显示，"如果还赚钱，就没有办法了"。

2017 年 7 月 7 日，在"醉江山风控群"中，"风控陈乐"说"158 负责人原话：麻烦把这个限制吧，赚点钱就跑，这种除了给他贴钱"。但是，除了该聊天照片外，没有客户名称，没有客户笔录，没有"158 负责人"笔录，也没有查到限制盈利的记录，该证据系孤证。聊天记录照片中，其他提到限制的内容共有 3 次，同样没有其他证据相印证。同时，"限制盈利"实际上是限制赌博次数，也限制了亏损。如同于某辉与"郭总"的聊天记录照片："想亏回来都没机会。"

在案电子数据证据并没有相应的"限制盈利"的操作日志予以证明，本案

被告人未实施“限制盈利”的行为。而且，对单个客户限制盈利，本身也不构成诈骗罪，对于盈利过高的客户采取拉入黑名单等操作，属于赌博行业的惯常做法，如“世界记忆大师”郑才千曾被澳门所有赌场列入黑名单，禁止其再次进入任何一家澳门赌场，原因即在于其利用自身的记忆和计算能力不断赢钱。

三、被告人烘托气氛等虚假陈述，系诱人赌博

【郭某等实施的并非诈骗罪中的欺诈行为。根据《刑事审判参考》第1238号指导案例，“诈骗罪中的虚构事实是虚构与客观事实相反的事实，并不包括行为人不能控制，存在或然性、对将来事实的预测。”《刑事审判参考》第1238号指导案例明确：“诈骗罪中的欺诈行为的内容是使被骗人产生处分财产的错误认识，进而处分财产，丧失对财产的占有。由于客户进入平台进行交易投资并不意味着客户就丧失财产，因此诱导客户进入交易平台操作以及鼓动客户加金，频繁操作不能认为系诈骗罪中致被害人处分财产造成损失的行为，故不属于诈骗罪中的欺诈。”】

一审判决认定：“各被告人及同案犯分工配合，通过‘话术’引诱被害人加入聊天群，用虚假盈利图等向被害人灌输稳赚不赔的观念，要求被害人跟随‘大神’操作，利用被害人赚钱的欲望和从众的心理，引导被害人跟投、倍投、双号操作，在短时间内频繁操作。”实际上，上述行为不属于诈骗罪中的欺诈，而系开设赌场罪中的诱人赌博。

（一）虚构身份引诱顾客参赌，不属于诈骗罪中的欺诈

《最高人民法院关于对设置圈套诱骗他人参赌又向索还钱财的受骗者施以暴力或暴力威胁的行为应如何定罪问题的批复》（法复〔1995〕8号）中明确：“行为人设置圈套诱骗他人参赌获取钱财，属赌博行为，构成犯罪的，应当以赌博罪定罪处罚。”《最高人民法院研究室关于设置圈套诱骗他人参赌获取钱财的案件应如何定罪问题的电话答复》再次指出：“对于行为人以营利为目的，设置圈套，诱骗他人参赌的行为，需要追究刑事责任的，应以赌博罪论处。”

对于虚构身份诱导客户进入赌博平台的行为，《刑事审判参考》第1238号指导案例明确：“诈骗罪中的欺诈行为的内容是使被骗人产生处分财产的错误认识，进而处分财产，丧失对财产的占有。由于客户进入平台进行交易投资并不意味着客户就丧失财产，因此**诱导客户进入交易平台操作以及鼓动客户加金，**

频繁操作不能认为系诈骗罪中致被害人处分财产造成损失的行为，故不属于诈骗罪中的欺诈。”因此，本案中被告人虚构身份诱导被害人进入赌博平台的行为，不构成诈骗罪的欺诈，而仅属于诱赌行为。

司法实践中，其他法院的判决也与《刑事审判参考》指导案例立场相同。郑州市中院（2018）豫 01 刑终 822 号判决书认定：“陈某、曹某、梁某均以**女性身份**出现，通过微信、QQ 等聊天工具，寻找客户，向客户发送虚假盈利截图，并利用话术，向客户推送‘在线云投’‘365 黔商城’等平台链接，诱使客户在平台上进行投注，买涨买跌。”

乌兰察布市集宁区法院（2018）内 0902 刑初 53 号判决书认定：“由邓某等人或业务员自己包装成美女老板、美女大学生等角色，并设置虚拟登陆地（福建、浙江、海南、湖南等）添加外省市好友，添加为好友后在聊天过程中，故意将一些虚假的赌博盈利的截图发送给好友，以此刺激、引诱好友进行赌博。”

上述行为均被以开设赌场罪定罪论处。

（二）发送“虚假盈利截图”等，不属于诈骗罪中的虚构事实

关于诈骗罪中的虚构事实，《刑事审判参考》第 1238 号指导案例明确：“被告人陈聪等人将天津纭沣提供的行情反向提供给客户的行为不成立诈骗罪中的‘虚构事实’。理由是：（1）**诈骗罪中的虚构事实是虚构与客观事实相反的事实，并不包括行为人不能控制、存在或然性、对将来事实的预测**。如售楼员以房子会增值为由说服客户投资房产，即使售楼员内心认为房子并不会增值，也不能认为其虚构事实；客户因此买了房子亏损，也不能认为售楼员构成诈骗罪。同理，本案被告人陈聪等人将行情会涨（或跌）的信息提供给客户，即使被告人陈聪等人内心认为行情并不会涨（或跌），也不能认为是虚构事实，客户因此交易导致亏损，也不宜认定行为人构成诈骗罪。（2）本案中，在没有证据证明天津纭沣提供给被告人陈聪的行情是否符合真实行情的情况下，难以认定被告人陈聪将该行情反向提供给客户系虚假的事实。换言之，本案没有确切证据证明被告人陈聪等人虚构了与客观事实相反的事实。（3）从实际来看，因期货市场涨跌瞬息万变，无法准确确定‘反向行情’与真实行情相符的概率。被害人的平台交易明细显示，盈利的交易次数占交易总次数的比例近 50%，符合期货偶然性特征，也说明并不存在‘反向行情’。”

宜兴市法院（2019）苏 0282 刑初 948 号判决书指出：“通过向客户发送模拟操作截图、炒作老师水平、夸大盈利等方式诱导客户在平台开户交易并建议

客户加金、频繁操作的行为不是决定本案性质的关键行为，不应认定为诈骗罪中的‘虚构事实’。”

此外，辩护人通过类案检索，发现通过扮演“导师”“托”等角色，烘托气氛的其他 21 个案件，均被认定为开设赌场。

本案中，被告人并未控制或修改输赢结果，被害人能否升级成功的依据，均在于“重庆时时彩”的开奖结果。本案中被告人扮“大神”、喊反单、发送虚假盈利截图等行为，其实质均是提供无法预测的事实，不构成诈骗罪中的虚构事实。

四、被害人系为参加赌博进入平台，没有被诈骗

【我们发现，案卷中的弘连鉴定报告所附的电子数据是一个“宝库”，通过该电子数据资料，可以还原出软件平台的客观运行情况。辩护人设计计算机程序，对被害人的参与情况进行统计、分析，发现大量被害人反复参与平台参与升级游戏，对规则明知，且存在大量所谓被害人通过“升级”获得盈利而未亏损。结合被害人笔录自认，我们论证得出本案被害人并非基于认识错误而处分财产的结论。】

一审判决认定:“犯罪集团及其成员通过虚构事实、隐瞒真相，使被害人产生错误认识，进而处置自己的财产。”但本案中，各被害人系为参加赌博而进入平台，没有被诈骗。

（一）本案被害人反复多次参与，对规则明知

根据系统设置，被害人参与活动赢了会得到 1.6 倍的收益，输了只能提取商品，而商品价值大约为标价的 20%，也即被害人拿 100 元参与活动赢了为 160 元，输了剩 20 元，“醉江山”平台在每次活动中提成为 10 元。

即“醉江山”平台所谓的营利模式，主要表现为行为人开展赌博业务，并从中抽头渔利或者赢取钱财，而非直接通过操控赌局来骗取他人财物。同时，“醉江山”的上述规则，已经明确告知客户，客户明知输赢比例而反复参与赌博。

经统计，绝大部分被告人为多次、反复参与。我们根据弘连鉴定所附电子数据进行统计，发现反复参与平台游戏的，在 32 441 人中，有 18 431 人次玩过 10 次以上（对于小于 10 次的部分，还存在大量登录名重复的情形），有 9 028 人玩过 50 次以上（见表 3-1）。

表 3-1　反复参与平台游戏的次数、人数统计

次　数	人　数
超过 10 次	18 431 人
超过 50 次	9 028 人
超过 200 次	5 469 人
超过 500 次	949 人
超过 1 000 次	320 人

（二）被害人系为参加赌博而进入平台

大部分“被害人”到“醉江山”平台的目的是明确的，即赚钱。辩护人对在卷被害人的陈述进行了统计，发现大部分被害人均承认是为了赚钱进入平台。并且，仅有的几个为了购物的“被害人”，也只是在购买商品后，才顺便参与了平台的活动，整个过程均是其主动参加，而非被引导参加。

本案大部分被害人系为了赚钱而参与活动的人，在卷笔录显示，在参与活动之前，其完全明知活动规则。各“被害人”在笔录中均提到，“如果升级成功，就能得到比之前购买商品价值高 60% 的商品，这时我们有‘提货’‘退货’两个选择，‘提货’就是把升级后的商品拿回家，‘退货’就是把升级后的商品退给平台，平台会将高于购买价 60% 的平台币返到我们的账户”。对于升级失败的后果，也是明知:“升级失败，有‘提货’‘金币’两个选项，这时‘提货’就只能提升级的商品，‘金币’就是把升级前的商品兑换成平台的金币。”

（三）本案最少有 1 600 人盈利

根据我们从合肥三永会计师事务所出具的《审计报告》中截取的 32 440 个登录名可以看出，有 3 201 个登录名，即 10% 的客户是完全盈利的。按照每个被害人有 1 ～ 2 个登录名的标准计算，最少有 1 600 人是盈利提现的，这部分人不能称为“被害人”，而是受益人。上述情形完全符合赌博自带的偶然性，也就是俗话说的十赌九输，与公诉机关指控的诈骗的结果完全不符。

在案证据同样显示，存在大额盈利客户。如业务员李某 2018 年 7 月 19 日笔录:“但是我记得有一次张某龙有一个客户盈利了 10 000 多元。”（李某卷，23 页）充分说明在案的被害人系参赌，且存在盈利，不符合诈骗罪的特征，而应当构成开设赌场罪。

五、本案与最高人民检察院、最高人民法院典型案例、指导性案例公布的案例系同类案件，同一软件公司自营商城平台已被判开设赌场罪

【经检索发现，已有权威判决[①]对类案按开设赌场罪认定，辩护人从最高人民检察院、最高人民法院的指导性案例、典型案例等权威案例等出发，要求将有关判决精神，参照适用于本案。同时，辩护人发现，郭某等购买使用的同一软件平台与类似软件平台从事的活动，在其他法院被认定为开设赌场罪。】

（一）基本案情与指导性案例类似的，应参照指导性案例裁判

最高人民法院2021年颁布的《统一法律适用工作实施办法》第九条第一款规定："待决案件在基本案情和法律适用方面与检索到的指导性案例相类似的，合议庭应当参照指导性案例的裁判要点作出裁判。"第十条第一款规定："待决案件拟作出的裁判结果与指导性案例、最高人民法院类案裁判法律适用标准不一致，或者拟作出的裁判结果将形成新的法律适用标准的，合议庭应当建议提交部门专业法官会议讨论；院庭长发现待决案件存在前述情形的，应当依照程序召集部门专业法官会议讨论。"

此外，最高人民法院2015年颁布的《〈关于案例指导工作的规定〉实施细则》第十条规定："各级人民法院审理类似案件参照指导性案例的，应当将指导性案例作为裁判理由引述，但不作为裁判依据引用。"第十一条第二款规定："公诉机关、案件当事人及其辩护人、诉讼代理人引述指导性案例作为控（诉）辩理由的，案件承办人员应当在裁判理由中回应是否参照了该指导性案例并说明理由。"

根据上述规定，在基本案情、法律适用与指导案例相类似的情况下，法院应当参照指导性案例作出裁判。辩护人在一审中提交了指导性案例及大量类案，足以证明被告人的行为构成开设赌场罪，但是一审判决既未回应是否采纳了指导性案例，也未对此说明理由，已然构成对最高人民法院《〈关于案例指导工作的规定〉实施细则》的公然违反。

（二）根据指导性案例等，本案应定为开设赌场罪

最高法院《指导性案例105号——洪小强、洪礼沃、洪清泉、李志荣开设

① 详见最高人民检察院《2021年11起充分发挥检察职能推进网络空间治理典型案例之八：张某勇、张某明等25人开设赌场案》。

赌场案》裁判要点中指出:“以营利为目的，通过邀请人员加入微信群的方式招揽赌客，根据竞猜游戏网站的开奖结果等方式进行赌博，设定赌博规则，利用微信群进行控制管理，在一段时间内持续组织网络赌博活动的，属于刑法第三百零三条第二款规定的‘开设赌场’。”

最高人民检察院《2021年11起充分发挥检察职能推进网络空间治理典型案例之八：张某勇、张某明等25人开设赌场案》中，其相关案情为:“公司招聘60余名业务员，使用年轻女性照片作为头像，通过网络即时通讯工具招揽客户，以‘购物即能赚钱’‘商城有转购活动’为由，吸引客户到‘易淘货栈’APP进行购物，**平台提前将商品销售价格调整为进价的十倍至四十倍**。在客户下单后，诱导客户以其所购的商品作为筹码进行‘转购升级’，即**以押大小的方式进行赌博，并按正规发售的彩票‘重庆时时彩’开奖结果同步确定输赢**，5至10分钟开奖一次。客户如果赌赢能把商品退货按原购买价格的1.6倍提领现金，赌输只可得到所下单的商品，且不能选择退货。2018年9月3日，公安机关查获该赌博平台。平台运行2个多月间，涉案赌资共计人民币810余万元。”最终，该案“以开设赌场罪分别判处张某勇、张某明等25名被告人拘役4个月至有期徒刑3年8个月不等，并处罚金”。该典型案例办案单位分别于2019年4月15日、2021年3月2日在最高人民检察院《检察日报》刊文对案例办理过程进行宣传。

本案与上述最高法的指导性案例、最高检的典型案例具有高度的相似性，应当参照上述案例的裁判要点作出裁判。

（三）利用本案同一软件平台从事的活动在其他法院被认定为开设赌场罪

辛某以诈骗罪被起诉，最终被靖江法院改判开设赌场罪一案。2019年6月15日，中央电视台CCTV13《新闻直播间》专题栏目《揭秘网络购物诈骗陷阱》也有所关注，并以涉嫌诈骗罪为题做专门报道。据此报道，该案与本案存在高度的相似性：第一，均根据“重庆时时彩”尾数开奖；第二，均由业务员扮演“大神”“托”以活跃赌博氛围；第三，均设置了倍投模式；第四，赔率均不对等；第五，均设置盈利上限；第六，被害人整体均未盈利，被害人5 000余人，仅十余人盈利。

实际上，辛某一案中所使用的“一起购”平台软件，与本案中的“醉江山”平台系同一软件。该案判决书显示，黄筹辉证实:“厦门海中金互联网有限公司开发了‘醉江山’网络电商平台并卖给了一家公司，但有员工私自将‘醉江山’网络电商平台的源代码拷贝并卖给其他公司，也存在技术人员被其他公司挖走时将源代码一并带走的情况。”证人张淼证实：“郑巍卫（该案第二被告人）先后与其联系，欲购买‘醉江山’源代码，且包含一整套的网上商城的运作模块，并委托其负责平台的维护和商品供货，其安排陈聪华、李立与郑巍卫等人对接。”证人李立证实：“郑总等使用的平台先后叫‘He茶’‘一起购’‘藏茗阁’‘茗品汇’，源代码和‘醉江山’一样，只是名字和皮肤不一样。”其中，黄筹辉、李立亦是本案证人，黄筹辉正是向被告人提供“醉江山”平台的软件供应商。

除辛某一案外，其他法院也将使用同一软件平台从事的活动认定为开设赌场，在郑州市金水区法院（2018）豫0105刑初1174号判决书中，法院查明被告人彭晓辉等人向不特定人群推广“吾茗轩商城”，拉拢客户进行赌博，按“重庆时时彩”最后一位数字进行开奖，最终认定彭晓辉等人构成开设赌场罪。一审阶段已经查明，该“吾茗轩商城”与本案“醉江山”平台系同一软件平台。

（四）使用本案同类软件平台从事的活动，亦被其他法院认定为开设赌场罪

在付博平等人涉嫌开设赌场罪一案中，浙江省丽水市中院在（2020）浙11刑终144号判决书中指出：“客户在充值成功后可以在平台内的促销区购买商品，购买商品后选择‘大吉’‘大利’或‘小哥哥’‘小姐姐’竞猜，平台每十分钟开奖一次，若竞猜成功可以将商品升级，并直接退货提现，以此**赚取原购买商品价格60%的金额**。竞猜失败则可以提货或转换为商场金币，在商场内的金币兑换区兑换其他商品。现查明该公司平台内的商品**实际进价为平台内标价的1.1%至8%**，该平台促销区实际以购买商品为筹码，进行竞猜赌博。被告人付博平等人以‘醉享购’‘放肆购’APP平台开设赌场，非法获利。”上述情节与本案具有高度的相似性，最终丽水中院判处被告付博平等人构成开设赌场罪。

在任朝杰等人涉嫌开设赌场罪一案中，河南郑州金水区法院在（2018）豫0105刑初960号判决书中认定，被告人任朝杰创办了“汇米购”网络商城，雇佣被告人刘某某等人进行经营活动。“汇米购”网络商城员工通过互联网聊天软件等工具，向不特定人群发出邀约，拉拢客户到该商城注册充值，并接受客

户投注的行为，系“**以客户购买商品的价格为赌注，**以竞猜奇偶大小的方式让客户进行赌博活动”，最终判决任朝杰等人构成开设赌场罪。

综上，辩护人认为，上诉人郭某的行为不构成诈骗罪。对于其在开设赌场过程中，诱导他人赌博的行为，应依照相关规定以开设赌场罪定罪处罚。同时，应认定郭某构成认罪认罚，适用原《刑法》第三百零三条第二款所规定的三年以上十年以下有期徒刑，并减少基准刑的30%以下。

此致

安徽省高级人民法院

北京市中闻律师事务所律师：何兵

北京中闻（上海）律师事务所律师：黄梦奇

助理律师：杜华程、杜振强

二〇二三年二月二十四日

算细账釜底抽薪，市值千亿企业去黑
——某公司“售后回租”业务不构成犯罪的辩护词

【案情回顾】

上海某公司在全国进行汽车融资租赁业务，具体是如客户有购车需求，则由该公司先向车商购买车辆后，将车辆出租给客户，客户按约定支付完全部租金后，车辆即归客户所有，年化租息率为 14.88% ～ 23.99%。2016 年 8 月，太原某汽车公司开始作为该公司众多合作代理商之一，主要负责面向有融资购车需求与使用自有车辆进行融资的终端客户，推广该公司融资租赁金融产品。2018 年 9 月，上海某公司因太原某汽车公司存在违规行为，停止与其相关业务的合作。2019 年 8 月 27 日，上海某公司高管 6 人被刑事拘留，其中三人立案罪名涉黑。经过艰难的辩护，检察院最终对全案作不起诉处理 [临汾市尧都区人民检察院，尧检刑检二刑不诉〔2022〕Z4 号]。

【办案经过】

经李啓珍律师介绍，我和徐冯彬律师介入本案。在侦查阶段，我们通过向公安机关了解案情，针对性地与办案人员反复沟通，并积极向有关部门反映案件的相关情况，公安机关最终移送审查起诉时没有指控吴某等人构成组织、领导、参加黑社会性质组织罪，只保留了诈骗罪和敲诈勒索罪的指控，全案去黑。

公安机关的指控，是上海某公司前述业务中隐瞒了业务性质是融资租赁的真相，诈骗金额为应还金额与实际到账的差价及 GPS 费用。同时，公安机关还指控该公司恶意制造违约，进而敲诈勒索客户的违约金及拖车费等。

在审查起诉阶段，我们搜集了大量业务合同与财务数据，用证据说话，详细论述了该公司业务模式下，只有客户守约，才能够在业务上获利。而客户一旦违约，上海某公司的成本将会超出其预期盈利。通过对业务模式进行数学计算，我们彻底否定了该公司被指控诈骗和敲诈勒索罪中的“非法占有目的”，论证其业务模式不属于“套路贷”。

不仅如此，我们还积极向该公司所在地上海的有关部门反映相关情况，请求相关部门依法保护民营企业的合法权益。上海市政府召集了金融办、公安局、银监局及市监局等单位，当面听取了我们的汇报，本案的辩护取得了相关单位的了解和支持。

【辩护意见写作思路】

整篇辩护意见共分为三个部分，我们首先对涉案经营模式进行了介绍，然后根据公安机关的指控，分别论述吴某的行为不构成诈骗、敲诈勒索。在具体的说理中，我们紧扣犯罪构成，对被指控的诈骗罪、敲诈勒索罪的每一个构成要件都结合具体的证据进行分析。最后，通过选取一个典型对象（报案人）的业务信息，让财务数据“说话”，以此夯实吴某及公司只有在合同相对方守约的情况下才能获取利润，一旦合同相对方违约，公司此单业务将亏损的事实基础，彻底否定办案人员关于吴某及公司“恶意制造违约”以获取高额利润的指控。

以下为辩护词选摘。

临汾市尧都区人民检察院：

本人何兵，北京市中闻律师事务所律师，系犯罪嫌疑人吴某的辩护人。

吴某作为某融资租赁公司的员工，履行的是公司岗位职责。吴某对涉案融资租赁合同的签订情况并不知情，不可能构成诈骗罪。并且，某融资租赁公司与客户进行融资租赁的过程中，没有非法占有他人财物的目的，也没有隐瞒融资租赁真相。客户并未产生错误认识，也未遭受财产损失，某融资租赁公司的售后回租业务，依法不构成诈骗罪。

当客户严重违约时，某融资租赁公司有权依合同约定取回车辆，并要求客户加速履行并支付由此产生的相关费用，某融资租赁公司没有任何非法占有客户财产的目的，也没有采取胁迫手段，客户选择违约导致的违约成本，不属于遭受的财产损失，某融资租赁公司的行为不属于敲诈勒索。因此，吴某履行公司岗位职责的行为，当然不构成敲诈勒索罪。

理由详述如下。

一、某融资租赁公司的售后回租（放鑫融产品）业务合法

【在部分中西部地区，融资租赁这一业务模式是办案人员日常中没有经历过的。例如本案中，办案人员的一个疑问就是，为何不适用抵押借款的方式，而是采取融资租赁。

因此，有必要首先向办案人员就融资租赁的业务模式进行介绍，以便建立有效沟通的前提。】

国家税务总局在《关于融资性售后回租业务中承租方出售资产行为有关税收问题的公告》（国家税务总局2010年第13号）中，明文认可“售后回租”这一融资租赁模式。国家税务总局认为，“融资性售后回租业务是指承租方以融资为目的将资产出售给经批准从事融资租赁业务的企业后，又将该项资产从该融资租赁企业租回的行为”。

对于本案中的“售后回租型”融资租赁合同，出于理解需要，可以将当事人之间的法律关系进行拆分，理解为两个阶段的法律关系。第一阶段，是承租人将车辆出售给出租人；此时某融资租赁公司向承租人支付了“车辆购车款总额”，并从承租人处取得了车辆所有权。第二阶段，承租人向出租人租赁车辆，并以分期付款的方式，从某融资租赁公司购买该车辆；此时承租人将超出“融资项目”的钱款，先作为“融资首付款”支付给某融资租赁公司，随后按月支付租金及购车价款（合并计算为“每期还款租金”），并在支付最后一期费用时，从某融资租赁公司处取得车辆所有权。在实际的交易过程中，为了交易方便的需要，某融资租赁公司将其支付的“购车款总额”与“融资首付款”进行抵扣，故仅向承租人支付“融资项目”项下的钱款。

此外，辩护律师经过检索山西省的411个司法案例，发现100%的判决认定融资租赁合同有效。辩护律师于2019年9月26日通过威科先行法律数据库，以“汽车、融资租赁合同、一审、民事、判决书、山西省”为关键词，共检索到411个相关案例；再添加关键词“无效”，在上述411个案例中进行筛选，案例数量变为50。通过逐份研判这50份案例，我们发现仅在（2017）晋0109民初3154号和（2017）晋0802民初316号判决中，一审法院认定原被告双方融资租赁合同无效。然而检索这两份判决的二审判决，发现均被二审法院以（2018）晋01民终4022号、（2018）晋08民终1892号判决改判，从而认

定合同双方之间的融资租赁关系合法有效。

二、吴某不构成诈骗罪

【起诉意见书先提到，本案涉嫌诈骗的行为是太原某公司与客户签订合同时，存在隐瞒业务属于融资租赁的行为。但我们审读了起诉意见书关于具体犯罪事实的内容后发现，公安机关在具体的指控中所认定的诈骗数额，只是客户签订合同后的实际到账金额与应还金额的差价，部分还包括GPS费用。

我们一直认为，律师应当明确其定位。作为在野法曹，辩护律师应当尽己所能，将案件事实清晰地展现出来，以帮助检察官、法官直截了当地掌握案件的关键问题，从而维护当事人的权益。因此，我们首先指出公安机关认定犯罪的逻辑，以方便检察机关审查起诉时轻松地掌握被指控的具体犯罪事实及指控逻辑，从而为我们下一步具体论述吴某及公司的行为不构成犯罪打下良好基础。】

公安机关在整体指控中，认定“太原某汽车服务公司人员在拉拢客户贷款时，采用故意隐瞒融资租赁真相，骗取客户签订融资租赁合同及抵押合同，以极低价格取得客户车辆所有权，导致客户在未取得贷款时车辆所有权实际已归该公司所有，为后续犯罪提供条件，涉嫌诈骗罪”。

针对136起具体诈骗犯罪事实，公安机关均认定受害人“经太原某汽车公司及下属加盟店业务员发展成为其客户”，“（太原某汽车）公司业务人员隐瞒融资租赁真相，骗取客户签订融资租赁合同及抵押合同，虚增GPS费用”，诈骗金额为应还金额与实际到账的差价及GPS费用。公安机关没有指控吴某等人“以极低价格取得客户车辆所有权，导致客户在未取得贷款时车辆所有权实际已归该公司所有，为后续犯罪提供条件”。

辩护人认为，公安机关的指控完全不能成立。

（一）客观事实与起诉意见书均表明，吴某仅履行岗位职责，对合同签订情况并不知情，不可能构成诈骗罪的共犯

起诉意见书认定，吴某“自2015年4月进入上海某融资租赁公司，截止2019年4月一直担任资产部负责人”，该部门“主要任务是针对逾期客户电话催收……吴某在犯罪嫌疑人陈某智的带领下负责该部门全面工作”。

也即，即使按照起诉意见书的认定，吴某也仅参与对逾期客户的催收行为，并无逾期前流程的工作内容。吴某对起诉意见书指控太原某汽车公司与客户签订合同的相关事宜涉嫌诈骗这一事实，毫不知情，不可能与太原某汽车公

司形成通谋，不构成诈骗罪的共犯。

（二）某融资租赁公司没有非法占有他人财物之目的

【非法占有之目的，是诈骗犯罪的重要问题。行为人是否具有这一主观故意，往往能够通过客观上的行为表现出来。我们在办案中发现，使用数学方法来对行为人不同行为模式下盈利金额进行计算、对比，能够非常直观地显现出被指控的行为是否对行为人有利。

需要特别注意的是，实践中利润率的多少，对办案人员是否将涉案行为认定为诈骗，有很大影响。因为在一般人的认知中，正常的商业行为，利润不会很高，除非是类似化妆品、奢侈品等特殊行业。故对利润畸高的涉案行为，首先会给办案人员不好的观感，也容易使其内心中预设——行为人有不恰当行为才能获取高利润。辩护律师要对此提高认识，应当结合具体的财务数据，先对涉案行为的利润率有一个判断。如果利润率在一般公众的认知中较高，则要向办案人员重点强调此点，以说明涉案行为只是正常的商业行为。

在本案中，我们就是通过对公司的业务整体状况进行测算，确定其正常业务下的利润率仅为 12.1%，是当时法定最高利息的一半，从而在根本上改变办案人员对该公司牟取暴利、具有非法占有目的的错误认识。】

从整体业务上看，某融资租赁公司不仅没有谋取非法利益，也没有谋取巨额利益，事实上，某融资租赁公司涉案业务的利润极其微薄。

从整体业务上看，某权威会计机构出具的某融资租赁公司《2017 年度财务报表及审计报告》《2018 年度财务报表及审计报告》显示，某融资租赁公司车主融产品的租息等收入，扣除某融资租赁公司所支付的 GPS 成本、销售佣金和资金成本，增值税等成本后，所得出的单均毛利润 / 客户融资额，得出某融资租赁公司车主融产品相对于投入资金的毛利在 3% 至 5.25% 之间；进一步扣除公司实际发生的运营费用、坏账计提、税费后，得出的单均净利润 / 客户融资额，得出某融资租赁公司车主融产品相对于投入资金的净利在 −0.84% 至 2.90% 之间。

从具体业务上看，本案起因系乔某报案，故辩护人以乔某为例，进行说明（关于乔某的业务内容，详见附件）。根据融资租赁合同，正常情况下，乔某应当支付 36 期租金，每期 2 245.37 元，某融资租赁公司可以收取 80 833.32 元租金。扣除融资总额 59 299 元后，未扣除任何成本，三年仅可获取利润 21 534.32 元，年租息率 12.1%，远低于法定最高利息。

上述财务数据表明，某融资租赁公司提供的融资租赁业务，目的在于依照双方签订的融资租赁协议，赚取约定的服务费用和融资利息，其业务获利完全在正常经营收入范围内。某融资租赁公司完全不具有非法占有财物之目的。

（三）某融资租赁公司与太原某汽车公司之间的协议证明，某融资租赁公司没有向太原某汽车公司隐瞒融资租赁真相，也没有与太原某汽车公司通谋隐瞒融资租赁真相

【有些“受害人”在接受询问时，没有如实向公安机关说明案件的全部情况。但在涉及商业交易的过程中，正规公司一般都会将与客户之间的沟通过程书面留存，如合同、提示函，等等。此时，辩护律师要通过搜集客观书证的方式，来对所谓“被害人”的虚假控诉进行反驳。

对于这个问题，我建议辩护律师专门抽出一段完整的时间，前往公司搜集证据，现场办案。我们在办案过程中发现，有许多涉及案件指控能否成立的关键证据，被当事人视为废纸，“躺”在公司无人问，直到被辩护律师在现场挖掘出来。

记得我第一次办理刑事案件的时候，有一起强奸幼女的案件。被害人母亲说被害人未满 14 岁，为了查清楚被害人到底是否年满 14 周岁，我先是跑到乡政府查被害人的户籍本，乡干部跟我说到小学去查，最后我在小学统计表里发现端倪。在学校的柜子里，我找到了被害人自己书写的表格，又去被害人哥哥所在的师范学校里查询哥哥的年龄，通过兄妹间的年龄差距看出被害人已经年满 14 周岁。最后，我拿着这些材料说服法院向省统计局调取国家人口普查统计档案，证实了被害人的年龄。这个案件就这样从强奸幼女变为普通强奸，实现了罪罚相当。】

在某融资租赁公司与太原某汽车公司签订的《代理合作协议》中，某融资租赁公司向太原某汽车公司明确，太原某汽车公司代理的业务系融资租赁业务。

某融资租赁公司要求太原某汽车公司在《代理合作协议》第五条（j）款中保证，“对于车辆销售的报价、任何提供融资租赁的意向，融资租赁合同、融资租赁申请书、对融资租赁合同的担保或保险合同或建议等，代理商未向承租人作任何虚假或令人产生歧义的陈述、保证或声明”。在该条（n）款中，某融资租赁公司还要求太原某汽车公司保证，“代理商、与其关联人员及雇员均不得违反法律法规、本合同约定及行规，进行欺诈性地或非诚信地车辆销售”。这些条款表明，某融资租赁公司从未同意太原某汽车公司向客户隐瞒融资租赁

真相。假设太原某汽车公司并未如实向客户介绍涉案融资行为属于融资租赁性质，也与某融资租赁公司无关。

（四）某融资租赁公司没有向客户隐瞒涉案合同系融资租赁，也没有虚增 GPS 费用

首先，涉案合同第三条为“租赁汽车的购买、交付和验收，明确了双方系融资租赁法律关系。该条第 1 款约定：**“甲方根据乙方的要求向乙方购买车辆，并租给乙方使用；乙方向甲方承租并使用该租赁车辆……甲方在支付乙方租赁车辆购车款后，即取得租赁车辆的所有权。”**某融资租赁公司对车辆所有权的归属，特别采取了加粗及下划线的方式，对客户进行提醒。该条第 3 款还进一步明确：**“本合同融资租赁属于售后回租模式”**。这些条款完全证明，某融资租赁公司没有隐瞒融资租赁真相，反而将相关信息对客户进行特别提示。

其次，涉案合同第五条涉及“与租赁汽车相关的权利和义务”。明确可能会发生的 GPS 费用由客户承担。该条第 2 款约定，**“为保证车辆安全，甲方为车辆安装 GPS 系统”**。这些文字被某融资租赁公司特别采取了加粗及下划线的方式对客户进行提醒。也就是说，某融资租赁公司已经向客户特别提示，车辆将加装 GPS。

最后，涉案合同第二条第 1 款则对 GPS 费用的承担进行了约定：**“租金以甲方购买租赁汽车的全部成本和甲方合理利润为计算基础。租赁汽车的全部成本包括但不限于租赁汽车的价款、税费、装潢费、GPS 费用、购买汽车手续费、融资利息（融资利息从甲方支付或甲方实际负担之日起计算）、银行费用和管理费用。”**双方已经明确约定，GPS 费用由客户承担。

（五）客户完全知悉和同意合同的全部约定，没有产生错误认识

涉案合同在客户签字位置的正上方明确记载：**“《上海某融资租赁融资租赁有限公司汽车租赁合同（主要条款）》（以下称为‘主要条款’）《上海某融资租赁融资租赁有限公司汽车租赁合同（通用条款）》（以下称为‘通用条款’）以及《上海某融资租赁融资租赁有限公司汽车抵押合同》（以下称为‘抵押合同’）一起构成各方当事人之间达成的汽车租赁合同的条款。主要条款、通用条款、抵押合同中凡提及‘本合同’‘汽车租赁合同’均指主要条款、通用条款和抵押合同构成的合同整体。承租人及保证人特此声明，其已仔细阅读主要条款、通用条款和抵押合同，并完全知悉和同意其中的约定，签署本合同及履**

行本合同义务是其独立真实的意愿。”

某融资租赁公司对前述文字，采取了下划线的方式对客户进行提醒。显然，客户对于其与某融资租赁公司直接的融资租赁关系，是明知并签字确认的。

本案所谓“被害人”均在笔录中称，其没有看过合同内容。这一说法显然与其签订合同时的书面声明相互矛盾。事实上，某融资租赁公司不仅在合同中对相关内容重点提示，还提供了名为“某融资租赁车主服务”的微信公众号，客户在此公众号上输入相关信息后，可以迅速获取合同文本及应付款金额。

（六）客户没有因为融资租赁合同产生财产损失

按照公安机关的指控，被害人的财产损失，系应还金额与实际到账的差价及 GPS 费用。这一认定完全错误。

客户选择签订融资租赁合同的目的在于融资。应还金额与实际到账的差价，属于融资成本，而不是财产损失。对于车辆的所有权，虽然在融资租赁期间属于某融资租赁公司，但并不影响客户对车辆的使用，且客户在合同履行完毕后，重新获得车辆所有权。

如前所述，某融资租赁公司和客户已在融资租赁合同中明确约定，GPS 费用包含于租金中。考虑到 GPS 是一次性安装，如果客户首期即违约，某融资租赁公司将完全损失此项成本，故未将此项费用核算在每期租金中，而是首次放款时即收取。客观上，也已出现部分客户在获得融资金额后，立即拆除了车辆上的 GPS 设备的情况。

三、吴某不构成敲诈勒索罪

公安机关指控：“车辆扣押后，该部门资产部（犯罪嫌疑人吴某负责）电催组继而对客户实施敲诈勒索行为，收取高额违约金以及拖车费，如客户无力支付高额费用，该公司便将客户车辆非法处置，达到非法占有客户财产的目的，涉嫌敲诈勒索罪”。

辩护人认为，公安机关的指控完全不能成立。

（一）某融资租赁公司没有非法占有他人财物的目的

1. 某融资租赁公司在控制车辆后，要求客户支付的费用类别，符合合同约定

客户与某融资租赁公司签订的《通用条款》第十条对客户的违约责任进

行了约定。

第十条第一款约定："租赁期内乙方出现如下情形之一的，甲方有权提前解除合同，控制车辆，乙方应同时即刻付清全部剩余租金及其他合同约定之应付款项……"

第十条第二款约定："乙方未按本合同约定支付应付租金或其他应付款项时，甲方除有权采取前项措施外，还有权按应付租金或款项4‰/天同时不低于100元/天的标准向乙方收取违约金。"

第十条第三款约定："甲方有权向乙方追索因执行或保护本合同项下甲方权利而产生的合理费用，包括但不限于诉讼/仲裁费用、鉴定费用、律师费用、材料费用、调查费用、差旅费用、甲方委托第三方机构催收所发生全部成本等；且其中部分费用的标准不低于：（1）甲方所发催款函100元/次；（2）甲方委托律师所发律师函500元/次；（3）甲方委派代表上门催收的，1 000元/次。"

第十条第四款约定："乙方同意，乙方或担保方出现或可能出现下列情形之一的，甲方除有权提前解除合同外，还可以采取必要措施控制车辆，乙方应同时即可付清全部剩余租金及其他合同约定之应付款项；乙方有义务配合甲方控制车辆并承担相关费用……"

据此，客户与某融资租赁公司在签订合同时即已约定，在某融资租赁公司控制车辆后，客户应当"即刻付清全部剩余租金及其他合同约定之应付款项"。而约定款项的内容，包括"违约金"及某融资租赁公司为"保护本合同项下甲方权利而产生的合理费用，包括但不限于诉讼/仲裁费用、鉴定费用、律师费用、材料费用、调查费用、差旅费用、甲方委托第三方机构催收所发生全部成本等"。

由此可知，某融资租赁公司在客户严重违约、控制车辆后，具有要求客户支付相关费用的合同权利基础。某融资租赁公司要求客户支付各项费用的行为，不是为了获取非法利益，某融资租赁公司没有非法占有客户财物的故意。

2. 某融资租赁公司在控制车辆后，要求客户支付各项费用的具体金额，是合同约定的合理支出

当客户严重违约、需要加速履行合同获得车辆所有权时，某融资租赁公司要求支付的各项费用包括利息、罚息、剩余本金、收回费用、油费、停车费、催收费及评估费。

前述费用中，利息、罚息及剩余本金三项费用由某融资租赁公司获取。其中：利息是根据客户逾期支付的月租金进行计算；罚息系合同约定的违约金，按照应付租金 ×4‰ × 逾期天数的方式计算；剩余本金则是按照实际剩余金额计算。

除此之外的车辆的收回费用、油费、停车费、催收费及评估费均为固定费用。8 000 元的收回费用和油费 540 元，是按照某融资租赁公司与第三方回收服务商的合同约定计算的，某融资租赁公司代收后全部转付给第三方回收服务商；停车费用是某融资租赁公司为停放车辆，而必须支付给停车场地服务商的费用，公司核算成本后确定为 500 元 / 次；1 500 元的催收费包含 500 元的律师函费用及 1 000 元的上门催收费用，为客户认可的合同明文约定；评估费系某融资租赁公司为确认车辆价值，而必须支出给评估服务商及相关固件软件提供商的费用，公司核算成本后确定为 500 元 / 次，具体见表 4-1。

表 4-1　客户支付费用明细及依据

项目	费　用	依　据	计 算 方 法
利息	根据情况计算	合同约定	18、19、20 三期月租金的利息
罚息	根据情况计算	合同第十条第二款	应付租金 ×4‰ × 逾期天数
剩余本金	根据情况计算	合同约定	
收回费用	8 000 元	野航德信合同 5.1.2	下限 8 000 元
油费	540 元	野航德信合同 5.1.3	单次 180 元，开车往返 2 次，开收回车辆返程 1 次，共 3 次
停车费	500 元	合同第十条第三款	按次收费
催收费	1 500 元	合同第十条第三款	律师函 500 元 + 上门催收费用 1 000 元
评估费	500 元	公司确认汽车价值的成本	按次收费

【列表是诉讼可视化的重要表现形式。我们在辩护中总结的经验是，长篇大论不如一张简表，清晰又直观。】

3. 某融资租赁公司在控制车辆后，其为实现债权所支出的费用，客观上高于要求客户支付的金额

需要着重提请注意的是，某融资租赁公司近期核算了山西地区涉案业务收取客户的费用和实际支出成本费用的明细，具体见表 4-2。

表 4-2　某融资租赁公司继续履约车辆的收费和支出明细

<table>
<tr><td colspan="5">违约后山西地区客户选择继续履行获得车辆所有权——共 91 台</td></tr>
<tr><td></td><td>收取 / 支出</td><td>项　目</td><td>91 台车</td><td>每台车</td></tr>
<tr><td rowspan="8">公司实收款（单位：元）</td><td rowspan="8">公司向客户收取的费用</td><td>拖车费用</td><td>552 352</td><td>6 070</td></tr>
<tr><td>油费</td><td>56 530</td><td>621</td></tr>
<tr><td>路桥费</td><td>2 510</td><td>28</td></tr>
<tr><td>停车费</td><td>39 500</td><td>434</td></tr>
<tr><td>评估费</td><td>39 500</td><td>434</td></tr>
<tr><td>催收费用</td><td>91 000</td><td>1 000</td></tr>
<tr><td>其他（处理违章等）</td><td>26 391</td><td>290</td></tr>
<tr><td>合计</td><td>807 783</td><td>8 877</td></tr>
<tr><td rowspan="7">公司实际支出（单位：元）</td><td rowspan="3">支付给合作收车队</td><td>拖车费</td><td>820 770</td><td>9 019</td></tr>
<tr><td>油费</td><td>56 530</td><td>621</td></tr>
<tr><td>路桥费</td><td>2 510</td><td>28</td></tr>
<tr><td>支付给合作车库</td><td>停车费</td><td>39 500</td><td>434</td></tr>
<tr><td>支付给合作评估方</td><td>评估费</td><td>39 500</td><td>434</td></tr>
<tr><td>支付给处理违章合作方等</td><td>其他费</td><td>26 391</td><td>290</td></tr>
<tr><td></td><td>合计</td><td>985 201</td><td>10 826</td></tr>
</table>

由表 4-2 可以清晰地看出，在不考虑催收费用的情况下，某融资租赁公司此时实际支出的成本合计 985 201 元、平均每单 10 826 元，但实际收取客户的此项费用（此时包含催收费用）仅合计 807 783 元、平均每单 8 877 元。也即某融资租赁公司合计至少亏损 177 418 元，平均每单至少亏损 1 949.65 元，占实际支出费用的 18.01%。

这些数据充分表明，某融资租赁公司虽然对于融资款项应付款没有减免，但是对于公司为实现债权的必要支出，公司已经尽可能地自担成本进行了减免。某融资租赁公司客观上没有在客户选择加速履行合同、取得车辆所有权时获取任何利润，反而为了使客户尽量履行合同，平均每单至少自担了 18.01%为实现债权的必要费用。据此，某融资租赁公司显然不具有非法占有他人财物的目的。

（二）某融资租赁公司没有使用胁迫手段，使客户产生恐惧心理，进而取得财产

1. 某融资租赁公司告知客户，如果不履行合同约定，将对车辆进行处置，显然不属于对客户进行胁迫

在案卷宗中，所谓“被害人”所称的威胁或者要挟方法，均是如果不支付相关费用，将无法取得车辆，某融资租赁公司将对车辆自行处置。这种行为显然不属于威胁或者要挟。

必须明确的是，涉案合同系融资租赁合同。合同双方已经明确约定，涉案车辆的所有权，在合同履行完毕之前，属于某融资租赁公司。某融资租赁公司在客户严重违约的情况下，向其告知将对自己所有、仅是租赁给客户的车辆进行处置，显然不可能对客户在心理上造成刑法意义上的恐惧和压力。

2. 代理商在控制车辆过程中可能出现的不法行为，不能认定为某融资租赁公司采取了胁迫的手段

现有证据显示，某融资租赁公司明确要求催收供应商有一定从业经验，员工必须开具“无犯罪记录证明”，且在收车过程中不得存在“辱（谩）骂、威胁（恐吓）、推搡、拘禁、殴打、欺骗客户等行为”，严禁第三方业务代理商和应收账款催收合作公司采取暴力等违法手段收回租赁物；某融资租赁公司要求应收账款催收合作公司全程录音录像，并上传公司系统，还为此编撰下发了《拍摄视频规范要求》，配备专人通过抽查收回租赁物录音录像，一旦发现存在不当收回租赁车辆行为的，立即终止合作。

因此，即便回收过程中，代理商存在违法行为，也与某融资租赁公司无关。客户因违法行为产生的恐惧或压力，也不能被认定为某融资租赁公司采取的威胁或要挟方法。

3. 客户没有遭受财产损失

如前所述，本案中的逾期客户，在签订合同时已经明确知晓其如果违反合同约定，将产生利息、罚息、剩余本金、收回费用、油费、停车费、催收费及评估费等违约成本。

在这一情况下，客户仍然逾期支付租金，其为此支付的各项费用，是因其逾期支付租金产生的违约成本。这些违约成本是客户本可以避免的，显然不属于其遭受的财产损失。

（三）吴某履行的是公司岗位职责，没有获取除工资外的非法收入

现有证据证明，吴某作为某融资租赁公司资产部的负责人，与某融资租赁公司的业务代理商或催收供应商没有隶属关系，其主要职责是公司资产部部门管理，服务的对象系逾期客户，具体工作内容包括电催管理，资产保全及处置管理等。吴某作为某融资租赁公司的员工，在公司业务运营过程中，正常履行公司岗位职责，其收入均系公司支付的工资。

因此，在某融资租赁公司经营模式不构成犯罪的情况下，吴某当然不构成敲诈勒索罪。

综上所述，公安机关指控吴某构成诈骗、敲诈勒索罪的指控不能成立，吴某没有犯罪事实，贵院应当按照《刑事诉讼法》第一百七十七条第一款之规定，以犯罪嫌疑人没有犯罪事实，依法作出不起诉决定。

此致

临汾市尧都区人民检察院

北京市中闻律师事务所律师：何兵

律师助理：徐冯彬

二〇二〇年四月十三日

附件：“乔某业务情况——从个案看整体”

【本部分可以说是撬动公安、检察机关指控的最后一杠。数字不会骗人，尤其是经济类犯罪案件中，辩护律师一定要重视对数据的使用。我们在本部分就选取了报案人乔某的全部业务数据，用合同内容和具体数据向办案单位说明，从公司盈利的角度来说，公司是最希望乔某守约的一方，进而说明公司没有任何恶意制造乔某违约的动机。

这里还要强调一点，就是辩护律师要注意调动公司内部资源。辩护律师不是单打独斗，其实在公司里，有很多人力资源可以帮助办理案件。如涉及财务问题时，公司的财务人员每天记账，一定比辩护律师更熟悉公司的财务数据。

辩护律师要能有效调动员工的积极性，也必须发挥中坚作用。案子发生后，公司的人觉得委屈，辩护律师要努力稳定人心、调动群众，达成统一战线，这对案件发展至关重要。比如本书中的襄大案，我在公司最艰难的时候参加了晨会。又如新疆百商案，最初公司员工人心涣散，惶惶不可终日，我通过

参加公司会议的方式，向公司管理层和普通员工们阐述了我不认可公安指控的意见的观点，稳定了公司员工的信心。】

一、乔某融资基本情况

（一）乔某本人了解何为融资租赁

乔某的机动车登记证的登记栏显示，乔某车辆在 2016 年 6 月 24 日至 2017 年 2 月 27 日抵押给了涉案融资租赁有限公司。说明其在此期间，乔某已经做过融资租赁业务。

（二）用以融资的车辆状况（附件二）

评估价格：70 000 元
车型：别克英朗 2010 款 1.6T 自动 GT 时尚运动版
新车指导价：174 300 元
车牌号：晋 LQC×××
车公里数：83 411km
成新率：0.402
车辆出厂日期：2010 年 10 月 23 日
车辆登记日期：2010 年 11 月 26 日

（三）融资租赁合同内容（附件三）

1. 各款项情况
（1）乔某款项情况。
车辆价格 70 000 元，融资总额 59 299 元，融资首付款 14 000 元，车款 56 000 元。由此可知，乔某实际融资金额是 56 000 元车款 +3 299 元 GPS 费用。
（2）公司未扣除任何成本，年租息率仅为 12.1%。
正常情况下，乔某应当支付 36 期租金，每期 2 245.37 元，某融资租赁公司可以收取 80 833.32 元租金。扣除融资总额 59 299 元后，未扣除任何成本，三年仅可获取利润 21 534.32 元，年租息率 12.1%，远低于法定最高利息。
2. 各款项约定的支付情况
“承租人在此确认，同意将本合同第三条涉及的甲方支付的购车款中的（1）14 000 元直接转为融资租赁的首付款；（2）0 元直接转为融资租赁保证金（如有）；（3）0 元直接转为手续费；（4）剩余购车款 56 000 元则由甲方直接支付到承租人如下账户……”

3. 乔某对合同的全部约定，已完全知悉和同意

在乔某签字位置的正上方记载如下内容：

“《上海某融资租赁融资租赁有限公司汽车租赁合同（主要条款）》（以下称为‘主要条款’）、《上海某融资租赁融资租赁有限公司汽车租赁合同（通用条款）》（以下称为‘通用条款’）以及《上海某融资租赁融资租赁有限公司汽车抵押合同》（以下称为‘抵押合同’）一起构成各方当事人之间达成的汽车租赁合同的条款。主要条款、通用条款、抵押合同中凡提及‘本合同’‘汽车租赁合同’均指主要条款、通用条款和抵押合同构成的合同整体。承租人及保证人特此声明，其已仔细阅读主要条款、通用条款和抵押合同，并完全知悉和同意其中的约定，签署本合同及履行本合同义务是其独立真实的意愿。”

4. 汽车所有权

第三条第一款：“甲方根据乙方的要求向乙方购买车辆，并租给乙方使用它；乙方向甲方承租并使用该租赁车辆……**甲方在支付乙方租赁车辆购车款后，即取得租赁车辆的所有权。”**

5. 融资模式

第三条第三款：“本合同融资租赁属于售后回租模式，车辆在回租前后出租人均不占有、使用租赁车辆，故甲乙双方间不发生车辆的现实交付，出租人按本合同约定支付租赁车辆购车款之时，即甲方向乙方交付租赁车辆之时。”

6. 各项费用约定

第二条第一款：“租金以甲方购买租赁汽车的全部成本和甲方合理利润为计算基础。租赁汽车的全部成本包括但不限于租赁汽车的价款、税费、装潢费、GPS 费用、购买汽车手续费、融资利息（融资利息从甲方支付或甲方实际负担之日起计算）、银行费用和管理费用。”

第六条第一款：**“乙方必须在本合同签署之日为租赁汽车投保本条第二项约定的基本保险险种并设定甲方为第一保险受益人，乙方负责办理保险理赔相关事宜。”**

7. 租金支付方式

第七条第二款：“……由合同约定的第三方代为收取承租人租金……”

8. 提前结清

第八条第二款：**“租赁期间乙方如需提前还款的，须在当月还款日前 10 日向甲方提出申请并取得甲方批准；提前支付必须是全部应付款项的一次性支付，**

包括每台车辆余额本金及按余额本金 5% 计算的违约金、提前还款手续费 500 元 / 台，以及其他乙方应付的相关费用……”

9. 违约条款

第五条第三款：“为保证车辆安全，甲方为车辆安装 GPS 系统。乙方承诺在租期内不改装或拆卸该系统或屏蔽 GPS 信号，否则甲方有权收回车辆、主张所有剩余租赁立即提前到期。如租期内 GPS 系统未正常运行且经甲方提醒 24 小时内，乙方仍不配合检修的，则甲方有权收回车辆对该 GPS 系统进行检修。”

第十条第一款：“租赁期内乙方出现如下情形之一的，甲方有权提前解除合同，控制车辆，乙方应同时即刻付清全部剩余租金及其他合同约定之应付款项。若乙方自收回车辆之日起 7 天内无法一次性支付所有费用赎回车辆，则甲方有权自行处理租赁汽车，乙方无权对租赁车辆提出任何权利主张：（1）乙方连续二期未向甲方支付租赁或累计三期未按时向甲方支付租金……（4）未履行本合同其他任何义务或同甲方签订的其他合同项下任何义务的。”

第十条第二款：“乙方未按本合同约定支付应付租金或其他应付款项时，甲方除有权采取前项措施外，还有权按应付租金或款项 4‰ / 天同时不低于 100 元 / 天的标准向乙方收取违约金。”

第十条第三款：“甲方有权向乙方追索因执行或保护本合同项下甲方权利而产生的合理费用，包括但不限于诉讼 / 仲裁费用、鉴定费用、律师费用、材料费用、调查费用、差旅费用、甲方委托第三方机构催收所发生全部成本等；且其中部分费用的标准不低于：（1）甲方所发催款函 100 元 / 次；（2）甲方委托律师所发律师函 500 元 / 次；（3）甲方委派代表上门催收的，1 000 元 / 次。”

第十条第四款：“乙方同意，乙方或担保方出现或可能出现下列情形之一的，甲方除有权提前解除合同外，还可以采取必要措施控制车辆，乙方应同时即可付清全部剩余租金及其他合同约定之应付款项；乙方有义务配合甲方控制车辆并承担相关费用。如在甲方控制车辆后 7 天内违约事件未消除或甲方损害未足额补偿的，甲方有权自行处置车辆，如处置车辆价款不足补偿甲方损失的，乙方还应补偿差额部分：（1）隐瞒真实情况、提供虚假陈述或材料，涉及信息可以包括但不限于融资用途、乙方住址、身份信息、联系电话、职业、收入等来源信息；（2）由于乙方原因导致甲方无法与其联系的……（8）明确拒绝支付租金，或逾期后三次承诺期限还款都未还款，或表示将 / 已拆除 GPS 设备；（9）任何违反本合同衣物以及其他可能损害甲方利益的情形。”

二、乔某的还款及逾期情况（根据公司内部数据）

乔某首次逾期在第5期，逾期一天。随后自第7期连续至第18期，连续12次逾期。

公司对于乔某逾期3天以内的还款，没有加收罚息，具体见表4-3。

表4-3 乔某还款及逾期情况

期	月还款（单位：元）	罚 息（单位：元）	计划还款日	实际还款日	逾期	还款状态
1	2 245.37	0	2017-04-09	2017-04-09		正常还款
2	2 245.37	0	2017-05-09	2017-05-09		正常还款
3	2 245.37	0	2017-06-09	2017-06-09		正常还款
4	2 245.37	0	2017-07-09	2017-07-09		正常还款
5	2 245.37	0	2017-08-09	2017-08-10	1	逾期已还
6	2 245.37	0	2017-09-09	2017-09-09		正常还款
7	2 245.37	0	2017-10-09	2017-10-10	1	逾期已还
8	2 245.37	0	2017-11-09	2017-11-10	1	逾期已还
9	2 245.37	0	2017-12-09	2017-12-12	3	逾期已还
10	2 245.37	0	2018-01-09	2018-01-10	1	逾期已还
11	2 245.37	0	2018-02-09	2018-02-10	1	逾期已还
12	2 245.37	0	2018-03-09	2018-03-10	1	逾期已还
13	2 245.37	0	2018-04-09	2018-04-10	1	逾期已还
14	2 245.37	0	2018-05-09	2018-05-11	2	逾期已还
15	2 245.37	0	2018-06-09	2018-06-12	3	逾期已还
16	2 245.37	0	2018-07-09	2018-07-11	2	逾期已还
17	2 245.37	53.89	2018-08-09	2018-08-15	6	逾期已还
18	2 245.37	907.13	2018-09-09	2018-12-19	101	处置提前还款完成
19	2 245.37	637.69	2018-10-09	2018-12-19	71	处置提前还款完成
20	2 245.37	359.26	2018-11-09	2018-12-19	40	处置提前还款完成
21	2 245.37	89.81	2018-12-09	2018-12-19	10	处置提前还款完成
22	2 245.37	0	2019-01-09	2018-12-19		处置提前还款完成
23	2 245.37	0	2019-02-09	2018-12-19		处置提前还款完成
24	2 245.37	0	2019-03-09	2018-12-19		处置提前还款完成

续表

期	月还款（单位：元）	罚 息（单位：元）	计划还款日	实际还款日	逾期	还款状态
25	2 245.37	0	2019-04-09	2018-12-19		处置提前还款完成
26	2 245.37	0	2019-05-09	2018-12-19		处置提前还款完成
27	2 245.37	0	2019-06-09	2018-12-19		处置提前还款完成
28	2 245.37	0	2019-07-09	2018-12-19		处置提前还款完成
29	2 245.37	0	2019-08-09	2018-12-19		处置提前还款完成
30	2 245.37	0	2019-09-09	2018-12-19		处置提前还款完成
31	2 245.37	0	2019-10-09	2018-12-19		处置提前还款完成
32	2 245.37	0	2019-11-09	2018-12-19		处置提前还款完成
33	2 245.37	0	2019-12-09	2018-12-19		处置提前还款完成
34	2 245.37	0	2020-01-09	2018-12-19		处置提前还款完成
35	2 245.37	0	2020-02-09	2018-12-19		处置提前还款完成
36	2 245.37	0	2020-03-09	2018-12-19		处置提前还款完成

三、对乔某进行电话催收的情况

乔某逾期后一直拒绝接听电话，预留的配偶、亲属电话也联系不上乔某，电话催收情况见表 4-4。最终在收车后，乔某开始接听电话。

表 4-4　乔某逾期后的电话催收情况

序号	处理时间	姓　名	号码状态	通 话 内 容
1	2018-10-07	乔某	正在通话	正忙
2	2018-10-09	乔某	拒接	拒接
3	2018-10-09	徐某（亲属）	拒接	拒接
4	2018-10-09	武某（朋友）	无人接听	无人接
5	2018-10-09	王某（同事）	正常接通	乔某失联，因为欠钱多被派出所抓走了，走法律程序吧
6	2018-10-10	乔某	正常接通	正忙
7	2018-10-10	徐某（前妻）	正常接通	已领证离婚，同意转告
8	2018-10-10	武某（朋友）	正常接通	还欠我 10 来万元，我都找不到。同意转告
9	2018-10-15	乔某	正常接通	无人接听
10	2018-10-15	徐某（亲属）	正常接通	无人接听

续表

序号	处理时间	姓　名	号码状态	通 话 内 容
11	2018-10-15	武某（朋友）	正常接通	称车子是乔某父亲开的，最近没见他也找不到他，试着转告
12	2018-10-15	王某（同事）	正常接通	还欠我钱，联系不上，走法律程序，别拖了
13	2018-10-22	乔某	正常接通	已电话通知车辆收回，并短信告知来电赎车
14	2018-10-23	乔某	正常接通	要赎车，告知次日拨打电话，会说明赎回金额
15	2018-10-25	乔某	主动拨来	（女接）前天有人问我要不要赎车，客服告知赎车金额 4.9 万元
16	2018-10-25	乔某	主动拨来	（男接）要得知合作商地址，车上物品不赎车，可以 15 个工作日寄回
17	2018-10-26	乔某	正常接通	询问是否赎车，截止期限为 10 月 29 日。认为赎回费用太高
18	2018-10-30	乔某	正常接通	认为赎回费用太高，客服同意先打一半款项后延期

四、对乔某家访情况（附件家访报告）

（一）单位

（1）单位地址真实，没有见到乔某，见到乔某的同事。

（2）单位大厅工作人员称，这里是有这么个人，但不知道在哪工作。办公室工作人员称，乔某在综合大楼的农工办事处。农工办事处大门锁闭，其他同事说乔某刚刚还在上班应该是有事先走了，乔某同事其他的什么也不说（电话也不透露）。将乔某车款逾期事情和后果给其同事说了让其帮忙转告。楼下询问另一个同事，对方也称没有乔某的手机号码（看实际情况单位同事应该都不愿意配合说乔某的联系方式和任何信息）。

（3）在单位地附近停车的地方未见贷款车辆。

（4）没有张贴律师函。

（二）居住地址（2018.10.15）

（1）地址真实存在，乔某家里没人，未见乔某。

（2）前往乔某提供的居住地址处，敲开门了解到乔某已经搬到 21 号楼了，然后到了 21 号楼西边的这个单元的 1 层西户主贷家。敲门半天也没有回应，敲对面住户也没有人在，然后到楼上住户了解到乔某确实在楼下住着，剩下的就什么都不说了，不愿意提供其他的任何信息，直接把门关上了，然后我又返回到5号楼205室询问住户，对方就说啥都不知道，其他的什么都不说了。现场给乔某拨打电话未接通。

（3）已粘贴律师函并拍照。

（三）户籍地地址（2018.10.15）

（1）在小区询问了几个打牌的大叔大姨，然后了解到乔某一家子在多年前就把房子卖了，然后一家子都搬到亚太小区了，而且其中有个阿姨说他们之前就是邻居，还说乔某把房子卖给了几个从事按摩工作的人了，然后顺着门牌号找到了具体位置，敲门没有人反应。然后对面住户刚好出来扔垃圾，便向其询问，对方也是说在多年前主贷就搬走了。不了解乔某现在的情况。

（2）没有张贴律师函。

（四）催收总结

已张贴律师函，需要收车，需要诉讼。

五、收车情况（附件）

某融资租赁公司于2018年10月17日，委托山西某公司于10月17日至10月23日期间，向乔某进行合法催收。某融资租赁公司明文要求催收供应商通过合法途径控制并收回租赁车辆，确保租赁车辆中的物品的安全和完整性。要求催收供应商公司保证通过合法途径获得我公司要求的经客户适当签署的相关法律文件，承诺催收供应商及其员工、外派收车人员等不得以个人名义向承租人收取任何费用。

2018年10月22日，收回车辆。

六、乔某车辆处置情况

按照融资时评估方法计算，成新率 =（180 − 98）/180×0.696 = 0.317，评估价格 = 重置价 × 成新率 = 174 300×0.317 = 55 253.1元。考虑到某融资租赁公司处置车辆时，乔某必然不会配合进行车辆登记，因此系统认定车辆价值贬损严重，最终显示车辆评估价格为38 955元。

某融资租赁公司最后于2018年11月26日发标，截止日2018年12月7日，最终由清徐县某汽修厂以30 000元成交。

七、乔某赎车应当支付相关费用情况（表 4-5）

表 4-5　乔某赎回车辆需支付的费用明细

赎回车辆需支付的各项费用（合计 49 302.25 元）				
项目	**费用（单位：元）**	**依据**	**计算方法**	**接受方**
利息	1 833.07	合同约定	18、19、20 三期月租金的利息	某融资租赁
罚息	502.96	合同第十条第二款	应付租金 ×4‰ × 逾期天数	某融资租赁
剩余本金	35 926.22	合同约定		某融资租赁
收回费用	8 000	野航德信合同 5.1.2	下限 8 000 元	催收供应商
油费	540	野航德信合同 5.1.3	单次 180 元，3 次	催收供应商
停车费	500	合同第十条第三款	按次收费	某融资租赁（停车场月租金 57 000 元）
催收费	1 500	合同第十条第三款	律师函 500 元 + 上门催收费用 1 000 元	
评估费	500	公司确认汽车价值的成本	按次收费	

八、某融资租赁公司此单盈亏情况

（一）按照乔某的违约情形

此单中，某融资租赁公司的收入，包含公司已收取 17 期租金 38 171.29 元及车辆残值收入 30 000 元，两项合计 68 171.29 元。

某融资租赁公司为此的支出（不考虑所得税）合计为 87 433 元，具体包括：

（1）租赁本金 59 299 元；

（2）收回费用、油费、停车费、催收费、评估费为 11 040 元；

（3）租赁本金的融资成本按年化 7.6% 计算三年为 13 520 元；

（4）运营费用为 59 299×2.08% = 1 233 元；

（5）经销商佣金为 59 299×2.6% = 1541 元；

（7）坏账分摊约 800 元；

（8）所得税（暂不计算）。

据此，某融资租赁公司此单直接亏损 19 261.71 元 + 可期待利益损失 4 440 元 = 23 701.71 元。

（二）乔某正常全部结清且不考虑所得税情况下的公司收支及利润数据

公司收入为：80 833.32 元；

公司支出为：59 299 + 13 520 + 1 233 + 1 541 + 800 = 76 393 元；

某融资租赁公司利润约为：4 440.32 元。

抽丝剥茧，坚韧不拔

——徐某某不构成受贿罪的辩护词

【案情回顾】

徐某某在工商银行总行任职高管期间，其下属马某某在审批贷款时受贿，江苏某地检察院遂怀疑徐某某也参与其中，本案由此引发。

2018 年 2 月 11 日，江苏某地检察院指控徐某某 4 起受贿，合计 238 万余元。我与徐冯彬律师在审判阶段接受徐某某妻子的委托，介入本案辩护工作。2019 年 8 月 27 日，开庭 4 个月后，检察院最终撤诉 [江苏省无锡市中级人民法院，（2018）苏 02 刑初 12 号]。

【办案经过】

本案辩护成功，最核心之处在于，我们经过逐字逐句地审查徐某某的讯问同步录音录像，确认徐某某的有罪供述是办案人员编造后，逼迫其签字形成。徐某某被指控的收受唐某某、戴某某及韩某贿赂款，都是虚假的。

在具体事实的辩护中，我们通过还原客观事实的方式否定在卷的不实供述与证言。例如指控收受唐某某贿赂一节，笔录提到的行贿理由是唐某某为了感谢徐某某帮助其获取了工商银行 H 股的购买额度。但我们经过查询香港交易所的官方网站发现，工商银行在 2016 年 10 月 16 日对外发布 H 股招股书，10 月 26 日对外发布发售结果公告，而检察机关指控的“送钱”时间是 2006 年 8 月。也就是说，唐某某“送钱”给徐某某时，工商银行甚至尚未对外公开招股。江苏某地检察院指控，唐某某获取了工商银行 H 股的购买额度后，对徐某某表示感谢而行贿，在客观上时间顺序颠倒，完全不能成立。

同时，我们还在香港交易所查询到了工商银行港股发行文件。该文件明确，H股分为香港公开发售和全球发售。其中，香港公开发售出现了超额认购，后来以抽签的方式确定购买额度，一切都是随机的，没有人能从中为唐某某谋取利益。检察机关的指控，被客观事实所击破。

【辩护意见写作思路】

在辩护意见中，我们首先使用了大量篇幅，详细列举徐某某被诱供、指供，其有罪供述是编造的等内容，直接否定掉其有罪供述。随后，我们针对各项具体的受贿指控，根据客观证据固定真实情况，并结合法律适用作无罪辩护。

以下为辩护词选摘。

尊敬的合议庭：

北京市中闻律师事务所接受徐某某委托，委派本人担任被告人徐某某的辩护人。辩护人认为，徐某某无罪，且事实清楚，证据确凿。本案证据证明，徐某某的有罪供述笔录及其妻子赵某某在侦查阶段所做证言，均是被刑讯逼供形成的。相关证人也已出庭作证或重新出具证言，说明其在检察院所做笔录与事实不符。贵院对本案的审理不仅要依法进行，还应充分考虑本案可能对香港地区产生的影响。具体辩护意见如下。

一、徐某某在讯问中遭受了侦查人员的指供、诱供

【讯问同步录音录像是职务犯罪案件中最核心的证据。实践中，职务犯罪案件相较于其他案件，更看重行贿人和受贿人是否对受贿事项有相互印证的笔录。虽然最高法、最高检、公安部多次发文强调讯问同步录音录像的重要意义，但我们在多年的办案过程中发现，办案单位基本不会主动提供讯问同步录音录像供辩护律师审查，有些辩护律师也会因产生畏难情绪而放弃对讯问同步录音录像的审查工作。

讯问同步录音录像是一座富矿，我们经常在其中发现被告人被刑讯逼供、办案人员编造有罪供述、被告人的无罪辩解不被记载或被隐匿等能直接决定案件走向的关键内容。这一辩护内容，甚至毫无技巧可言。对辩护律师的唯一要求，就是能坐得住、沉得下。只要辩护律师愿意花时间查阅同步录音录像，就一定会有收获。】

侦查人员在讯问过程中对徐某某进行指供、诱供，使徐某某按照侦查人员想象的“犯罪事实”进行供述。

例如，徐某某在 4 月 27 日供述紫霞谷房产一事时，称自己只是约了唐某某和从某“中午吃了个饭”。侦查人员当即说道:“不！你两面都约好了才行。照你的说法，好像我什么也不说，你们两方一来，我请你们吃一顿饭，你们好了，哪可能是这样？……大家原始投资，都懂的，这是一个。第二个，对方背景也还不错，身份也还不错，我也就卖个面子，对不对？当然你如果身份很高的话，那么就是不是五千万了，说不定五亿股了，对不对？……否则的话，我就让他们吃一顿饭？那我去拉，他们肯吃一顿饭？”说完后，徐某某即称:“当时我是做一个中间人。”侦查人员又说:“你不是作为中间人，你也利用了你的影响力。”徐某某被迫答道:“对。”

侦查人员将自己对事情经过的臆想，强加到徐某某的意识里，并不断诱导徐某某按照侦查人员的思路交代问题。诱供行为非常明显。《刑事诉讼法》第五十二条规定，“……严禁刑讯逼供和以威胁、引诱、欺骗以及其他非法方法收集证据，不得强迫任何人证实自己有罪……”但本案中，侦查人员的此类指供、诱供行为，频繁地出现在讯问过程中，严重违法。

二、侦查人员编造了徐某某的有罪供述

徐某某在讯问过程中，对于侦查机关指控的几笔经济往来都做了如实陈述。但侦查人员不但没有如实记录，反而编造情节，添加徐某某没有陈述的内容，使得笔录内容变为徐某某自认受贿（详见附件一篇幅所限，暂略）。

三、办案人员对徐某某极尽威胁恐吓（详见附件二，因篇幅所限，暂略）

侦查人员在讯问过程中使徐某某对司法机关公正办案丧失信心，对得到司法机关公正审判彻底绝望。徐某某在精神上感到极大恐惧，产生剧烈痛苦。侦查人员的刑讯逼供行为使徐某某认为，其是否有罪，全看侦查人员的想法。如果他不按照侦查人员的要求供述，就会在监狱中度过余生，而监狱在侦查人员的描述中，赫然是一个“血汗工厂”，极度“黑暗”。

徐某某在这种精神折磨下，甚至希望侦查人员给自己一把刀，让他自己了断。在 5 月 10 日的讯问中，徐某某说:“给我一把刀，我把自己给杀了……我现在最想你给我一把菜刀……有菜刀你们也解脱了，我老婆现在也可以再嫁了。”最终，徐某某被迫在侦查人员编造的有罪笔录上签字。

2017年5月2日19:41:25，侦查人员诋毁法院，称法院不会对徐某某进行公正审理，说:“黄泥巴在裤裆里面，不是屎也是屎，大家认为就是屎，冤枉你就是冤枉你。”

侦查人员对我国刑事羁押的法定程序和期限视若无物，以长期关押逼迫徐某某认罪。2017年4月23日19:28:40，侦查人员威胁要将徐某某一直关押，说:“那我现在问你准备对抗到什么时候？……你如果一直对抗下去，我们一直把你关着不管了，让你一直待着，三年五年，十年八年，准备对抗到什么时候？”

四、徐某某在讯问过程中遭受了严重的疲劳审讯和威胁恐吓

（一）徐某某被疲劳审讯长达16天（详见附件三，暂略）

江苏某地检察院在办案过程中，对徐某某进行了严重的疲劳审讯。2017年4月23日至5月8日期间的传唤证显示，徐某某在这毫无间断的16天中，几乎天天被连续12小时讯问。徐某某在每天午饭后被提讯至午夜，作息被严重破坏。

（二）侦查人员的威胁恐吓（详见排非附件，暂略）

徐某某称，侦查人员在每次讯问时都反复要求他“配合”工作，按照侦查人员编造的情节进行供述，并在有罪供述笔录上签字，否则就会祸及家人。

如2017年4月24日18:46:12，侦查人员又说道:“自己完蛋是个无期徒刑，然后家里面或者其他相关人员也跟着一起完蛋，那才叫完蛋。你一个人还不叫完蛋，毕竟你家还在，老婆儿子还在。如果是一锅端掉了，你真的是真完蛋，真的是鸡飞蛋打全完蛋，是不是？有这样子的人，不是没有。”同日22:34:56，侦查人员直接威胁要抓徐某某的妻弟赵某2:“你还在这边说赵某2，赵某2。赵某2敢说我立马把他抓进去……作伪证！”六分钟后的22:40:34，侦查人员再次威胁要将徐某某全家“一把搂”。

五、侦查人员对徐某某极尽侮辱（详见附件四，暂略）

侦查人员还对徐某某极尽侮辱，使其精神崩溃，只能按照侦查人员的要求供述。如2017年4月26日19:58:50，侦查人员多次侮辱徐某某，称:“还做人，我叫你以后做鬼都做不了，永轮畜生道去吧！”同日20:50:38，他们又说:“我对你有什么生气的，你又不是人，你会跟一个畜生生气吗？”

六、侦查人员编造了徐某某之妻赵某某的证言

为使徐某某之妻赵某某作出不利于徐某某的证言，侦查人员编造了赵某某的询问笔录内容，并威胁、逼迫赵某某签字。这一点，得到徐某某侦查阶段的辩护律师张某的证实。

律师张某于2017年7月23日出具的证言记载：“2017年7月1日，侦查人员在北京西单美爵酒店对赵某某进行询问。由于当时赵某某身体状况非常糟糕，侦查人员让我陪同其接受询问。期间，侦查人员主要向赵某某询问其购买紫霞谷房子的过程，并没有询问任何关于唐某某购买股票的事宜。询问完毕后，赵某某确认笔录内容时，发现侦查人员将唐某某购买股票的事情，未经询问直接录入笔录，当即提出异议，一再对侦查人员说明其对唐某某购买股票一事不知情，购房借款与唐某某购买股票无关，其笔录对此事的记录与事实不符。我也和侦查人员说，没询问的内容直接写在笔录里不合适。侦查人员闻听此言，非常生气并言辞激烈的警告赵某某，‘你是受贿的共犯，随时可以抓你，不要不知好歹……’我又和侦查人员说，要是不能去掉，当事人认为和事实不符的地方，让她改一下吧！侦查人员不容置疑地说，‘笔录只能这么写，不能改’。当时几个侦查人员非常凶悍，赵某某吓得不行，脸色惨白，直冒冷汗。几番交涉无果的情况下，赵某某就在笔录上签了字。侦查人员确认笔录没问题了，我和赵某某才离开。”张某当庭接受法庭的调查，也明确侦查人员对赵某某的取证存在威胁、逼迫及非法限制人身自由的情形。

七、唐某某与徐某某之间的50万元是借款

【职务犯罪的辩护，一般主要是事实辩护，也就是行为人到底有无收受款项。这就要求辩护律师在会见时认真听取当事人对整件事来龙去脉的完整说法，要对行贿人和受贿人的笔录反复对比。**钱款的往来真实发生的情况下，钱款性质究竟是什么，**就是辩护律师必须查清的内容。

同时，不能忽视对请托事项的审查。有些国家刑法规定，只要公职人员收受款项，不论是否谋取利益，都构成犯罪。但我国《刑法》规定，受贿罪的构成要件包括“为他人谋取利益”。所以，在案笔录中对谋取利益的说法是否是真实的，也是辩护律师不可忽略的重要部分。在此方面辩护，尤其要注意搜集证据。因为如果请托事项是虚假的，一定会有客观证据能够证明。如本案中，起诉书称唐某某行贿是为感谢徐某某帮助其取得工商银行H股购买额度，“赚

到了些钱”。然而，我们在香港交易所搜集到的证据证实，所谓“行贿”发生时，工商银行H股额度尚未分配。不仅如此，H股的分配，除了机构认购外，在工商银行这类超额发售情况发生时，普通客户只有通过抽签才能获取购买额度。起诉书认定的请托事项，显然在客观上不可能发生。】

起诉书指控：被告人徐某某利用担任工总行高管的职务便利，为唐某某指定的相关公司获取工商银行H股购买额度提供帮助，由其妻子经手，收取唐某某现金50万元。辩护人认为本起指控根本不能成立，理由分述如下。

（一）办案人员编造了徐某某收受唐某某贿赂的有罪供述笔录

徐某某在2017年4月27日首次谈到与唐某某之间的50万元借款。在当日的同步录音录像中，徐某某明确说，唐某某借50万给徐某某买房，是因为希望和他做邻居。唐某某借钱给他时，根本没有提到H股，双方不存在借钱以便谋取H股利益的情况（见表5-1）。

表5-1　徐某某第6次讯问同步录音录像及笔录对比（节选）

	同步录音录像	讯问笔录
第6次讯问（4月27日）	问：唐某某蛮有意思，推荐你买房子，没有钱还要借给你钱。	问：购买密云紫霞谷的房子，唐某某到底为何要借钱给你？
	答：对，她特别希望我们做个邻居……我说我们没有钱，她说没有钱我先借给你，当时在这种情况下，把这个房子买了……	答：唐某某要借钱给我买房子一是因为我跟他夫妻俩本来就是朋友，关系还不错，二是因为在工行上市的时候，我帮助她在工商银行拿到了几千万元的工行原始股额度，让她赚了些钱。
	问：这个时候她有没有跟你讲要去买股票？	
	答：没有没有没有……在这事之前，买房子谈的时候，2005年就开始操作这个事儿，2006年正式把房子买下来，这有一个过程……就是2006年，上市当时没有谈这个事儿，就是买房子的时候，纯粹就是上他们家去的时候。	

此后的录像还显示，徐某某笔录中关于唐某某50万元的供述，有大量内容并不是徐某某的亲口陈述，而是一位侦查人员按照另一位侦查人员的口述，听写而成（见表5-2）。

表5-2　徐某某第20次讯问同步录音录像及笔录对比（节选）

	同步录音录像	讯问笔录
第20次讯问笔录（5月11日）	问：通过我介绍，好了，**我说的你（指另一位办案人员）听清楚嘛。唐某某通过我介绍认识负责工商银行股份发行事务的工银国际的[illegible]，让她买到原始股赚了不少钱。**	问：唐某某为什么要送这50万元给你？
	答：赚了不知道多少钱，赚了一些钱。	答：因为在2006年的时候，唐某某通过我介绍认识了负责工商银行股份发行工作的[illegible]，赚了一些钱，所以唐某某为了对我表示感谢，这个50万元就不要我还了，当做是送给我的。
	问：赚了一些钱，在你眼里面“一些”是多大的概念呢？“不少”是多大概念呢？	问：你为什么要把这50万元退给唐某某？
	答：一两百万元吧。	
	问：“一些”是一两百万元，“不少”是什么概念呢？	
	答：五百万元以上了。	
	问：五百万元以上了，赚了一些钱，所以为了表示感谢，50万元不要还了，剩下50万元不要还了，所以50**万就不要还了，送给我了，不要还了。把“还”去掉，2016年查中纪委的[illegible]，被调查了，因为唐某某跟[illegible]的关系不错，怕被牵连，所以试着还了一次，结果唐某某没有要，所以也就没有坚持。**	答：在2016年的时候，外面在传中纪委的[illegible]被调查，唐某某和[illegible]的关系比较好，我怕受牵连，就在2016年去还给唐某某。但是唐某某没有收，我就没有还。到了2017年4月份，[illegible]被中纪委调查了，我就让[illegible]马上去把这个70万元还给了唐某某。

（二）徐某某、赵某某及唐某某均明确50万元是借款

唐某某在2017年10月14日的笔录中明确称：因为两家关系密切，2006

年她想让赵某某购买密云房屋与其作伴居住，因赵某某资金紧张，她于2006年8月借给赵某某50万元周转，之后又帮赵某某垫付了部分房款。垫付的房款赵某某很快就还给唐某某了，50万元借款则是赵某某让赵某静于2017年4月连本带息归还了70万元。（辩方证据一，暂略，下同）

赵某某在庭审中也表示，这50万元是借款，是唐某某为了让她和徐某某买房而主动出借的。

同步录音录像也显示，徐某某一开始就表明这50万元是唐某某借给他们买房的，不是受贿款，更与工商银行H股发行没有任何关系。

唐某某、赵某某、徐某某的陈述相互印证，徐某某与唐某某之间的50万元，根本不是公诉机关认定的贿赂款，而是双方之间的借款。

（三）唐某某出借50万元是为获得开发商70万元回扣

对唐某某和开发商之间的关系，侦查人员明确表示怀疑。2017年7月5日，侦查人员和徐某某说："但是这个里面我倒觉得有一个事情可以解释的，唐某某在密云的房子，她自己有没有受益？他夫妻两个，跟房子老板之间到底怎么回事，她喊去买房，也不是喊你一个，喊了好多人。"

赵某某出庭证明，2006年9月24日她和唐某某在紫霞谷的开发商处，当时她没交房款，但是唐某某给了一张100万元的支票给开发商的张会计，开发商当天给她开了270万元的收据，并签了购房合同。所以回来之后，赵某某赶紧筹钱付房款。赵某某说，正是因为唐某某给了一张100万元的支票，并且开发商给她开了收据签了合同，否则她不会买这套房子。所以，可以明确看出，唐某某伙同开发商一起，"绑"着赵某某买房。赵某某是完全被动，是赶鸭子上架。

2006年9月27日，赵某某将一张存有270万元的卡交给开发商的张会计，并告知其密码。根据案卷中的转账记录，银行卡被赵某某交付张会计后，当日就向唐某某账户转账70万元。

买房之后她才偶然得知，和她一样户型、面积的房屋，均只需要200万元，而他们花费了270万元，明显高于其他人。但因为徐某某需要和唐某某夫妇维系关系，才没有深究。徐某某在2017年4月27日首次交代和唐某某相关事宜时，就已经说明，2005年唐某某邀请徐某某去她家玩的时候，表示特别希望和徐某某做邻居，于是带徐某某看她家附近的房子。在看房过程中，徐某某说他们钱不够买房，唐某某说借给他。唐某某的丈夫作为领导，主管存款，而

酬”相互印证（辩方证据二）。而且，工商东亚只是承销团成员之一，只能向承销团推荐投资人，该投资人是否能够认购H股额度，由承销团决定，从某本人没有决定权。

直至本次开庭，检察机关仍然未能提供任何证据证明，是哪一家公司购买了工商银行多少H股，从中获利几何，以及唐某某又因此得利多少。案卷中也没有任何客观证据可以证明唐某某自己或帮助他人购买H股。检察机关指控徐某某为唐某某谋取H股额度的利益，纯属子虚乌有。

八、徐某某与戴某某之间的120万元款项是借款

【最高人民法院、最高人民检察院《关于办理受贿刑事案件适用法律若干问题的意见》第九条关于“及时退还”的观点，是已退还款项类受贿案件中不可忽视的一点。尤其要注意该意见的“理解与适用”，因为该文中还特别提到允许各地对没有及时退还的情况，“可以结合收受时间长短、数额大小等具体个案情况，依法作以轻或者无罪处理”。】

（一）办案人员编造了徐某某关于收受戴某某钱款的有罪供述笔录

徐某某在2017年4月25日首次谈及戴某某的120万元，当日录像显示，徐某某对侦查人员说明其向戴某某借款120万元的情况，但侦查人员却将“借”字抹去，增加徐某某将孙某某没有借用的20万元“留着用”的说法，制造了徐某某将戴某某120万元钱款占为己有的有罪供述（见表5-3）。

表5-3　徐某某第4次讯问同步录音录像及笔录对比（节选1）

	同步录音录像	讯问笔录
第4次讯问（4月25日）	答：[illegible]她给我打电话……我说借多少？她说可能借个一百来万……我就给戴某某打个电话……我说你把这个钱先借我用一下。	答：我当时身边没有这么多钱，就找到了戴某某，**对他说我要买房子让他把之前送给我的钱给我用一段时间……还有20万元我就自己留着用了。**

在之后的讯问中，徐某某也多次说明，这120万元是借款，但是侦查人员依然将借款描述为贿赂款。例如5月25日的讯问中，侦查人员将录像中的“借一下”改成笔录里的“送给我的”，将正常的借款行为，变为受贿，完全改变了该笔钱款的性质（见表5-4）。

表5-4 徐某某第24次讯问同步录音录像及笔录对比（节选2）

	同步录音录像	讯问笔录
第24次讯问（5月25日）	问：戴 给你120万的时候，你有什么手续的？ 答：没有手续的……当时应该说买房子用……**就是借一下**。	问：戴 给你120万的时候，你有什么手续的？ 答：没有。 问：为什么孙 向你借100万元要出具借条给你，而戴某某给你120万元你不出具手续？ 答：孙 是向我借的钱，而**戴某某给我的120万元是送给我的，说到底还是我的贪心作怪**。

并且，在该日的讯问录像中，侦查人员没有向徐某某询问戴某某“行贿”的理由。但是讯问笔录中，侦查人员却编造了戴某某“行贿”是因为“他赚到钱了感谢我，也是希望和我保持良好关系，让我继续对他多支持”的内容（见表5-5）。

表5-5 徐某某第24次讯问同步录音录像及笔录对比（节选3）

	同步录音录像	讯问笔录
第24次讯问（5月25日）	无内容	问：戴 为何要送给你120万钞票？ 答：我担任工总行金融市场部总经理的时候帮他承接了工总行债券分销业务，**他赚到钱了感谢我，也是希望和我保持良好关系，让我继续对他多支持**，所以才送给我120万元

（二）120 万元是因孙某某而引起的借款

徐某某一开始就说，这 120 万元是他向戴某某借的钱，起因是孙某某为购房而向徐某某借钱。此前，2008 年时戴某某两次试图向徐某某赠与 100 万元银行卡和 100 万元现金，均被徐某某退还。徐某某根本无意受贿，否则，在戴某某主动送钱时，徐某某就可以顺势收下。徐某某在 2017 年 4 月 25 日的讯问录像中明确说这 120 万元是借款，且孙某某在向他借钱时说的是“可能借个一百来万”，于是徐某某就想起戴某某可能有钱出借，向他提出借款 120 万元。

孙某某 2011 年 3 月还款后，徐某某因同年 5 月在香港购房（辩方证据八），才决定继续借用戴某某的借款，其考虑的是找谁都是借钱，找其他人借钱又需耗费人情。

徐某某最终在 2013 年资金充裕后，立即向戴某某归还了全部借款。戴某某出具的收条也证明，徐某某与其之间是借款关系。徐某某还款时间为 2013 年 2 月，距检察院于 2017 年 4 月 19 日对徐某某做出立案侦查决定之日已有四年两个月。

（三）距还款 4 年以上被法院认定为受贿的，全国没有先例

最高人民法院、最高人民检察院《关于办理受贿刑事案件适用法律若干问题的意见》（以下简称《受贿意见》）第九条第二款规定，“国家工作人员收受财物后，因与其受贿有关联的人、事被查处，为掩饰犯罪而退还的，不影响认定受贿罪”。

徐某某归还借款的理由不是因为“与其受贿有关联的人、事被查处”。2017 年 7 月 18 日的讯问同步录音录像明确显示，徐某某说因“债券风暴”还款是在侦查人员逼迫下编造的——侦查人员非让徐某某给一个理由，徐某某只能瞎编说因为“债券风暴”。并且，戴某某及相关的任何人至今为止都未被查处，徐某某也是在被立案侦查的 4 年前就已经还款。

《受贿意见》第九条第一款明确，“国家工作人员收受请托人财物后及时退还或者上交的，不是受贿”。最高人民法院刘为波法官在《人民司法》上撰文指出，“及时”并非单纯的时间概念，不仅限于当时当刻，只要能够反映行为人主观上没有受贿的故意，就应认定理解为“及时”。认定国家工作人员收受他人财物后又退回的行为性质，关键在于把握收受财物与其职务行为之间是否已经形成交易关系。徐某某向戴某某借款有正当理由，且从未利用职务之便向

戴某某承诺或实际为其谋利，徐某某主观上没有非法收受他人财物的故意。

因此，检察机关以徐某某 4 年前的还款系因“国内接连查处债券承销业务中利用丙类户谋利的案件”，认定本笔金额为受贿，法律上根本不能成立。辩护人查询裁判文书网发现，被告人还款时间与立案时间间隔 4 年以上，仍被认定为受贿金额的，全国无一例。因此，将发生已久的正常债权债务关系认定为受贿行为，不仅缺乏事实根据及法律依据，同时也严重偏离了全国司法实践情况。

（四）徐某某没有在债券承销业务上为戴某某谋取利益

检察院提供的书证明确显示，徐某某在工商银行发行的短期债券分销方面没有给予戴某某任何利益。根据戴某某的询问笔录，他用其表弟身份证成立了某投资公司，该公司在债券承销业务中属于丙类户，不能直接从工商银行购买债券。但他作为公司实际控制人，在工商银行发行债券产品前，会电话通知徐某某自己所委托的商业银行的名字，让徐某某分配一定债券额度给这些银行。然后，该商业银行拿到债券后，转卖给该投资公司，该投资公司当天再转卖给该商业银行，以此赚取差价利润。

在案卷中，戴某某提供了该投资公司与南京银行之间的《债券代理买卖确认通知单》。经查阅，二者之间就下列债券进行过买卖：（1）07 百联集 CP01；（2）08 华谊 CP01；（3）08 华能集 CP01；（4）08 华电 CP02；（5）08 中海运 MTN1；（6）08 国电集 CP01；（7）08 申能 CP02；（8）08 网通 CP01；（9）08 二滩 CP01；（10）08 申能 CP03；（11）08 中航集 CP01；（12）08 中石化 CP01；（13）09 太不锈 CP01；（14）09 上石化 CP01。工商银行提供了 2007—2009 年债券承销发行相关资料，记载了工商银行对承销的短期债券进行额度分配的情况。

在案证据显示，工商银行仅在发行“09 太不锈 CP01”债券时，要求中信证券协助其分配给南京银行 1 亿元债券额度，随后南京银行将该笔债券卖给该投资公司。同日，该投资公司又转卖给南京银行，戴某某从中获利。但该笔交易缺少有徐某某签字的《短期融资以及市场分销审批表》，不能证明徐某某知晓该笔交易，更不能证明徐某某为戴某某谋利。同时，对于其他 13 笔该投资公司和南京银行的债券交易，工商银行提供的资料中，没有显示分配给南京银行任何额度。在案证据证明，徐某某没有为戴某某谋取任何利益。

（五）对戴某某送给徐某某 102 万余元的银行卡，徐某某明确拒绝并已归还

赵某某在法庭上向合议庭说明了这笔 102 万余元钱款的情况。2008 年 6 月，徐某某给了赵某某一张银行卡，让赵某某查一下银行卡余额。赵某某在查询后径直将卡上的 100 多万元转到自己的银行卡内。回家后，赵某某告诉了徐某某卡上有一百来万，徐某某让她立即把钱打到原卡上。但赵某某因以徐某某名义贷款 100 万元炒股，且在股市中亏损，不够归还贷款，就私自将这 100 余万元用于归还贷款。因为害怕徐某某责怪，赵某某没敢把股市亏钱、把卡中钱款挪去归还贷款的事情告诉徐某某，而只是把卡给了徐某某。2009 年 4 月底，赵某某凑够了 100 万元，将钱打回了原卡上，此事也未向徐某某说明。

徐某某在 4 月 25 日的讯问录像中对此笔款项的供述，与赵某某的证言相互印证。因此，徐某某对 102.001 5 万元的款项并无受贿故意，只是因为赵某某没有告知其实情，加上赵某某还款时的疏忽，才仅归还 100 万。徐某某在法庭上也说明，其将卡带回家，是误以为该卡是银行发放的消费卡，里面只有一两千元。在知晓该卡存有 102 万余元时，徐某某并未犹豫就退回给戴某某。但是笔录中，侦查人员却记载为徐某某让赵某某退钱是“感觉有点不合适”，虚构了徐某某的心路历程（见表 5-6）。

表 5-6　徐某某第 4 次讯问同步录音录像及笔录对比（节选）

	同步录音录像	讯问笔录
第 4 次讯问（4 月 25 日）	答：卡过来以后给我了，**我不知道多少钱，是一个什么卡……她误解了**……以为是给她的了，就转到她账户当中去了。下班回来跟我一说，**我说钱是别人的钱，你不能把钱转到你自己的账户当中去**。所以第二天她把这个钱又转回到原卡当中去了。转完以后，就把这个卡就退还给戴某某了。	答：为了向我表示感谢，2006 年的时候他送给我一张银行卡，我收下后让我太太去查了一下这张卡的余额，她回来后告诉我卡里面有 100 万元，她说她直接把里面的钱转到了她的银行卡里去了。我感觉有点不合适，让她把钱退给了戴某某。

九、徐某某与韩某之间的经济往来，完全是基于双方间的密切关系

【行为人和对方的关系，也是要审查的重要内容。现实生活中，人情往来是不可避免的。办案机关往往忽视了双方原有的感情基础，将双方的财物往来径直认定为受贿。

对此类情形，辩护律师要从双方的交往、彼此之间赠送的财物对比来判断。如果双方有赠送财物的感情基础，行为人实际又赠送了总价值相当或更高的财物，则受贿的指控自然不能成立。

刑事案件，一字千钧，要对关键的证据反复看。指控的“请托事项”能否成立，要对各方的说法反复琢磨。如本起指控中的“接洽”，我们就是通过证人对当时场景的具体描述，推翻了公诉机关关于给予“关照”的指控。】

（一）11万余元的衣物与50万元的现金，是基于双方密切关系产生的

韩某出庭作证时的证言，与徐某某的陈述相互印证。双方在涉案财物发生时，已经存在密切关系，还多次一同旅游、打高尔夫。在徐某某前往香港后，韩某甚至开始着手办理香港投资移民。正是在这样的情况下，韩某基于双方的密切关系，于2009年底赠与徐某某11万余元衣物，后又于2010年3月交给徐某某50万元现金。在上述财物往来发生时，徐某某已经不在工商银行工作。且韩某虽然赠予了徐某某衣物和钱财，但徐某某也多次为韩某购买礼物并一同出游消费，价值早已超过韩某对其的赠与。

（二）徐某某从未为韩某谋取任何利益

检察机关对徐某某在涉案项目上利用职权，为韩某谋取利益的指控，没有任何证据。徐某某在讯问中被逼编造称，“关照”系指将某信托公司放入合作名单及设定有利于某信托公司的通道费。但马某某在证言中明确称，徐某某只是介绍韩某与他、孙某某认识，韩某所在的某信托公司与工行之间存在多笔业务往来，徐某某没有为具体项目给韩某打过招呼。孙某某也证明徐某某仅介绍几人认识，徐某某没有为韩某在业务中打过招呼。前述证言表明，某信托公司与工商银行早有合作，徐某某没有为韩某所在的某信托公司，谋取工商银行合作伙伴的优势地位。马某某称关照是“将该信托公司放入我们部门的业务合作名单”的说法根本不能成立，没有任何证据显示工商银行与某信托公司的业务往来最初系由徐某某与韩某促成。而通道费是否对某信托公司做倾向性设定，检察机关没有提供任何证据予以证明。

根据卷宗书证，检察机关所指控的是发生于2009年9月的黄河海勃湾项目及2009年11月的鄂尔多斯项目。具体而言，关于某信托公司与工商银行在黄河海勃湾的项目，检察机关的证据只有一份信托合同及某信托公司的审批单，没有任何工商银行经手人的证言，现有证据只能证明该项目存在，不能证明徐某某为韩某谋利。某信托公司与工商银行在鄂尔多斯的项目，则是某信托公司自带业务，某信托公司可以选择任意银行进行合作。徐某某从未指示孙某某给予韩某照顾，只是在介绍韩某与孙某某认识时客套地说，"看看以后有什么合作的机会可以具体接洽"。而所谓"接洽"，汉语语义是跟人联系，商量有关事项。合作成与不成要看孙某某与韩某接洽的结果，例如项目是否可行，利益是否客观等。徐某某从未说让下属必须和某信托公司合作。也正是因此，鄂尔多斯项目是由孙某某（负责工行理财投资业务）与韩某沟通后，孙某某认为项目可行，才按照工商银行理财业务流程进行。

卷宗证据还表明，韩某2005—2010年期间，薪酬总计37万余元，信托项目发生于2009年，韩某因项目获利应当是2009—2010年。而这两年中，即使将韩某全部薪酬视为因涉案项目获利所得，也仅有17万余元，远远低于其送给徐某某的财物价值。韩某庭审时也向法庭说明，其因涉案项目至项目结束时总获利才二三十万元。

检察机关还提供了韩某2005—2010年在某信托公司报销费用的汇总表，试图说明韩某的收入是通过报销的方式取得。但在检察机关提供的某信托公司2009年、2010年奖励办法中明确规定，"本办法下的各项奖励金（含业务利润分成奖、单项奖等）由公司根据国家相关规定代扣代缴相应税金后按余额支付"。此外，2009年文件明确，只有业务费用才属报销范围，2010年文件虽然规定前台年度业务收入的2%作为中后台服务协作奖励在业务费用中列支。但某信托公司对韩某任职期间职责介绍说明，韩某不是中后台服务协作人员，而是前台业务部门职业经理、信托经理等。因此，韩某在某信托公司的所有收入，只有薪酬汇总表中的内容，韩某不可能因涉案项目，在徐某某离职后还使用远多于其收入的金钱向徐某某行贿。

十、徐某某2008年收受某行鹤岗分行的5万元，早已超过法定追诉时效，依法不应再被追诉

【当指控事实确实发生时，辩护律师不应诡辩，更不应做戏。律师应当自重自爱，在法庭上强行论证某项事实没有发生，不仅不会取得良好的辩护效

果，也会有损其自身职业尊严。此时，如发现行为距起诉时间较远，则可以考虑审查追诉期限，如果案件确实超过起诉期限，那从此点辩护，也能取得良好的辩护效果。】

徐某某承认在2008年7月，某行鹤岗分行曾给其岳母5万元，事后他才知晓。《刑法》第八十七条规定，“犯罪经过下列期限不再追诉：（一）法定最高刑为不满五年有期徒刑的，经过五年……”2016年实施的《关于办理贪污贿赂刑事案件适用法律若干问题的解释》明确，“贪污或者受贿数额在三万元以上不满二十万元的，应当认定为刑法第三百八十三条第一款规定的‘数额较大’，依法判处三年以下有期徒刑”。据此，徐某某收受某行鹤岗分行5万元的事实，法定刑三年以下，法定追诉期是五年。本案事实发生在2008年7月，至2017年4月徐某某被监视居住，时间已近九年。在其他三笔指控不能成立的情况下，本起指控早已超过法定追诉时效，不应再被追诉。

此致

江苏某地中级人民法院

北京市中闻律师事务所律师：何兵

律师助理：徐冯彬

二〇一九年四月二十一日

同录审查现端倪，魔鬼藏在细节中

——王忠明涉嫌受贿案重审一审辩护词

【案情回顾】

2015年1月5日，沈阳市沈河区人民检察院以涉嫌受贿罪对王忠明提起公诉，指控被告人王忠明在担任中国科学院金属研究所副所长期间，利用其主管基建工作，负责工程款支付审批和工程质量验收等职务上的便利，在其位于中国科学院金属研究所的办公室等地，非法收受他人财物共计人民币100万元，为他人在工程款支付和工程质量验收上提供帮助，谋取利益。

沈河区人民法院一审判决后，王忠明不服，上诉至沈阳市中级人民法院。沈阳中院作出（2016）辽01刑终512号刑事裁定，以事实不清、证据不足裁定发回重审。沈河区人民法院依法另行组成合议庭，再次审理本案，认定公诉机关指控被告人王忠明犯受贿罪，事实不清，证据不足，判决王忠明无罪。后检察院抗诉，重审二审判决王忠明有期徒刑，最终结果为“实报实销”。被告人仍在申诉中[辽宁省沈阳市中级人民法院，（2018）辽01刑终535号]。

我与周海洋律师一同参与本案重审一审辩护工作，与徐冯彬律师一同参与本案重审二审辩护工作。

【办案经过及辩护意见写作思路】

口供定罪，是贿赂类案件的辩护难点。有些办案人员会通过刑讯逼供、用亲人作威胁等违法方式，非法取证，逼迫包括所谓的受贿人承认受贿，逼迫所谓的行贿人承认行贿。因此，对这类案件的辩护重点，不仅要审查笔录的基本描述，进行细节的比对，也要抓住重大的程序违法，否定不利供述、证言。其中，讯问同步录像的审查，更是重中之重。鉴于上述认识，本辩护词的撰写，从案发前一系列反常情况和违法办案情况开始，循序展开，从程序入手，落脚在实体，然后就具体的涉嫌受贿情况进行细致分析。

以下为辩护词选摘。

尊敬的审判长、审判员：

本人受北京市中闻律师事务所的指派，担任被告人王忠明的辩护人。根据在案证据、事实和相关法律，辩护人认为，检察机关关于王忠明受贿的指控，不成立。王忠明没有收受他人贿赂，在案证据，特别是讯问王忠明的同步录音录像，充分证明本案是沈阳市人民检察院违法办案，人为制造的冤案。

具体辩护意见如下。

一、案发前的不实举报与非法抓捕，以及陌生人的短信，说明有人故意构陷王忠明受贿

【案发前的一些蹊跷现象，虽然不能代表案件的真相，但往往能揭示一些不言自明的问题。本案案发前，王忠明因在单位工程建设中坚持原则，遭到不实举报，并收到陌生人请其在工程招投标中予以照顾的短信。王忠明拒绝上述要求后，即被沈阳市人民检察院违法抓捕，逼其承认受贿。后因王忠明单位报警，沈阳市人民检察院将王忠明放回。此后，又有老板以省纪委的名义联系王忠明，该人不但知道王忠明被违法抓捕的详细情况，而且希望王忠明在招投标中对其予以关照，但被王忠明拒绝。故就本案而言，案发前的系列蹊跷现象，似乎预示着案情的扑朔迷离。】

（一）陈某 1 的举报，明显动机不正，且与查明的事实不符

王忠明涉嫌受贿案的线索，来自陈某 1 的实名举报，但是，陈某 1 的举报，存在明显的不正当的动机、目的。

陈某 1 与金属所基建处一些负责人私交甚好，他的施工队长年驻扎在金属所浑南园区场地。在 2012 年王忠明分管基建工作前，金属所有些小工程，不经招标就直接发包给他，他也通过挂靠的方式，承揽了金属所的一些小工程。2012 年，王忠明再次分管金属所基建后，金属所莫子山新园区建设展开。金属所基建处有人将莫子山场地平整工程直接交给陈某 1 施工，还提出将莫子山围墙的工程直接发包给陈某 1。王忠明认为围墙预算 300 万元以上，按

规定应该进行公开招标，就没同意，坚持按规定公开招标。为此，陈某 1 于 2012 年 9 月 17 日下午 2:47 给王忠明发短信，要求王忠明在莫子山围墙项目上给予关照。王忠明委托园区领导小组组长孙某回信，同年 9 月 18 日上午 8:13，孙某回短信，说明根据金属所项目招标的有关规定，欢迎按要求参加投标双方沟通情况可见图 6-1。

图 6-1　陈某 1 发给王忠明的信息以及王忠明委托孙某的回信

陈某 1 挂靠东北金城公司，金城公司和其他 3 家企业参与金属所项目投标，因不符合条件，于 2012 年 9 月被评标委员会废标（附件 1-2，暂略）。这期间，陈某 1 参与的金属所的一个工程，经过第三方审计，工程款被审减了 100 多万元；之后发生匿名举报事件。

对陈某 1 及网上关于“中科院所长王忠明以权谋私”的举报，中科院沈阳分院纪检组及中科院审监局到金属所两次调查，两次给出结论“举报之事不属实”、王忠明没有利用职权实施违法乱纪的行为，并在金属所宣读了举报不实的结案意见。

（二）沈阳市检察院违法抓捕、强迫认罪以及陌生人的短信，说明有人故意构陷王忠明

2014 年 5 月 27 日早晨 6 点，王忠明出去锻炼时，被沈阳市人民检察院反贪局办案人员带走。当时沈阳市人民检察院没有任何法律手续，没有通知单位和家属，将王忠明带到皇姑区人民检察院讯问。后因金属所和王忠明家属找不到王忠明而报警，警察经调查，才发现王忠明被沈阳市人民检察院违法带走。根据本案的证据材料，当时沈阳市人民检察院没有掌握任何涉嫌王忠明受贿的证据。但是，沈阳市人民检察院不但违法办案，而且强迫王忠明

承认自己收受贿赂。王忠明的日记明确记录了当时的细节，如办案人员对王忠明说："不是你错就是我错，我的任务就是干倒你！"在王忠明坚持称没有收受贿赂的情况下，办案人员公然威胁说："你如果承认你在工程上收过别人的钱物，我们就不再深究，否则按工程款的2%给你算。"（王忠明涉嫌受贿案中，每笔行贿的数额，实际上就是比照工程款的2%计算的）在王忠明要求调查、甄别的时候，办案人员说："还要调查，现在从科级以上干部谁敢说让调查。"2014年5月28日中午近一点，沈阳市人民检察院才将王忠明放回，当时自称省纪委的同志进来，对王忠明说："你很幸运，市里面对调查有些意见，你可以走了。回去以后，不要对检察机关的人员有什么情绪，否则对你和你单位都不好。"办案人员在开车送王忠明到沈阳市人民检察院门口的路上，对王忠明说："以后要注意保护自己，多靠规章制度，尽量少得罪人，多做解释工作，别引起误解得罪人。"

大概是同年6月6日，有人以省纪委工作人员的名义打电话到金属所找王忠明，要求与他见面或直接通话。王忠明在请示分院党组书记同意后，给此人手机回了电话。此人知道王忠明于5月27日被沈阳市人民检察院违法带走的事，说自己是一家建设公司的经理，参加了金属所的项目投标，要求照顾，并说省纪委前几天找你问话的人是我大哥，如果王忠明肯帮忙，他省纪委的大哥愿意出面跟王忠明谈一谈，对王忠明肯定有利。对此，王忠明明确拒绝，表示有纪律，私下讨论招投标是违纪的，并向分院党组书记进行汇报。后来此人又发来短信，王忠明也转给分院党组书记和金属所监察审计室的同志，备了案（具体见图6-2）。

打电话、发短信的这个人，清楚地知道王忠明被沈阳市人民检察院违法带走的事，清楚地知道当时有省纪委的工作人员参与办案。而且，据王忠明所说，当时无论是在检察院，还是后来指定居所监视居住期间，都有这个自称省纪委的人出现。此人大概四五十岁，中等个，偏瘦，脸上疙疙瘩瘩，烟味儿很重。这个人说过他以前在检察院工作，2014年6月20日，也是这个人带着沈阳市人民检察院的人到单位抓的王忠明。那么，这个省纪委的工作人员是谁？他和给王忠明打电话、发短信要求关照的人，是什么关系？

上述情况充分说明，有人和办案人员相互勾结，威胁并试图构陷王忠明，以逼迫王忠明在金属所的项目招标中对其进行关照，但被王忠明拒绝。

图 6-2　王忠明收到的短信及向分院党组书记、监察审计室同志报备的短信

二、沈阳市人民检察院违法询问、讯问王忠明，违法指定居所监视居住，并刑讯逼供

【作为逮捕的替代性强制措施，指定居所监视居住有着严格的适用条件，并受到监督。但实践中，该强制措施基本成了刑讯逼供、制造冤假错案的手段。故对指定监视居住是否合法进行审查，对该期间侦查行为的合法性进行审查，成为决定被告人供述内容是否真实有效、能否作为定罪依据的关键。本案中，沈阳市人民检察院再次违法办案，并通过刑讯逼供、用亲人安全相威胁等方式，逼迫王忠明认罪。】

（一）沈阳市人民检察院违法询问、讯问王忠明，并刑讯逼供

1. 案卷中没有 2014 年 6 月 20 日的询问笔录，在案法律手续与实际情况不符

到案经过显示，王忠明 2014 年 6 月 20 日 14 时到沈阳市人民检察院接受询问；传唤证显示，王忠明 2014 年 6 月 21 日 13 时到沈阳市人民检察院接受讯问，讯问开始时间为当日 13:30，传唤证上没有讯问结束时间。但是，如上所述，王忠明说是那个省纪委的工作人员，在 6 月 20 日带着沈阳市人民检察院的人到单位抓的他。而且，他被抓到检察院后，就再没有被放回来，不存在 6 月 21 日 13 时按照沈阳市人民检察院的传唤，自己去接受讯问的可能。这说明，法律手续反映的不是王忠明被询问、讯问的真实情况。

既然王忠明在 2014 年 6 月 20 日 14 时，到沈阳市人民检察院接受了询问，那么，就应该有当天的询问笔录。但在案证据中，没有该日王忠明的询问笔录。在以前的诉讼中，王忠明及其辩护人都要求检察机关出示、法院调取该日的录音录像、询问笔录等证据材料，但是，检察机关一直没有出示，法院也没有调查。

王忠明在控告信中，详细叙述了 2014 年 6 月 20 日他被带到检察院，至 21 日下午 1 点被指定居所监视居住前，沈阳市人民检察院的办案人员对他实施刑讯逼供，并以抓他的老婆和孩子相威胁，逼他承认受贿的情况。王忠明说，办案人员郑某命令他两手抱头面对墙长时间蹲着，后来要求脱掉鞋光脚蹲，他因腿脚麻木多次栽倒时，每次都被连踢带拽起来继续蹲。办案人员后来又命令他手抱头在房间两侧墙壁之间蹲着走，每次走到墙壁前，必须做十几个蹲起动作，做不标准就罚，不听话就扇大耳光；做完一组蹲起，办案人员就喊交代不交代，不交代就继续做蹲起，持续地折磨。办案人员郑某还威胁他说："拿牙签扎你的（身体部位），并说那又验不出伤，就算有伤，也跟痔疮看起来没啥区别。"郑某还用拳头捶王忠明胸口，并拧搓，说这是给"按摩、按摩"，并威胁说如果不认罪，就抓王忠明的老婆，到时他们这些办案的大老爷们……办案人员在逼王忠明认罪时，还要开警车到他女儿的学校，大张旗鼓地抓她了解情况。

2. 2014 年 6 月 21 日 13:25—13:45 的讯问笔录和同步录音录像，证明王忠明受到刑讯逼供

这次讯问时王忠明没有戴眼镜，所以从同步录音录像中，可以清楚地看到王忠明两眼明显肿胀，没有得到必要的休息。而且，王忠明在回答办案人员

“你现在身体怎么样”的问题时，说“嗯，基本正常”，但是笔录记载的却是“我现身体很好，吃的好，得到了必要的休息，能够接受检察机关的讯问”。核对笔录时，王忠明对上述内容提出异议，办案人员说：“这个无关紧要，你现在身体确实很好，没什么大毛病。”但王忠明在讯问笔录上签完字后，要求上厕所，他从讯问室的椅子上下来时，办案人员却说，“慢点，活动活动腿。”这次讯问，只有短短的20分钟，既然王忠明身体确实很好，吃的好，得到了必要的休息，那么在短短的20分钟讯问后，从椅子上起来时，没有必要先活动活动腿。但是，办案人员说：“慢点，活动活动腿”，显然是怕王忠明起身时，腿脚麻痹而摔倒。

此外，在回答“你的家庭住址”这个问题时，录音录像显示王忠明竟然明显想不起来了，说错了自己的家庭地址。

上述情况说明，王忠明在6月20日至21日被指定居所监视居住前的这段时间，受到了刑讯逼供。

（二）沈阳市人民检察院违法指定居所监视居住，刑讯逼供，编造王忠明的认罪供述

1. 指定居所监视居住的法律适用标准，违反法律规定

2014年6月21日，王忠明被指定居所监视居住时，沈阳市人民检察院掌握的王忠明涉嫌受贿的数额，仅为40万元（即王某的20万元、金某的20万元），没有达到《人民检察院刑事诉讼规则（试行）》（下称《刑诉规则》）第四十五条第二款关于特别重大贿赂犯罪50万元的规定标准，不符合《刑事诉讼法》第七十三条关于特别重大贿赂犯罪可以指定居所监视居住的规定，沈阳市人民检察院对王忠明采取指定居所监视居住，明显违法。

2. 指定苏家屯讯问室作为监视居住的居所，严重违法

沈阳市人民检察院对王忠明指定居所监视居住的场所，是苏家屯讯问室，是专门的办案场所，不具备基本的生活、居住条件。这一点，监视居住期间的讯问笔录、同步录音录像均能证明。《刑事诉讼法》第七十三条规定指定居所监视居住，不得在羁押场所、专门的办案场所执行。《刑诉规则》第一百一十条第五款规定，“采取指定居所监视居住的，不得在看守所、拘留所、监狱等羁押、监管场所以及留置室、讯问室等专门办案场所、办公区域执行”。沈阳市人民检察院将苏家屯讯问室指定为监视居住的居所，严重违法。

3. 办案人员刑讯逼供，编造王忠明的认罪供述，让王忠明背诵、演练并签字

王忠明说：指定居所监视居住期间，办案人员将他固定在讯问室（即指定监视居住的居所）的铁椅子上，4 天 4 夜不让睡觉，轮番审讯；困得不行时，就用毛巾沾凉水给王忠明擦脸，逼他承认收钱。检察院和自称省纪委的工作人员，还对他说："你再不认罪，明天就把你老婆抓来。"王忠明实在交待不出来，沈阳市人民检察院的办案人员李某说："这好办，我说你写。"之后，李某翻着一个本子口述，让王忠明听写。王忠明被迫按照办案人员的要求，写了供述。2014 年 6 月 25 日前后，办案人员又编造了四份笔录让王忠明签字，王忠明拒绝签字，他们就威胁说要抓王忠明的老婆。大概 6 月 26 日，他们又提出具体的要求，让王忠明按他们要求的篇章结构和顺序，将这四份笔录的内容抄写形成所谓"交代材料"。而且，办案人员李某要求王忠明把这次笔录和交待材料背下来，以后录像做笔录都要按这些内容回答，之后多次演练，在每次录像之前都威胁王忠明，让他不许瞎说，不要作死。录像前还要王忠明把此次"交代材料"看几遍，记好了再录。

王忠明的控诉与在案讯问笔录、同步录音录像相互印证，证明检察院的办案人员实施了刑讯逼供、威胁、编造有罪证据等违法行为。

三、王忠明的认罪供述，均是沈阳市人民检察院违法办案、非法取证的结果，是该院办案人员违法编造的，应当依法予以排除，不能作为起诉、判决依据

【实践中，对同一事实的描述，虽然不应有太大差别，但具体的笔录也不应过于雷同。本案中，王忠明的供述就存在过于雷同的问题，讯问笔录甚至一字不差，每页的开头、结尾也一字不差。这显然是违背常理的。在被告人否认笔录内容的真实性且笔录确实过于雷同，明显粘贴复制的情况下，结合讯问的同步录音录像进行比对，就成为查明案情的关键】

在案证据中，共有 12 份王忠明认罪的讯问笔录（下文以"第 1 次认罪笔录""第 2 次认罪笔录"……"第 12 次认罪笔录"代称），其中在苏家屯讯问室形成的讯问笔录 5 份、在沈阳市人民检察院讯问室形成的讯问笔录 6 份，在沈阳市看守所形成的讯问笔录 1 份，讯问人均为李某、张某，记录人均为张某。将上述 12 份认罪笔录进行比对，会清楚地发现，王忠明所说的"办案人员编造了四份笔录让他签字，并让他按要求的篇章结构和顺序，将这四份笔录

的内容抄写形成“交代材料”，并背诵演练，在以后录像做笔录都要按这些内容回答，录像前还要王忠明把该“交代材料”看几遍，记好了再录”的说法，是真实的。这 12 份认罪笔录，是检察院的办案人员制造出来的。

（一）王忠明认罪的讯问笔录，内容、结构、顺序完全相同，是检察院办案人员事先编好，并粘贴复制制造出来的

1. 在苏家屯讯问室（即指定监视居住的居所）形成的讯问笔录（第 1 份认罪笔录至第 5 份认罪笔录），内容、篇章结构和顺序完全一样，明显是统一制造、粘贴复制的

第 1 份认罪笔录，是 2014 年 6 月 27 日 14:15—14:40 的笔录，25 分钟，共 6 页零 4 行，是关于收受王某 20 万元行贿款的事。第 2 次认罪笔录，是 2014 年 6 月 27 日 15:05—15:30 的笔录，25 分钟，共 6 页，是关于收受金某 20 万元行贿款的事。第 3 次认罪笔录，是 2014 年 6 月 28 日 9:12—9:35，23 分钟的笔录，共 6 页纸，是关于收受陈某 240 万元行贿款的事。第 4 次认罪笔录，是 2014 年 6 月 28 日 9:37—10:01 的笔录，24 分钟，共 6 页纸，是关于收受华某 20 万元行贿款的事。这 4 次认罪笔录，不考虑不同行贿人的姓名、金额，它们的内容、篇章结构和顺序完全一样，讯问时间也相差无几。

第 5 次认罪笔录，是 2014 年 6 月 28 日 14:14—14:55 的笔录，41 分钟，15 页纸，是关于收受王某、金某、陈某 2、华某四人钱款的综合笔录。这份综合笔录的内容，与前述四次认罪笔录的内容，完全一样，是上述四份笔录的粘贴复制。

2. 在沈阳市人民检察院讯问室形成的讯问笔录（第 6 份认罪笔录至第 11 份认罪笔录），与在苏家屯讯问室形成的讯问笔录，对应的内容完全一样，明显是粘贴复制

第 6 次认罪笔录是 2014 年 6 月 30 日 9:35—9:55 的笔录，20 分钟，笔录共 6 页零 4 行，是关于收受王某 20 万元行贿款的事。该份笔录和第 1 份认罪笔录，即 2014 年 6 月 27 日 14:15—14:40 的讯问笔录一字不差，每页的开头、结尾也一字不差。

第 7 次认罪笔录是 2014 年 6 月 30 日 10:00—10:20 的笔录，20 分钟，共 6 页，是关于收受金某 20 万元行贿款的事。该份笔录和第 2 份认罪笔录，即 2014 年 6 月 27 日 15:05—15:30 的讯问笔录，也一字不差。

第 8 次认罪笔录，是 2014 年 6 月 30 日 10:23—10:43 的笔录，20 分钟，

共6页，是关于收受陈某240万元行贿款的事。该份笔录和第3份认罪笔录，即2014年6月28日9:12—9:35的讯问笔录，一字不差，每页的开头、结尾也一字不差。

第9次认罪笔录，是2014年6月30日10:45—11:05的笔录，20分钟，共6页，是关于收受华某20万元行贿款的事。该份笔录和第4份认罪笔录，即2014年6月28日9:37—10:01的讯问笔录，一字不差，每页的开头、结尾也一字不差。

第10次认罪笔录，是2014年6月30日11:10—11:50的笔录，40分钟，共15页，是关于收受王某、金某、陈某2、华某四人钱款的综合笔录。该份笔录和第5次认罪笔录，即2014年6月28日14:14—14:55的综合笔录，还是一字不差，每页的开头、结尾也一字不差。

第11次认罪笔录，是2014年7月3日9:32—10:18的讯问笔录，46分钟，共16页，是关于接受王某、金某、陈某2、华某四人钱款的综合笔录。该份笔录，不考虑最后关于通知王忠明刑事拘留的内容，其他的内容，和第5次、第10次认罪笔录的内容，也完全相同，一字不差。

通过上述比对，还可以清楚地发现，第6次认罪笔录至第9次认罪笔录，作为仅涉及单次事实的笔录，记载的讯问时长、笔录页数都完全相同，第10次认罪笔录和第11次认罪笔录，如果不考虑第11次认罪笔录中关于刑事拘留的内容，它们的讯问时长、笔录页数相同。

上述的种种情况显然是违背常理的，不应该出现。出现这样的情况，只能说明：第6次至第11次的认罪笔录，只是第1次至第5次认罪笔录的复制品。这些认罪笔录都是人为制造出来的，办案人员在制造有罪证据。

3. 在沈阳市看守所形成的讯问笔录（第12份认罪笔录），也是以前笔录的复制品

第12次认罪笔录，是2014年7月3日14:32—15:10的讯问笔录，40分钟，共12页，是关于接受王某、金某、陈某2、华某四人钱款的综合笔录。这份笔录虽然是在沈阳市看守所形成的，但是王忠明说他被办案人员送到看守所后，办案人员直接与看守所商量给他分配了较好的监室，换好号服后马上提他做笔录，他们说就是个程序，威胁说必须按在检察院说的再说一遍。王忠明感觉到仍在办案人员的控制下，人身安全没有保障，只能按他们的要求，按背熟的内容又说了一遍。

第12次认罪笔录关于所谓的案件事实的记载，和第5次、第10次的综合

笔录完全相同，说明第 12 次认罪笔录仍是以前笔录的复制品，证明了上述王忠明所言的真实性。

（二）同步录音录像证明王忠明的认罪笔录，都是检察院办案人员制造出来的

1. 录音录像证明，讯问时办案人员没有打字录入，没有如实记录王忠明的话，是事先编好的笔录

苏家屯讯问室的同步录音录像，即第 1 次有罪笔录至第 5 次有罪笔录的同步录音录像，虽然没有显示讯问过程中办案人员的情况，但清楚地表明，在讯问过程中，在王忠明作供述的时候，没有打字的声音，办案人员没有进行电脑录入。这说明，所有的笔录都是事先准备好，存在电脑里的。而且，录音录像也证明，在案的讯问笔录，没有几句是按照讯问时王忠明的叙述如实记录的，特别是关于收受钱款的关键问题的叙述，笔录和录音录像反映的明显不一样，差别太大。

沈阳市人民检察院讯问室的同步录音录像，即第 6 次有罪笔录至第 11 次有罪笔录的同步录音录像，清楚地显示了王忠明回答问题时，办案人员没有打字的录入动作，录音录像中也没有打字录入的声音。讯问笔录记载的内容与王忠明在讯问时所回答的内容明显不一样，办案人员没有如实记载王忠明的话。

沈阳市看守所的同步录音录像，即第 12 次有罪笔录的同步录音录像，不但清楚地显示了王忠明和办案人员的状态，而且清楚地显示了办案人中工作用笔记本屏幕的状态。该份录音录像清楚地证明，讯问时办案人员没有打字录入，是按照电脑里已经编好的笔录，对王忠明进行讯问，让王忠明签字的。

2. 录音录像显示，每次讯问的实际时长都很短，在那么短的时间内，不可能完成上述笔录

第 1 次认罪笔录的实际讯问时长为 11 分 25 秒，第 2 次认罪笔录的实际讯问时长为 9 分 59 秒，第 3 次认罪笔录的实际讯问时长为 10 分 35 秒，第 4 次认罪笔录的实际讯问时长为 10 分 48 秒，第 6 次认罪笔录的实际讯问时长为 11 分 30 秒，第 7 次认罪笔录的实际讯问时长 10 分 54 秒，第 8 次认罪笔录的时长为 10 分 42 秒，第 9 次认罪笔录的时长为 10 分钟。这 8 次有罪笔录的实际讯问时间，最长 11 分 25 秒，最短 9 分 59 秒，但笔录最少是 6 页纸，在这么短的时间内，问答方式的讯问不可能完成。

更为夸张的是，第 5 次、第 10 次、第 11 次的认罪笔录，都是关于接受王

某、金某、陈某2、华某四人钱款的综合笔录，实际讯问时长25分08秒、26分22秒、28分57秒，笔录最少是15页纸。在上述短暂的时间内，通过有问有答的对话，不可能完成15页的笔录。

至于第12次有罪笔录，虽然也是关于接受王某、金某、陈某2、华某四人钱款的综合笔录，实际讯问时长22分07秒，共12页，但对应的同步录音录像已清楚地证明，该次讯问时办案人员没有打字录入，笔录是事先编好的。

3. 录音录像显示的内容，证明办案人员确实刑讯逼供、以家人相威胁，并编造笔录

第1次认罪笔录的同步录音录像显示，讯问结束准备打印笔录时，打印机有问题，在等打印笔录的过程中，18分28秒时王忠明说："拿几张纸我这签一下就得了。"23分04秒时，王忠明说："想要问个额外的事。"办案人员说："等会儿。"23分26秒时，王忠明说："给他们打个电话，别让他们去找她们。"办案人员说："整完，整完再说。""先都不用说，先让他签字。"核对笔录时，王忠明说："有些细节和我说的不一样。"办案人员说："你先签字吧，签完字再说。"王忠明说："基本和上次一样。"办案人员说："对，你签字吧。"这一对话过程，说明如下几个问题：一是在此之前，还有关于王忠明承认接受王某20万元的讯问笔录，但案卷中没有相关的笔录，更没相关的同步录音录像，这说明办案人员隐藏了该份证据。二是笔录记载的内容和王忠明说的不一样，办案人员没有如实记载，没有让王忠明修改。结合前述已经说过的讯问时没有打字录入的情况，说明本次笔录也是事先编好的。三是王忠明愿意在空白的笔录纸上签字，并说"给他们打个电话，别让他们去找她们"和王忠明关于"办案人员对他刑讯逼供，并以抓他老婆和女儿相威胁"的说法，能够相互印证，证明王忠明确实是在按办案人员的要求，配合做同步录音录像的笔录。

第2次认罪笔录的同步录音录像显示，该次讯问正式开始前，办案人员说："说完了没开机可闹笑话了。"王忠明说："这态度不好。"办案人员说："现在开机了。""好，重说噢。"这一对话过程，说明办案人员没有对所有的讯问都进行同步录音录像，说明王忠明确实在配合办案人员，先进行背诵演练，然后再录像做笔录。在整理笔录时，办案人员之间有对话，大致是"时间改了吗？""那个改过来了，是不？"这一对话，结合前述已经说过的讯问时没有打字录入的情况，说明本次笔录也是事先编好的，只是最后改了时间，让王忠明签字。

第3次认罪笔录的同步录音录像显示，在整理笔录时，办案人员之间问

“时间改没”，结合前述已经说过的讯问时没有打字录入的情况，说明本次笔录也是事先编好的，只是最后改了时间，让王忠明签字。

第 5 次认罪笔录的同步录音录像显示，讯问中，王忠明在回答“王某下次给你钱的经过”这个问题时，说王某承担了该所 5 号实验室的建设任务，这时办案人员提示说是“4 号实验室”；在回答“收受金某的钱款的事实经过”时，想不起金某公司的名字，办案人员提示说“沈阳双兴建设集团荣兴”；在回答“收受陈某 2 钱款的事实经过”时，王忠明想不起该说哪个时间，办案人员提示说“2004 年，你说吧”；在回答“陈某 2 下一次给钱的经过”时，又说不出给钱的时间，办案人员提示说“2004 年”；在回答“收受华某钱款的事情经过”时，王忠明想不起时间，办案人员提示说“2005 年”。这些情况，结合讯问时没有打字录入，笔录记载的内容和录音录像显示的内容明显不同的事实，说明本次笔录也是办案人员事先编好，并让王忠明在笔录上签字的。

第 12 次认罪笔录的同步录音录像显示，在大概录音录像 18 分钟时，在问完“你交待一下你收受华某钱的事实”后，办案人员指着电脑屏幕，对着已经准备好的笔录，就接下来问“你和华某是怎么认识的”还是“华某为什么给你这 10 万元”进行商量，然后先问了“华某为什么给你这 10 万元”，接着让王忠明把给钱的经过讲一下，然后又问了一遍“华某为什么给你这 10 万元”，没有问“你和华某是怎么认识的”。但该份笔录还是将“你和华某是怎么认识的”问答的内容记载了（第二卷 P111）。在核对笔录时，王忠明说:“跟以往的都一样一样的。”办案人员说:“对，都是走程序。”这些内容，证明该份笔录是办案人员事先准备好的，是以前笔录的复制品，证明王忠明关于“他被办案人员送到看守所后，办案人员直接与看守所商量给他分配了较好的监室，换好号服后，马上提他做笔录，他们说就是个程序，威胁说必须按在检察院说的再说一遍。王忠明感觉到仍在办案人员的控制下，人身安全没有保障，只能按他们的要求，按背熟的内容又说了一遍”的说法，是真实的。

四、王某、那某出庭作证，证明他们没有给王忠明行贿，检察院违法办案

【对行贿人证言的审查，如询问的时间、地点、时长和询问笔录页数的比对，时常能在细节中发现问题。特别是在行贿人出庭作证否认行贿，并当庭说明检察机关变相肉刑、逼取证言的情况下，证言细节体现的问题，得到充分的印证，从而否定指控。】

（一）王某、那某在检察机关的证言，是在办案人员的逼迫下编造的

王某、那某在检察机关的笔录都不真实，是在检察机关办案人员的逼迫、诱供之下，被迫编造的。对此，王某、那某出庭作证时说得非常明确。

2015年8月27日王某出庭作证，明确说以前在检察机关的笔录，都不是真实的，是她编造的，具体的事情经过为："我记得当时是早上4点多，我还没起床，从我家窗帘往外看，我家前后门各停了一辆车，因为我住的是别墅，车停在我家门口，肯定与我们有关。于是那某就开门，想问问怎么回事，门刚一打开，就上来人问是不是那某，还有人问我是不是王某，我们说是之后，就把我们带到了一个小屋里。自称是办案人员的人说王忠明已经被抓了，还在王忠明家里搜出五六百万元，还说王忠明交待收了我20万元的行贿款，我当时就蒙了，自己说什么都不记得了。"王某明确说，她指证王忠明，是因为："我被关了40多个小时，人都被关蒙了。听完办案人员的话，我想我明明没有给王忠明行贿款，王忠明还说我给了他20万元，我恨死他了，既然王忠明陷害我，那我也得说我给他钱了。"王某被办案人员带走后，没有得到休息，王某说："他们把我扣在一个椅子上，因为我有糖尿病，得喝水，喝完水之后，就没完没了地上厕所，办案人员带我上厕所都不耐烦了。"

2015年8月27日，那某出庭作证时，明确说他和王某都没有给王忠明行贿，在检察机关接受询问时指证王忠明，是因为"办案人员说王忠明受贿五六百万，我一想，他这五六百万元都有出处，当然也不差我这20万元，所以就这么说的。"在检察机关的笔录不是他的真实意思表示，是"办案人员说王某已经承认了，在这种情况下，我才这么说的"。而且，那某还明确说"当天早上4点多，我和王某都还没起床，我家前后门各停了一辆车，王某就让我出去看看，我一开门，有人问我是不是那某，我就是，还问是不是王某，王某答应后，我们就被带走了。他们把我带到一个小屋里，说王忠明被抓了，在王忠明的家里搜出五六百万元，还说王忠明承认收了我和王某行贿的20万元，现在王某也承认了，问我承不承认，我一看这种情况，就承认了，直到第二天晚上7点多，才让我回的家。"

（二）检察机关对王某、那某违法办案，非法取证，在案法律手续与事实不符

在被关押的40余小时期间，王某没有睡过觉，她在法庭上说："我当时身体不好，还一直咳嗽、发烧，办案人员说如果承认向王忠明行贿20万元，在

笔录上签好字，就让我躺一会儿，我就同意了。”那某在审判法官问他在办案机关的状态时，他也明确说：“直到第二天晚上 7 点多，才让我回的家。”“具体过程不想再提了。”王某、那某的当庭证言，证明检察机关对他们非法取证。

王某、那某关于检察机关违法办案、非法逼取证言的控诉，与在案证据相互印证。王某的第一次询问笔录是 2014 年 6 月 18 日 18:31—18:50，询问地点是沈阳市皇姑区人民检察院询问室，记录人张某。但是案卷中没有这次询问的法律手续。该次询问共 19 分钟，笔录 7 页纸，在这么短的时间内，正常的询问根本不可能完成。那某的第一次询问笔录也是恰当的例证，他的第一次询问笔录时间是 2014 年 6 月 18 日 20:01—20:28，记录人同样是张某，笔录 6 页纸，历时 29 分钟。

王某、那某是早上 4 点多被办案人员从家里带走的，但询问笔录显示，王某在 2014 年 6 月 18 日晚上 6:31 才接受询问，那某在晚上 20:01 才接受询问，从被带走到接受询问，间隔这么久，王某、那某在这期间经历了什么？为什么那某说“具体过程不想再提了？”同时，法律手续显示，王某是 2014 年 6 月 19 日 14 时到沈阳市人民检察院接受询问的。这说明，法律手续与实际情况不相符。

五、金某的证言，不合常理，且与事实不符

【在行贿受贿资金来无影去无踪，行贿人单方承认行贿但拒不出庭接受调查的情况下，对其描述的行贿时间、地点、事实、资金来源的审查，就成为辩护的重点。这时，是否合乎常情、常理是论证和判断的基本逻辑。】

（一）金某所说的行贿资金来源，明显违背公司财务管理制度，违背常理，不具有真实性，不应采信

关于行贿资金的来源，金某说“是我从公司财务支取的，是公司的备用金”，“财务没记录，我平时总从财务拿钱，拿的都是我的零用钱，不需要记录”。但是，沈阳双兴建设集团有限公司作为具有工程总承包一级资质的大型建设企业（招标文件前附表中，要求资质等级为：房屋建筑工程施工总承包一级以上（含一级）且具备钢结构专业承包二级以上（含二级），具有健全的财务会计管理制度，金某作为项目经理，不可能不履行财务手续，就每次 10 万元，先后两次从公司备用金里支取 20 万元。而且，既然是公司的备用金，就不是他个人的钱，更不是他个人的零用钱。

（二）金某所说的行贿地点和方式，明显不合常理，且司法机关没调取相关的通话记录，其证言不具有真实性

关于行贿的地点和方式，金某说他“拿着事先准备好的10万元人民币，给王忠明打电话，约定在金属研究所家属区见面。我打车到了金属研究所家属区，在金属研究所家属区的马路上与王忠明见了面……之后我把装有10万元人民币的口袋递给王忠明，王忠明没有说什么就把钱收下了，我就走了”。但同时，金某也说“为了防止我的车被金属所的人看到，所以我打车去的金属所家属区，把钱给了王忠明”。这说明，作为施工方，金属所的许多人都认识金某的车，认识金某。而王忠明作为主管后勤、基建的副所长，金属所的职工和大多数家属也都认识他。夏天的晚上，是金属所职工和家属们在家属区马路旁纳凉的时间段，这种送钱的场合，等于是在众目睽睽之下公然进行。金某都能想到怕被金属所的人认出他的车，认出他的人，王忠明难道就不怕职工和家属看到他和金某在家属区的路上见面，不怕被人看到金某送了他一个不知装了什么的口袋？

此外，金某说每次去行贿前，都事先打了电话，但没有说是用手机打的，还是用固定电话打的，也没有说打的是王忠明的手机还是固定电话。王忠明一直坚称金某从来没给他打过电话，并要求调取通话记录，但在前面的诉讼过程中，办案机关一直没有调取相关的通话记录，不能证明金某证言的真实性。

（三）金某所说的行贿动机，与事实不符，不具有真实性

关于行贿动机，金某说“王忠明是主管基建的副所长，也是招标工作的主要负责人，工程款的支付由他签字审批，我公司中标5号厂房后，为了能顺利拿到中标项目的工程款，也为了进一步和王忠明处好关系，以后在工程建设上给予关照”。但这一说法，与事实不符。

5号实验室工程工期紧，任务重，金属研究所急等着该厂房安装设备开展工作。《中科院金属研究所浑南园区5#实验室建筑与安装工程补充协议》第6条规定：“工期要求：竣工日期为2006年11月20日，要求于2006年9月1日前建成主体工程并具备进场进行设备基础土建的施工条件，于2006年10月1日具有进场进行科研设备安装的施工条件。”如果金属研究所不按合同约定支付工程款，会导致施工不能正常进行，影响工期。金某在证言中也明确说：“施工方很难及时拿到工程款，后续工程也会耽误。”耽误工期，会给金属研究所

造成重大损失。王忠明虽然是主管该项工作的副所长，但他也承担不起这样的责任，他显然不会因为工程款的支付而成为众矢之的。

作为甲方的金属研究所与金某所代表的乙方，就工程进度款的支付进行了明确的约定。《中科院金属研究所浑南园区 5# 实验室建筑与安装工程补充协议》第 5 条规定："本项目工程款（进度款）支付方式：根据招标文件的要求，乙方按计划完成基础工程验收合格后甲方向乙方支付工程总价的 20%，核为 160 万元整；乙方完成主体工程并验收合格后甲方向乙方支付到工程总价的 60%，即第二次支付工程款 320 万元整；乙方完成全部施工内容后甲方向乙方支付到工程款支付到 75%，即第三次支付工程进度款 120 万元；竣工验收合格并经结算审计后甲方向乙方支付到工程总价的 95% 为限。工程保修期满后并无质量问题甲方向乙方支付余款。"在案证据证明，金某代表的乙方，保证了 5 号厂房工程的正常进行，金属研究所按照工程进度正常拨付了款项，双方都是按照合同履行了各自的义务。金属研究所不存在迟延支付工程款的现象。同时，虽然金某说工程款的支付由王忠明签字审批。但是，5 号实验室工程的付款记录，证明王忠明不签字也一样能够支付工程款。金某所说的"为了顺利拿到中标项目工程款"而给王忠明行贿的前提不存在，其证言不具有真实性。

（四）在金某所说的送钱时间段，王忠明经常出差，基本不在沈阳，且有证据证明，该时间段金某也不在沈阳

关于行贿的时间，金某说是"中标后，我回忆，在 2006 年夏天的一个晚上"，"第一次给完王忠明钱后，又过了一个月左右，也是一天晚上"。中科院金属研究所浑南园区 5 号实验室工程的《定标结果》显示，确定金某所属的沈阳双兴建设集团有限公司中标的时间为 2006 年 7 月 15 日。因此，金某第一次行贿的时间，应该是 2006 年 7 月 15 日以后，第二次行贿的时间，应该是 2006 年 8 月 15 日左右。

在这一时间段，王忠明经常出差，基本不在沈阳。2016 年 7 月 19 日—24 日在北京、天津出差，7 月 27 日—29 日在北京出差（工作日历中记载的是 7 月 25 日—29 日党校），8 月 11 日—12 日在天津，8 月 28—9 月 1 日在北京，9 月 10 日—11 日在北京。

在这一时间段，金某不在沈阳。张某国出具的《授权委托书》显示金某为 5 号实验室工程的项目经理，《中科院金属研究所浑南园区 5# 实验室建筑与安装工程补充协议》第 8 条规定，项目经理应保证每日在现场工作时间不少于 4

小时，但是，2006年5号实验室工程的会议纪要显示，金某没有参与2016年7月17日至9月13日的工程例会，其他时间的工程例会都参加了。这些材料证明2016年7月17日至9月13日，金某没有到5号实验室工程工地，金某不在沈阳。

六、陈某2的证言，不合常理，与事实不符

（一）陈某2关于行贿资金来源的说法，与事实不符，不具有真实性

关于行贿的资金来源，陈某2说是“东北金城股份有限公司沈阳工程处出的，时间久远了，具体从哪些款项里出的我不清楚”（第三卷P92）。他的这一说法，明显与事实不符。

陈某2挂靠的公司是东北金城建设股份有限公司，该公司的前身是东北金城建筑安装工程总公司，该总公司曾设有沈阳工程处。1999年6月18日，东北金城建筑安装工程总公司注销，公司名称变更为东北金城建设股份有限公司；1999年7月1日，东北金城建安总公司沈阳工程处注销。所以，2003年，陈某2以东北金城建设股份有限公司的名义，参与工艺楼一标段的工程建设时，不存在东北金城建设股份有限公司沈阳工程处，陈某2关于该工程处出钱40万元行贿王忠明的说法，显然与实际情况不符（具体证据情况见表6-1）。

表6-1　证明陈某2关于行贿资金来源的说法虚假的证据

序号	证 据 名 称	证 据 来 源	证明的内容
1	企业机读档案登记资料	辽宁省工商行政管理局	（1）东北金城建筑安装工程总公司1999年6月18日注销； （2）陈某2挂靠的东北金城建设股份有限公司前身就是1999年6月18日注销的东北金城建筑安装工程总公司； （3）陈所说沈阳工程处早已不存在
2	东北金城建设股份有限公司简介	http：//www.jcjs.com/about.asp，东北金城建设股份有限公司官网	
3	企业机读档案登记资料	辽宁省工商行政管理局	（1）1999年7月1日东北金城建安总公司沈阳工程处注销； （2）陈某2说2004年春节前和2004年下半年从此工程处拿钱行贿王忠明是假
4	开标签到表；定标结果；中标通知书；协议书等	检方卷宗第四卷第24、25、26、27和30页	陈某2挂靠时的金城已经是东北金城建设股份有限公司而不是它前身，陈某2在撒谎

续表

序号	证 据 名 称	证 据 来 源	证明的内容
5	东北金城建设股份有限公司分公司	http：//www.jcjs.com/ssqy.asp?lb=2，东北金城建设股份有限公司官网	有本溪工程处、锦州工程处，就是没有沈阳工程处
6	“格林豪森”和“金城”谁在撒谎等文章	2003 年 12 月 10 日至 2003 年 12 月末《华商晨报》	2003 年末 2004 年初陈某 2 的公司因为拆迁活埋老人事故正与金城闹矛盾，互相推卸责任。又怎么能够从金城取钱行贿？

（二）陈某 2 关于行贿理由的说法与实际不符，明显不合逻辑，不具有真实性

关于第一次行贿，陈某 2 证言中说：“由于王忠明是金属研究所主管基建的副所长，我的工程款支付必须经过王忠明的审批，我必须和他处好关系，在工程上让王忠明对我进行照顾，及时给我拨付工程款，在 2004 年春节前，具体日期我记不清了”，到王忠明办公室行贿 20 万元。但是，在以前的诉讼程序中，辩护人提交的《关于东北金城建筑安装工程总公司精仕分公司催款报告的答复》，以及工艺楼一标段工程进度款的在案记账、支付凭证，表明 2003 年 12 月 29 日，金属研究所已经通知陈某 2 来结算，并在当日和次日按照结算拨款工程款 650 万元，陈某 2 所在的精仕分公司于 2004 年 1 月 6 日为金属研究所开具了发票。（详情见表 6-2）这证明，是金属研究所按照合同约定的工程进度，主动告知陈某 2 资金到位，并及时付款；陈某 2 没有必要金属研究所及时支付完进度款后，在此之后的春节前（2004 年的春节为 2004 年 1 月 22 日），为了顺利拨付工程款而行贿。

表 6-2　2003 年 12 月金属研究所拨款详情

金额（单位：万元）	对账单时间	借款单时间	审核人员及时间	签发人员及时间	记账凭单人员及时间	支付凭证时间	发票时间
650	2003.11.1	2003.12.30	张 12.30 高	卢、韩、王 2003.12.30	张、高、蔡 2004.1.5	2004.1.6	2004.1.6

关于 2004 年下半年的行贿，陈某 2 说为了和王忠明处好关系，让他及时签字拨付工程款，于是又给王忠明送了 20 万元。但是，《关于东北金城建筑安装工程总公司精仕分公司催款报告的答复》，以及第五卷工艺楼一标段工程进度款的在案记账、支付凭证，证明 2003 年底陈某 2 一标段主体已经完成，2004 年

上半年主要是收尾工程，金属所按工程进度正常拨款，到2004年下半年收尾基本完成，仅剩工程款只有32万元的零星项目（详情见表6-3）。没有进度也就不需要付款，陈某2不可能为了32万元的工程款，向王忠明行贿20万元。

表6-3　2004年下半年金属研究所拨款详情

序号	金额（单位：万元）	对账单时间	借款单时间	审核人员及时间	签发人员及时间	记账凭单人员及时间	支付凭证时间	发票时间
1	35	2004.3.26	2004.3.29	张3.29高	王2004.3.29			
2	150	2004.4.27	2004.4.29	张4.29高	王2004.4.29		4.30	7.30
3	200	2004.5.17	2004.5.18	张5.20高	王2004.5.20		5.21	7.30
4	65	2004.6.4	2004.6.9	张6.10	王6.10		6.14	12.24
5	13	2004.7.28						
6	10	2004.9.8						
7	9	2004.9.15						

（三）陈某2 2017年7月27日所作证言的合法性、真实性存在问题，不应采信

该份笔录没有终止的时间，从法律要求的形式看，存在明显的瑕疵。

这份笔录与以前陈某2在检察机关的证言相比，出现了两个明显的变化。一是关于行贿资金来源，陈某2在检察机关说的是“东北金城股份有限公司沈阳工程处出的”。但在这次笔录中，陈某2又说“是我个人的钱，我名义上是挂靠，但实际上是个人承包。”为什么会发生这样的变化？这种变化合理吗？陈某2在这次笔录中说得很明确，“时间太久，好多事记清了，以以前在检察院说的为准。”既然都记不清了，为何对行贿资金的来源记得如此清楚，并与三年半之前的说法完全不同？究其原因，只不过是因为本案走到现在，陈某2知道他之前的说法，已经被证明是虚假的，不真实的，所以他换了种说法。这种变化，恰恰证明他的证言是虚假的，不真实的。

二是行贿的理由，在检察机关的证言中，陈某2说是“因为工程款支付必须经过王忠明的审批，必须和王忠明处好关系，让王忠明及时签字批准给他拨付工程款”。但在这次笔录中，他又说“王忠明作为主管工程的领导，我们怕他给我们出难题，为了工作顺利，就给他送了”。但《关于研究所行政领导分工的通知》证明王忠明在2003年12月23日才接管基建管理和工艺楼建设，以前和陈某2并没有打过交道。从常理说，陈某2不会贸然在当年春节前

（2014年1月22日前）去行贿。而且《工作会议纪要（JYS-005）》显示，2003年8月，陈某2拒绝在监理公司出具的停工令上签字，陈某2在工程建设中处于强势的地位，拒不执行监理公司和金属研究所的合理要求，其怕王忠明给他们出难题的说法，与事实不符。在案证据也证明，王忠明一直及时审批、支付工程进度款，没有给他出难题。

七、华某、刘某的证言，不合常理，与事实不符

（一）华某、刘某所说的行贿资金来源，明显违背财务制度与常理，且没有证据予以证明，不具有真实性，不应采信

关于送给王忠明的20万元，华某、刘某说“是从工程人工费里支出的，具体是从哪笔支出的我记不清了”。但是，鲁迅美术学院艺术工程总公司作为国有企业，具有严格的财务管理制度，无论以什么名义支付，每笔支出都应有详细记录，更不要说两笔10万元的大额人工支出。根据华某、刘某所说的行贿时间和公司的财务账，能够查清到底有没有这两笔10万元的人工支出，以及这两笔支出使用的具体情况。华某、刘某关于行贿资金来源的说法，明显与实际不符。

（二）华某、刘某所说的行贿理由与事实不符，不具有真实性

华某在证言中称：“从2005年开始，金研所一直拖延支付工程款，我方拿不到工程款，也拖欠了大量人工费和材料款，工人情绪十分不稳定，总向我要钱。”刘某在证言中称：“2004年年底的时候，工程款支付过半，2005年之后开始工艺楼收尾工程，由于金研所一直未予支付工程款，我方拖欠大量人工费和材料款，非常着急。”既然是拖欠大量的人工费，没有钱支付人工费，就不可能从人工费里取出20万元用于行贿。

2004年3月28日签订的《中科院金属研究所工艺楼装饰工程施工补充合同》第3条工程造价：本工程乙方中标报价为人民币5 969 738.00元，暂定为合同总价，竣工后按2001预算定额，按投标人在投标文件中的计算费率，经审核后委托第三方进行审计，确认数据为工程总造价。第5条工程付款：本合同签订生效后三日内甲方支付乙方10万元预付款，在施工期甲方根据乙方提交的进度预算，每30天支付一次进度款的50%，待全部工程竣工验收合格，付至工程款的85%，结算经审计定案，并取得合法的合格验收手续后，付至

工程总价的95%，余5%作为质保金待使用2年期满后且无质量问题十日内一次性付清。至2014年12月，金属研究所已经支付工程款820万元，远远超过合同价格的85%。而且，2005年2月3日，支付工程款50万元，2005年4月29日，支付工程款10万元。在案证据充分证明，截至2005年上半年，金属研究所按照合同约定及时支付了工程款，不存在华某、刘某所说的“自2005之后金研所一直拖延支付工程款”的情况。所以，2005年上半年的一天为及时拿到工程款而向王忠明行贿的说法，不成立。

华某说“送钱后王忠明陆续给我们拨付了工程款”，刘某说送钱后，“从2005年下半年开始，工程款陆续得到支付”。按照他们的说法，就是上半年送了钱，王忠明2005年下半年就及时拨付工程款了。但在案的付款凭证显示，2005年下半年金属研究所一分钱都没有拨付。华某、刘某的说法，显然与事实不符。

辩护人提交的《关于中科院金属所工艺楼内外装修工程工程款的函与验收报告》，说明2005年下半年已经没有工程量。这与华某、刘大伟所说的“2005年下半年，金研所工艺楼装修工程基本结束”，能够相互印证。所以，金属研究所的付款凭证显示，2005年下半年，该项工程一分钱工程款都没有支付。（详情见表6-4）这证明，华某、刘某关于2005年金属研究所不支付工程款，他们因此而行贿的说法，与事实不符。

表6-4　中科院金属所2004—2005年支付工程款详情

序号	拨付工程款额（单位：万元）	对账单时间	借款单经手人员及时间	记账凭单人员及时间	支付凭证时间
1	10	2004.4.28	王	张、高	2004.4.29 银行存根
2	100	2004.7.15		张、高	2004.7.19 银行存根
3	100	2004.9.8	王 2004.9.8	张 2004.9.8、高	2004.9.9 银行存根
4	100	2004.9.29	王 2004.9.29	张 2004.9.29、高	2004.9.29. 银行存根
5	150	2004.10.14	王 2004.10.19	张 2004.10.19、高	2004.10.20 银行存根
6	100	2004.11.23	王 2004.11.22	张 2004.11.9、高	2004.11.23 银行存根
7	100	2004.12.1	王 2004.12.6	张 2004.12.2、高	银行存根260万元12月6日付
8	160	2004.12.6	王 2004.12.6	张 2004.12.6、高	
截至2004年12月已经支付工程款820万远远超过合同价格的85%					
9	50	2005.2.3	王 2005.2.3	张 2005.2.3、高	2005.2.3 银行存根
10	10	2005.4.29		张 2005.4.29、高	2005.4.29 银行存根

华某、刘某在《中科院金属研究所工艺楼内、外装饰工程承诺保证书》中，明确说："在本项目施工过程中，如遇贵方临时性资金困难，不能及时支付工程款，我公司将自行垫付工程资金，保证工程连续进行，按期交工（最大垫付额度为我方承担装饰工程总造价的50%）"。这说明，华某、刘某对该工程投入，有充分的资金准备。而且，截至2014年12月，金属研究所已经支付工程款820万元，远远超过合同价格的85%，不存在资金困难、拖欠工程款的情况。因此，不存在华某、刘某因金属所不及时支付工程款而拖欠大量人工费和材料费的情况。

尊敬的审判长、审判员，王忠明的认罪供述是在检察院的办案人员对其刑讯逼供，并以抓捕其妻子、女儿相威胁的情况下，被迫作出的，不是其真实意思表示。而且，王忠明在被刑事拘留，送到看守所，觉得自己的人身安全稍有保障的情况下，在2014年7月17日被讯问时，立刻否定了以前的有罪供述，明确说以前的供述是"在不正当的压力之下（作出的），都是违心的"。《刑事诉讼法》第五十四条规定："采用刑讯逼供等非法方法收集的犯罪嫌疑人、被告人的供述和采用暴力、威胁等非法方法收集的证人证言、被害人陈述，应当予以排除。"《人民检察院刑事诉讼规则（试行）》第一百九十七条规定："严禁刑讯逼供和以威胁、引诱、欺骗以及其他非法方法获取供述"；第二百零六条规定："询问证人……但是不得向证人泄露案情，不得采用羁押、暴力、威胁、引诱、欺骗以及其他非法方法获取证言。"《关于办理刑事案件严格排除非法证据若问题的规定》第一条规定："严禁刑讯逼供和以威胁、引诱、欺骗以及其他非法方法收集证据，不得强迫任何人证实自己有罪"。第二条规定："采取殴打、违法使用戒具等暴力方法或者变相肉刑的恶劣手段，使犯罪嫌疑人、被告人遭受难以忍受的痛苦而违背意愿作出的供述，应当予以排除。"第三条规定："采用暴力或者严重损害本人及其近亲属合法权益等进行威胁的方法，使犯罪嫌疑人、被告人遭受难以忍受的痛苦而违背意愿作出的供述，应当予以排除。"第五条规定："采用刑讯逼供方法使犯罪嫌疑人、被告人作出供述，之后犯罪嫌疑人、被告人受该刑讯逼供行为影响而作出的与该供述相同的重复性供述，应当一并排除。"《人民法院办理刑事案件排除非法证据规程（试行）》第一条规定："采用下列非法方法收集的被告人供述，应当予以排除：（一）采用殴打、违法使用戒具等暴力方法或者变相肉刑的恶劣手段，使被告人遭受难以忍受的痛苦而违背意愿作出的供述；（二）采用以暴力或者严重损害本人及其近亲属合法权益等进行威胁的方法，使被告人遭受难以忍受的痛苦而违背意愿作出的供述。"

根据上述法律规定，应当依法对王忠明的认罪供述予以排除，不能作为起诉、审判的依据。

在案证据充分证明，王忠明的所有认罪的讯问笔录，都是检察院的办案人员事先编好、粘贴复制的。《人民检察院讯问职务犯罪嫌疑人实行全程同步录音录像的规定》第十二条规定："讯问笔录应当与讯问录音、录像内容一致或者意思相符。禁止记录人员原封不动复制此前笔录中的讯问内容，作为本次讯问记录。"因此，本案中王忠明所有的认罪笔录都不具有合法性，真实性，不能作为起诉、审判的依据。

本案的在案证据，能够清楚的证明王忠明没有收受贿赂，关键在于法院能否坚持以事实为依据，以法律为准绳，依法排除非法证据，能否对证言明显不合常理，与事实不符，且没有正当理由，拒不出庭作证的证人证言，依法不予采信。辩护人希望合议庭审慎地研究本案的事实和证据，以看得见的方式，保障王忠明的合法权益，依法作出公正的判决。

此致

沈河区人民法院

北京市中闻律师事务所律师：何兵　周海洋

二〇一七年十二月二十六日

明确专门性意见审查规则的里程碑案例

——陶苏根被控受贿、滥用职权、徇私枉法、内幕交易案二审辩护词

【案情回顾】

陶苏根，无锡市城市管理局原副局长。江苏省无锡市人民检察院指控陶苏根犯受贿罪、滥用职权罪、徇私枉法罪、内幕交易罪，向无锡市中级人民法院提起公诉。

一审判决认定，陶苏根存在单独索贿、共同索贿以及滥用职权、徇私枉法、内幕交易等犯罪事实。判决陶苏根犯受贿罪、滥用职权罪、徇私枉法罪、内幕交易罪，分别判处有期徒刑 13 年、6 年、4 年、6 年，合并执行有期徒刑 20 年。

二审法院采纳了我们关于单独受贿部分的辩护意见，单独受贿事实中两起未认定，另外两起降低数额，由共计 637 万余元改判为 276 万余元，改判有期徒刑 11 年 6 个月，合并执行有期徒刑 18 年 [江苏省高级人民法院，（2019）苏刑终 318 号]。我们认为，该案其他主要犯罪事实也不成立，申诉目前在进行。

【办案经过】

我和杜华程律师二审参与辩护，会见时，陶苏根表示，一审认定其受贿、滥用职权、徇私枉法、内幕交易四罪，均定罪错误。

二审无罪辩护本身难度大，加上职务犯罪类案件，往往是由大量言辞证据构成，物证、书证等客观证据较少，言辞证据的采信标准较其他类案件相对较低，辨明真相更加困难。因此，除了找出言辞证据的矛盾点能证明本案事实不清、证据不足外，进行调查取证，找到物证、书证等客观证据也是我们二审辩

护的重要方向。事实证明，律师调查取证的成果是我们二审辩护的有力支撑。

比如，为了证明房屋的真实价格，我们向法庭提交了二十五组证据材料，包括涉及房屋交易相关的部分销售数据、周边房价列表及部分合同与发票、价格说明，甚至我们取得了某一个小区完整的销售记录，这些数据充分证明涉案房屋的实际市场价格。同时，我们向法庭申请调取价格认定底稿资料，经法院、检察院和辩护人共同到价格认定中心核证，从中发现价格认定过程极其不客观、不真实、不合法，从而推翻了原有的《价格认定结论书》。另外，对于指控的一笔500万元索贿款，以及滥用职权罪、内幕交易罪，我们也作为重点进行辩护。为了尽力还原案件事实，我们也花费了极大的精力进行调查取证，最终搜集了多份律师调查笔录、调取到陶苏生案材料，进行充分的论证。

该案后来被收录为《刑事审判参考》第1491号指导案例，作为以房屋交易形式收受贿赂犯罪中房屋价格认定报告的审查与判断的典型。第1491号指导案例确立了《价格认定结论书》的审查规则，价格认定报告应包括价格认定的依据、过程及方法，应对价格认定报告所附价格认定依据、过程及方法进行实质审查判断。该案也能映照出，类似价格认定合理性问题已引起司法机关的关注。

【辩护意见写作思路】

本文为二审诉讼阶段的律师辩护意见。重点紧扣犯罪构成要件，结合《价格认定结论书》的违法问题、部分言辞证据的矛盾点等证据漏洞以及新调取的证据逐一辩驳。该案涉及事实较多，我们写了近4万字的辩护词，因内容较多，以下对部分辩护内容进行节选。

江苏省高级人民法院：

北京市中闻律师事务所接受陶苏根的委托，指派何兵、杜华程担任上诉人陶苏根的二审辩护人。辩护人认为，一审判决认定陶苏根单独受贿罪事实不清、证据不足，陶苏根与陶苏生不构成共同受贿，一审认定的受贿罪、滥用职权罪、徇私枉法罪和内幕交易罪均不成立。具体辩护理由分述如下。

第一部分　关于单独受贿

【本案中，指控的14起单独索贿事实中，有5起是房屋交易类索贿，房屋买卖交易是否构成“交易型受贿”是该部分辩护重点。我们认为，这5起房屋交易中，新房交易有房地产的交易记录，二手房交易有备案在不动产登记中心的交易记录，中介公司也都搜集了房屋交易的价格记录，根本不需要进行价格认证。但办案单位还是委托价格认证中心做了《价格认定结论书》，且结论书中的价格与真实市场价格相差较大。对此，辩护人从价格认定入手，找到价格认定的漏洞，结合每笔受贿事实论证，指出本案价格认定不仅存在数字写错的低级失误，且认定的数据来源并非是合同、银行流水等客观证据，并未进行严谨的调查，推论过程严重错误，不应作为定案依据。】

陶苏根没有实际或者承诺为他人谋取利益，与谢某1、陈某1、赵某1、顾某1、杨某1没有上下级关系、不是具有行政管理关系的被管理人员。该5起事实属于买卖房屋的交易型受贿，上诉人陶苏根没有利用职务上的便利为请托人谋取利益的前提，没有以明显低于市场价格购买房屋，也没有以明显高于市场价格销售房屋。同时，在案的所有价格认定过程不合法，价格认定结论是错误的。

一、米兰区82号别墅是按市场价购买，135.121万元房屋差价与事实不符，且陶苏根没有为谢某1谋利

有证据能够证明陶苏根购买的米兰区82号别墅的市场价格为6 760元/m^2。

【该部分主要论证米兰区82号别墅价格符合市场价格。该小区的交易时间较早，开发商也没有提供销售价格给我们，通过其他途径查询当时的市场交易价格比较困难。但是，我们将笔迹鉴定合同、案卷所附几份合同以及家属询价得到的销售价格，制作表格后也能客观地映出该小区的销售价格，并论证6 759元/m^2为该批别墅的统一价格。】

一审期间，原辩护人曾提交证据证明2004—2007年期间米兰区82号别墅同小区房产交易价格，与卷内的房屋价格信息整理表格如下，见表7-1。

表7-1　2004—2007年米兰区82号别墅同小区交易价格信息

序　　号	位　　置	面积（m^2）	总价（元）	单价（元/m^2）	时　　间	备　　注
1	米兰区77号	334.92	1 758 000	5 249.01	2004.10.13	家属询价
2	米兰区82号	334.92	2 000 000	5 971.58	2005.5	本案买入价格
3	米兰区69号	300.23	1 912 500	6 370.12	2007.6	家属询价

续表

序　号	位　置	面积（m^2）	总价（元）	单价（元/m^2）	时　间	备　注
4	米兰区 73 号	250.31	1 625 000	6 491.95	2005.11.11	检方合同
5	米兰区 78 号	334.92	2 255 000	6 732.95	2006.1	家属询价
6	米兰区 28 号	334.92	2 263 900	6 759.52	2005.1	家属询价
	82 号合同价	334.92	2 263 905	6 759.54	2005.5	卷 29 第 97 页
7	米兰区 47 号	276.25	1 867 400	6 759.82	2005.7.4	检方合同
8	米兰区 72 号	300.23	2 030 000	6 761.48	2006.4.30	家属询价
9	米兰区 70 号	300.23	2 030 000	6 761.48	2006.5.31	检察院核实一致
10	米兰区 79 号	334.92	2 500 000	7 464.47	2005.6	陈某 1 购买价格
11	米兰区 2 期 93 号（新房）	608	4 800 000	7 894.74	2006.6.20	笔迹鉴定附合同
12	米兰区 83 号	334.92	2 850 000	8 509.49	2006.12.18	检方合同
13	米兰区 25 号	334.92	3 010 000	8 987.22	2006.12.28	检方合同
16	认定价格	334.92	3 351 200	10 005.97	2005.5	本案认定价格
14	米兰区 2 期 85 号（新房）	621	6 680 000	10 756.84	2006.8.24	笔迹鉴定附合同
15	米兰区 2 期 1 号（新房）	638.41	7 280 000	11 403.33	2004.11.8	笔迹鉴定附合同

陶苏根与江苏某 1 公司签订的无锡市房产转让协议购房合同显示，米兰区 82 号的价格为 2 263 905 元，单价为 6 759.54 元；陶苏根实际缴纳房款 200 万元，单价为 5 971.58 元。房产转让协议单价 6 759 元与米兰区 78 号、28 号、47 号、70 号、72 号的销售价格相同，足以证明单价 6 759 元为该批别墅的统一价格。

二、认定接受陈某某为其免费装修折合人民币 40.46 万元与事实不符，房款、契税和装修款合计 100.46 万元系代炒股的佣金

【本节主要提到了一笔 40.46 万元装修款受贿事实，我们认为该款项系其支付炒股的费用，价格认定中心认定程序违法、结论错误。因篇幅所限，本书中不再展开。】

三、鹏程大厦1702号是赵某3房产，价格认定1702号房屋价格68.045 7万元错误

【通过会见我们了解到，该笔受贿事实认定错误。为了证明该笔款项的来源、去向、性质。我们向赵某2调查取证，他表示这套房产是其父亲赵某3所购买，其父亲与陶苏根是朋友关系，我们也向法院提交了该份取证笔录作为证据证明。相关的资金流向能够与赵某2的笔录相印证。因篇幅有限，本节不再展开。】

一审判决认定，陶苏根通过低价购买鹏程大厦1702号房产，收受赵某418.045 7万元。但是，鹏程大厦1802号系赵某2的父亲赵某3购买，并非陶苏根所购买，且购买价格因赵某3与开发商赵某4系多年朋友，在购买时优惠了几万元，非《价格认定结论书》中认定的差价18.045 7万；陶苏根也没有为赵某4谋利。

四、一审判决认定陶苏根先后4次索取、收受顾某1贿赂的财物，共计折合人民币221.100 5万元，属认定事实错误

一审判决认定陶苏根分4次索取、收受顾某1共221.100 5万元，分别是高价出租鹏程大厦1702索取35.015 1万元、收取价值3 800元的海珍珠两颗、高价卖出鹏程大厦1702号房产索取39.170 4万元、高价卖出米兰区82号别墅索取146.535万元。但是，收取顾某150万元租金不属实（实际租金20万元也是赵某3和顾某1协商确定）、两颗海珍珠是赵某2自行购买、鹏程大厦1782号和米兰区82号别墅交易价格系顾某1提出，且属于正常市场价格。以上房屋交易的价格均由顾某1咨询周边价格后，由顾某1确定，不存在索贿的情形。

威尼斯花园82号售出价格系正常市场价格

无锡市价格认证中心将威尼斯花园82号2013年2月的毛坯价格认定为617.458 5万元，装修折旧价格为28.079 5万元，电器折旧价格为7.927万元，因此将差额146.535万元认为是陶苏根受贿的价格。但是，三份评估报告价格均有错误，且直接加减的计算方式错误。

经一审、二审辩护人了解，2013年左右威尼斯花园房屋售价在800万～900万元间。具体价格如表7-2所示。

表 7-2　威尼斯花园房屋销售登记价格

序号	面积（m^2）	价格（万元）	单价（万 /m^2）	时　　间
1	345	828	2.4	2012.11.17
2	350	900	2.5714	2012.11.25
3	380	900	2.3684	2013.5.23

表 7-3 为房产中介记录的实际成交价格。

表 7-3　威尼斯花园房屋等在房产中介处的实际成交价

序号	位　　置	面积（m^2）	价格（万元）	单价（万 /m^2）	时间
1	太湖世家 102 号（独幢）	323（无扩建）	800（一次性支付）	2.477	2014.12.9
2	威尼斯一期罗马区 47 号（连体）	219（无扩建）	380	1.727	2012.10.10
3	米兰区 82 号（独幢）	334.92（扩建 60.72）	800（五年分期付款）	2.389	2013.2

首先，表 7-3 中太湖世家 102 号别墅档次是低于威尼斯花园一号的，太湖世家 102 号的单价为 2.477 万 /m^2，涉案的威尼斯 82 号（面积 334.92 平方米）售出总价为 800 万元，系分期付款，单价为 2.38 万元 /m^2。而且，一审辩护人提交的安居客网站关于太湖威尼斯花园（别墅）2012 年和 2013 年房价走势图，证明 2013 年 3 月，太湖威尼斯花园别墅房价均价是 25 230 元 /m^2。显然，威尼斯 82 号别墅 800 万的售出价格与市场价格持平或者低于市场价格。

其次，针对米兰区 82 号房产的价格认定存在“硬伤”，结论错误，不可采信。锡价纪（监）协〔2018〕3 号《价格认定结论书》描述：根据现场勘查，82 号房产的建筑面积为 334.92 平方米。这显然只是机械地把产权证记载的面积照搬进了认定结论。据了解，威尼斯花园 82 号别墅在装修时曾扩建 60.72 平方米，该扩建面积并未计算在价格认定报告中，一审公诉人发表意见认为违建应拆除、没有价值。即使按照《国有土地上房屋征收与补偿条例》的规定，违章建筑也有其价值，也应当给予补偿。完全否认该 60.72 平方米面积的价格认定报告是错误的。

再次，威尼斯花园 82 号别墅在卖给顾某 1 时，系以分期付款的方式交易的。付款方式如一次付清还是五年内付清，对房屋出售价格具有重大影响。按照银行同期贷款利率（6.4%）计算，五年的利息就要 118.268 万元，扣除利息后单价仅为 2.036 万元 /m^2。显然，评估价格仅评估了房产毛坯价格，没有对顾某 1 在 5 年后才付清房款这一影响价格的重要因素考虑在内。

最后，无锡市价格认证中心对于装修、家电的评估，少计、漏计了部分新装修、更换的家电。据赵某 2 证言，其在购买威尼斯花园 82 号后将房屋出租给了外国人，“我每出租一次，都按照租客的要求购买、更换家电、家具。我看到陶苏根判决书，漏了全部家具，以及部分电器和窗帘、绿化、卫星电视、烤箱、咖啡机、净水系统等。我又列了一张表格，以上陶苏根判决书遗漏的家具和部分电器累计十八万四千多元。”

五、收受承某 1 等人共 3 万元人民币依法不构成受贿罪

【本节中，我们结合《关于办理贪污贿赂刑事案件适用法律若干问题的解释》第十三条第二款的规定，论证涉及人民币 3 万元的款项不构成受贿罪。因篇幅有限，在本书中不再展开。】

六、陈某 2 向陶苏根行贿的 15 万元，已交至廉政账户，依法不构成受贿罪

【本节中，我们提到了陈某 2 向陶苏根行贿的 15 万元，属于及时上交，且陶苏根并非“因自身或者与其受贿有关联的人、事被查处，为掩饰犯罪而退还或者上交”，旨在论证不应对陶苏根定受贿罪。因篇幅有限，在本书中不再展开。】

七、一审判决认定陶苏根以 500 万元购入鉴定价为 629.809 3 万元的长广溪花园双拼别墅，认定收受杨某 1 129.809 3 万元与事实不符

（一）该起事实与陶苏根无关，陶苏根未从中获利

该房屋的所有人是陶苏生，由该房屋衍生出的经济利益也由陶苏生享有，与陶苏根无关，没有理由认定陶苏根受贿。陶苏根没有要求开发商低价销售给陶苏生；即使该房屋存在低价销售的情形，陶苏根也没有受贿的故意。

（二）无行受贿事实发生

长广溪花园双拼别墅系直接从无锡某甲公司处购买，并非从杨某 1 处购

买。该房屋的所有者为无锡某甲公司并非杨某1，杨某1无权对其进行处分或用于行贿。在案证据显示，杨某1只享有对房屋的购买权，根本没有权利、资格把房屋作为行贿的媒介送给陶苏根；杨某1虽原先打算购买该别墅，但后来其改变主意。房产交易实质上是在陶苏生与柯兰公司之间完成的，杨某1在此过程中没有为涉案房屋付出任何对价，也不存在任何损失和直接经济利益的让渡，与行贿受贿无关。

（三）长广溪花园153号土地面积较152号更大，但两别墅同价

一审辩护人曾指出，案卷中朱向东长广溪花园153号购房合同及付款资料（见侦查卷第33卷P96-134）显示，其于2008年购买的同户型153号别墅的价格也是500万元，该房屋土地面积（679.3m²）多出152号247.5m²。

（四）鉴定价格与事实不符

同在卷的其他价格认定结论一样，长广溪花园152号的价格认定结论，同样是由委托人筛选、提供的对比房屋数据。同小区三套房价分别为12 179元/m²、12 065元/m²、11 446元/m²，但是长广溪花园2010年销售的188套房子中，单价超过12 000元/m²的只有20套；长广溪花园2009—2011年销售的全部279套房子中，单价超过12 000元/m²的也只有32套，详见表7-5。价格认定中心在该高价的基础上，再次上调认定价格，得出的价格结论完全是错误的。

本案属于一手房，该小区所有的销售价格均可在不动产交易中心调取，辩护人也提交了该小区所有的房屋销售数据（见表7-4）。价格认定中心本可以自行调查该小区房屋销售的价格，却未调查导致认定价格偏高。

表7-4　长广溪花园部分房屋交易价格

位　　置	购买日期	购买价格（元/m²）	建筑面积（m²）	总房价（万元）	土地面积（m²）
251号	2009.9.2	9 598	304.59	292.35	
89号	2009.10.26	9 986	315.43	224.49	
39号	2009.5.5	9 241	273.77	252.99	
153号	2008.6	10 604	471	500	679.3
152号（本案）	2010.2	10 604	471	500	431.8
认定价	2010.2	13 372	471	629.809 3	431.8

续表

位　置	购买日期	购买价格（元/m²）	建筑面积（m²）	总房价（万元）	土地面积（m²）
191 号	2010.1.26	10 389	346.51	360	
194 号	2010.1.26	10 764	346.51	373	
217 号	2010.2.2	10 221	324.83	332	
4 号	2010.2.4	10 236	272.58	279	
99 号	2010.2.9	11 458	343.5	393.58	
……	……	……	……	……	

无锡市价格认定中心出具的锡价纪（监）协〔2018〕4 号《价格认定结论书》，将上述长广溪花园双拼别墅的在 2010 年 2 月 8 日的价格鉴定为 6 298 093 元（约 13 372 元 /m^2），该鉴定价格明显高于实际市场价格，不具真实性。

八、陶苏根收许某 1 送的伯爵手表，系与陈某 1 之间的礼尚往来，不是受贿

【本节中，我们结合陶苏根的自述材料，论证该手表系正常礼尚往来并非受贿。因篇幅有限，在本书中不再展开。】

九、陶苏根没有收受华某 11 万美金

【本节中，我们指出认定该笔依据的华某 1 证词和孙某 1 证词相矛盾，两人证词真实性存疑，进而结合赵某 2 的律师调查笔录，共同说明该笔受贿事实并不存在。因篇幅有限，在本书中不再展开。】

第二部分　关于共同受贿

【是否构成共同受贿需从主观故意、客观行为等方面审查。其中，指控因 500 万元赌博索取借款事实，我们认为完全是虚构事实。从当事人笔录形成时间看，办案人员最开始认为陶苏生向蔡某 1 的借款有 500 万元未归还，形成了陶苏生尚欠蔡某 1 共 500 万元的笔录。经进一步调查，发现 500 万元已经归还。为了弥补 500 万元的差额，笔录出现了陶苏生因赌博欠 500 万元，向蔡某 1 借款的陈述。陶苏生 500 万元赌博借款中，一化名为“兔子”的人，仅凭一面之缘向陶苏生借款。事后，没写借条、未留联系方式，仅约定 1 个月后在小区门口归还。“兔子”的身份至今是谜。目前该案仍在申诉中，本部分不再展开。】

陶苏根没有利用职权为蔡某1谋取利益

【在本节中，我们指出蔡某1在卷证言与在卷书证材料相矛盾，以此说明法院认定陶苏根帮忙处理工人罢工不符合客观实际，陶苏根没有利用职权为蔡某1谋取利益。因篇幅有限，在本书中不再展开。】

陶苏生与陶苏根没有共同故意，在资金上相互独立，没有共同利益关系

【在本节中，我们提出概括性明知并不构成共同受贿的通谋，并结合证据获利全部由陶苏生支出，陶苏根没有从中获取任何利益，陶苏根和陶苏生之间的财产相互独立。因篇幅有限，在本书中不再展开。】

第三部分 关于滥用职权罪

【职务犯罪案件中，言辞证据占了“半壁江山”，是定罪量刑的重要依据，实践中对言辞证据的采信标准很低。本案中，我们发现胡某1、王某1、祝某1的证词产生了明显的矛盾，不能认定陶苏根违法指令办案。因此，我们向法院申请调取该三人的同步录音录像、通话记录，但该证据并未提交至法庭。对此，我们依然认为，一审判决事实不清、证据不足。】

第四部分 关于徇私枉法罪

【该部分涉及对徇私枉法罪的辩护，一审判决认定被告人陶苏根在知道邹某甲不构成敲诈勒索罪的情况下，仍指示下属对邹某甲采取强制措施以及延长强制措施的时间，在该过程中，帮助其哥哥陶苏生谋取私利，公权私用。我们结合《呈请撤销案件报告书》《刑事案件立案报告书》等涉邹某甲涉嫌敲诈勒索一案的案卷材料进行综合分析，邹某甲一案立案时符合立案条件，没有及时撤销案件不构成徇私枉法罪。因篇幅有限，在本书中不再展开。】

第五部分 关于内幕交易罪

【我们认为，交易行为的性质辩护是重要方向，如当事人的交易行为并非基于内幕信息，而是基于市场行为或以往经验的合理判断，则可以抗辩系合法交易，并未利用内幕信息进行交易。内幕信息的认定，辩护人通过对内幕信息的要件或者特征分析，认为2010年4月22日董事会形成的信息，既无重要性，也无秘密性，不是内幕信息，以排除涉案行为构成内幕交易罪。在涉案金额认定上，我们检索到最高法院指导案例，认为“以收盘价计算账目获利”。在本案中，当事人持有股票半年之久，应根据收盘日收盘价计算账面盈利，而不是根据股票卖出价计算。因篇幅有限，本节不再展开。】

第六部分 本案中扣押 30 多万元是正当收入

【在本部分中，我们提到了财产扣押错误的问题，我们结合提交的赵某 2 的银行卡流水，说明其中 30 多万的涉案财产不属于处置的范畴。我们参与的很多案件，普遍存在超范围查封的问题，尤其是黑社会案件，更是将有资金往来的账户均予查封。因篇幅有限，在本书中不再展开。】

第七部分 一审审理程序中存在多处违法

【在本部分中，我们提出本案合议庭组成不合法、证人未出庭作证、陶苏根、陶苏生案件应并案审理、非法证据应当排除、申请的大部分证据未到庭、证人未到庭等问题。陶苏根、陶苏生被指控为共同受贿人，两人均对事实、证据提出异议，本应同案审理，但本案分案、分两级法院审理。这些问题也普遍存在于职务犯罪中。因篇幅有限，在本书中不再展开。】

结语

综上所述，本案部分证据的真实性、合法性未能确定，部分应调取的证据尚未调取，部分存在重大争议的证人尚未到庭，未启动排非程序，且部分认定适用法律错误。一审判决陶苏根构成受贿罪、滥用职权罪、徇私枉法罪、内幕交易罪的事实不清、证据不足。恳请贵院依据《刑事诉讼法》之规定，将本案发回无锡市中级人民法院审理。

以上意见，请法庭充分考虑并予以采纳。

此致

江苏省高级人民法院

北京市中闻律师事务所律师：何兵　杜华程

二〇二一年十一月十二日

踩下行政机关异地趋利性执法的刹车
——达尔威公司涉嫌传销案听证代理意见

【案情简介】

上海达尔威贸易有限公司（以下简称达尔威公司）是台湾明星张庭、林瑞阳创办的，以网络销售化妆品和保健品为主业的公司。2021 年 6 月，石家庄裕华区市场监督管理局（以下简称裕华市监局）对达尔威公司涉嫌网络传销进行立案调查。2021 年 7 月，经裕华市监局申请，裕华区法院查封冻结了达尔威公司、关联公司及相关个人名下价值 17 亿元的房产（位于上海浦东的 TST 大厦）和 6 亿元人民币现金。2022 年 4 月，达尔威公司找到杨帆律师，希望我能出面施以援手。后中闻律师事务所接受达尔威公司委托，我和杨帆、卢义杰、徐冯彬、吴怡萱、杜华程、陈旭艳等律师共同办理了本案。在案件代理过程中，裕华市监局对达尔威公司及其关联公司等 19 个主体，作出了拟处罚 113 亿元人民币的罚前告知书，形势陡然紧张。来自安徽的胡明律师、来自上海的李敞珍律师、来自山东的李爱军律师等 10 余名律师火线驰援，加入本案代理工作中。该案于 2022 年 11 月 4 日在河北石家庄召开罚前听证会。2023 年 5 月，裕华法院将冻结的财产全部解封，本案就此落幕 [石家庄市裕华区人民法院，（2021）冀 0108 财保 33 号之五、35 号之一、53 号之三]。本代理意见是杨帆律师根据我在听证会上的口头发言整理而成。本案虽然不是刑事案件，但是很具有典型意义，故将其选入本书。

【办案过程及代理思路】

本案的代理过程实际上是从对法院的保全裁定采取法律行动开始的。我原本以为查封冻结资产，是行政机关采取的行政强制措施，后来却发现几十亿元资产的查封冻结，都是由法院作出保全裁定，由法院执行的。根据我国三大诉讼法，人民法院只有在纠纷诉至法院后，才可以对当事人采取保全措施（诉前保全也需在30日内提起诉讼）。对于行政机关正在办理的行政案件，法院采取保全措施没有法律依据，法院的保全行为明显违法。于是，我决定接下本案。

法院在本案中一共出具了三份保全裁定，其中一份裁定是查封达尔威公司的关联公司振泓公司和巨擘公司名下价值17亿元人民币的96套房产。第二份裁定是冻结达尔威公司及其关联的19个公司以及4个自然人的3亿元现金。第三份裁定是冻结24个TST的代理商公司及21个自然人的3亿元现金。

在核对保全金额时，我们发现了更严重的问题，法院执行部门在执行保全裁定书时，把所有被保全主体的所有账户，不做区分地全部执行冻结措施，这就导致两份保全裁定书上保全的金额总计为6亿元，但实际执行过程中，几十个主体的8亿元现金被冻结，出现了严重的超额执行问题。

2022年5月30日，我们向法院提交了针对保全裁定书的复议申请和关于执行程序违法的执行异议申请。法院显然意识到超额执行是无法解释的错误。很快（6月4日）就下达了两份裁定书，以保全申请人裕华市监局提出申请为由，对相关十余个主体的账户解除冻结，对部分账户超额执行部分解除冻结。这是本案代理过程所取得的第一个成果——解冻资金2亿元人民币。

此后，针对本案最核心的法律问题——裕华市监局的管辖权，我们不断向有关部门反映情况，并申请国务院对市场监管总局相关规范性文件进行合法性审查。裕华市监局在各种压力之下，作出了拟处罚113亿元人民币的罚前告知，意图对当事人进行“极限施压”。由于拟处罚的当事人多达19个主体，来自北京、上海、山东、河南、海南的30多名律师从五湖四海奔赴此案。我认为，办案机关在本案中，没有认识到不同法律主体有独立的法律地位，在不加区分的情况下，盲目列举被处罚对象，这是办案机关在案件处理中的一大“败笔”。

2022年10月9日，办案机关通知本案将于2022年11月4日召开听证会，并通知律师们可以自10月25日在市监局内阅卷，但不得复制卷宗。这一安排遭到了律师们的集体抗议，总页数达到上万页的十几本卷宗，只给律师7天时间在指定地方查阅，这就意味着30多名律师要全部到现场昼夜不停地看卷，律师们认为这一安排显然不合理，没有保障当事人和代理人的权利。律师们就此问题也向有关部门进行了反映，但由于国家市场监管总局制定的《市场监督管理行政处罚听证办法》中，没有关于复制证据材料的具体规定，律师们的意见没有被采纳。现在新修订的《行政复议法》明确规定了当事人在行政复议期间可以复制行政机关作出行政行为的证据。我认为，各部委制定的有关行政处罚程序的规章中，应当与时俱进，允许当事人及代理人复制案件证据材料。

律师们要求复制证据材料的申请没有得到许可，我们当机立断，所有律师用电脑打字的方式每天到市监局抄卷。经过将近一周的工作，律师们硬是用“洪荒之力”，把案件的主要证据都抄了下来，为听证会的召开打下良好的基础。本案证据中出现的重大问题，都是在律师们抄卷过程中显现出来的。

在听证会召开的前四天，我的学生，也是本案主要的代理人之一——杨帆律师，被疾控部门判定为新冠密接人员。杨帆律师被集中隔离，而我及其他律师被判定为次密接，要求在入住的酒店自行隔离。对于听证会，裕华市监局只说需要请示汇报，不说开也不说不开。我们只能紧急寻求司法行政部门和律协的帮助。终于，11 月 3 日，听证会前一日，办案机关通知律师们可以参加次日的听证会。而在这被隔离的几日里，律师们每日研究证据，制作质证 PPT，不断完善听证代理思路。

总的来讲，我对于达尔威案，核心观点就是裕华市监局对本案没有管辖权，听证会上我的代理意见主要也是就此展开。当然，听证会前，律师们富有成效的工作，使得办案机关收集证据的违法性得以全部呈现，全案的证据崩塌，这也是本案代理取得最终良好效果的重要因素。

以下为我在听证会上的发言。

尊敬的听证主持人、听证员：

感谢裕华市监局召开本次听证会，让各当事人及代理人能够在听证会上充分表达意见。之前，关于本案的证据，各位代理人都发表了充分的质证意见。关于本案的事实，我想在场各位都已经了解得很清楚。下面，我综合本案的事实和法律问题，就本案发表如下代理意见。

一、裕华市监局没有管辖权

【管辖权是本案最核心的法律问题，我认为，这也是本案最大的社会意义。行政机关只能在本行政区域内行使行政职权，这是我国基本的法律制度，但一些地方行政机关借助国家部委相关部门的一些规范性文件甚至网络留言答复，跨行政区域抢夺管辖权，造成执法体系的混乱，极大地破坏了社会主义法治的统一性。

我在听证会上分六个层级，阐明了裕华市监局对本案没有管辖权的核心观点。】

《行政诉讼法》第六条规定，“人民法院审理行政案件，对行政行为是否合法进行审查。”第七十条规定：“行政行为有下列情形之一的，人民法院判决撤销或者部分撤销，并可以判决被告重新作出行政行为：（一）主要证据不足的；（二）适用法律、法规错误的；（三）违反法定程序的；（四）超越职权的；（五）滥用职权的；（六）明显不当的。”

在实践中，我们首先要审查作出行政行为的行政机关的职权，如果行政机关没有职权，下面就不用再审查了，因为越权绝对无效。本案中，裕华市监局明显超越法定职权。在根上把这个问题讲透了，这个案子也就解决了。

第一，《宪法》第一百零七条规定，“县级以上地方各级人民政府依照法律规定的权限，管理本行政区域内的经济、教育、科学、文化、卫生、体育事业、城乡建设事业和财政、民政、公安、民族事务、司法行政、计划生育等行政工作，发布决定和命令，任免、培训、考核和奖惩行政工作人员。”这是有关地方政府管辖范围的宪法规定，强调的是地方政府管理本行政区域内的事务。那裕华区能不能跨行政区域去管理上海的事务呢？当然不可以，裕华区权力的边界就在这里。

第二，《立法法》是关于不同主体能够制定不同效力的法律文件的规范。裕华市监局的调查人员跟我说，国家市场监督管理总局有相应的批复，根据批复内容，裕华市监局可以管辖此类案件。

《立法法》规定的就是各种国家机关有怎样的立法权限，全国人大有什么立法权，国务院有什么立法权，地方政府有什么立法权。《立法法》第十一条第（二）项规定了有关各级人民代表大会、人民政府、监察委员会、人民法院和人民检察院的产生、组织和职权，地方人民政府要想超越权限、跨越行政界限去行使权力，只能由法律授权，而不是靠一个文件授权。

有市监局的同志又问我，为什么公安机关办理刑事案件可以到外地执法，我们市监部门就不可以？这是因为公安机关办理刑事案件有《刑事诉讼法》的授权，所以在外地可以办理刑事案件，比如有生产、销售伪劣产品的部分结果发生在外地，公安机关可以跨越行政界限去查办犯罪嫌疑人。根据《立法法》第九十一条的规定，国务院部门可以制定规章，国家市场监督管理总局可以发布决定和命令，但《立法法》也给部门规章加了缰绳，就是不得违法增加本部门的权力或者减少本部门的法定职责。原因很简单，如果国务院部门可以通过规章扩权，每一个部门都可以全国扩权，那人民的权利和自由就没有了。

第三，《行政处罚法》第二十二条规定，行政处罚由违法行为发生地的行政机关管辖。需要注意的是，《行政处罚法》的用词是“违法行为发生地”，而不是“违法行为地”，不得将“违法行为地”解释成“包括”“违法行为结果地”。

本案中，我认为办案人员就出现了这样的差池，他们把李某当成了受害人，然后说受害人所在地就是违法行为结果发生地，因此裕华市监局就获得了管辖权。裕华区对李某这个受害人有管辖权，然后就可以一并查处地址位于上海的达尔威公司，办案机关秉持的就是这样一个逻辑。

那为什么依据《行政处罚法》不可以这么干呢？因为违法行为既包括市场监管领域的违法行为，也包括土地的违法行为，还包括交通的违法行为，如果容许将“违法行为发生地”解释为“违法结果发生地”，那各个部门都可以以违法结果在本地为由，跨越本行政区域在全国行使执法权，也就是不仅仅市监局可以越界查处达尔威公司，土地局、卫健委都可以，那我们这个国家的行政区划制度就失去了意义。

尤其在电商时代，尊敬的主持人、调查人员、旁听人员，如果允许以电商的所谓受害人所在地为管辖电商违法行为的依据，那么我们国家的行政管辖制度还有意义吗？我们国家的行政区划还有意义吗？京东、淘宝的销售商遍布全国各地，如果都按照这种执法逻辑，那全国每个地方的市监局都可以查京东、淘宝。所以，国家市场监管总局制定的《市场监督管理行政处罚程序规定》第十条明确，网络交易平台经营者和通过自建网站、其他网络服务销售商品或者提供服务的网络交易经营者的违法行为由其住所地县级以上市场监督管理部门管辖。这一规定应该说是很科学的。

第四，《市场监督管理行政处罚程序规定》这部规章对于管辖有很明确的规定。其第八条规定：“县级、设区的市级市场监督管理部门依职权管辖本辖区内发生的行政处罚案件。”本案中，裕华区发生了什么行政违法行为呢？裕华市监局又没有认定李某构成传销，那么本辖区内就没有违法行为发生。然后裕华区无凭无据直接就查到上海去了。这是一个问题。

另外，《市场监督管理行政处罚程序规定》第十条规定：“网络交易平台经营者和通过自建网站、其他网络服务销售商品或者提供服务的网络交易经营者的违法行为由其住所地县级以上市场监督管理部门管辖。平台内经营者的违法行为由其实际经营地县级以上市场监督管理部门管辖。网络交易平台经营者住所地县级以上市场监督管理部门先行发现违法线索或者收到投诉、举报的，也可以进行管辖。”

这个规定也非常切合法理，对于李某这种在裕华区内生产经营的平台内经营者，裕华区市监局可以管。如果网络交易平台经营者住所地县级以上市场监管部门先行发现违法线索或收到投诉举报的也可以管辖。也就是说，上海市青浦区对本案是可以一并管辖的，但裕华区不能有全国管辖权。《网络交易监督管理办法》第五条“国家市场监督管理总局负责组织指导全国网络交易监督管理工作。县级以上地方市场监督管理部门负责本行政区域内的网络交易监督管理工作”说的也是同样一个道理。事实上，我国的法律没有问题，关于管辖的规定清晰且明确。

某些地方跨越行政区划打击网络传销的路是走不通的，如果这个方向是正确的，是值得鼓励的，那全国各区县都会学习和模仿，全部坐着飞机翻越千山万水到外地执法，不出三年我国的网络交易就全完了。所以，总局的规章规定是非常明智非常科学的。

第五，关于执法人员在本案中说的“市场监管总局有批复通知”。那通知是什么性质呢？我们看中办、国办发的《党政机关公文处理工作条例》，通知适用于发布、传达要求下级机关执行和有关单位周知或者执行事项，批转、转发公文。也就是说通知实际是上下级机关内部的通知，不得通过通知去规范公民的权利和义务，要想对公民的权利义务进行规制，就应当制定法律法规或规章。

我可以给大家讲一件事，有一年工信部发布了一个通知，要求所有的电脑必须安装绿坝软件，否则不能上市。绿坝软件是干什么的？据说网上有很多的黄色内容侵害青少年，安装了绿坝软件，就可以把黄色内容给清除屏蔽。当然，后来查明那个软件其实并没有这么强大的功能。我后来给工信部发出正式的政府信息公开申请，请工信部公开购买这个软件花了多少钱？工信部答复我说花了 2 000 万元。当然，后来网上披露说这个软件是抄来的，只要 20 万元。这里反映出什么问题？国务院部委不得用通知的形式对公民科以义务，只有规章才能在法定权限内设定权利义务。所以用通知决定管辖，从根子上就是错误的。

回到本案中涉及的通知，我了解到的是原国家工商总局在 2016 年作出的《关于进一步做好查处网络传销工作的通知》，这份通知里说，“网络传销案件由违法行为发生地工商、市场监管部门负责查处。涉及多个地域或者违法行为发生地不易确定的网络传销案件，由最先立案的工商、市场监管部门或者主要违法行为发生地工商、市场监管部门负责查处。”如前所述，这个通知就不能成为管辖的依据，它就没有这个权限。而且这个通知也违背了我国行政机关对本辖区内行政违法行为进行管辖的基本原则，与国家市场监督管理总局的规章规定亦不符。

我再举两个案例。第一个案例是湖北咸宁的，刊登在工商总局发行的报纸上。浙江省工商局根据工商总局关于案件指定管辖的批复，将案件的全国管辖权移交给咸宁市。这个案例说明什么问题？假如查处全国性的案件，应该是工商总局首先立案。这个案件工商总局并没有立案，而是直接指定咸宁管辖。工商总局对全国性的案件有查处权，但是工商总局只能自己查处，总局要想把自己管辖的案件交给其他部门管辖，一定要有法律根据，而不是工商总局自己再另行指定。另一个案例来自于吉林长春。2016 年经吉林省工商局指定，长春市工商局对吉林省范围内某某公司进行网络传销的行为进行查处。其逻辑是一样的，就是工商总局查全国，省工商局可以查全省，裕华可以查裕华，这没问题。假如河北省要想查达尔威，只能是河北省市监局来立案，查处河北省范围内的违法行为。

第六，网络留言答复更不能成为管辖依据。本案中，还有执法人员告诉我，国家市场监督管理总局网站上有个公众留言栏目，上面写到，对网络传销，公司、网站注册地、服务器所在地，组织者、领导者违法犯罪地和居住地，涉案资金主要流出地及流入地，违法犯罪活动人员集中地的市场监管部门、公安机关均有管辖权限。那这个答复是谁作出的呢？网页上显示是价格监督检查和反不正当竞争局。这实际上是国家市场监督管理总局有关部门对人民群众在网上咨询问题的回复留言，连公章都没有，甚至都不是一个批复或者通知，这当然不能成为管辖依据，道理前面已经阐述了，就不再赘述了。

二、关于一事不再理

【一事不再理是本案中另一个重要的法律问题。湖北省保康县市场监管局曾在 2021 年 9 月，对达尔威公司作出了处罚决定。大家在讨论本案时，较多涉及一事不二罚问题，也就是行政机关就同一违法行为不能再次给予达尔威公司罚款处罚。但我在本案中专门提出了一事不再理的问题，这个问题行政法学界研究得较少，民事诉讼法学界研究得比较多。我认为，在存在真实管辖争议的情况下，一个行政机关对行政相对人立案调查且程序没有终结的情况下，其他行政机关即使有管辖权，也不得对该行政违法事项，同时立案调查。】

《行政处罚法》第二十五条规定，“两个以上行政机关都有管辖权的，由最先立案的行政机关管辖。对管辖发生争议的，应当协商解决，协商不成的，报请共同的上一级行政机关指定管辖；也可以直接由共同的上一级行政机关指定管辖。”这是一事不再理在我国《行政处罚法》里的具体条文体现。本案事实上不存在管辖争议，只不过裕华市监局没有管辖权却非要抢管辖权。真正的管辖争议是跨区域的违法行为，最典型的就是运输违禁物品，从甲地到乙地再到丙地，最后到丙地被发现了，立案了，立案以后作为出发地的甲地也发现了违法行为也立案了，出发地是运输行为地，到达地也是运输行为地，中间地乙地觉得到达地、出发地都立案了，我也立案。这个才是真正的管辖权争议，管辖权发生争议是指都有管辖权、都立案来抢管辖权。在没有管辖权的情况下立案叫抢管辖，不叫管辖争议。

2021 年 9 月 3 日，湖北保康县市场监管局对达尔威公司作出了行政处罚。虽然湖北保康对达尔威公司的经营行为也没有全案管辖权，但不可否认的是，保康县的处罚决定已经生效。保康县的处罚决定已经明确以下几点：（1）达尔威公司 2013 年 6 月—2017 年 12 月的经营行为符合商业惯例，不构成违法；（2）达尔威公司蓝卡会员奖励制度符合商业惯例，并无违法情形；（3）保康县市监局认定的达尔威公司违法行为是“2018 年 1 月 1 日—2021 年 7 月的经营行为”，并且此违法行为只涉及团队计酬，不涉及其他。

湖北保康的行政处罚决定书是生效的法律文书，具有公定力、拘束力和执行力。未经法定程序撤销，对我国境内的组织和个人均具有约束力。裕华市监局不能另起程序，对该起违法行为进行立案调查。这个道理现在已经很清楚了。我现在想重点讲的是另一个问题，湖北保康的处罚程序究竟终结没有？

《行政处罚法》第二十八条规定：“行政机关实施行政处罚时，应当责令当事人改正或者限期改正违法行为。”请注意，是“应当”而不是“可以”。责令改正在性质上属于行政命令，所以不要认为湖北保康的行政处罚文书里面只有罚款和没收，事实上还有一条内容，就是行政命令，所以湖北保康的行政处罚文书里面有三项行政行为：第一没收，第二罚款，第三行政命令。这个命令没有执行应该怎么办呢？对比《行政诉讼法》第九十五条规定，公民、法人或者其他组织拒绝履行判决、裁定、调解书的，行政机关或者第三人可以向第一审人民法院申请强制执行，或者由行政机关依法强制执行。如果行政机关已经作出命令，责令达尔威公司改正，达尔威公司拒不改正，还需要再立案吗？不用了，行政机关申请法院强制执行即可。所以，不要认为湖北保康的处罚决定文书已经执行完毕了，其实没有，那个文书关于行政命令是没有执行的。所以在这样一个进行时过程中，裕华区假如认为达尔威公司仍然在实施传销，也应该把案件移到保康去，请保康市监局去申请法院执行。

我这里有一个环保部的函复，关于“责令改正”是这么说的:“责令改正决定属于具体行政行为的一种形式，根据上述法律规定，当事人逾期不申请复议又不提起诉讼，又不履行责令改正决定的，环保部门可以申请人民法院强制执行。”环保部的这个函复也充分说明了我刚才的分析是完全正确的。

现在的问题是，全案现在仍然在湖北保康，那裕华还能不能立案？能不能作出没收的决定？当然不可以！另外，如果裕华市监局现在不认湖北保康的处罚决定，罚当事人100多亿元，你们想过没有，上海青浦也马上可以立案，认定达尔威公司不构成传销。河北裕华可以不认湖北保康自行立案，上海青浦就可以不认河北裕华自行立案。如果真是这样，那我们国家的执法岂不就陷入混乱了吗？

我需要跟尊敬的主持人、执法人员讲，重大影响性案件的办理一定不能错，一旦错，它导致的灾难是长期性和长远的。

大家都知道南京彭宇案的社会后果。这个判决出来以后，导致老人倒在地上没有人敢扶，即使要扶，之前也要先拍个视频，然后请几个证人。这是极其荒谬的。我举这个例子是想说，典型性案例相当于准立法。在法律适用上不能出问题。

【听证会代理词第一部分是讲裕华市监局没有管辖权，第二部分是关于一事不再理，也就是说，即使有管辖权，也要看发生管辖冲突时如何处理。在一个行政程序没有完全终结的情况下，另一个行政程序就不能启动，这就是一事不再理原则。达尔威案中，湖北保康的处罚决定事实上包括三项内容。从三项内容来看，程序并未完全终结，其他行政机关就不得再次启动对该起事件的调查程序。论证就是在这样的逻辑下递进展开的。】

三、关于无过错不罚

【没有主观过错可以不予处罚是《行政处罚法》修订后新加入的内容，代理意见有效利用了新的法律规定，证明从这个角度来讲，裕华市监局也不应该给达尔威公司处罚。】

《行政处罚法》第三十三条规定，“当事人有证据足以证明没有主观过错的，不予行政处罚。”2021年9月3日，湖北保康县市场监管局对达尔威公司2013年6月—2021年7月的经营行为作了完整全面的判断，对其中达尔威公司2018年1月1日—2021年7月的违法行为作了相应处罚，同时责令达尔威公司予以改正。此后，达尔威公司向保康县市场监管局提交了整改报告。保康县市场监管局也回函确认收到，并表示会予以研究，希望达尔威公司依法依规经营。

所以，现在这个时间其实是保康行政处罚决定的整改期间。达尔威公司有这么长时间的经营，如果达尔威公司现在这段时间仍在实施违法行为，保康市监局应当及时指出来。而行政机关迟迟不告诉达尔威公司这是合法还是不合法，达尔威公司有什么过错？如果达尔威公司没有把整改报告交给行政机关，没有把营销模式交给行政机关审核，或者实际的营销模式跟报告内容不一样，那可能有问题。但达尔威公司把所有材料都给了行政机关，请行政机关看看这个模式有没有违法，行政机关说正在研究，到现在也没有告诉达尔威公司这是不是传销。所以对这个阶段的处罚又从何说起？保康的处罚决定事实上都没有结案，裕华又如何能够处罚？

四、关于没收违法所得

【本案中，裕华市监局作出了没收当事人113亿余元人民币违法所得的罚前告知。这个惊人的数字，据说是根据达尔威公司及其关联公司全部流水加总而得出。听证会上，代理律师对得出这个数字的审计报告发表了质证意见，充分暴露了这份审计报告的违法性。《行政处罚法》只是规定了“对当事人的同一个违法行为，不得给予两次以上罚款的行政处罚”，但没有规定不能给予两次以上的没收违法所得。办案机关试图利用这一点，在湖北保康市监局已经对达尔威公司没收1 900万余元人民币的情况下，再次对达尔威公司处以没收的处罚。这部分代理意见驳斥的就是裕华市监局试图绕过“一事不二罚”法律规定的做法。】

我知道裕华市监局的逻辑是，湖北保康的处罚决定针对2018年1月—2021年7月的区间没收了违法所得，但其余区间段没有没收，所以裕华市监局可以没收其他区间段的违法所得。《行政处罚法》规定对于同一违法行为不得做两次以上的罚款，但没有规定不能做两次以上的没收违法所得。我知道你们的想法，我今天把你们想利用的法律漏洞，全部给你堵了。法律说不能做两次以上的罚款处理，但没有说不能做两次没收的处理，你没有没收完整就让我继续来没收。这种观点是完全错误的，为什么呢？关于违法所得的金额，保康市监局已经做了认定，裕华市监局就不能再认定。裕华市监局不是保康市监局的上级机关，也不是保康市监局的监督机关，对保康市监局没有监督权。保康市监局已经作了没收的决定，违法所得已经没有了。所以，立法者为什么说不得作出两次以上罚款处理，而不说不得作出两次以上没收处理呢？因为没收完了还没收什么呢——账上的违法所得已经被没收掉了。所以你要想再次处以没收的决定，就一定要先把保康市监局的处罚决定给否了，在没有否定保康的处罚决定前，就不能再次处以没收的决定。

【从论证没有管辖权，到论证即使有管辖权也要遵循一事不再理；从“一事不再理”原则推导出不能再次没收违法所得，代理意见层层递进，把办案机关所有试图利用的法律解释漏洞一一填补。至此从法律上详细论述，裕华市监局的拟处罚决定书是错误的。】

五、关于非法证据的问题

【非法证据问题是本案中非常严重的问题，在听证会上得以充分呈现。关于本案中证据的合法性问题，媒体后来也广泛进行了报道，广为人知。】

《行政诉讼法》第四十三条第三款规定，“以非法手段取得的证据，不得作为认定案件事实的根据。”我国《行政诉讼法》对证据的采纳采信标准要求是比较严苛的，因为行政机关掌握着巨大的国家权力，如果行政机关违法取得的证据可以使用，那公民的权利就彻底丧失了。本案中之前展示的银行账户信息，就发现了某些部门非法侵害个人信息的行为，毫不客气地说，这已经符合刑事立案标准。如果一个部门能够把个人或单位的银行信息全部调出来，你知道这个行为的危害性有多大吗？本案中账号信息涉及北京大学、西北政法大学，还有跨国（境）企业，所以本案中行政机关以非法手段取得的证据不得作为认定事实的根据。

关于山西正诺科技有限公司（以下简称正诺公司）出具的报告，本案的调查人员说，这不是鉴定报告，市场监督管理部门可以指派或者聘请具有专门知识的人员，辅助办案人员对案件关联的电子数据进行调查取证。我们首先不说它应不应该鉴定，假如真的像办案人员所说，也应当聘请具有专门知识的人员。市场监督管理部门在执法过程中对于电子数据的收集与提取应当符合法律法规规章和国家标准，并保证收集电子数据的完整性、合法性，否则不得作为证据。对于这份报告，专家审查意见说得很清楚，没有按照国家标准，没有专门的知识人员，做的镜像报告只是一个 excel 表。他们甚至根本不明白哈希值是什么。

【听证会上，裕华市监局将正诺公司出具的《关于“TST 庭秘密涉嫌网络传销”电子数据采集、固定、存放、搭建、镜像恢复报告》(简称《报告》)作为证据，用以证明达尔威公司存储会员身份信息、组织结构、订单数量、层级关系等关键事实。同时，本案《专项审计报告》，以前述《报告》为核心依据，用以证明当事人的收入情况与违法所得。也就是说，该电子数据报告是全案证据的重要基础，如果被否，案件定性、数额都无法成立，全案证据体系将坍塌。

在听证会上我们发现，不仅正诺公司没有电子数据鉴定资质，《报告》所载两名鉴定人张某、尹某也没有鉴定资质，且二人提交的其他资质证书在相关官网无法查验，是通过修改他人的真实证书图片形成的。经向其中一家官方发证机关求证，张某证件系伪造。

针对该《报告》，中国电子学会计算机取证专家委员会、中国科学院与中国政法大学的三位专家出具专家意见，标新科技（北京）有限公司司法鉴定所出具审查意见，均指出本案电子数据取证必须委托有资质的电子证据鉴定机构，本案电子数据的提取机构、提取人员无对应资质，并对该《报告》的可采性、可信性、所提取信息的真实性与提取过程的合法性予以否定。

更荒谬的是，听证会上我们还发现，该《报告》没有记载用以表明电子数据没有被编辑、增加或修改的完整性校验值。在我们强烈要求调查人员出示电子数据原件时，办案人员于次日临时补充出示了正诺公司盖章的另外两张《移动硬盘内文件名称及唯一性校验值》表格。其中一张记载的是正诺公司从某服务器镜像恢复的 36 个文件，但第 2 个至第 35 个文件，其 MD5 校验值居然均为连号，明显涉嫌伪造。

为了进一步验证裕华市监局提供校验值的真实性，我们经听证主持人同意，通过裕华市监局提供的笔记本电脑，现场演示并抽取了其中 6 个文件计算了校验值。果然，除了第一个文件（程序文件）的校验值能够与表中对应，其余 5 个数据文件均与表中数值不一。这说明裕华市监局出示的电子数据文件是经过修改、编辑、加工的，其提供的表格是造假得来的。

专业人士解释，MD5 校验值是算法赋予的随机字符串，不具有规律性，不可能连续 34 个文件的前 27 位数字都一样，也绝无可能出现连号现象。鉴于《报告》此前没有记载校验值，补充出示的 MD5 检验值又为假，因此，裕华市监局从服务器获得的镜像、正诺公司恢复的数据以及提供给律师查阅的电子数据，三者无法确保同一性，电子数据真伪无法核实，不能采信。】

下面再说银行流水的问题。办案机关通过协查函到广发银行石家庄分行、招商银行石家庄分行调取了达尔威公司在广发银行、招商银行的流水，这个调取是非法的。因为中国人民银行《关于金融机构协助查询、冻结、划扣工作管理规定》中规定了，金融机构协助查询、冻结、扣划的，应当在存款人开户的营业分支机构进行办理。也就是说，如果裕华区市监局要查达威尔公司的流水，应该到上海的开户行，而不能在石家庄的开户行进行。现在这个执法，银行守住底线没有？外汇管理局守住底线没有？都一目了然。昨天办案人员还说公安机关、检察院也介入了。市监局在前、公检法在后，然后其他银行配合，这就是联合舰队出航，最后会导致每个人都不安全。这就是为什么中央政法委一直在解决趋利性执法的问题，公安的趋利性执法还没有解决，如果市监局又来了，司法实践怎么办？

关于银行账户，市监局在办理案件中不能查询个人银行账户。《商业银行法》对个人存款的保护和对单位存款的保护采取的是不同标准，对个人采取更严格的法律标准，《商业银行法》第二十九条第二款规定，“对个人储蓄存款，商业银行有权拒绝任何单位或者个人查询、冻结、扣划，但法律另有规定的除外。”也就是说，市监局要查询个人的银行账户，必须得有法律规定。《商业银行法》第三十条规定：“对单位存款，商业银行有权拒绝任何单位或者个人查询，但法律、行政法规另有规定的除外；有权拒绝任何单位或者个人冻结、扣划，但法律另有规定的除外。”因此，针对达威尔公司，裕华市监局可以请求上海协查，但是张庭、林瑞阳、匡某某这些个人的银行账户裕华市监局哪有权力查询呢？查询所得的这些银行流水全部不能用，审计报告也就没有基础。电子数据不能用，银行流水不能用，全案证据就坍塌了。

下一个问题，法律规定不允许查询银行账户，那违法查询银行账户有什么样的法律后果和责任呢？《个人信息保护法》第二十八条规定：“敏感个人信息是一旦泄露或者非法使用，容易导致自然人的人格尊严受到侵害或者人身、财产安全受到危害的个人信息，包括生物识别、宗教信仰、特定身份、医疗健康、金融账户、行踪轨迹等信息，以及不满 14 周岁未成年人的个人信息。只有在具有特定的目的和充分的必要性，并采取严格保护措施的情形下，个人信息处理者方可处理敏感个人信息。”第二十九条规定：“处理敏感个人信息应当取得个人的单独同意；法律、行政法规规定处理敏感个人信息应当取得书面同意的，从其规定。”

大家要知道，银行账户是每个人最大的利益之一，必须列入个人敏感信息加以保护，否则我们每个人的个人信息会赤裸裸地暴露。尊敬的调查人员，如果有行政机关对你们这么干，马上把你们的银行账户给查了，查到你银行账户就能查到你的行踪，包括你在哪儿付的款全都能查出来，那个人信息、个人隐私就没有了。

本案中证据显示办案机关查北京大学，查西北政法大学的外汇信息，首先违背的就是相关性原则。所以我们要求办案机关提供委托书，我们要看是办案机关出的问题还是协查部门出了问题。要严格限定查询的是什么人、什么信息，因为什么案件，在什么范围之内给办案机关。现在不提供委托函，我们就不知道是委托出了问题，还是协查部门执行出了问题。而且这些文件不属于内部公文，是一个行政程序问题。《个人信息保护法》第六十八条规定："国家机关不履行本法规定的个人信息保护义务的，由其上级机关或者履行个人信息保护职责的部门责令改正；对直接负责的主管人员和其他直接责任人员依法给予处分。履行个人信息保护职责的部门的工作人员玩忽职守、滥用职权、徇私舞弊，尚不构成犯罪的，依法给予处分。"

【这个部分是有关办案机关非法调取大量银行、外汇信息的内容。依据法律规定，裕华市监局无权依据行政法规去查询张庭等涉案主体个人的银行账户。即便裕华市监局有权查询个人账户，也应遵循法定程序进行。本案在案证据显示裕华市监局的调证程序没有合法手续。同时，裕华市监局调取了大量与本案无关主体（如北京大学、西南政法大学、同济大学、上海交通大学等大量案外单位、个人）与境外主体进行交易的外汇信息，内容包括但不限于主体名称、交易时间、交易数额、银行账户、交易描述、交易对手名称、经办外管局等敏感信息。且提取的电子表格均未限制编辑权限，任何人均可对前述文件进行查看、修改或编辑。对于这些海量的电子数据，裕华市监局的调查人员没有提供收集的原始载体，也无法说明制作方法、制作时间或者制作人等关键信息。裕华市监局的取证行为，严重超出了履行法定职责所必需的范围和限度，任意收集无关个人敏感信息的行为，已经严重违反《个人信息保护法》的规定，甚至涉嫌犯罪。】

综合以上，尊敬的主持人，此案一定要高度重视。这个案件我个人观点是：裕华区市监局没有管辖权，依法应当不予立案。谢谢。

附：达尔威案部分代理律师名单

北京市中闻律师事务所　何　兵
北京市中闻律师事务所　杨　帆
北京市中闻律师事务所　陈旭艳
北京市中闻律师事务所　卢义杰
上海德禾翰通律师事务所　周云昌
海南海石律师事务所　姚文乾
北京盈科（上海）律师事务所　殷志浩
北京市京师律师事务所　金　琳
北京市中闻律师事务所　徐冯彬
上海大邦律师事务所　赵　森
北京市中闻律师事务所　杜振强
北京市中闻律师事务所　赵　琮
北京市中闻律师事务所　薛光明
北京市中闻律师事务所　杜明怀
北京市中闻律师事务所　张夏冰
安徽点津律师事务所　胡　明
北京恒都律师事务所　胡　楠
上海市锦天城律师事务所　李啟珍
北京市中闻律师事务所　杜华程
北京中闻（海口）律师事务所　吴怡萱
海南海石律师事务所　张晓丽
山东言洽诚律师事务所　李爱军
海南海石律师事务所　李延朝
山东昌龙律师事务所　任星辉
北京观韬中茂律师事务所　黄　薇
北京观韬中茂律师事务所　赵　雷

深入田间地头，11 人重获自由
——黄德义等人不构成寻衅滋事罪的申诉代理词

【案情回顾】

黄德义是吉林省白城市洮南市人，嫩江右岸最大支流洮儿河经过其所在的振林村。2005 年起，黄德义动员家人在洮儿河上搭建浮桥，同时向过往车辆收取一定费用。黄德义的解释是，这样村民到对岸就不用绕道几十公里了。

2019 年 2 月，洮南市公安局以涉嫌寻衅滋事对黄德义等人刑事立案。同年 12 月，洮南市人民法院认定黄德义等人“私自建桥拦截过往车辆强行收取过桥费，强拿硬要他人财物”，黄德义一家 18 人均被判寻衅滋事罪。

判决生效后，黄德义向洮南市人民法院申诉，被驳回。2023 年 6 月，黄德义向白城市中级人民法院申诉。该案经媒体报道，“村民建桥一家 18 人被判寻衅滋事”引发热议。

2023 年 9 月 27 日，白城市中级人民法院作出再审决定，认为原判决适用法律确有错误，决定提审本案。12 月 25 日，白城市中级人民法院再审判决，改判 11 名被告人无罪、5 名被告人免予刑事处罚 [吉林省白城市中级人民法院，（2023）吉 08 刑再 4 号]。

【办案经过】

我与卢义杰律师自申诉阶段介入本案，担任黄德义的申诉代理人。再审阶段，周海洋律师、杨帆律师、杜振强律师也加入援助队伍。

研究案件后，我们认为，原判在事实认定、法律适用方面均存在明显错误。首先，原审认定的是强拿硬要型寻衅滋事罪，但从判决认定的事实来看，黄德义等人不存在任何暴力、威胁行为，直接把收取过桥费等同于强拿硬要他人财物显然不妥。其次，寻衅滋事罪由流氓罪演化而来，要求行为人具备无事生非、逞强耍横的寻衅动机，而建桥收费显然不是出于寻衅动机。再次，原审判决称黄德义等人的行为“造成恶劣社会影响，破坏社会秩序”，但没有说明具体造成了怎样的影响，社会秩序受到了怎样的破坏。原审结论缺乏证据支撑，更与搭桥修路便利群众的常识相悖。最后，全案涉案金额仅5万余元，却“灭门式”地判了全家18口人，不符合罪刑相当的基本原则。

在申诉阶段，卢义杰律师与律师助理唐冬燕到浮桥周边村庄调查取证，随机询问村民是否走过浮桥，是否自愿过桥、交费。连日来，律师走过了两岸7个村庄，收集到二十余份笔录。村民都表示花几块钱过桥，可以少走几十公里，节省大量时间和金钱。大家都愿意花钱过桥，没有受到强迫。同时，我们收集整理了有关本案的新闻报道，统计了村民、过桥者接受记者采访时的言论，发现并无迹象表明黄德义等人有强拿硬要行为，反而大量受访者反映花钱过桥省时省力，对黄德义等人的收费行为表示理解与认可。

此外，我们还组织检索了所有媒体对黄德义案的报道，梳理媒体的采访对象、讲述内容，检索了微博、知乎等社交平台的讨论，梳理网友观点、当地群众爆料，从而提炼取证线索、完善代理思路，并预测办案单位可能的关注重点。我们同时检索了全国其他地区村民自行修桥（路）并收费的同类案例报道。检索结果表明，建桥行为普遍受到群众认可，且修桥村民均未受到刑事处罚。

2023年9月，我们根据在案证据和调查取证结果，起草了一万余字的律师意见，与收集到的证据材料一起提交给了白城市中级人民法院。不久，白城市中级人民法院作出再审决定，并于同年12月改判11名被告人无罪、5名被告人免予处罚，对案件纠错。

作为辩护律师，我们认为，再审判决仍有可以继续纠错的空间。特别是在程序上，办案单位实质上新增了所谓黄德义等人破坏河道的指控内容，这在再审程序中不合法也不合理；在实体上，新增的这一指控内容并无证据支持，法院却错误认定进而维持对个别被告人寻衅滋事的定性：具体而言，认定黄德义挖河道、堵路口，仅有任某的证言；认定何树春挖河道，仅有李某某的证言。二者均系孤证，且有与之相反的证据，不应认定。认定黄嵩堵路堆土虽有连某、李某的证言，但二人笔录对黄嵩堆土的时间、方式等存在出入，也不应采信。并且，李某某、连某、李某与举报人有亲属关系，与黄德义等人存在利害冲突。

当然，无论如何，在特定的环境下，11人无罪、5人免罚的结果已很难得。

虽然未能全案无罪，不免遗憾，但司法部门纠错的勇气仍然值得肯定。

【申诉意见写作思路】

本文为申诉阶段的律师代理意见。

代理意见开头提炼主要辩点，相当于全文摘要，展现整体辩护思路，同时突出重要观点。主体部分依次从是否存在强拿硬要行为、是否破坏社会秩序、是否具备寻衅滋事主观故意三个方面入手，论证本案不符合寻衅滋事罪的构成要件。接着，说明原审判决存在的其他问题，如犯罪数额错误、多名被告人情节显著轻微不构成犯罪等。最后指出洮南市人民法院不宜审理本案，请求白城市中级人民法院或上级法院提审，确保本案能够公正审理。最终，白城市中院采纳了律师意见，决定再审并提审本案。

以下为申诉意见选摘。

白城市中级人民法院：

北京中闻律师事务所依法接受黄德义委托，指派何兵律师、卢义杰律师担任黄德义寻衅滋事案申诉阶段的诉讼代理人。

经阅卷、调查取证，代理人认为，收取过桥费不等于强拿硬要，黄德义等人没有强迫车辆必须过桥，未交费车辆仍可按其他路线绕行甚至也可免费过桥，本案不存在强拿硬要的客观行为；建桥满足周边村民过河耕种、探亲、商贸、就医等需求，节省出行的时间及金钱成本，未因过桥发生治安纠纷，没有破坏社会秩序，没有造成恶劣社会影响；建桥收费本质上是公共基础设施缺失情况下的自力救济行为，并非为满足寻求刺激、发泄情绪、逞强耍横、无事生非等寻衅动机，且行政机关客观上长期允许建桥行为。因此，本案系将未批建桥的行政违法行为拔高为刑事犯罪，黄德义不构成寻衅滋事罪。

值得注意的是，原审作为从犯处理的其他 17 名黄德义近亲属也不构成犯罪，特别是多名被告人收费仅有三块钱、五六十块、一百块等，数额极小，情节显著轻微，完全没有认定为犯罪的理由。原审判决错误扩大刑事打击范围，对黄德义全家不当“株连”，引起社会广泛关注，恳请贵院依职权一并作出再审决定。

本案如何审理，亦对新时代乡村振兴战略中如何精准对待农村刑事犯罪问题，具有重大参考价值。最高人民法院近日发布《关于“新时代农村刑事犯罪对乡村振兴战略的影响”暨“寻衅滋事行为的刑事规制”课题在浙江、福建的调研报告》，指出实践中寻衅滋事罪认定存在的问题：“一是被告人的主观动机难把握，容易陷入客观归责……三是因边界不清导致容易被泛化适用的倾向明显……五是行刑衔接不畅，容易导致行政违法行为被拔高作为刑事犯罪处理。”原审判决均暴露出以上问题。鉴于本案具有典型意义，同时鉴于洮南市人民法院擅自对媒体散布超出原审判决内容的言论，丧失公正立场、不适宜再审本案，本案应由白城中院或上级法院提审，或指令其他人民法院再审。

具体理由如下。

一、黄德义等人没有强迫车辆必须过桥，未交费车辆仍可按原路线或其他路线绕行甚至也可免费过桥，本案不存在强拿硬要的客观行为

【本节旨在论证黄德义等人没有强拿硬要行为。强拿硬要行为是构成寻衅滋事罪的核心要件之一。原审中，公安、检察院及法院均未关注强拿硬要的具体方式和情节，而是简单地将收费等同于强拿硬要。因此，本节主要从两方面反驳原审判决：一方面，主张强拿硬要的标志并非是否收费，而是过往车辆能否自由选择通行路线，黄德义等人没有强迫过往车辆从桥上过，过往车辆完全可以选择原路线或其他路线。另一方面，对于选择过桥的车辆，黄德义等人也没有采用暴力、威胁、辱骂等方式强行收费，过往车辆均系自愿交费，不少车辆甚至可以免费过桥。论据方面，既援引了原审案卷内容，也包括律师调查取证的结果。】

原审判决认定，黄德义等人“私自建桥拦截过往车辆强行收取过桥费，强拿硬要他人财物”。该认定存在事实错误。其实，黄德义所谓“拦截”的车辆，本身就是希望过桥的车辆；过往车辆可以自由选择是否从桥上经过，黄德义等人从未强迫他人放弃其他路线过桥，也未通过暴力、威胁等手段强制他人交费；不少村民在与收钱者认识、没带钱等情况下均可以免费过桥，甚至有村民主动硬给黄德义塞钱。因此，黄德义等人不存在强拿硬要的客观行为。

需要特别说明的是，案卷中个别证人声称的“不给钱不让过桥”“强制收费”，既不准确，也不是强拿硬要的标志。理由在于，**案涉浮桥、固定桥并非国家修建，亦不是过河的唯一路径，过往车辆本身就不具备无偿使用案涉浮桥、固定桥的权利基础。是否强拿硬要，关键要看黄德义等人是否强迫车辆必须过桥、车辆过河是否可以自由选择其他路线。**具体理由如下。

（一）黄德义等人所谓“拦截”的对象，并非不特定的过往车辆，而是原本就有意过桥的车辆

原审判决认定的“拦截过往车辆”，极易造成黄德义等人拦截不特定车辆、不分青红皂白要求其必须过桥的错觉。

但是：第一，从实际位置看，行驶到桥头的车辆，本意只可能是过桥。在案《现场勘验检查工作记录》显示，两岸桥头以北是荒地，以南是稻田地，以西是一条东西走向、介于荒地与稻田地之间的土路。显然，桥头周边并无南北走向的道路，行驶到桥头的车辆只可能沿土路而来。而车辆进入土路，唯一目的就只有过桥，否则大可不必深入荒地与稻田之中。换言之，黄德义等人所谓“拦截”的对象不是不特定车辆，车辆过桥意愿是车主自愿、自发的，是来此之前就产生的，而不是被“拦截”产生的。

第二，从行为性质看，黄德义等人拉绳索的主观目的不是拦截。所谓“拦截”是以在桥头或桥中拉绳等方式进行，但代理人经阅卷及调查取证发现，拉绳索的主观目的是车辆安全，并非强拿硬要。例如，黄某 1、黄某 2、龙某笔录均表示，拉绳子是怕车开太快掉到河里（分别见黄某 1 2019 年 2 月 24 日笔录，载于公安侦查卷 1 第 117 页；黄某 2 2019 年 2 月 25 日笔录，载于公安侦查卷 1 第 123 页；龙某 2019 年 2 月 25 日笔录，载于公安侦查卷 1 第 129 页）；黄德义也指出，拉绳子是为了防止过桥的车太快或者太大（黄德义 2019 年 2 月 1 日讯问同步录音录像 11:25:40 秒）。该说法也得到代理人随机走访的村民印证，河东的安全村村民耿某增表示，“要是不拉绳，啥车都可以过，要是很重的车过了怎么办，那不安全”（证据一：耿某增 2023 年 7 月 15 日律师询问笔录）；河东的建政村村民张某也称，“绳子主要是怕桥对面来车，要是咱这边过去了，就会遇上，桥窄，倒退不了，也拐不了弯”（证据五：张某 2023 年 7 月 17 日律师询问笔录）。

【本段先后援引被告人供述、律师询问笔录，运用了反复论证的技巧。律师调查取证结果与在案证据相互印证，彼此之间加强了说服力，增加了可信度。后文中也多次使用这一方法进行反复论证、加强论证。】

（二）收取过桥费不等于强拿硬要，过往车辆仍可自由选择其他路线过河

如前所述，**是否“强拿硬要”，关键要看黄德义等人是否强迫车辆必须过桥、车辆过河是否可以自由选择其他路线。**经阅卷及调查取证，代理人认为，

过往车辆拥有是否过桥的自主选择权，其意志是自由的，过桥是其在权衡时间、费用等利弊后主动选择的结果，并未被强拿硬要。

第一，案卷中没有任何笔录声称黄德义等人强迫车辆必须过桥。也即，车辆可以选择过桥，也可以选择不过桥，并无人强迫。

第二，黄德义等人也没有通过河床挖坑等方式迫使案涉浮桥、固定桥成为过河的唯一路线。对此，黄某义 2019 年 2 月 2 日笔录明确否认其曾挖坑禁止车辆从桥底通行；何某春 2019 年 6 月 27 日笔录也称，其没有在河套内挖坑，只在距离河西岸四五米的地方做过护坡；黄德义、黄某 3、黄某 4 等也明确否认曾在河套内挖坑。律师调查取证过程中，也无人反映黄德义等人通过河床挖坑等方式使人无法正常过河。

第三，律师随机询问的 22 位证人均表示未被强迫过桥，可自由选择绕路。代理人 2023 年 7 月中旬赴涉案浮桥周边村庄走访，随机询问洮儿河东岸、西岸 7 个村子的 20 名村民及 2 名出租车司机，其均表示是自愿选择过桥，如不过桥可以绕路，无人强迫其从桥上过。具体而言，被问及如果不想交钱是否有人强迫其从桥上过时，河东的安全村村民张某君明确否认："哪都能走，你不愿走就从旁处走。""人家也没说非得让你走，你非要走还不想给钱。"（证据四：张某君 2023 年 7 月 15 日律师询问笔录）建政村村民刘某也印证了这一说法："过不过，不过拉倒，他们不强迫，该咋是咋。"（证据七：刘某 2023 年 7 月 17 日律师询问笔录）河西的五家子村李某海亦表示黄德义等人没有强制过桥，如果不想过桥可以选择绕道镇西，路程多七八十里地："谁强制啊？没有。你不想过的话，你就朝镇西走呗。"（证据十一：李某海 2023 年 7 月 16 日律师询问笔录）此外，白城市出租车司机马某亦表示："觉得这桥收费，你可以不过啊，那是人家自己拿钱修的。你愿意走就走，不走就拉倒，没人强迫你走，你可以绕着走。"（证据二十二：马某 2023 年 7 月 17 日律师询问笔录）

【我们在取证的时候，就极其注意保留证人的原话，确保证言原汁原味、生动真实，增加可信度。此处我们继续引用，并注明每份引用的出处】

（三）黄德义等人没有采用暴力、威胁、谩骂、追逐等方式收取费用

第一，案卷中没有任何笔录声称黄德义等人收费时采用暴力、威胁、谩骂等方式。对此，在案的兴盛村村民孙某明笔录显示，侦查人员问其"路过车辆不交钱，黄德义怎么处理"时，其答称"没听说"；黄某 3 笔录显示，当被侦查人员问及"在收费的过程中，是否与来往的过往车辆发生口角，或者打仗"

时，其答称“没发生”；被问及“这些年你们收费期间是否有过不给钱追逐他人或者殴打他人的行为发生”时，其答称“没有”。

第二，律师调查取证的 22 位证人亦表示过桥时未因收费问题与黄德义等人发生言语或肢体冲突，也没有听说过其他人遇到过类似情况。例如，河东的安全村村民耿某增，被问及是否因过桥与黄德义等发生纠纷时，其称“没有。要是没人过，他们这个桥不也完了吗，他们也得交点朋友，也得维护事儿，这都是人之常情的事儿”。又问及是否听说类似情形时，其也称“没听说过，开车的人花五块钱过桥，能省几十里路，不过桥傻啊”（证据一：耿某增 2023 年 7 月 15 日律师询问笔录）。安全村村民梁某友也称没听说过类似纠纷：“他们要是整天跟人干仗，这桥还能开吗？他们修了桥，投资大了，修桥是便民的。”（证据三：梁国友 2023 年 7 月 15 日律师询问笔录）河西的袁家村长明屯村民王某平同样称：“一般过桥的也都不差钱，没有听说有人干仗的。”（证据十：王春平 2023 年 7 月 16 日律师询问笔录）常过路的白城市出租车司机周某权也表示“没有（纠纷）”（证据二十一：周某权 2023 年 7 月 15 日律师询问笔录）；等等。

第三，不少村民在调查取证中明确表示其是自愿交钱。例如，河东的安全村白某杰对律师表示其是自愿缴纳过桥费，**“别人过多少钱，我也知道，走到跟前，我自愿给他们五块钱完事儿了”**（证据二：白某杰 2023 年 7 月 15 日律师询问笔录）；悦来村村民彭某称没有人用暴力或威胁方法逼迫其交钱，**“没有，都是自愿的”**（证据二十：彭某 2023 年 7 月 17 日律师询问笔录）；出租车司机周某权亦表示过桥交费是双方共赢的自愿行为，**“大家都知道情况，人家建的桥，咱想路过，省点时间省点钱，一个愿打一个愿挨，他收费，咱是图方便”**（证据二十一：周某权 2023 年 7 月 15 日律师询问笔录）；等等。

【因证言较多，故将关键语句加粗处理，使关键内容在海量信息中可以醒目凸显，可也根据情况做划线处理】

（四）不少村民在与收钱者认识、钱不够、没带钱等情况下也可以免费过桥，甚至有村民主动硬塞给黄德义等人过桥费用

黄德义 2019 年 3 月 12 日讯问同步录音录像 16:18:3 秒显示，其表示，“有钱没钱都过河，哪能冲人要钱呢，还摇下车窗扔钱，我又扔回去了”。原审被告人黄嵩笔录也显示：“给钱我们就收了，不给我们也让过去。”原审被告人黄强笔录也显示：“实在不给的话，就让过了。”

对此，在案振林村曲某贤笔录印证显示，其曾给看桥的何某春钱，对方没要钱（曲某贤 2019 年 1 月 28 日笔录，载于公安侦查卷 3 第 28 页）；被法院认定为被害人的胡某玉亦称“有时候认识的就不给钱了”（胡某玉 2019 年 4 月 5 日笔录）。以上行为显然不属于强拿硬要。

律师调查取证结果也显示，很多时候，即使钱不够或没带钱，村民也能过桥。例如，袁家村村民王某平表示没钱也能过桥，“有人说人家黑，其实不黑，有钱给几块，没钱也就拉倒了。像摩托车、自行车啥的，**有给一两块，没有也过去，不会给你搁那儿**”（证据十：王某平 2023 年 7 月 16 日律师询问笔录）；建政村的张某也印证了这一说法，**“有时候我兜里没有钱，他们还不收钱，过去拉倒了，回来时候也不用给他们补钱”**（证据五：张某 2023 年 7 月 17 日律师询问笔录）；建政村刘某也表示，自己在一女性管理浮桥期间曾减免费用过桥：“有时候赶上一个女的收费，还挺好说话的，我说不够钱，说差三两块的，她说行行过去吧。”（证据七：刘某 2023 年 7 月 17 日律师询问笔录）

主动硬给黄德义等人过桥费用的情况也不少见。安全村村民耿某增向律师表示由于儿子和收钱的村民认识，其过桥不用交钱，有些村民过桥也不用交钱。“我们村的人在河西种地，他们也要过这个桥，有的过的时候都不要钱。做买卖的人也过，有些人跑几趟了，觉得不好意思，就给人几块钱。”（证据一：耿某增 2023 年 7 月 15 日律师询问笔录）安全村村民张某君亦表示其过桥有时给钱，有时不给钱，**“有时我给他他还不要”，“要不怎么说走两回不给钱我不好意思，钱还是我硬给的”**（证据四：张某君 2023 年 7 月 15 日律师询问笔录）；等等。

二、建桥满足周边村民过河耕种、探亲、商贸、就医等需求，节省出行的时间及金钱成本，未因过桥发生治安纠纷，没有破坏社会秩序，没有造成恶劣社会影响

【寻衅滋事是扰乱公共秩序类犯罪，根据《刑法》第二百九十三条的规定，实施寻衅滋事行为，破坏社会秩序的，才能构成寻衅滋事罪。本节旨在证明案涉建桥行为便利群众通行，不仅没有破坏社会秩序，反而形成良好社会影响，不符合寻衅滋事罪的客观要件。在结构编排上，本节首先强调，即便是公安办案人员，也认可建桥方便群众；接着依次援引案卷、律师询问笔录、权威媒体报道，证明建桥便利周边村民通行是不争的事实；最后以其他地区对类似建桥

行为的柔性处理作为对比，突出本案机械执法，将普通的行政违法行为上升为犯罪。】

代理人走访现场发现，南北走向、水流湍急的洮儿河，将黄德义等人所在振林村及周边的安全村、袁家村、五家子村、悦来村等多个村庄一分为二，大量拥有旺盛的耕种、探亲、商贸、就医等需求的群众无法直接过河，不得不绕道 70 公里、多花费大量油钱往返，生产生活受到严重影响。该情况使黄德义等人的建桥行为有着深厚的社会背景和民意基础，同时也使建桥行为并未破坏社会秩序，未造成恶劣的社会影响，不符合寻衅滋事的构成要件。

（一）公安机关认可黄德义建桥行为方便群众通行

黄德义 2019 年 2 月 1 日讯问同步录音录像显示，侦查人员明确表示，“你老说了方便群众，你是方便了，真的，真方便了，我们都承认，现在那桥没有了我们走路都不好”（见该次讯问录像 11 时 11 分 30 秒）。表明公安机关也认可建桥行为确实给群众通行带来便利，黄德义没有破坏社会秩序。

遗憾的是，公安机关明知黄德义的行为满足群众通行需求，客观上对社会有益，仍将本案定性为寻衅滋事罪，显然是将行政违法行为拔高为刑事犯罪。

（二）卷中笔录表明周边村民对建桥需求巨大，且未因过桥发生任何治安纠纷

在案笔录显示，瓦房村张某海、怀德村冷某昊都表示修桥便利通行，拆桥后“都得绕道走”；瓦房村货车司机黄某海称，平时往白城拉货经常于该桥通行；悦来村前出租车司机高某、安全村出租车司机蒋某金都表示有通行需求，跑出租车“经常在那个桥上走”，“总走”。此外，署有瓦房村、振林村、袁家村共计 762 名村民的签名的联保信显示，村民认为“自从修了这座便桥，即（既）方便了河两岸种地的农民，更方便了两岸的村民及周边群众，同时也没有一例因过河而溺水事件发生”；“黄德义并没有做出对百姓不利的事，我们都很认可他，支持他”。

（三）律师取证笔录亦显示，黄德义建桥行为满足周边村民过河耕种、探亲、商贸、就医等刚性需求，获得村民普遍认可，拆桥后村民反而感到不便

在耕种方面，河东的安全村村民梁某友表示，“由于洮儿河改道过，安全

村有八九户人家在河西有地，需要过桥种地。农忙的时候，每天都需要过桥”（证据三：梁某友 2023 年 7 月 15 日律师询问笔录）。安全村村民张某君称对桥“太需要了”，“有不少种地的。村民那边有地，有地的村民还帮修了桥，因为他们走路方便”（证据四：张某君 2023 年 7 月 15 日律师询问笔录）。安全村村民王某芹也认为收费合理，否则耕地需绕行几十里，而“早些河西那边有的是安全村的地”（证据九：王某芹 2023 年 7 月 15 日律师询问笔录）。同样的，河西的袁家村长明屯村民王某平同样认可收费的合理性，因为“大伙儿方便”，“哪年不走个十趟八趟的。周围村子要是在河东有地的，还每天要去种地来回走。这几年把桥拆了，可给大伙儿坑苦了”（证据十：王某平 2023 年 7 月 16 日律师询问笔录）。

在探亲方面，河东的安全村村民白某杰表示“都特别希望有座桥”，因为相当多两岸村民都有亲属在对岸，“我的外甥振林村的，他的媳妇是安全村的，桥拆了之后，媳妇回娘家都要绕道”（证据二：白某杰 2023 年 7 月 15 日律师询问笔录）；河东建政村村民刘某称，由于自己娘家在河西，婚丧嫁娶、逢年过节都需过岸，而“后来听说修桥的人被抓了，然后我们就从镇西过去了，绕了一大圈才能过去到瓦房那边，往返得多耗一百多块油钱”（证据七：刘某 2023 年 7 月 17 日律师询问笔录）。同样的，河西的五家子村村民李某海也称“老百姓咋不需要呢”，“我兄弟、妹妹在白城，一年会走几趟”，认为黄德义“为老百姓办事”，“做好事不应该判”（证据十一：李某海 2023 年 7 月 16 日律师询问笔录）。

在就医和教育方面，河西的袁家村长明屯村民赵某雪认为有桥“上白城地区医院走也方便”，“头几年我们家小孩牙疼，白天黑天一宿过两趟三趟的，走的勤”（证据十三：赵某雪 2023 年 7 月 16 日律师询问笔录）；河西的互助村村民陈某侠也认为建桥便利就医和求学，肯定对桥的强烈需求：“原先我有疾病，经常往那走……我们村附近的医院没市里医院看得好。重一些的病也都得上白城检查”。“怎么不需要这个桥啊，办啥事都方便。孩子现在都送到城里上学，有这个桥多方便啊”（证据十八：陈某侠 2023 年 7 月 17 日律师询问笔录）；等等。

在商贸方面，河东的建政村村民张某称“过去河西卖点爆米花”常走这座桥，而“现在桥拆了，我好几年不过去了”（证据五：张某 2023 年 7 月 17 日律师询问笔录）。河西的袁家村长明屯村民赵某雪从事农药业务，“以前有桥的时候，河东过来我们这买农药的，可以直接过来”，现在只能绕路来买或“我下乡绕一圈送到他家”（证据十三：赵某雪 2023 年 7 月 16 日律师询问笔录）。白城市出租车司机马某也表示有桥更方便，“距离近了，乘客也高兴，比如本来要 100 块钱现在只要 60 块了。我们也愿意走近道，因为可以省时间、多拉活儿”（证据二十二：马某 2023 年 7 月 16 日律师询问笔录）。

【以上几段，将建桥给周边群众带来的便利，细分为耕种、探亲、就医、教育、商贸等各个方面，增加了说理细节感，加强论证力度，言之有物。】

与此同时，多名证人向律师抱怨桥被拆除反而给日常通行带来不便。例如，河东的安全村村民耿某增直言，“黄德义进去了，我们大伙儿有事着急了过不去，有车的村民绕路，远，但至少能走，农村没车的人多，他们咋走”（证据一：耿某增 2023 年 7 月 15 日律师询问笔录）。安全村村民白某杰也表示，“这桥走了，大伙儿老憋屈了，本来想去河西的，寻思寻思就不想去了，得绕那么远”（证据二：白某杰 2023 年 7 月 15 日律师询问笔录）。同样的，河西的袁家村长明屯王某平称，“这桥一拆，把老百姓愁苦了，有病有灾的去白城这圈绕得啊。这几年把桥拆了，可给大伙儿坑苦了”（证据十：王某平 2023 年 7 月 16 日律师询问笔录）。袁家村长明屯的赵某雪亦表示，桥拆以后去白城的次数也少了（证据十三：赵某雪 2023 年 7 月 16 日律师询问笔录）；等等。以上事实再次表明，黄德义等人的建桥行为给周边村民日常生活带来巨大便利，没有破坏社会秩序。

【本段运用反向论证的方法，指出桥被拆除后带来的不便，说理层次更丰富。】

（四）权威媒体报道也佐证该桥满足群众需求，群众对此高度评价

《南方都市报》2023 年 7 月 9 日的报道采访了瓦房镇政府的一名工作人员，其称，这座桥“极大缩短了两岸村民往来的距离。‘（经这座桥）直接就能过去（安全村）了，能少走 70 多公里，特别近，时间缩短了还方便。’”

《红星新闻》2023 年 7 月 6 日报道的采访对象张某某表示，黄德义所建的桥方便了自己前往对岸耕种，桥被拆后自家收入大幅减少。“**有桥的时候，十几分钟就到地里了。但桥没了，即使是最近的镇西大桥，也要多绕行 70 公里，开农用车得走 3 个多小时，来回 7 个小时，**‘油钱也搭不起’。张某某决定将地承包给河对岸的人，3 垧地一年能收入五六万元，而包出去只能收入 2 万元。”

央广网 2023 年 7 月 8 日报道采访的振林村超市老板岳国友表示，他每周

需去白城进货 3 ～ 5 次，和浮桥拆除前对比**“单程多走 70 公里，每次进货多走 140 公里”，“每周我要在路上多花 500 ～ 700 块钱”**。

综上所述，黄德义的建桥行为并未引发治安纠纷，完全未造成恶劣影响，未破坏社会秩序。相反，案涉浮桥、固定桥满足了村民耕种、探亲、就医、教育、商贸等日常出行的刚性需求，收获了良好的社会反响。

（五）我国其他地区村民自建桥收费行为，不仅未受行政处罚，反而激励行政机关完善基础设施，并将自建桥开发为景区

据官方媒体平台《河源发布》2018 年 6 月 5 日文章《超美！和平东水镇 400 米木桥，仿若世外桃源，是写生拍照好去处！》报道，广东省河源市和平县东水镇，自古以来被东江一分为二，通行两岸极为不便，“2006 年，为方便村民出行，增加经济收入，东水镇上坝村村民骆耀枢、骆日招、骆权香、骆伟雄、骆文晓、骆水冰等 6 人共筹集了 18 万元，将原来‘三根竹子’搭成的简便桥改建成约 3 米宽，长近 400 米可通摩托车的木桥”。“自此，村民到镇上不用再绕行十几公里路，木桥极大方便了附近村民出行”。显然，该自建桥与本案有相似之处，亦是不具备合法手续的村民自力救济行为。

并且，村民也建桥收费。前述报道称，“自建木桥至今十二载”，“现在一天能收到的过桥费是一两百块，主要是用作修桥和管理费用”。经计算，该木桥 12 年来累计收费 80 余万元，比本案中的涉案数额更多。

但值得称道的是，行政机关并未机械执法，而是重视群众需求，修建了东水东江大桥，对于群众自发建设的木桥，行政机关也予以充分肯定：“木桥何去何从？村民和镇干部计划将木桥打造成旅游桥。骆文晓说，每到周末或节假日都会有很多外地游人慕名而来，前往木桥拍照或画画，村里希望将木桥打造成一特色景点，以此带动村里的农特产销售增加村民收入。”“镇村将组建专职巡桥员，负责对桥梁的修复、维护和管理，并对木桥两岸进行安全巡视，以确保乡村旅游发展和游客安全。”该案例充分表明，自建桥不仅没有破坏社会秩序，反而能促进行政机关重视群众需求，实现社会良性发展。

【以上几段运用了对比论证的方法，强调类似建桥行为在其他地区获得行政机关认可，取得良好社会效果，反衬本案在处理方式上的机械、冷酷。】

三、建桥收费本质上是公共基础设施缺失情况下的自力救济行为，并非为满足寻求刺激、发泄情绪、逞强耍横、无事生非等寻衅动机，且行政机关客观上长期允许建桥行为

【本节旨在论证黄德义等人不具备寻衅滋事罪的主观要件，表明黄德义等人建桥是为了方便过河和收费，目的明确，不符合寻求刺激、无事生非的寻衅动机。】

（一）认定行为人构成寻衅滋事罪，其主观上必须具备寻衅动机

《最高人民法院、最高人民检察院关于办理寻衅滋事刑事案件适用法律若干问题的解释》（法释〔2013〕18 号）第一条第一款规定："行为人为寻求刺激、发泄情绪、逞强耍横等，无事生非，实施刑法第二百九十三条规定的行为的，应当认定为寻衅滋事。"也即，若要认定行为人构成寻衅滋事罪，其主观上必须具备"寻求刺激、发泄情绪、逞强耍横"的寻衅动机。

至于何为寻衅滋事中的强拿硬要情形，参照《最高人民法院关于审理抢劫、抢夺刑事案件适用法律若干问题的意见》（法发〔2005〕8 号）第九条第四款，"强拿硬要的行为与抢劫罪的区别在于，前者行为人主观上还具有逞强好胜和通过强拿硬要来填补其精神空虚等目的，后者行为人一般只具有非法占有他人财物的目的"。因此，考察是否强拿硬要，也需考察行为人主观上是否逞强好胜、希望借此填补精神空虚，等等。

（二）黄德义等人建桥目的"一是方便、二是收钱"，并非出于寻衅动机，且收钱是为了收回建桥成本，"以桥修桥，以桥养桥"

关于重新修桥的目的，黄德义等人在侦查阶段已经解释，一是为了方便，二是为了收点费用。如，黄强 2019 年 2 月 1 日笔录中称"为了我们走方便，也是为了收费用"；黄刚 2019 年 2 月 24 日笔录中称"一是方便，二是收钱"；黄德军表示，"收点过桥费，赚点生活费"；黄伟表示，"为了种地方便又建起来了"；黄永、龙丽、黄嵩、黄德友笔录中也透露出类似意思表示。黄德义 2019 年 3 月 12 日笔录对应的同步录音录像则显示，其在 16:12 表示"为啥整个桥呢？过不去河"，在 16:43 表示"挣的钱都用在桥上，我这是以桥修桥，以桥养桥，为当地老百姓"。

需要说明的是，寻求刺激、发泄情绪、逞强耍横虽然是行为人的主观心理，但可通过客观事实表现出来。如前所述，案涉浮桥、固定桥修建完成后，

不仅没有发生过纠纷，反而最大程度地便利了当地百姓的生活；即使存在收费行为，也并非强拿硬要，不少村民甚至可以免费过桥。因此，无须否认，黄德义等人建桥有收钱的目的，但收钱旨在收回建桥成本，即“以桥修桥，以桥养桥”，且建桥成本13万元并未收回，明显与寻求刺激、逞强要横、无事生非等寻衅动机存在差别。

（三）行政机关客观上长期允许黄德义等人建桥，不宜按照犯罪进行处理

根据《防洪法》第八条、第二十七条、第五十七条之规定，洮南市水利局作为河道和防洪主管部门，对辖区内河道保护和防洪工作负有法定的监督管理职责。但在案证据显示，2016—2018年间，洮南市水利局曾四次责令黄德义等人拆除未经批准而修建的浮桥，向其送达责令限期改正通知书（吉洮水责字〔2016〕第34号、吉洮水责字〔2016〕第45号、吉洮水责字〔2017〕第04号、吉洮水责字〔2018〕第12号），但同时只是罚款了事。在水利部门日常巡查中，也并未对黄德义等人的建桥行为进行制止。在当地群众出行确实不便的情况下，**以上行政不作为的行为，实际上是在向当事人表明行政机关客观上允许建桥这一自力救助行为。**

参照《最高人民检察院关于办理涉互联网金融犯罪案件有关问题座谈会纪要》（高检诉〔2017〕14号）第10条明确规定，“……实践中还存在犯罪嫌疑人提出因信赖行政主管部门出具的相关意见而陷入错误认识的辩解。如果上述辩解确有证据证明，不应作为犯罪处理，但应当对行政主管部门出具的相关意见及其出具过程进行查证……”很明显，最高检对类似案件的态度是，既然行政机关产生了信赖利益，对其信赖而作出相关行为的企业、公民应该免责。最高人民法院机关报《人民法院报》2022年3月3日刊文《“以罚代征”案中的法律认识错误》也指出，“国家惩罚机制的展开应符合一般的大众认知和道德判断，如果某种行为长期由公众公开实施，且为一般人确信和认可，就不能对其予以惩罚，否则就违背了法治原则中的预测可能性原理”；“如果当事人存在对法律评价的错误认知，而这种认知又不可避免或难以避免，就将构成对其刑事责任的抗辩理由”。

对公民而言，**行政机关允许的行为，可排除其犯罪的主观故意。**如前所述，本案中，历次行政处罚均只罚款而未进行强制拆除，水利部门日常巡查也

并未对建桥行为进行制止，这导致黄德义等人对行政机关产生信赖利益，认为浮桥是在公共服务长期缺失的情况下，行政机关所允许的存在，因而黄德义等人不具有寻衅滋事的主观故意。

【犯罪是具有严重社会危害性的行为。实践中，一些行政机关屡屡出现“以罚代管”情形，如对这类违法行为一律按犯罪处理，不符合宽严相济的刑事司法政策。】

四、原审判决将所谓被害人回忆的交费数额等同于犯罪数额，既缺少客观证据、其他言辞证据印证，也缺乏强拿硬要的事实依据

【本节旨在说明原审判决认定的犯罪数额错误。虽然犯罪数额并非本罪构成要件，但是指出犯罪数额认定方面的问题，可以进一步证明原审判决在事实认定方面的随意性。】

原审判决认定黄德义等人共计收费 52 950 元，并将这一数额等同于犯罪数额，该认定方式没有事实和法律依据。

第一，原审认定的收费数额，系根据被害人回忆得出，无客观证据或其他言辞证据印证。被害人回忆的交费数额，仅为大致估算，并不准确。例如，被害人蒋某金笔录称其**大约**从 2014 年开始过桥，一年**大约**过桥 100 次，**大约**交 500 元，法院却据此认定黄德义等人 5 年共向蒋某宝收费 2 500 元（蒋某金 2019 年 3 月 27 日笔录）；在被害人张某海笔录中，侦查人员询问张某海这些年总共交过多少钱，其回答“4 000 多元钱，**具体记不清了**”（张永海 2019 年 4 月 4 日笔录），侦查人员甚至没有继续询问其是否有相应支付凭证、账本等客观证据，法院就认定犯罪数额为 4 000 元。可见，原审对收费数额的认定实属随意。

第二，将黄德义等人收费数额，等同于强拿硬要的犯罪数额，明显不妥。强拿硬要型寻衅滋事罪打击的是强拿硬要行为，只有黄德义等人通过强拿硬要收取的费用，才应认定为犯罪数额，但原审认定收费数额时，并未查明是否系黄德义等人强拿硬要。在 19 名被害人笔录中，侦查人员仅询问被害人过桥频率和缴费金额，均未询问黄德义等人是否强制要求其必须过桥，甚至也未询问其是否愿意交费。而前述律师调查取证结果表明，过往车辆均系自愿过桥。原审法院在未查清被害人交费金额是否在黄德义等人强拿硬要的情况下缴纳，就将其等同于犯罪数额，没有事实根据。

五、原审其他 17 名被告人也不构成寻衅滋事罪，特别是多名被告人收费仅有三块钱、五六十块钱，数额极小，情节显著轻微，不应当认为是犯罪，恳请贵院依职权一并对其作出再审决定

【本节着重强调多名被告人收费数额极小，情节显著轻微，不构成犯罪。虽然我们仅代理黄德义一人进行申诉，但原审判决对其他被告人不当定罪，也极可能成为本案启动再审程序的重要因素。律师不能放过这一点。】

《刑事诉讼法》第二百五十四条第二款规定："上级人民法院对下级人民法院已经发生法律效力的判决和裁定，如果发现确有错误，有权提审或者指令下级人民法院再审。"由于本案主犯黄德义不构成犯罪，作为从犯的其他被告人（黄嵩、黄德军等 17 人）自然也不构成犯罪。并且，单独来看，原审其他被告人也不符合寻衅滋事罪的犯罪构成。虽原审其他被告人暂未申诉，但恳请贵院依职权对原审其他被告人一并作出再审决定。

《刑法》第十三条规定："情节显著轻微危害不大的，不认为是犯罪。"根据在案笔录，部分原审被告人参与收费次数极少、收费数额极小，即使认为本案具有轻微的强拿硬要性质，也应由于其情节显著轻微、危害不大，不构成对秩序法益的侵害，而不构成犯罪。

例如，武凤清称"我就去过五次"，收费"也就五六十块钱"（检察卷，第 49 页）；刘海波称"我就收到过三块钱"；黄刚称"我一共收了几百块钱"；龙丽称"这些年我就收到过三四百块钱"；李丽称一共收过"五六回"，"一共收过一百多元钱"；黄伟称"我就收了两三次，一共收了三百多块钱"；等等。

原审判决将次数如此低、收费数额未达到寻衅滋事 1 000 元立案门槛的行为入罪，显然欠缺对《刑法》第十三条但书规定的充分理解，未对原审各被告行为具体情形加以区分，明显不妥。

六、洮南市法院擅自对媒体散布超出原审判决范畴的言论，丧失公正立场，不适宜再审本案，且本案社会关注大、具有典型意义，应由白城中院或上级法院提审

【本节指出洮南市人民法院不宜再审本案，请求白城市中级人民法院或上级法院提审，排除程序上的不公正因素。】

原审判决仅认定黄德义等人构成强拿硬要型寻衅滋事罪，未认定其涉嫌任

意占用公私财物。但据央广网 2023 年 7 月 12 日报道，洮南市法院工作人员在采访中称河道属于公共财产，这几年黄德义在洮儿河私架桥梁的行为属于《刑法》第二百九十三条第一款第三项规定的“任意占用公私财物”。该言论显然已经超出原审判决的范畴，擅自将公诉机关未指控、原审判决也未认定的事实，通过舆论认定为犯罪，内心偏见极其严重。

并且，本案经全国多家权威媒体深入报道，社会高度关注，且我国农村存在不少同类的村民自建桥行为，本案如何审判对其他地区具有重要参考意义，因而具有相当大的典型性。

【律师不能只关注案卷中的事实，也应把视野放在公共媒体、社交网站对当事人、办案单位的相关报道或评价，才能把握更多主动权。本案申诉阶段，正是因为组织检索了所有媒体的相关报道，才发现原审法院接受采访时有不实言论，进而成为申诉理由，最终也确实由上级法院提审。】

《刑事诉讼法》第二百五十五条规定，“上级人民法院指令下级人民法院再审的，应当指令原审人民法院以外的下级人民法院审理；由原审人民法院审理更为适宜的，也可以指令原审人民法院审理”。结合本案实际情况，洮南市法院以上行为表明其已丧失最基本的公正立场，不宜继续审理本案，本案再审应由白城市中级人民法院或上级人民法院直接提审，或指令其他法院再审。

尊敬的白城市中级人民法院各位院领导并合议庭各位法官，准确适用法律，防止寻衅滋事罪名泛化适用，是法律界长期以来的目标，也是最高人民法院的明确要求。黄德义等人主观上不具有寻衅动机，没有犯罪故意，客观上从未实施强拿硬要行为；其建桥行为不仅没有破坏秩序，而且满足了大量村民的通行需求，弥补了地方公共服务的缺失，不具备与寻衅滋事罪相当的社会危害性。归根结底，黄德义等人的行为只是普通的行政违法行为，采用行政手段足以规制，没有动用刑事处罚的必要性。在此情况下，原审判决仍将黄德义等人的行为认定为犯罪，显然是泛化适用寻衅滋事罪，将行政违法行为拔高为刑事犯罪。这种将大众普遍不认为构成犯罪的行为认定为犯罪的做法，不仅严重背离了现代法治精神，也有悖于公序良俗和传统道德，与公民朴素的法感情相悖，更不利于国家正在大力推行的乡村振兴战略。恳请贵院依法撤销原判决，决定再审并认定黄德义等人无罪，实现政治效果、法律效果和社会效果的统一。

此致

白城市中级人民法院

北京市中闻律师事务所律师：何兵　卢义杰

律师助理：唐冬燕

二〇二三年九月二十六日

不能让人民遵守他们不知道的规则
——于萌非法持有枪支罪辩护词

【案情回顾】

于萌是一名优秀的退伍军人，出于爱好收藏了一些仿真枪。2016 年 8 月 1 日，民警接到举报后对于萌的住宅进行搜查，搜查出仿真枪 9 支、军用 54 式子弹 2 发。

自 2010 年公安部修改枪支认定标准后，此类仿真枪变真枪的案件层出不穷。本案查获的仿真枪、子弹经鉴定，被扣押枪支中有 5 支为以气体为动力的枪支、4 支因损坏未能鉴定，因子弹数量少、送检枪支中无使用制式子弹发射的枪支，未进行鉴定。

2017 年 1 月 11 日，鞍山市铁东区人民检察院向鞍山市铁东区人民法院提起公诉。2020 年 7 月 22 日鞍山市铁东区人民法院裁定准许检察院撤回起诉，于萌无罪释放 [鞍山市铁东区人民检察院，鞍东刑检不诉〔2020〕16 号]。

【办案经过及辩护思路】

我和燕薪律师在一审诉讼阶段介入辩护。研究案件后，我们认为于萌并无非法持有枪支的犯罪故意，公安部的认定标准并未向社会公众公告，于萌并不知晓自己的仿真枪会根据未公开的标准被认定为真枪。我们以被告人无犯罪故意、枪支鉴定存在问题等为突破点进行辩护。我们介入后不久，于萌被取保候审。

被告人身陷囹圄、孤立无援，往往产生一些迷信心理。于萌出来后告诉我，“何老师，您是个福星”。“我在看守所里面曾经通过窗户看天空，窗户外有一个树枝。有一天，突然看见了一群喜鹊，然后警察来通知我，你的律师要见你，这是我第一次看见了您。过了两个月，我在窗户外又看见一群喜鹊，一会儿警察又来告诉我，‘于萌，收拾收拾行李，回家’”。

为了证明枪支认定标准并未向社会公开，我们向公安部申请信息公开，要求其公开在何时、以何种方式向社会公开修订后的枪支认定标准。经了解，枪支认定的标准变更后，从未向社会公开过，该规定仅存在于公安部内部的认定过程中。国家不能让人民遵守他们不知道的法律，也不能让人民遵守他们不知道的规则。申请提出后不久，于萌被取保候审。

本案先后经过鞍山市公安司法鉴定中心和公安部物证鉴定中心两次鉴定。在庭审中，我们发现枪支鉴定出现问题，两次鉴定报告描述的枪支口径、枪支长短存在差异。另外，于萌告诉律师，其中有一支枪早已损坏，绝不可能被击发，但鉴定机构鉴定结论是“枪支完好”。庭审核验物证时，被告人确认，当庭出示的仿真枪仍然是坏的，不可能被击发。律师当庭要求现场对枪支能否击发进行试验。检方不同意当场试验。此外，我们还详细阐述了扣押、鉴定过程中的违法行为，指出送检枪支与扣押枪支不具有同一性。

最终，检察院撤回起诉，于萌无罪释放。于萌案的处理结果，对于后续类似枪支案件的裁判，起到了重要的作用。

【辩护意见写作思路】

本文为一审诉讼阶段的律师辩护意见。

辩护意见重点从被告不具有犯罪故意，公安两份鉴定结论存在重大冲突等焦点问题入手，论证于萌不构成非法持有枪支罪。此外，我们还详细论证了其购买涉案仿真枪系用于收藏，没有实际使用，更未造成任何严重后果，情节显著轻微危害不大，不应被认为是犯罪。最终，在开庭审理后，经过漫长的等待，本案于2020年7月22日撤回起诉。

以下为辩护词选摘。

尊敬的合议庭：

北京市中闻律师事务所、北京来硕律师事务所接受于萌的委托，指派何兵律师、燕薪律师担任于萌的辩护人。辩护人认为，本案侦查程序、鉴定程序不合法，于萌所持仿真枪不是刑法意义上的枪支，于萌不具有非法持有枪支罪的犯罪故意，且情节显著轻微危害不大，依法不构成犯罪。现发表如下辩护意见，望合议庭采纳。

一、指定管辖违法，案件自启动即存在严重程序问题

【本案最先是由鞍山市公安局经济技术开发区分局侦查终结，于2016年10月28日向鞍山市铁西区人民检察院移送审查起诉。鞍山市铁西区人民检察院以犯罪地在鞍山市铁东区为由，于2016年10月31日将案件移送鞍山市铁东区人民检察院。之后由鞍山市铁东区人民检察院将本案提起公诉。根据相关法律规定，刑事案件应首先由犯罪地的公安机关管辖，其次由居住地公安机关管辖，本案无论是行为地还是居住地，均与鞍山市公安局经济技术开发区分局无关，该公安分局系违法管辖。】

1. 本案并不符合指定管辖的情形，指定鞍山市公安局经济技术开发区分局管辖没有理据

《公安机关办理刑事案件程序规定》第十五条第一款规定："刑事案件由犯罪地的公安机关管辖。如果由犯罪嫌疑人居住地的公安机关管辖更为适宜的，可以由犯罪嫌疑人居住地的公安机关管辖。"

本案中，所谓的犯罪地——于萌收藏仿真枪的地点，和嫌疑人居住地，均为鞍山市铁东区甲小区乙栋丙号。根据上述规定，本案的管辖权是明确的，即应由鞍山市公安局铁东分局管辖。本案既非管辖不明确，亦非管辖有争议，也非情况特殊，并不存在《公安机关办理刑事案件程序规定》第十九条"对管辖不明确或者有争议的刑事案件，可以由有关公安机关协商。协商不成的，由共同的上级公安机关指定管辖。对情况特殊的刑事案件，可以由共同的上级公安机关指定管辖"中规定的可以指定管辖的情形。在鞍山市公安局铁东区分局不存在"不适宜管辖本案"之"特殊情况"的前提下，上级公安机关将本案指定鞍山市公安局经济技术开发区分局侦查，是违法的。因此，鞍山市公安局经济技术开发区分局对本案并不具有管辖权。

2. 本案批准逮捕和审查起诉的检察机关不同一

根据《公安机关办理刑事案件程序规定》第十条"公安机关办理刑事案件，应当向同级人民检察院提请批准逮捕、移送审查起诉"之规定，提请批准逮捕和移送审查起诉的检察机关理论上应是同一的，且实践中与侦查机关应具有对应性。本案中，若由鞍山市公安局经济技术开发区分局行使侦查权，其应向同级对应的人民检察院即铁西区人民检察院提请批准逮捕和移送审查起诉。然本案中，批准逮捕的机关为鞍山市铁西区人民检察院，审查起诉的机关却变

成鞍山市铁东区人民检察院，二者竟不同一，明显违法。

二、于萌无非法持有枪支的犯罪故意

【第二部分和第三部分实际共同论证了本案实体方面最大的争议，即于萌不具有持有枪支的犯罪故意。行为人是否具备持有枪支的主观故意，是是否成立非法持有枪支罪的重要界限。辩护人从枪支认定新标准未公开、从旧兼从轻原则等多方面论证，认为于萌无法认识到所持有的玩具枪属于《刑法》禁止持有的枪支。如法院能认定其不具有持有枪支的犯罪故意，则于萌无罪。

不过现在看来，关于“从旧兼从轻”的辩护观点存在一定问题。这本质上是新旧标准的选择适用问题。如新标准未公布，则适用原标准；如新标准已公布，则考虑到该行为处于持续状态，应当适用新标准。】

本案中，于萌在主观上自始至终不认为也不可能认为其购买、收藏的仿真枪属于《刑法》禁止持有的枪支，也即其无非法持有枪支的犯罪故意。

1. 购买案涉仿真枪时，这些仿真枪均不构成刑法意义上的枪支，于萌当然不具有非法持有枪支的故意

案涉仿真枪均系于萌十年前在正规商店购买。根据当时的枪支鉴定标准，即公通字〔2001〕68 号《公安机关涉案枪支弹药性能鉴定工作规定》第三条第三款“对于不能发射制式（含军用、民用）枪支子弹的非制式枪支，按下列标准鉴定：将枪口置于距厚度为 25.4mm 的干燥松木板 1 米处射击，当弹头穿透该松木板时，即可认为足以致人死亡；弹头或弹片卡在松木板上的，即可认为足以致人伤害。具有以上两种情形之一的，即可认定为枪支”之规定，彼时案涉仿真枪均不能被认定为刑法意义上的枪支，于萌当然不具有非法持有枪支的故意。

【本部分对仿真枪支来源进行说明，涉案仿真枪支系通过正规、合法途径购买，仿真枪支按照当时的法律规范，不属于刑法意义上的枪支。】

2. 枪支鉴定标准修改后未依法公布，于萌对其并不知情，非法持有枪支的犯意更无从产生

本案中，认定于萌构成非法持有枪支的关键在于枪支鉴定标准的变化。这种情况下，仅有一种情形可认定于萌具有非法持有枪支的犯罪故意——在枪支鉴定标准修改并依法向社会公众公布后，于萌明知其持有的仿真枪系《刑法》所禁止持有的枪支而继续持有。但本案显然并非这种情况。

2010 年，公安部发布公通字〔2010〕67 号《公安部关于印发〈公安机关涉案枪支弹药性能鉴定工作规定〉的通知》对前述原有的枪支鉴定标准进行了

修改，其中第三条第三款“对不能发射弹药的非制式枪支，按照《枪支致伤力的法庭科学鉴定判据》（GA/T 718—2007）的规定，当所发射弹丸的枪口比动能大于等于 1.8 焦耳 / 平方厘米时，一律认定为枪支”之规定，较前述公通字〔2001〕68 号《公安机关涉案枪支弹药性能鉴定工作规定》中的枪支鉴定标准（相当于 16 焦耳 / 平方厘米），**降低到原标准的近 1/10**。也正是根据这一标准，案涉仿真枪才被鉴定为枪支。

然而，该修改后的规定并未依法、及时、全面、准确、具体地向社会公开，于萌对此更是毫不知情。若此情况下认定于萌具有犯罪故意，该犯意究竟从何而来，又生成于何时？

三、根据从旧兼从轻的原则，本案应适用修改前的枪支鉴定标准，并将其作为鉴定依据，案涉仿真枪并不构成法律意义上的枪支

【出于爱好，于萌购买符合规定的仿真枪支，并持续持有至案发之时。在此期间，枪支鉴定标准发生变化，但是相关文件未向社会公众公开。所有要公民遵守的法律和标准须公开，“法无禁止皆可为”。该部分以“从旧兼从轻”原则作为标题，实际论述的还是标准适用问题。】

1. 修改后的枪支鉴定标准并未依法公布，不应在本案中作为鉴定依据

国务院发布的《国家行政机关公文处理办法》（国发〔2000〕23 号，2001 年 1 月 1 日施行，2012 年被废止，在前述公通字〔2010〕67 号《通知》发布期间处于生效状态）第九条规定：“（四）通告，适用于公布社会各有关方面应当遵守或者周知的事项。（五）通知，适用于批转下级机关的公文，转发上级机关和不相隶属机关的公文，传达要求下级机关办理和需要有关单位周知或者执行的事项，任免人员。”第四十七条规定：“公开发布行政机关公文，必须经发文机关批准。经批准公开发布的公文，同发文机关正式印发的公文具有同等效力。”

现行生效的《党政机关公文处理工作条例》（中办发〔2012〕14 号）第八条规定：“公文种类主要有：（六）通告。适用于在一定范围内公布应当遵守或者周知的事项。（八）通知。适用于发布、传达要求下级机关执行和有关单位周知或者执行的事项，批转、转发公文。”第三十一条规定：“公文的印发传达范围应当按照发文机关的要求执行；需要变更的，应当经发文机关批准。”

2008 年 3 月 23 日，国务院关于印发《国务院工作规则》的通知（国发〔2008〕14 号）第二十八规定：“凡涉及群众切身利益、需要群众广泛知晓的事项以及法律和国务院规定需要公开的其他事项，均应通过政府网站、政府公报、新

闻发布会以及报刊、广播、电视等方式，依法、及时、准确地向社会公开。”《国务院关于印发〈国务院工作规则〉的通知》（国发〔2013〕16号）第二十八规定：“凡涉及公共利益、公众权益、需要广泛知晓的事项和社会关切的事项以及法律和国务院规定需要公开的事项，均应通过政府网站、政府公报、新闻发布会以及报刊、广播、电视、网络等方式，依法、及时、全面、准确、具体地向社会公开。”

《立法法》（2000年颁行）第十五条规定：“行政机关应当主动公开的政府信息，通过政府公报、政府网站、新闻发布会以及报刊、广播、电视等便于公众知晓的方式公开。”

《政府信息公开条例》第十条第（一）项规定：“县级以上各级人民政府及其部门应当依照本条例第九条的规定，在各自职责范围内确定主动公开的政府信息的具体内容，并重点公开下列政府信息：……行政法规、规章和规范性文件”。第十五条规定：“行政机关应当将主动公开的政府信息，通过政府公报、政府网站、新闻发布会以及报刊、广播、电视等便于公众知晓的方式公开。”

依据上述规定，应以“通告”而非“通知”的形式，通过政府公报、政府网站等载体，公布要求社会公众遵守和周知的事项。如需变更传达范围，还应当经发文机关批准。举例而言，最高人民法院、最高人民检察院、公安部于2018年5月7日面向社会公众发布了有关收缴流散枪支、弹药、爆炸物品的文件——《关于依法收缴非法枪支弹药爆炸物品严厉打击枪爆违法犯罪的通告》，该文件即是以通告的形式发布，以便社会公众知晓。

本案中，公通字〔2010〕67号《公安部关于印发〈公安机关涉案枪支弹药性能鉴定工作规定〉的通知》则是以通知形式发布，且其发文对象为“各省、自治区、直辖市公安厅、局，新疆生产建设兵团公安局”，并非全体社会公众，明显与上述法律法规规定不符。

辩护人认为，唯有“令行”方能“禁止”，相关规定必须使社会公众知晓之后方能谈遵守之问题，国家无权让公众遵守未依法公开的法律法规，此为自明之理。因此，公通字〔2010〕67号《公安机关涉案枪支弹药性能鉴定工作规定》不应在本案中作为鉴定依据。

2. 根据从旧兼从轻原则，本案应将修改前的枪支鉴定标准作为鉴定依据

于萌对涉案仿真枪的收藏跨越了公安机关两个枪支认定标准的交替，即公通字〔2010〕67号与公通字〔2001〕68号《公安机关涉案枪支弹药性能鉴定工作规定》。前述公安机关关于枪支认定标准的修改，扩大了原有刑法认定有罪的范围，实质上对刑事法律规范进行了修改。此种情况下，本案应根据从旧

兼从轻原则，适用公通字〔2001〕68号《公安机关涉案枪支弹药性能鉴定工作规定》第三条第三款的规定对涉案仿真枪进行鉴定。而根据该标准，涉案仿真枪显然并非法律意义上的枪支。

3. 枪支鉴定标准修改后，相关部门并未告知社会公众按新标准被认定为枪支的处理方式

依前所述，公通字〔2010〕67号《公安机关涉案枪支弹药性能鉴定工作规定》并未依法、及时、全面、准确、具体地向社会公开。退一万步讲，即便认定其已通过合法方式公开，为避免随意出入人罪的情况，相关部门也应及时发布通告，告知社会公众在新标准下枪支的处理方式，如主动上交等。但遗憾的是，枪支鉴定标准修改后，未有任何部门就该事项及时发布通告对社会公众进行告知，导致直至被公安机关扣押时，于萌方知其收藏的涉案仿真枪已经涉嫌刑事犯罪。若如此以一纸公文即瞬间入人于罪，法的公开性和可预期性将置于何地？此做法显然违反现代法治的基本理念。

时隔八年，在本案开庭前一个月左右，最高人民法院、最高人民检察院、公安部于2018年5月7日发布了《关于依法收缴非法枪支弹药爆炸物品严厉打击枪爆违法犯罪的通告》。其中第二项规定："凡违反上述规定的，必须立即停止违法犯罪行为并投案自首，将非法枪支、弹药、爆炸物品上交当地公安机关。"第三项规定："凡在本通告公布之日起至2018年6月30日前投案自首或者主动交出上述非法物品的，可依法从轻、减轻或者免除处罚；逾期不投案自首、不交出非法物品的，依法从严惩处。"通过以上内容不难看出，该通告对上交物品的类别、时间、处理方式等均作出了明确规定。如果枪支鉴定标准修改后，有关部门能及时发布此类通告，于萌案就不会发生。

【我们通过网络检索发现，公安部未向社会公开变更后的枪支标准。为证实这一事实，我们向公安部申请信息公开，申请告知公安部在何时、以何种方式将上述文件向社会公众公开。实际上，公安部在制作上述文件后从未向社会公众公布过。在本案庭审后的一个月，最高法、最高检、公安部联合发布了《关于依法收缴非法枪支弹药爆炸物品严厉打击枪爆违法犯罪的通告》，要求公众将超标准的枪支限期上交。这也许可以理解为对我们的信息公开申请的另类回应。】

四、本案检材的同一性存在重大问题，相关笔录及鉴定意见、扣押的物证均不能作为定案依据

【此类枪支案件的扣押、鉴定程序，在一些地方存在不规范的情况。辩护

词这一部分指出，检材的同一性存在重大问题，辩护人将本案物证在搜查、扣押、鉴定等过程的违法情况一一罗列论证，击破控方证据链。比如，无法断定送检的疑似枪支即是扣押清单所列的疑似枪支，本案事实不清，证据不足。】

（一）未按规定进行现场勘验、检查，物证同一性无法确认

《刑事诉讼法》第一百二十六条规定："侦查人员对于与犯罪有关的场所、物品、人身、尸体应当进行勘验或者检查。在必要的时候，可以指派或者聘请具有专门知识的人，在侦查人员的主持下进行勘验、检查。"《公安机关办理刑事案件程序规定》第二百零八条规定："侦查人员对于与犯罪有关的场所、物品、人身、尸体应当进行勘验或者检查，及时提取、采集与案件有关的痕迹、物证、生物样本等。在必要的时候，可以指派或者聘请具有专门知识的人，在侦查人员的主持下进行勘验、检查。"

本案中，侦查机关并未按照上述规定对于所谓与犯罪有关的场所、物品进行勘验或者检查，程序上严重违法，导致涉案物证的同一性无法确认。

（二）对物证的搜查、扣押违法，搜查笔录所载疑似枪支与扣押清单所列及于萌实际收藏的疑似枪支是否同一，无法确定

1. 搜查笔录记载的搜查证文号与实际附卷的搜查证文号不一，侦查机关至今未有补正或作出合理解释

搜查笔录记载，"侦查人员张某甲、闵某甲持**鞍公（刑）搜字〔2016〕00X号**搜查证在犯罪嫌疑人于萌家中进行搜查"，然向于萌出示、附卷的搜查证文号为**鞍公（开）搜查字〔2016〕00X号**。截至今日，侦查机关未能就该问题作出补正或合理解释。

2. 未按照规定在疑似枪支提取前进行拍照固定并分别编号，亦未对疑似枪支表面的其他痕迹物证进行保护

《公安部法庭科学枪支物证的提取、包装和送检规则》（GA/T 955—2011）3. 枪支的提取方法、步骤之3.1规定：枪支提取前应按照GA/T 117—2005的规定对枪支的原始状态和所处的环境进行拍照固定，并做必要的文字记录。对于涉及多支枪支的案件，应对枪支分别编号，并将编码摄入画面。"《公安机关执法细则》8-03.8规定："对搜查中查获的犯罪证据及其放置地点，应当当场拍照后予以扣押，拍摄的照片应当加上文字说明附卷，必要的时候可以对搜查的过程录像。"

根据搜查笔录记载，案涉疑似枪支系存放于鞍山市铁东区甲栋乙单元丙号，

侦查人员在该处隔层二楼一卧室发现仿真枪9把。但侦查人员并没有对前述疑似枪支的原始状态和所处的环境进行拍照固定，也未对疑似枪支分别编号，并将编码摄入画面，更没有对此进行任何文字记录，搜查过程亦没有录像。

《公安部法庭科学枪支物证的提取、包装和送检规则》（GA/T 955—2011）3. 枪支的提取方法、步骤之3.2规定："枪支提取时应对枪支表面的其他痕迹物证（如指纹、微量物证和生物物证等）进行保护，防止物证受到污染和破坏。"

本案中，侦查人员也未根据上述规定对涉案疑似枪支表面的其他痕迹物证进行保护。

3. 搜查笔录未按规定制作，记录内容不完整

《公安机关执法细则》规定8-04. 制作《搜查笔录》规定："（2）正文。记录搜查的简要情况，制作时应当根据搜查的顺序写明搜查范围，扣押赃物或者证据的名称、规格、数量以及位置等，搜查中有无损坏物品现象，被搜查人及其家属是否配合等。如在搜查中对查获的有关证据进行拍照或者录像，应当在笔录中注明。最后写明《扣押物品、文件清单》的交收情况。"

案涉搜查笔录正文没有写明搜查范围，扣押证据的名称、规格以及位置，亦没有写明《扣押物品、文件清单》的交收情况。

4. 扣押前，未按规定制作扣押决定书，未向被扣押人进行告知，扣押程序违法

《公安机关办理刑事案件程序规定》第二百二十三条规定："在侦查过程中需要扣押财物、文件的，应当经办案部门负责人批准，制作扣押决定书……"《公安机关执法细则》9-01. 扣押之3. 实施扣押规定："（2）扣押前告知。向被扣押人出示有关法律文书、工作证件，告知其扣押理由、依据以及如实提供证据、配合扣押的义务。"

全案证据材料中，并未见扣押决定书等相关材料。在未向被扣押人于萌出示有关法律文书，未告知其扣押理由依据的情况下即扣押其财物，程序违法。

5. 扣押清单未按规定制作，缺少必要内容

《公安机关办理刑事案件程序规定》第二百二十五条规定："对查封、扣押的财物和文件，应当会同在场见证人和被查封、扣押财物、文件的持有人查点清楚，当场开列查封、扣押清单一式三份，写明财物或者文件的名称、编号、数量、特征及其来源等，由侦查人员、持有人和见证人签名，一份交给持有人，一份交给公安机关保管人员，一份附卷备查。"《公安机关执法细则》9-01. 扣押之4规定："制作《扣押物品、文件清单》。当场开列《扣押物品、文件清

单》一式三份，写明物品或者文件的名称、编号、规格、数量、重量、质量、特征及其来源，由侦查人员、见证人和持有人签名或者盖章后，一份交给持有人，一份交给公安机关保管人员，一份存入诉讼卷。”

侦查机关并未对扣押的疑似枪支进行编号，《扣押清单》亦没有对扣押的疑似枪支实质分别进行编号。扣押清单未按规定写明被扣押物的规格、重量、质量、来源等信息。

6. 扣押清单的见证人并不在搜查、扣押现场，且搜查笔录、扣押清单见证人身份不明，无法确认是否与本案有利害关系

搜查笔录记载，现场除张超、闵长庚、于萌、孙永琦外无其他在场人员，刘淼并不在搜查、扣押现场，之后却作为扣押清单的见证人出现。搜查笔录、扣押清单的见证人孙永琦、刘淼身份不明，无法确定是否与案件有利害关系。

【法律对查封、扣押物证有着严格的程序要求，任何违反程序的行为，都有可能导致所查封、扣押物品被“污染”。本节根据公安部对枪支查封、扣押的程序性规定逐一审查查封、扣押仿真枪的过程。不难发现，查封本案 9 把仿真枪的过程，均不符合公安部的规定。这也导致了之后两次对枪支鉴定过程中，对枪支的描述如仿真枪的长度、口径均出现了相左的结论，对已损坏的枪支鉴定出能够正常击发的荒谬结论。】

（三）辨认疑似枪支的数量与搜查笔录所载数量不一致，且辨认程序违法，物证未经合法有效辨认，不能作为定案依据

《公安机关办理刑事案件程序规定》第二百五十条第 1 款规定：“辨认应当在侦查人员的主持下进行。主持辨认的侦查人员不得少于二人。”第二百五十一条规定：“辨认时，应当将辨认对象混杂在特征相类似的其他对象中，不得给辨认人任何暗示……辨认物品时，混杂的同类物品不得少于五件。”第二百五十三条规定：“对辨认经过和结果，应当制作辨认笔录，由侦查人员、辨认人、见证人签名。必要时，应当对辨认过程进行录音或者录像。”《公安机关执法细则》11-03 准备辨认规定：“4. 通知见证人到场，对辨认过程和结果予以见证。”

本案所附于萌指认枪支照片中枪支的数量与扣押清单所载 9 把疑似枪支的数量不一致，照片中于萌指认的疑似枪支是否确系扣押的或其实际收藏的疑似枪支，无法确认。无法确定主持辨认的侦查人员的人数。辨认物品时，未混杂其他同类物品。未通知见证人到场。对辨认经过和结果，均未制作辨认笔录，

亦未进行录音或录像。

（四）本案关键证据三份鉴定意见存在重大违法，均不能作为定案依据

【辩护人在会见被告人于萌时，于萌非常明确、肯定地告诉我们，其中一支仿真枪已损坏多年，绝对不可能正常使用，但是鉴定结论称所有枪支能够正常击发。为此，我们申请法庭上出示枪支物证，要求现场检验仿真枪的情况。仅这一条，足以证明鉴定报告造假。】

1. 鞍山市公安司法鉴定中心及公安部物证鉴定中心未在司法行政机关登记备案，二鉴定机构均不具有合法的司法鉴定资质

《全国人民代表大会常务委员会关于司法鉴定管理问题的决定》第 6 条规定：“申请从事司法鉴定业务的个人、法人或者其他组织，由省级人民政府司法行政部门审核，对符合条件的予以登记，编入鉴定人和鉴定机构名册并公告。”最高人民法院、最高人民检察院、公安部、国家安全部、司法部《关于做好司法鉴定机构和司法鉴定人备案登记工作的通知》第 2 条第（4）项规定：“检察机关、公安机关所属鉴定机构经司法行政机关备案登记、编制名册和公告后，可以加挂‘某某司法鉴定中心’的牌子，依法开展司法鉴定有关工作。”

本案中鞍山市公安司法鉴定中心及公安部物证鉴定中心均未在司法行政机关备案登记，违反了上述规定。二鉴定机构并不具有合法的司法鉴定资质。

2. 送检的疑似枪支来源不明，与现场扣押的疑似枪支不具有同一性

现场提取、扣押的疑似枪支并未进行拍照固定，只是在扣押清单上简单记载了名称及特征。但根据该特征记载，完全不能断定送检的疑似枪支即扣押清单所列的疑似枪支。

3. 疑似枪支的包装和送检不符合规定，同一性无法保证

《公安部法庭科学枪支物证的提取、包装和送检规则》（GA/T 955—2011）之 4. 枪支的包装和送检规定：“4.1 按物证封装要求包装和填写封装标签。4.2 枪支、弹药应分别包装。”

本案三份鉴定意见显示，先后送检的疑似枪支均无包装，更没有分别包装。根据公（鞍）鉴（痕检）字〔2016〕036 号《枪支弹药鉴定书》（简称 036 号鉴定书）、公（鞍）鉴（痕检）字〔2016〕037 号《枪支弹药鉴定书》（简称 037 号鉴定书）所附送检疑似枪支照片可以看出，送检的 5 支疑似枪支均未进行编号，只是在鉴定拍照时由鞍山市公安局司法鉴定中心进行了简单编号。而 4140 号检验意见书附图中，只有 1 号和 2 号疑似枪支进行了编号，但该编号并

非在提取时按照规定进行的编号。其余 3 支疑似枪支均未见明显编号标志。涉案物证提取和送检均违反《公安部法庭科学枪支物证的提取、包装和送检规则》，无法保证同一性。

4. 送检的疑似枪支没有任何提取、送回记录，同一性无法确认，送检材料被污染，三份鉴定意见不能作为定案根据

根据表 10-1 可以明显看出，涉案疑似枪支是一次性扣押的，但是在送至鞍山市公安局司法鉴定中心枪弹实验室检测时却是分两次送检的，且两次送检人均是闵某庚、宋某莹。按照一般人的思维逻辑，既然是一次性扣押，完全可以一次性送检，而无两次送检的必要。5 支疑似枪支是否确实分两次送至鞍山市公安局司法鉴定中心枪弹实验室鉴定无法判断。

表 10-1　涉案枪支送检情况

时　间	涉 及 文 书	地　　点	数量	备　　注
2016.8.1	扣押清单	鞍山市公安局经济技术开发区分局	9	保管人：李某
2016.8.1	036 号鉴定书	鞍山市公安局司法鉴定中心枪弹实验室	2	送检人：闵某庚、宋某莹 鉴定人：魏某鸣、高某微 复核人：陈某夏
2016.8.2	037 号鉴定书	鞍山市公安局司法鉴定中心枪弹实验室	3	送检人：闵某庚、宋某莹 鉴定人：魏某鸣、齐某旭 复核人：陈某夏
2016.10.26	4140 号检验意见书	公安部物证鉴定中心	5	送检人：张某、闵某庚 鉴定人：王某琳、鲍某根 授权签字人：马某和

且本案没有任何涉案疑似枪支的提取、送回手续及保管记录。送至鞍山市公安局司法鉴定中心枪弹实验室鉴定的疑似枪支是否是闵某庚、宋某莹自李某处提取，鉴定完毕后又去向何处；送至公安部物证鉴定中心鉴定的疑似枪支是张某、闵某庚从何处提取，鉴定完毕后又去向何处，均一无所知。送检疑似枪支是否和提取自于萌家中的疑似枪支一致，已经无法确认。先后送往鞍山市公安司法鉴定中心及公安部物证鉴定中心的疑似枪支亦无法确认其同一性。送检材料被污染，涉案三份鉴定意见均不能作为定案根据。

5. 三份鉴定意见对送检疑似枪支外观的描述存在重大差异，对使用的动力的描述不一致且与说明书要求不符，检材的同一性存疑

鉴定意见与事实情况的比对可参见表 10-2。

表 10-2 三份鉴定意见及枪支事实情况比对

疑似枪支编号	外观		动力		事实情况
	鞍山鉴定书	公安部检验意见书	鞍山鉴定书	公安部检验意见书	
201604140-1	全长 21.5cm，枪管长 12cm，口径 0.7cm	全枪长约 200mm，口径 6mm，枪管内无膛线，枪身表面有“.45 Auto”“25-094705”等字样。各机件完备，击发动作正常	灌装 ET-1000 型猛将气体	压缩气体	说明书要求使用气体 134a 为动力，猛将气体力量远远高于 134a 气体
201604140-2	全长 33cm，枪管长 14cm，口径 0.7cm	全枪长约 252mm，口径 6mm，枪管内无膛线，枪身右侧有“CAL 380”“ATLANTA. GA.U.S.A”等字样。各机件完备，击发动作正常	灌装 ET-1000 型猛将气体	压缩气体	说明书要求使用气体 134a 为动力，猛将气体力量远远高于 134a 气体
201604140-3	全长 59.9cm，枪管长 16cm，口径 0.7cm	全枪长约 590mm，口径 6mm，枪身无标识。各机件完备，击发动作正常	电池驱动电机带动活塞压缩空气	压缩气体	10 年前购买，以电池驱动，电池处于报废无法使用状态，弹夹弹簧已损坏，无法装弹
201604140-4	全长 89cm，枪管长 43cm，口径 0.7cm	全长约 646mm（枪托折叠），枪身左侧有“EP 93726M”等字样，枪身右侧有“MADE IN CHINA”“CM.028-S”等字样。各机件完备，击发动作正常	电池驱动电机带动活塞压缩空气	压缩气体	10 年前购买，以电池驱动，被扣押时无电池，整个枪支结构损坏，处于无法击发状态，从鉴定书来看枪支外形已经改变，整体已经不完整，无法判断是涉案枪支
201604140-5	全长 87.5cm，枪管长 40cm，口径 0.7cm	全枪长约 845mm，枪身左侧有“CARBINE 5.56MM”“M15A4”“SER.072139”等字样，枪身右侧有“ARMALITE, Inc.”“GENESEO, IL”“U.S.A”等字样。各机件完备，击发动作正常	电池驱动电机带动活塞压缩空气	压缩气体	10 年前购买，以电池驱动，电池处于报废无法使用状态

036、037 号鉴定书所附的送检疑似枪支照片，虽然从外观上貌似可以与 4140 号检验意见书所附的送检疑似枪支照片对应，但对送检疑似枪支的外观描述却存在重大差异，对使用动力的描述亦不一致，且均与说明书要求不符。检材的同一性无法确认。

6. 036、037 号鉴定书缺少对编号物证测量参数及痕迹特征的记载，该两份鉴定书与 4140 号检验意见书计算得出的枪口比动能数据均存在重大错误

根据《法庭科学枪弹痕迹检验鉴定文书编写规范》中对鉴定正文书写要求的第 6 点，明确要求“检验内容中应一次对编号物证的测量参数及痕迹特征进行客观描述”。因此，鉴定正文应当客观描述对编号物证的测量参数，即弹丸初速、质量、直径，以及计算具体的枪口比动能数据。根据《枪支致伤力的法庭科学鉴定判据》，枪口比动能是在已知枪弹弹丸枪口速度、质量、最大直径后，通过公式计算出来的，如图 10-1 表示。

3.2 未造成人员伤亡的非制式枪支致伤力判据为枪口比动能 $e_0 \geqslant 1.8\ \mathrm{J/cm^2}$，计算公式如下：

$$e_0 = E_0 / A\text{；}$$

$$E_0 = \frac{1}{2} m v_0^2\text{；}$$

$$A = \frac{1}{4} \pi d^2$$

式中：

E_0——枪弹弹丸枪口动能，单位为焦（J）；

m——枪弹弹丸质量，单位为千克（kg）；

v_0——枪弹弹丸枪口速度，单位为米每秒（m/s）；

e_0——枪弹弹丸枪口比动能，单位为焦每平方厘米（$\mathrm{J/cm^2}$）；

A——枪弹弹丸最大横截面积，即弹丸在枪管内运动时速度的垂直方向上的最大面积，单位为平方厘米（$\mathrm{cm^2}$）；

d——枪弹弹丸最大直径，单位为厘米（$\mathrm{m^2}$）。

图 10-1 枪口比动能计算公式

本案 036、037 号鉴定书并没有对编号物证的测量参数及痕迹特征的记载，也未对枪弹弹丸质量（m）、枪弹弹丸最大直径（d）进行记载，对枪弹弹丸枪口速度（v_0）的记载亦不明确，只是一个区间值。4140 号检验意见书仅是记载的“弹丸直径”，并非计算枪口比动能所要求的枪弹弹丸最大直径。此外，

036、037 号鉴定书与 4140 号检验意见书所得的弹丸速度及枪口比动能的计算结果数据存在重大偏差（具体见表 10-3）。

表 10-3　不同鉴定意见在测量结果方面的差异比对

疑似枪支编号（以 4140 号检验意见书编号为准）	弹丸速度（m/s）		枪口比动能（J/cm²）	
	鞍山鉴定书	公安部检验意见书	鞍山鉴定书	公安部检验意见书
201604140-1	88.17 ～ 90.68	82.5	2.75 ～ 2.93	2.6
201604140-2	98.45 ～ 100.48	86.3	3.43 ～ 3.57	2.8
201604140-3	96.78 ～ 97.49	94.7	3.31 ～ 3.36	3.4
201604140-4	70.83 ～ 80.78	80.1	1.77 ～ 2.31	2.4
201604140-5	114.28 ～ 115.43	112.4	4.62 ～ 4.71	5.6

7. 剥夺了于萌申请回避的权利

根据《公安机关鉴定规则》（2008）第十条的规定，具有下列情形之一的，鉴定人应当自行回避；鉴定人没有回避的，当事人及其法定代理人有权要求其回避：（一）是本案当事人或者当事人的近亲属的；（二）本人或者其近亲属与本案有利害关系的；（三）担任过本案证人、辩护人、诉讼代理人的；（四）担任过本案侦查人员的；（五）是重新鉴定事项的原鉴定人的；（六）其他可能影响公正鉴定的。当事人及其法定代理人有权要求鉴定人回避。

本案中，鉴定机构接受委托后，并未依法告知于萌鉴定人员名单，也未询问其是否申请回避，剥夺了于萌申请回避的权利。

8. 鉴定文书的制作不合法

《公安机关鉴定规则》（2008）第四十七条："鉴定文书的内容……（八）鉴定开始日期和实施鉴定的地点；（十四）鉴定文书必要的附件……"

037 号鉴定书及 4140 号检验意见书未附鉴定人及鉴定机构的资质证明。4140 号检验意见书未写明实施鉴定的地点，严重违反上述规定。

9. 4140 号检验意见书中的骑缝章不能闭合，该检验意见书有伪造嫌疑

《公安机关鉴定规则》（2008）第四十八条："（二）鉴定文书正文使用打印文稿，并在首页唯一性编号上加盖鉴定专用章。鉴定文书内页纸张两页以上的，应当在内页纸张正面右侧边缘中部骑缝加盖鉴定专用章。"

4140 号检验意见书中的骑缝章明显不能闭合。因此，该检验意见书有重大的伪造嫌疑。

10. 鉴定程序严重违法，涉案鉴定意见不能作为定案依据

依前所述，本案鉴定程序存在检材的包装和送检不符合规定，没有任何提取、送回、保管记录，剥夺了于萌申请回避的权利等严重程序违法情形，根据《最高人民法院关于适用〈中华人民共和国刑事诉讼法〉的解释》第八十五条的规定："鉴定意见具有下列情形之一的，不得作为定案的根据：（五）鉴定程序违反规定的"之规定，涉案三份鉴定意见均不应作为定案根据。

综上，涉案物证勘验检查程序缺失，搜查、扣押、辨认、送检、鉴定等程序均存在严重违法，至今没有补正或作出合理解释，导致物证、检材的同一性无法保证；涉案物证的保管链条断裂、不完整，物证的同一性无法确认，远达不到物证的鉴真要求。故扣押的疑似枪支、鉴定意见、相关笔录均不能作为定案依据。

五、1.8J/cm^2 的枪支认定标准不合法、不合理

【"枪支"的认定标准是此类案件关注的焦点，该部分涉及枪支认定标准是否合理的问题。于萌被指控非法持有枪支罪是按照公安部的认定标准进行的，我们从法律解释的角度论证应当采用《枪支管理法》等法律法规。另外，我们查找到公安部枪支认定标准的来源、依据、背景，分析其起草人依据的试验及理由，发现该试验过程并不科学合理，从而一一反驳该条文本身的不合理之处。】

新的枪支标准公布以来，一直有较大争议。本部分不再展开论述。

六、比照《最高人民法院、最高人民检察院关于涉以压缩气体为动力的枪支、气枪铅弹刑事案件定罪量刑问题的批复》审视本案情形

【《最高人民法院、最高人民检察院关于涉以压缩气体为动力的枪支、气枪铅弹刑事案件定罪量刑问题的批复》（以下简称《批复》），是2018年3月10日出台的，在枪支标准不变的情况下，该文件中所提到的其他考量因素一定程度上能提醒司法机关，避免机械化的裁判。辩护人将于萌的各项情节列表，从不同层面和角度进行论证，认为于萌的持有行为无任何社会危害性，根据主客观相统一原则，不应当追究其刑事责任。】

《批复》第一项明确规定："对于非法制造、买卖、运输、邮寄、储存、持有、私藏、走私以压缩气体为动力且枪口比动能较低的枪支的行为，在决定是否追究刑事责任以及如何裁量刑罚时，不仅应当考虑涉案枪支的数量，而且应当充分考虑涉案枪支的外观、材质、发射物、购买场所和渠道、价格、用途、致伤力大小、是否易于通过改制提升致伤力，以及行为人的主观认知、动机目的、一贯表现、违法所得、是否规避调查等情节，综合评估社会危害性，坚持

主客观相统一，确保罪责刑相适应。”

比照该《批复》，我们将其中提到的考量因素及情节列表如下（见表 10-4）。

表 10-4 《批复》规定的考量因素与于萌案例的实际情节对比

考量因素及情节	编号				
	201604140-1（036 号鞍山鉴定文书 1 号疑似枪支）	201604140-2（036 号鞍山鉴定文书 2 号疑似枪支）	201604140-3（037 号鞍山鉴定文书 2 号疑似枪支）	201604140-4（037 号鞍山鉴定文书 3 号疑似枪支）	201604140-5（037 号鞍山鉴定文书 1 号疑似枪支）
外观	玩具枪，充气	玩具枪，充气	玩具枪，充电	玩具枪，充电	玩具枪，充电
材质	塑料				
发射物	BB 弹				
购买场所和渠道	正规商场				
价格	几十支几百元				
用途	收藏				
致伤力大小	枪口比动能（以现有鉴定报告为依据，不代表认可该报告）：2.6J/cm^2，致伤力很小	枪口比动能（以现有鉴定报告为依据，不代表认可该报告）：2.8J/cm^2，致伤力很小	10年前购买，电池处于报废无法使用状态，弹夹弹簧已损坏，无法装弹，没有致伤力	10年前购买，被扣押时处于无电池状态，整个枪支结构损坏，没有致伤力	10年前购买，电池处于报废无法使用状态，没有致伤力
是否易于通过改制提升致伤力	不能				
行为人的主观认知	主观上是作为玩具收藏，无非法持有枪支的故意				
动机目的	1994 年应征入伍，是一名优秀退伍军人，以收藏为目的，有军人情结的因素				
一贯表现	曾获“优秀预备役军官”“优秀武装干部”“交通安全管理先进个人”等荣誉。因参加过抗洪抢险救灾，对贫困山区儿童福利院、敬老院、贫困户进行爱心帮扶等，于萌连续多年被评为红十字会先进个人。他亦曾多次无偿献血并获得无偿献血证				
违法所得	无				
是否规避调查	到案后如实陈述案件事实，主动配合公安机关调查，并上缴了所有疑似枪支，无规避调查的情况				
社会危害性	购买后仅仅只是收藏，无任何社会危害性				

由是，对于本案这种持有、私藏以压缩气体为动力且枪口比动能较低的枪

支的行为，充分考虑涉案枪支数量、外观、材质、发射物、购买场所和渠道、价格、用途、致伤力大小、是否易于通过改制提升致伤力，以及行为人的主观认知、动机目的、一贯表现、违法所得、是否规避调查等情节，综合评估可得出本案中于萌的持有行为无任何社会危害性，根据主客观相统一原则，不应当追究其刑事责任。

【本节中对于萌的情节分析，我们用表格的方式呈现，可以让法官更加清晰的了解与对比，以便综合评估于萌的行为。表格的呈现方式相比文字更加简洁、清晰，在涉及一些复杂的关系或因素时，选择运用可视化的方式，比如表格、图片、时间线等，可以有效提升辩护的效果。】

七、本案情节显著轻微，于萌不构成犯罪

【《刑法》第十三条后半段明确规定："但是情节显著轻微危害不大的，不认为是犯罪。"这也是刑法总则中关于出罪的规定。前面的几部分均已充分论证了于萌的主观认知、动机目的、一贯表现、违法所得、是否规避调查等情节，所以本部分内容仅简单概括。】

《刑法》第十三条但书规定："情节显著轻微危害不大的，不认为是犯罪。"本案中，于萌购买涉案仿真枪系用于收藏，没有实际使用，更未造成任何严重后果，没有任何社会危害性，情节显著轻微危害不大，且考虑到于萌是初犯、归案后能够如实供述，其行为不应被认为是犯罪。

综上所述，辩护人认为，于萌依法不构成非法持有枪支罪。如若在本案如此情形下认定于萌罪成，不仅会悖离一般公众的认知，违背主客观相统一原则的要求，更与前述《最高人民法院、最高人民检察院关于涉以压缩气体为动力的枪支、气枪铅弹刑事案件定罪量刑问题的批复》的精神南辕北辙、相去甚远。故望贵院慎重考虑辩护人提出的以上意见，为本案作出合法、公正的裁判！

此致

鞍山市铁东区人民法院

北京市中闻律师事务所：何兵

北京来硕律师事务所：燕薪

助理律师：杜华程

二〇一八年四月十日

不得单独据行政机关内部文件定罪
——扬州科奇新品经营有限公司非法经营案辩护词

【案情回顾】

2015 年 10 月 13 日，扬州市邗江区人民检察院指控被告单位科奇公司、新奇公司，被告人卞某、郑某，犯非法经营罪。公诉机关指控：2013 年 9 月，科奇公司、卞某在明知自己未取得《医疗器械注册证》的情况下，仍委托新奇公司、郑某组装、生产“强能”牌 SE- 纳米波治疗仪。新奇公司、郑某在明知自己未取得《医疗器械生产企业许可证》和科奇公司、卞某未取得《医疗器械注册证》的情况下，仍与科奇公司、卞某约定，以“F1”“F3”型强能治疗仪收取人民币 200 元 / 台，“F2”型强能治疗仪收取人民币 230 元 / 台的加工费用，进行组装、生产。

2013 年 9 月—2014 年 4 月，新奇公司、郑某共生产强能治疗仪 1 053 台（其中“F1”型 446 台、“F2”型 120 台、“F3”型 487 台）。新奇公司、郑某应得加工费用人民币 214 200 元。后新奇公司、郑某将 980 台强能治疗仪（其中“F1”型 430 台、“F2”型 108 台、“F3”型 442 台）交付给科奇公司、卞某予以销售。科奇公司、卞某分别以单价人民币 2 800 元、6 980 元、3 800 元予以销售，销售金额达人民币 3 637 440 元。经江苏省食品药品监督管理局界定，强能治疗仪应按第二类医疗器械管理。

邗江区人民法院分别于 2017 年 3 月 21 日、2017 年 4 月 7 日、2018 年 12 月 27 日、2019 年 6 月 29 日四次公开开庭审理了本案。2019 年 6 月 29 日，公诉机关以本案证据发生变化为由撤回起诉，邗江区人民法院于同日裁定准许撤诉 [准许撤诉裁定书，江苏省扬州市邗江区人民法院，（2015）扬邗刑初字第 00411 号]。

接受委托后，我与徐冯彬律师代理了科奇公司诉国家食药局行政确认案。

我与周海洋律师为科奇公司进行刑事辩护。

【办案经过】

近些年，在办案过程中，我发现很多案件的办案单位找到行政机关出具文件，作为认定被告人行为构成犯罪的重要甚至决定性证据，法院往往也不深入研究，拿来就用，这是很容易办冤假错案的。

以本案为例，定罪的关键证据就是江苏省食品药品监督管理局、国家食品药品监督管理总局办公厅、医疗器械注册管理司的几份内部批复、函件，认定强能治疗仪应按第二类医疗器械管理。但我们从一审律师处了解到，该治疗仪不是医疗器械，而是家用电器，只要符合家用电器的标准就可以出售。

我们经过研究，认为这类批复和函件属于行政机关内部文件，对人民法院刑事审判没有约束力，这是本案的症结所在。我们立即在北京市第一中级人民法院对国家食药局提起行政诉讼，要求法院判决确认，国家食药局认定涉案器械属于医疗器械违法。北京一中院受理了行政诉讼，刑事案件因此暂时中止审理。虽然北京一中院最终裁定驳回起诉，但在裁定理由中说明，行政机关的内部文件对于法院的刑事审判没有约束力。

我们在辩护意见中进一步说明，直接用批复和函件来定罪是错误的。批复和函件如果定性为行政确认，就应当依法履行行政确认的程序并依法送达给相对人，以便相对人进行复议或诉讼，但本案中的批复和函件只给了邗江公安局，未送达当事人；如果定性为鉴定意见，应当符合刑事诉讼法规定的鉴定要求。此类批复和函件，是以内部函件形式出具给办案机关的，只能视作观念性意见，不能作为证据入卷，更不能仅仅依此定罪量刑。同时，对于行政犯，要严格审查涉案行为是否具有犯罪的主观故意，不能简单地以结果倒推主观故意的存在。本案的辩护就围绕这两条主线展开。

最终，我们的这一辩护观点，不仅被本案审理法院采纳，而且上海闵行区法院在关联案件中参照了我们的辩护理由。闵行区法院的判决理由，被最高人民法院以公报的形式正式确认。

【辩护意见写作思路】

办理刑事案件，辩护律师的思路要开阔，不能只局限于办案机关准备好的证据，也不能局限于刑事司法程序。对关键证据要刨根问底、追根溯源，如本案涉及行政机关参与出具文件，就通过打行政诉讼的方式，将该决定性证据打掉。这种辩护方法，对同类型案件，尤其是非法经营类案件，具有可复制的参照意义。我们在其他几个案件中，也沿用并且取得辩护效果。这不仅对刑事辩护有参考，同时为司法机关提供了审查定罪证据的一种思路，行政机关内部函件不能被机械采信，刑事审判必须坚持法定的定罪标准。

尊敬的合议庭：

受扬州科奇新品经营有限公司委托，北京中闻律师事务所指派本人担任其辩护人。通过详细审阅案卷材料，本人认为委托人的行为，是正常的商业经营行为，不涉嫌非法经营犯罪。现根据事实、证据和相关法律规定，发表如下辩护意见。

一、相关行政机关批复、函件系内部认定文件，不具有对外效力，不是鉴定意见，不能作为定案依据

【在非法经营罪或行政犯案件的处理中，相关行政管理机关出具的内部认定文件往往成为定罪的关键、核心证据，甚至是定罪的唯一标准，这是一种错误的判断标准和倾向。因为相关内部认定文件只是一种观念，不属于鉴定意见，不属于证据，也不属于行政确认，判决涉案行为是否构成犯罪的标准是法律和行政法规。因此，对这类案件，首先要严格审查该行政文件的发文形式、认定内容和认定依据，明确相关行政管理机关的权力边界。】

（一）江苏省食品药品监督管理局没有对医疗器械产品进行分类界定的权力

《医疗器械监督管理条例》第四条第六款规定：“国务院食品药品监督管理部门负责制定医疗器械的分类规则和分类目录，并根据医疗器械生产、经营、使用情况，及时对医疗器械的风险变化进行分析、评价，对分类目录进行调整。制定、调整分类目录，应当充分听取医疗器械生产经营企业及使用单位、行业组织的意见，并参考国际医疗器械分类实践。医疗器械分类目录应当向社会公布。”

《医疗器械监督管理条例》第十六条规定：“对新研制的尚未列入分类目录的医疗器械，申请人可以依照本条例有关第三类医疗器械产品注册的规定直接

申请产品注册，也可以依据分类规则判断产品类别并向国务院食品药品监督管理部门申请类别确认后依照本条例的规定申请注册或者进行产品备案。直接申请第三类医疗器械产品注册的，国务院食品药品监督管理部门应当按照风险程度确定类别，对准予注册的医疗器械及时纳入分类目标。申请类别确定的，国务院食品药品监督管理部门应当自受理申请之日起 20 个工作日内对该医疗器械的类别进行判并告知申请人。”第十七条第二款规定：“免于进行临床试验的医疗器械目录由国务院食品药品监督管理部门制定、调整并公布。”这些规定表明，一个产品是否认定为医疗器械、是否作为医疗器械管理以及作为何种医疗器械管理，是国务院食品药品监督管理部门的法定职责，江苏省食品药品监督管理局无权判定某一产品是否是医疗器械，是否应按医疗器械管理。因此，其作出的批复，不能作为认定事实的依据。

本案中，江苏省食品药品监督局在接到下级单位的请示后，就下级单位请示的问题，报请国家食品药品监督管理总局予以明确的事实，也说明江苏省食品药品监督局没有对医疗器械产品分类界定、认定的职权。

（二）江苏省食品药品监督管理局的批复，仅是内部指导意见，不具有对外效力，不能作为认定依据

2014 年 3 月 26 日江苏省食品药品监督管理局作出的《关于“SE–纳米波治疗仪”是否按医疗器械管理的批复》（苏食药监械管〔2014〕52 号），仅是该局“针对下级执法机关请示的答复，且明确不予公开，属于对下级执法机关的业务指导，不是行政确认，更不是专业鉴定机构出具的鉴定报告。”对此，在扬州大善医疗器械有限公司诉江苏省食品药品监督管理局一案中，江苏省食品药品监督管理局委托代理人的谈话笔录、代理词，以及南京市鼓楼区人民法院（2015）鼓行初字第 178 号行政裁定书，已予以确认。2014 年 12 月 19 日，江苏省食品药品监督管理局作出的《关于强能牌 SE–纳米波治疗仪分类界定等相关问题的批复》（苏食药监械管〔2014〕366 号），也是如此，仅是内部指导意见，不是对案涉特定产品进行界定的行为，且明确不予公开。因此，江苏省食品药品监督管理局的上述批复，不具有对外效力，不能作为认定依据。

（三）国家食品药品监督管理总局办公厅、医疗器械注册管理司的回函，不具有对外效力，不能作为认定依据

国家食品药品监督管理总局办公厅、医疗器械注册管理司作为国家食品药

品监督管理总局的内设机构，不具有以自身名义独立对外执法的资格。

2015 年 6 月 18 日，国家食品药品监督管理总局办公厅向扬州市公安局邗江分局作出的《关于纳米波治疗仪产品分类界定的函》（食药监办械管函〔2015〕335 号），只是该厅对其他单位业务咨询的回复意见，“对刑事司法机关没有法律拘束力，不是对案涉特定产品进行界定的行为”。对此，北京市第一中级人民法院（2016）京 01 行初 599 号行行政裁定书已经予以认定。2014 年 7 月 17 日，国家食品药品监督管理总局医疗器械注册管理司向扬州市公安局发送《关于强能牌 SE– 纳米波治疗仪管理属性的复函》（食药监械管便函〔2014〕36 号）同样如此，不具有对外效力，不是对案涉特定产品进行界定的行为，且该函件注明“公开属性：不予公开”。因此，国家食品药品监督管理总局办公厅给公安机关的上述回函，不具有对外效力，不能作为认定依据。

国家食品药品监督管理总局医疗器械注册管理司作出的《关于强能牌 SE–纳米波治疗仪分类界定请示的复函》（食药监械管便函〔2014〕67 号），是针对江苏省食品药品监督管理局的请示的所作的答复，仅是该司对下级执法机关的业务指导，不是行政确认，更不属于专业鉴定机构出具的鉴定报告，不是对案涉产品进行界定的行为。对此，北京市第一中级人民法院（2016）京 01 行初 599 号行行政裁定书已予以认定，且该司明确此复函“不予公开”。因此，国家食品药品监督管理总局医疗器械注册管理司的批复，不具有对外的法律效力，不能作为认定依据。

（四）对案涉产品是否是医疗器械的认定，应由专业的检验机构进行鉴定，出具鉴定意见，江苏省食品药品监督管理局、国家食品药品监督管理总局办公厅、医疗器械注册管理司的批复、函件，不是专业机构出具的鉴定意见，不能作为认定事实的依据

《食品药品行政执法与刑事司法衔接工作办法》第七条第二款规定：“食品药品监管部门向公安机关移送涉嫌犯罪案件，应当附有下列材料：（四）有关检验报告或鉴定意见；”第二十条规定：“地方各级食品药品监管部门应当及时将会同有关部门认定的食品药品检验检测机构名单、检验检测资质及项目等，向公安机关、人民检察院、人民法院通报。”第二十四条第三款规定：“对医疗器械的检测按照《医疗器械监督管理条例》有关规定执行。”《医疗器械监督管理条例》第五十七条第一款、第二款规定：“医疗器械检验机构资质认定工作按国家有关规定统一管理。经国务院认证认可监督管理部门会同国务院食品药品监

督管理部门认定的检验机构，方可对医疗器械实施检验。食品药品监督管理部门在执法工作中需要对医疗器械进行检验的，应当委托有资质的医疗器械检验机构进行，并支付相关费用。”

根据上述规定，食品药品监管部门向公安机关移送涉嫌医疗器械犯罪案件，应当附有专业检验机构作出的医疗器械检验报告或鉴定意见；对案涉产品是否是医疗器械的认定，应由专业鉴定机构出具鉴定意见。但本案中，地方食品药品监管部门在向公安机关移送本案时，缺少必须具备的“检验报告或鉴定意见”。江苏省食品药品监督管理局、国家食品药品监督管理总局医疗器械注册管理司等监管机构的批复、函件，均是行政机关的内部公文，不是专业机构出具的鉴定意见。

2014 年 7 月 17 日，国家食品药品监督管理总局医疗器械注册管理司作出的《关于强能牌 SE– 纳米波治疗仪管理属性的复函》（食药监械管便函〔2014〕36 号），虽然指出“经专家论证”，根据《司法鉴定程序通则》第三十七条、第三十八条的规定，“司法鉴定意见书应当由司法鉴定人签名”，“司法鉴定意见书应当加盖司法鉴定机构的司法鉴定专用章”。但是，该复函未见鉴定人签名，未见司法鉴定专用章。因此，该复函仍只是行政机关的内部公文，不是专业机构出具的鉴定意见。

综上，江苏省食品药品监督管理局、国家食品药品监督管理总局办公械、医疗器械注册管理司等部门的批复、函件，不是专业机构出具的鉴定意见，不能作为认定事实的依据。

二、相关行政机关出具认定文件，不具有事实基础，出具依据未公开，不能作为定案依据

【案涉产品是否是医疗器械，是本案争议的核心问题。认定某种器械是否是医疗器械，必须遵循科学专业的技术规范，由医疗器械检测机构出具产品检测报告，并在有资质的临床试验机构进行临床实验。故管理机关的内部公文不能代替有资质的医疗器械检测机构的检测报告。在公诉机关不能提供相关检测报告的情况下，该内部公文不能作为认定依据。在此基础上，根据相关管理规定不能认定案涉产品属于医疗器械，从而否定了指控的核心问题。】

（一）江苏省食品药品监督管理局、国家食品药品监督管理总局办公厅、医疗器械注册管理司作出批复、回函时，均未见案涉产品，也没有进

行实体检测，相关意见没有事实基础，不具有真实性

江苏省食品药品监督管理局、国家食品药品监督管理总局办公厅、医疗器械注册管理司作出批复、回函时，均未见产品，没有对案涉产品的性能、使用等进行现场测试、实体检验，相关指导意见的作出，都是基于扬州市及其邗江区公安局、食品药品监督管理局等单位报送的请示、函，仅是对相关请示、来函内容的认可。如2014年7月17日，国家食品药品监督管理总局医疗器械注册管理司在向扬州市公安局作出的《关于强能牌SE–纳米波治疗仪管理属性的复函》（食药监械管便函〔2014〕36号）中，指出“参考你局来函所附材料和江苏省食品药品监督管理局此前相关批复”；2014年3月26日，江苏省食品药品监督管理局在向扬州市食品药品监督管理局作出的《关于“SE–纳米波治疗仪”是否按医疗器械管理的批复》（苏食药监械管〔2014〕52号），指出“你局来文中所描述的SE–纳米波治疗仪，其声称的预期用途……”

可见，江苏省食品药品监督管理局、国家食品药品监督管理总局办公厅、医疗器械注册管理司批复、回函中的指导意见，均是脱离案涉产品的主观推测，没有事实基础，不具有真实性。

（二）《医疗器械分类目录》未依法定形式社会公布，对外不具有法律效力，江苏省食品药品监督管理局、国家食品药品监督管理总局办公厅、医疗器械注册管理司，以此为据作出的批复、回函，也因此无效

2014年10月30日，国家食品药品监督管理总局医疗器械注册管理司作出的《关于强能牌SE–纳米波治疗仪分类界定请示的复函》（食药监械管便函〔2014〕67号），2014年3月26日，江苏省食品药品监督管理局作出的《关于“SE–纳米波治疗仪”是否按医疗器械管理的批复》（苏食药监械管〔2014〕52号），以及同年12月19日该局作出的《关于强能牌SE–纳米波治疗仪分类界定等相关问题的批复》（苏食药监械管〔2014〕366号），均明确指出：“对案涉SE–纳米波治疗仪参照《关于印发〈医疗器械分类目录〉的通知》（国药监械〔2002〕302号），医疗器械分类目录6826物理治疗及康复设备项下“光谱辐射治疗仪器”，按II类医疗器械管理。即《医疗器械分类目录》是上述复函、批复作出的法律依据。

2002年8月28日，当时的国家药品监督管理局在官网发布《关于印发〈医疗器械分类目录〉的通知》（国药监械〔2002〕302号）以通知的形式，将该分类目录予以发布。

但是，《医疗器械监督管理条例》第四条第六款规定："国务院食品药品监督管理部门负责制定医疗器械的分类规则和分类目录……医疗器械分类目录应当向社会公布。"

原《国家行政机关公文处理办法》（国发〔2000〕23 号，2001 年 1 月 1 日施行，2012 年被废止，在《关于印发〈医疗器械分类目录〉的通知》发布期间生效）第九条规定：（四）通告，适用于公布社会各有关方面应当遵守或者周知的事项。（五）通知，适用于批转下级机关的公文，转发上级机关和不相隶属机关的公文，传达要求下级机关办理和需要有关单位周知或者执行的事项，任免人员。第四十七条规定："公开发布行政机关公文，必须经发文机关批准。经批准公开发布的公文，同发文机关正式印发的公文具有同等效力。"现行生效的《党政机关公文处理工作条例》（中办发〔2012〕14 号）第 8 条规定："公文种类主要有：（六）通告。适用于在一定范围内公布应当遵守或者周知的事项。（八）通知。适用于发布、传达要求下级机关执行和有关单位周知或者执行的事项，批转、转发公文。"第三十一条规定："公文的印发传达范围应当按照发文机关的要求执行；需要变更的，应当经发文机关批准。"

2008 年 3 月 23 日，《国务院关于印发〈国务院工作规则〉的通知》（国发〔2008〕14 号）第二十八规定："凡涉及群众切身利益、需要群众广泛知晓的事项以及法律和国务院规定需要公开的其他事项，均应通过政府网站、政府公报、新闻发布会以及报刊、广播、电视等方式，依法、及时、准确地向社会公开。"《国务院关于印发〈国务院工作规则〉的通知》（国发〔2013〕16 号）第二十八规定："凡涉及公共利益、公众权益、需要广泛知晓的事项和社会关切的事项以及法律和国务院规定需要公开的事项，均应通过政府网站、政府公报、新闻发布会以及报刊、广播、电视、网络等方式，依法、及时、全面、准确、具体地向社会公开。"

《立法法》第十五条规定："行政机关应当主动公开的政府信息，通过政府公报、政府网站、新闻发布会以及报刊、广播、电视等便于公众知晓的方式公开。"

《政府信息公开条例》第十条第一项规定："县级以上各级人民政府及其部门应当依照本条例第九条的规定，在各自职责范围内确定主动公开的政府信息的具体内容，并重点公开下列政府信息：（一）行政法规、规章和规范性文件"。第十五条规定："行政机关应当将主动公开的政府信息，通过政府公报、政府网站、新闻发布会以及报刊、广播、电视等便于公众知晓的方式公开。”

依据上述规定，不得以“通知”形式，公布要求社会公众遵守和周知的事项。相关部门制定的规章、规范性文件等应依法以通告等形式，通过政府公报、政府网站等载体进行公开，以便于公众知晓，如需变更传达范围，还应当经发文机关批准。

综上，唯有“令行”方能“禁止”，相关规定必须使社会公众知晓之后方能谈遵守之问题，国家无权让公众遵守未依法公开的法律法规，《医疗器械分类目录》因未依法向社会公众公开，对外不具有法律效力，以此为据作出的批复、回函，也因此无效。

三、案涉产品不是医疗器械，无须申请专门许可，被告人不具有非法经营的主观故意

【在论证案涉产品不是医疗器械的基础上，还要进一步分析行为人是否具有销售医疗器械的主观故意。这涉及是否存在认识错误、犯罪未遂问题的争议。故需要明确经营案涉产品不需要申请专门的许可，明确其功能是保健而非治疗。】

（一）案涉 SE- 纳米波治疗仪的预期用途是保健，不是治疗；其是保健类电器产品，不是医疗器械，经营该产品无需申请专门许可

（1）案涉 SE- 纳米波治疗仪使用说明书表明，其预期用途是保健。

案涉 SE- 纳米波治疗仪的使用说明，指出其理论基础为：该方法的理论基础是根据生物学的“全息胚理论”……所以从纠正细胞能量失衡，促进和恢复细胞的正常生理代谢入手，便从根本上达到了调理保健的目的。该方法是利用仿生物学原理，制造出强生命能量波，全面覆盖了人体所需要的能量波长吸收范围，肌体的细胞容易吸收，从而在体内迅速的产生生物效应、热效应以及多种理化效应，使种种细胞补充到能量，建立和维持生物体的正常代谢，故又称为“自然调理法”。其作用机理为通过对穴位和病症反映区的能量照射吸收……实现整体功能的相互协调状态而达到解决肌体不适症状、调理亚健康状态，保健、康复、抗衰老的目的。适用范围为：增强免疫力、改善疲劳、美体丽容、保健康复、延年益寿，对通便排毒、消脂减肥、创口愈合、心悸胸闷、咳嗽气喘、关节肿痛、头晕目眩、手脚发凉、纳差腕胀、活动障碍、皮肤瘙痒、顽固疼痛、尿淋尿急、亚健康状态，有良好改善作用。上述内容充分表

明，案涉 SE- 纳米波治疗仪的预期用途，是调理亚健康状态，实现保健、康复、抗衰老的目的。

SE- 纳米波治疗仪在调理人体亚健康状态，实现保健、康复、抗衰老的目的过程中，客观上当然会“对疾病的治疗、预防和缓解”起到一定作用，但这只是其使用过程中自然产生的附带作用，而使用目的和作用是两个不同的概念和范畴，《医疗器械监督管理条例》对医疗器械的认定，强调的是产品使用的目的，而非附带作用。因此，江苏省食品药品监督管理局以 SE- 纳米波治疗仪声称的预期用途符合《医疗器械监督管理条例》所规定的医疗器械的定义，即对疾病的治疗、预防和缓解为由，认定 SE- 纳米波治疗仪“应参照《关于印发〈医疗器械分类目录〉的通知》（国药监械〔2002〕302 号），医疗器械分类目录 6826 物理治疗及康复设备项下‘光谱辐射治疗仪器’，按 II 类医疗器械管理”不符合实际，是错误的。

《关于一次性可注射针刀等产品分类界定的通知》（国食药监械〔2007〕号）第四十九条规定：“生物能量治疗仪：由主机、控制调节器、报警装置、空气过滤器、输气管和贮水瓶组成。通过光学作用，激活空气中氧气。用于病人的康复。不作为医疗器械管理。”该条规定的生物能量治疗仪，其预期用途是病人的康复，但是，其在激活空气中的氧气，用于病人康复的过程中，当然会有“对疾病的治疗、预防和缓解”作用，按照江苏省食品药品监督管理局等监管机构对案涉 SE- 纳米波治疗仪的认定逻辑，该治疗仪也应该是医疗器械，应该按医疗器械管理。但是，根据上述第四十九条的规定，该生物能量治疗仪不作为医疗器械管理。这也证明，江苏省食品药品监督管理局等监管机构对案涉 SE- 纳米波治疗仪的认定逻辑是错误的，认定结论是错误的。

（2）案涉 SE- 纳米波治疗仪是家用通用保健产品，不是医疗器械。

具有相同或类似功能、适用范围的产品，既可能是医疗专用产品，是医疗器械，也可能是家庭通用的保健仪器，这是当前非常普遍的现象。比如现在比较流行的制氧机，医疗专用的是 II 类医疗器械产品，家庭通用的是保健产品，不作为医疗器械产品管理。本案中，纳米波治疗仪同样存在这个问题。SE- 纳米波治疗仪的产品说明书，在其产品介绍中明确指出：SE- 强能纳米波治疗仪，主要是医院专用型——H 系列和家庭通用型——F 系列。案涉 SE- 纳米波治疗仪均是家庭通用型——F 系列产品，不是医疗器械，只是保健仪器。

对 SE- 纳米波治疗仪性质的认定，江苏省食品药品监督管理局、扬州市食品药品监督管理局、扬州市邗江区食品药品监督管理局均是以 SE- 纳米波治疗仪标明的适用范围为依据，认为“SE–纳米波治疗仪的作用原理和使用方法是治疗仪能量发生源发出多峰宽带强生命能量纳米波，根据治疗需要选择发生器的强弱档，通过对穴位和病症反映区进行照射达到治疗目的”。从而推定“SE–纳米波治疗仪声称的预期用途符合医疗器械定义，应按第II类医疗器械管理”。但如上所述，案涉SE–纳米波治疗仪的使用说明书标明的适用范围，充分表明其对相关的亚健康状态有调理保健的功效，而非治疗功能。监管机构的认定是不符合实际，是错误的。对此，实践中已有如下判例。

在王霞与刘红艳买卖合同纠纷案中，争议标的“AD-AM艾某恩美体健康管理仪”的宣传单载明：该仪器具有“解决经络不通及肥胖问题，尤其对慢性疾病有预防保健和改善调理之功效（高血压、糖尿病、心脏病、便秘、消化不良、失眠、风湿关节炎、内分泌失调、妇科疾病、卵巢保养、颈、肩、腰、肾、腿痛、甲状腺、甲亢、月经不调、痛经）”。据此，该仪器的适用范围和预期用途，与案涉SE–纳米波治疗仪非常雷同，但是，对该仪器，2014年2月17日，深圳市药品监督管理局出具的深药监（2014）68号复函中确认不属于医疗器械产品，不按医疗器械管理。（见王霞与刘红艳买卖合同纠纷二审民事判决书〔2014〕深中法民终字第1722号）

（3）案涉SE–纳米波治疗仪是合格的家用保健电器产品，经营该产品不需要获得专门许可。

如前所述，案涉SE–纳米波治疗仪不是医疗器械，仅是家用保健仪器。而且，2012年3月，案涉SE–纳米波治疗仪通过了上海市质量监督检验技术研究院的专业检测，获得了合格的产品检验报告，检验依据：“GB4706.1—2005家用和类似用途电器的安全 第一部分：通用要求”；2013年，SE–纳米波治疗仪又获得国家专利证书，专利号为：ZL 2013 2 0007269.3。可见，案涉SE–纳米波治疗仪是一种安全的人身保健电器产品，生产、经销该类产品不需要获得专门的批准、许可。

（二）被告单位和相关人员，没有非法经营医疗器械的主观故意

（1）现行标准未包括案涉SE–纳米波治疗仪，不能参照推定

国家食品药品监督管理总局制定《医疗器械分类规则》《医疗器械分类目录》的行为，是明确医疗器械的分类管理标准，是制定标准的行为。如果行为人明知是上述标准之内，应当办理专门许可才能生产、经营的医疗器械产品，未办理许可而生产、经营，则具有非法经营的主观故意。但是，如果行为人生

产、经营的产品，不在上述标准规定的范围之内，则是合法经营行为，没有非法经营的主观故意。以隐形眼镜为例，在国家食品药品监督管理局发布《关于角膜接触镜不属于植入医疗器械的通知》（国食药监械〔2005〕490号）明确规定："角膜接触镜是长期接触角膜的III类医疗器械"之前，未办理注册和生产、经营许可，经营该类产品的，是合法经营行为，行为人当然没有犯罪意图；在该通知发布之后，未办理注册和生产、经营许可，经营该类产品的，则涉嫌非法经营，行为人有非法经营的主观故意。本案中，案涉SE–纳米波治疗仪不在《医疗器械分类规则》《医疗器械分类目录》规定的范围之内，也正是因为现行分类规则、目录没有规定，找不到依据，所以，相关批复、回函才会使用"参照《关于印发〈医疗器械分类目录〉的通知》"的表述。但这恰恰证明，本案被告单位和相关人员没有非法经营的主观故意。

（2）被告单位和相关人员，对案涉SE–纳米波治疗仪，始终是按保健类电器产品进行生产、销售的。

治疗仪并非医疗器械的专用名词，生活中，许多名称中包含"治疗仪"的产品，不是医疗器械，不按医疗器械产品管理。《关于一次性可注射针刀等产品分类界定的通知》（国食药监械〔2007〕号）第四十九条规定的生物能量治疗仪，就是适例。具体到本案，被告单位和相关人员，对案涉SE–纳米波治疗仪，一直是按保健类电器产品进行生产、销售，受委托生产的单位，也具有生产电器产品的资质和条件。

2015年9月30日上午，本案被告人卞某到江苏省食品药品监督管理局医疗器械处624办公室，向该处负责人张处长就案涉SE–纳米波治疗仪是否应归医疗器械管理进行咨询，张处长明确表示："不算医疗器材，这种家用的器械随便用，无须申报医疗器械，也不是所有具有保健功能的产品都归该单位管，产品要有明确医疗器械意义的，才会批。案涉产品送过来，也不能界定。"

虽然"强能"注册商标核定使用于第十类商品，即医疗器械，但标注强能商标，并不代表案涉SE–纳米波治疗仪就是医疗器械，只表明注册商标没有使用于核定使用的商品，这是商标使用和管理的问题，不能案涉简单的具此推断SE–纳米波治疗仪就是医疗器械。SE–纳米波治疗仪的产品说明书明确指出：SE–强能纳米波治疗仪，主要是医院专用型——H系列和家庭通用型——F系列。案涉SE–纳米波治疗仪均是家庭通用型——F系列产品，不是医疗器械，只是保健仪器。而且，本案中的被告人卞某在被讯问时，也明确说明要在现有家庭通用型——F系列产品的基础上，改进、升级产品，申请临床试验，生产医院专用型——H 系列产品。

综上，对于本案被告单位和相关人员来说，案涉 SE– 纳米波治疗仪仅是具有保健功能的电器，他们没有非法经营医疗器械的主观故意。

尊敬的审判长、审判员，充分发挥审判职能，依法平等保护诉讼当事人的合法权益，实现个案的公平正义，既是党和国家政策的基本要求，也是司法审判的应有之义和职责所在。中共中央、国务院《关于完善产权保护制度依法保护产权的意见》明确规定：审慎把握处理产权和经济纠纷的司法政策，充分考虑非公有制经济特点，严格区分经济纠纷与经济犯罪的界限，对于法律界限不明、罪与非罪不清的，司法机关应严格遵循罪刑法定、疑罪从无、严禁有罪推定的原则，防止把经济纠纷当作犯罪处理。《最高人民法院关于充分发挥审判职能作用切实加强产权司法保护的意见》明确规定：准确把握、严格执行产权保护的司法政策，严格遵循罪刑法定、疑罪从无、从旧兼从轻等原则，依法公正处理。严格区分经济纠纷与刑事犯罪，坚决防止把经济纠纷当作犯罪处理。具体到本案，本案是因合作经营发生纠纷，合作方举报而引发的一起刑事案件。经过法庭审判，事实和证据充分证明，案涉 SE– 纳米波治疗仪为保健类家用电器产品，生产、经销该产品不需办理专门的生产、经营许可，被告单位和相关人员没有非法经营医疗器械的客观行为和主观故意。希望合议庭能够充分考虑并尊重本案的事实和证据，依法判决扬州科奇新品经营有限公司无罪。

此致

邗江区人民法院

北京市中闻律师事务所律师：何兵　周海洋

二〇一七年三月二十一日

十九载后，五人脱樊笼

——董某涉嫌非法经营罪辩护词

【案情回顾】

本案是我带的研究生家中的案件。这位学生的父亲董某与其他几人，在2003年合伙开办铁矿厂，投入大量成本完成前期准备工作后，发现土地早就被承包给了别人。一个个投资人尝试无果后无奈退出，却反被诬告非法买卖探矿证。

当地公安机关2004年以非法经营罪立案，侦查十余年后移送审查起诉。当地检察院2014年12月起诉至法院，法院2018年8月作出一审判决，认定董某等人构成非法经营罪，判处有期徒刑。2022年7月6日，董某接到公安电话通知，随即主动前往该地后被羁押。期间，有同案被告人2018年就收到一审判决，随即提起上诉，却被置之不理。直到2022年董某上诉后，本案才进入二审程序。后当地中院发回重审。重审阶段，检察机关在开庭后的第二日，撤回起诉[内蒙古自治区敖汉旗人民检察院，敖检不诉〔2023〕Z10号]。

一个只有4本卷宗、最高刑期仅10个月的案子，前后耗时19年。

【办案经过】

我在一审开庭后介入该案，与我的学生，现首都经贸大学尹少成教授一同辩护。2022年董某被羁押后，徐冯彬律师接力尹少成教授，与我一同辩护。我们首先提起上诉，在二审中详细说明了案件不构成犯罪的情况，还找到了当地对相同情况宣告无罪的案例，成功促使赤峰中院将该案发回重审。

重审一审期间，我们发现其他同案被告人手中拿到的一审判决，和我们的当事人手中的一审判决，不管是年份还是编号，都不一样。法院休庭后，我们和其他几位辩护律师随即前往赤峰，向相关单位当面反映这一突发状况。赤峰市各单位都非常重视，也表示闻所未闻。同时，我们也向内蒙古自治区的有关单位书面反映了这一状况。

在重审一审的辩护过程中，我们考虑该案实体上不构成犯罪是十分清晰的，为了避免各被告人继续深陷司法漩涡，我们决定，虽然程序问题要提，但还是把重点放在实体问题上，在庭审中逐字逐句反驳起诉书的指控。

【辩护意见写作思路】

在辩护意见中，我们首先从程序上否定公安机关移送审查起诉的合法性，认为公安机关应当依法撤案。随后，我们在起诉期限上，援引最高法院的指导案例来论证检察机关的起诉已经超过追诉时效。接着，我们强调了起诉书内容的重大缺失，并从起诉书的指控入手，结合该起指控中涉及的行政法律和对“经营行为”的解释，同时列举当地对类似行为不认为是犯罪的案例，论述各被告人不构成犯罪。最后，我们根据在案客观书证，说明了各被告人并非在交易探矿权证，其真实交易对象，是矿山企业的承包经营权。

尊敬的审判长、审判员：

北京市中闻律师事务所接受董某的委托，指派何兵律师、徐冯彬律师担任其辩护人。根据在案证据、事实和相关法律，辩护人认为本案本应撤案，检察机关追诉时已过追诉时效，且董某不构成非法经营罪。具体辩护意见如下。

一、本案在侦查阶段就应依法撤案，敖汉旗公安局移送敖汉旗检察院审查起诉严重违法，检察院审查起诉阶段未能发现此问题并起诉至法院也严重违法

【本节属于程序辩护。对于经济类案件来说，相当部分的案件侦查过程十分漫长。对此，需要着重注意《公安机关办理经济犯罪案件的若干规定》中，关于解除强制措施后，12 个月公安机关仍未作出处理时，应当撤销案件的规定。】

本案涉及的《刑法》第二百二十五条非法经营罪，规定在第三章“破坏社会主义市场经济秩序罪”中。而无论是根据案发时生效还是 2020 年修订后现行有效的《公安部刑事案件管辖分工规定》，《刑法》第二百二十五条涉及的非

法经营罪，均属于经济犯罪侦查部门负责。也即，非法经营罪属于经济犯罪无疑。

因此，本案适用侦查阶段生效的《公安机关办理经济犯罪案件的若干规定》第十四条之规定，“经立案侦查，对犯罪嫌疑人解除强制措施后 12 个月，仍不能移送审查起诉或依法作其他处理的，公安机关应当撤销案件。”

本案中，敖汉旗公安局于 2004 年 4 月 29 日立案侦查，2004 年 5 月 21 日拘留董某。至 2004 年 5 月 31 日，敖汉旗公安局因取保候审，释放董某。根据当时有效的《刑事诉讼法》第五十八条之规定，“人民法院、人民检察院和公安机关对犯罪嫌疑人、被告人取保候审最长不得超过 12 个月……对于发现不应当追究刑事责任或者取保候审、监视居住期限届满的，应当及时解除取保候审、监视居住……”显然，至 2005 年 5 月 30 日，董某一年的取保期限就已到期。而根据前述规定，在解除强制措施后 12 个月，因为敖汉旗公安局仍不能移送审查起诉，本案在 2006 年 6 月前就应当撤案处理。敖汉旗公安局 2014 年 7 月 9 日移送敖汉旗检察院审查起诉的行为，严重违法。敖汉旗检察院在审查起诉阶段未能发现此问题，督促公安机关撤案，反而起诉至敖汉旗法院的行为，也严重违法。

《公安机关办理经济犯罪案件的若干规定》第三十四条规定，“各级公安机关应当加强对办理经济犯罪案件活动的督察和执法监督工作。在办理经济犯罪案件中具有下列情形之一的，应当按照《公安机关督察条例》和《公安机关内部执法监督工作规定》的有关规定，责令依法纠正，或者直接作出纠正决定。对发生执法过错的，应当按照《公安机关人民警察执法过错责任追究规定》，根据人民警察在办案中各自承担的职责，区分不同情况，分别追究案件审批人、审核人、办案人及其他直接责任人的责任。构成犯罪的，依法追究刑事责任”。辩护人现将此犯罪线索，当庭提交给敖汉旗法院和敖汉旗检察院，希望依法处理。

二、对董某的追诉早已超过追诉期限，应当对董某终止审理

【追诉期限的问题，是律师在办理案件中需要特别考虑的问题。如果被追诉的行为已经超过追诉期限，依法应当撤案或不起诉。但需要注意的是，我国刑事司法实践“重实体”，对超过追诉期限案件，绝不能轻易放弃对案件实体的辩护。否则，如果只是单纯向办案机关阐述案件超过追诉期限，有些办案人员内心会因认为行为人构成犯罪，而强行论证犯罪行为仍在追诉期限内。如本

案，虽然《刑事审判参考（总第110集）》，刊载的第1200号指导案例有类似的判例，客观上对董某的追诉已经超过追诉期限，但办案单位最终并非以超过追诉期限而撤诉。】

《刑法》第八十七条规定，“法定最高刑为5年以上不满10年有期徒刑的，经过10年”，不再追诉。

本案中，董某与其他被告人明显不同，其被指控的犯罪行为是在转让建平县园林铁矿过程中，存在转让探矿权的行为。董某并没有参与这之后被指控涉嫌犯罪的行为。即使认定董某的行为构成非法经营罪，因该行为在2004年2月结束，依照前述法律规定，经过10年即2014年2月后，就不应再被追诉。

需要特别说明的是，本案虽经公安机关于2004年立案，但截至敖汉旗检察院2014年12月提起公诉时，董某没有任何逃避侦查的行为。因此，本案不属于《刑法》第八十八条规定的公安机关立案侦查后，有“逃避侦查”行为的，不受追诉期限的限制。对此，2018年1月出版的《刑事审判参考（总第110集）》，刊载的第1200号指导案例“袁明祥、王汉恩故意杀人案”，就涉及与本案一样的追诉期限问题。该案的基本事实是：被告人袁明祥与王汉恩于1993年3月4日杀害罗灿平，随后袁明祥次日被抓获，后被取保候审，王汉恩则潜逃至2015年7月6日被抓获。2016年4月18日，检察机关提起公诉。人民法院认为，袁明祥被采取强制措施后没有逃避侦查、审判，故其追诉期限仍然在计算，已超过20年的追诉期限。最高法院支持了这一观点。

本案中，检察机关曾提出，董某参与了之后刘某富将园林铁矿转让给王某学的行为，故追诉期限应当从转让给王某学结束后起算。辩护人认为，这一认定与事实不符，董某没有参与刘某富和王某学的交易。详见后文。

因此，敖汉旗检察院在2014年12月对董某2004年2月的行为提起公诉，超过被指控行为的10年追诉期限。鉴于2018年《刑事审判参考（总第110集）》对此问题已有明确观点，本案符合《刑事诉讼法》第十六条规定的情形，敖汉旗检察院应当依照《人民检察院刑事诉讼规则》第三百六十五条的规定，撤回对董某的起诉。

如果检察机关没有撤诉，敖汉旗法院也应当依照《刑法》第二百九十五条之规定，对犯罪已过追诉时效期限的第一审公诉案件，应当裁定终止审理。

三、起诉书没有明确，本案转让探矿权的行为，违反了何种法律或行政法规

【辩护律师尤其要重视对起诉书的审读，要逐字逐句地读。起诉书是刑事案件中的标靶，公诉机关通过起诉书来说明行为人的何种行为构成何种犯罪，辩护律师也应当紧扣起诉书的具体文字，来动摇对行为人指控的根基。尤其是要结合所指控罪名的各项构成要件，与起诉书的指控内容进行对比。

就非法经营等“法定犯”案件而言，行政不法是其构成犯罪的前提。《刑法》第二百二十五条规定，构成非法经营罪的前提，是“违反国家规定”。故辩护律师应当研究起诉书是否列明行为人所违反的国家规定，从而有针对性地辩护。如果起诉书没有列明，则显然属于起诉书内容重大缺失，需要在法庭上提请合议庭的特别关注。在本案中，我们就在法庭上指出，起诉书完全没有明确涉案行为违反了何项“国家规定”。】

根据《刑法》第二百二十五条的规定，构成非法经营罪的前提，是“违反国家规定”。但起诉书中没有明确，涉案行为违反了什么“国家规定”[①]。

事实上，辩护人将马上说明，转让探矿权的行为，是国家允许的行为。以牟利为目的违法转让的，也只可做行政处罚，不应做刑事追究。

四、《矿产资源法》明确，只有违法收购和销售国家统一收购的矿产品，才涉嫌非法经营罪。违法转让探矿权，即使牟利也只追究行政责任

【如前所述，“法定犯”的辩护，一定要紧扣前置的行政法。如本案指控涉及探矿权转让，辩护律师如果要做无罪辩护，首先应当将目光放在《矿产资源法》及相关法律中，一旦相关行政法律不认为需要作犯罪处理，或不认为构成行政违法，无罪辩护的理由就极为充分了。

在本案中，我们结合自身的行政法专业背景，详细阐述了转让探矿权的行

---

① 《刑法》第九十六条：“本法所称违反国家规定，是指违反全国人民代表大会及其常务委员会制定的法律和决定，国务院制定的行政法规、规定的行政措施、发布的决定和命令。”

最高人民法院2011年出台的《关于准确理解和适用刑法中“国家规定”的有关问题的通知》中明确规定“国家规定”的含义。该通知指出：以“国务院办公厅”名义制发的文件，同时符合以下条件的，亦应当视为刑法中的“国家规定”：(1) 有明确的法律依据或者同相关行政法规不相抵触；(2) 经国务院常务会议讨论通过或者经国务院批准；(3) 在国务院公报上公开发布。……对于规定不明确的，要按照该通知的要求审慎认定。对于违反地方性法规、部门规章的行为，不得认定为“违反国家规定”，进一步对国家规定进行了明确的规定和适当的限制。

为，是国家允许的行为。以牟利为目的违法转让的，也只做行政处罚，不做刑事追究。刑事辩护律师，应当储备丰富的行政法和民法等其他部门法知识。我们在辩护工作中，经常发现检察院的起诉之所以错误，是因为检察官缺乏行政法、民法的知识。】

本案是转让企业经营权的行为，即使认为是转让探矿权，也不可能构成犯罪。这是因为根据《刑法》第二百二十五条的规定，非法经营罪是“违反国家规定，有下列非法经营行为之一，扰乱市场秩序，情节严重的”行为。显然，非法经营罪属于典型的行政犯，认定行为构成犯罪，必须以前置法律、行政法规为基础。如果前置法律、行政法规不规定需要追究刑事责任的，自然无适用刑法的余地。例如，2008 年 11 月 28 日最高人民法院《关于被告人缪绿伟非法经营一案的批复》指出，《盐业管理条例》第二十条虽然规定盐的批发业务由各级盐业公司统一经营，但并无相应法律责任的规定。1995 年国家计委、国家经贸委下发的《关于改进工业盐供销和价格管理办法的通知》明确取消了工业盐准运证和准运章制度，工业盐已不再属于国家限制买卖的物品。因此，被告人缪绿伟经营工业盐的行为不构成非法经营犯罪。

具体至本案中，案发时生效的 1996 年《矿产资源法》第四十三条涉及非法经营犯罪行为：“违反本法规定收购和销售国家统一收购的矿产品的，没收矿产品和违法所得，可以并处罚款；情节严重的，依照刑法第一百一十七条[①]、第一百一十八条[②]的规定，追究刑事责任。”需要说明的是，1997 年《刑法》废除了投机倒把罪，代之以非法经营罪。因此，只有违法收购和销售国家统一收购的矿产品，才涉嫌非法经营罪。本案显然不属于这一情形。

《矿产资源法》第六条明确，“探矿权人有权在划定的勘查作业区内进行规定的勘查作业，有权优先取得勘查作业区内矿产资源的采矿权。探矿权人在完成规定的最低勘查投入后，经依法批准，可以将探矿权转让他人……禁止将探矿权、采矿权倒卖牟利。”第四十二条第二款规定了罚则：“违反本法第六条的规定将探矿权、采矿权倒卖牟利的，吊销勘查许可证、采矿许可证，没收违法所得，处以罚款。”

很显然，即使认为董某不是在交易企业经营权，认为本案属于违法转让探

① 第一百一十七条：违反金融、外汇、金银、工商管理法规，投机倒把，情节严重的，处 3 年以下有期徒刑或者拘役，可以并处、单处罚金或者没收财产。

② 第一百一十八条：以走私、投机倒把为常业的，走私、投机倒把数额巨大的或者走私、投机倒把集团的首要分子，处 3 年以上 10 年以下有期徒刑，可以并处没收财产。

矿权，根据《矿产资源法》的规定，也只能进行行政处罚，而不能以非法经营罪处理。

五、探矿权本身可以转让，转让合同未经审查批准又未办理变更登记手续，不可能形成探矿权转让的结果

敖汉旗检察院和法院原一审判决认为，董某转让探矿权的行为，属于《刑法》第二百二十五条非法经营罪中的第（二）项“买卖进出口许可证、进出口原产地证明以及其他法律、行政法规规定的经营许可证或者批准文件的”。我们认为，这完全不能成立。

探矿权并非法律不允许转让的行政许可。《矿产资源法》第六条第（一）项明确，“探矿权人在完成规定的最低勘查投入后，经依法批准，可以将探矿权转让他人”。《探矿权采矿权转让管理办法》第八条规定，转让探矿权应当向审批机关申请。《矿业权出让转让管理暂行规定》第六条规定：“矿业权人可以依照本办法的规定采取出售、作价出资、合作勘查或开采、上市等方式依法转让矿业权。”《矿产资源勘查区块登记管理办法》第二十二条规定，经依法批准转让探矿权的，探矿权人应当向登记管理机关申请变更登记。《探矿权采矿权转让管理办法》第十四条规定，“未经审批管理机关批准，擅自转让探矿权、采矿权的，由登记管理机关责令改正，没收违法所得，处 10 万元以下的罚款；情节严重的，由原发证机关吊销勘查许可证、采矿许可证”。

也就是说，转让矿业权的行为，并非行政法规禁止的行为。一个合法的探矿权转让行为，应当是交易各方达成转让协议后，经审批管理机关批准后，向登记管理机关申请探矿权变更登记。也即，交易各方达成探矿权转让协议后，可能存在下列三种情形：如果经审批机关批准，则转让协议生效，各方申请变更登记即可；如果未经审批机关批准，则转让协议不能生效，各方如对探矿权进行变更登记，则涉嫌行政违法；倘若未经审批机关批准，又未对探矿权进行变更登记，则没有违反探矿权转让的法律规定。

即使认为本案是探矿权转让而非企业转让，本案也属于第三种情形，即未经审查批准又未办理变更登记手续。这一行为，事实上不可能形成探矿权转让的结果。

六、即使按照起诉书的指控，董某也没有“经营”的行为

【非法经营罪中的“经营”行为，是该罪的核心。如果行为人不存在经营

行为，指控其构成非法经营罪，自然是无源之水。对“经营”的理解，本案是通过文义解释和体系解释的方法来论述的。】

认定董某构成非法经营罪，另一前提是董某的涉案行为属于经营行为。但本案中，董某显然没有经营行为。

从语义上看，《现代汉语词典》将“经营”解释为以下几种含义。(1) 筹划并管理（企业等）：经营商业；经营畜牧业 ；苦心经营。(2) 泛指计划和组织：如这个展览会是煞费经营的。①运营（营利性事业），从事（营利性的工作）。②苦心筹划。③为一定目的而设法使机构或组织运转。

从法律规定上看，刑法本身没有对经营行为进行描述，《反不正当竞争法》也仅对经营者进行了定义。但是，《最高人民法院、最高人民检察院、公安部、司法部关于办理非法放贷刑事案件若干问题的意见》第一条第一款规定：“违反国家规定，未经监管部门批准，或者超越经营范围，以营利为目的，经常性地向社会不特定对象发放贷款，扰乱金融市场秩序，情节严重的，依照刑法第二百二十五条第（四）项的规定，以非法经营罪定罪处罚。”显然，违法放贷中的经营行为，是“以营利为目的，经常性地向社会不特定对象发放贷款”。

因此，刑法中的“经营”是基于营利目的而反复、多次提供商品或者服务的行为。而本案显然不属于这样的情况。董某被指控的“经营行为”，分别是向刘某富取得探矿权证和向刘某富转让探矿权证。根据董某和刘某富的当庭陈述，这是偶然的合作，第二次探矿权的转让，是因为园林铁矿项目进展不顺而退出经营。董某在此后再无任何转让探矿权的行为，董某一直在经营自己的机械厂，显然不是以转让探矿权为业而反复、多次进行转让。

七、探矿权证不属于“经营许可证或者批准文件”，司法实践也不认为未经批准转让探矿权构成犯罪，如果认为属于非法经营罪的兜底条款，应层报最高法院

【我国虽然不是判例法国家，但最高法院一直强调要统一裁判标准，做到“同案同判”。因此，对被指控行为进行类案检索，是辩护工作中的重要内容。案例的检索，不仅要关注最高法院发布的案例，也要着重注意检索审判法院本身以及所属中院和高院的判决。这是因为，一定区域内对某一行为的定性，对法官的判决具有非常重要的影响。

值得警惕的是，一些法院由于曾经对类案作出过错误判决，为避免前案当事人翻案，往往会坚持错误，这有待从诉讼和法院组织制度上完善。如我们与

易延友教授在山西合作辩护的一起非法运输毒品罪案件中，虽然我们提交了大量其他地区认为该行为只构成非法持有毒品罪的案例，但当地法院在此前的办案过程中一概将其定性为运输毒品罪。我们虽然做了有力的无罪辩护，但最终法院还是按照该地区的一贯做法，判决我们的当事人构成运输毒品罪。】

如前所述，经营行为是基于营利目的而反复、多次提供商品或者服务的行为。“经营许可证”是根据国家法律规定，由政府主管部门批准，允许经营主体从事某种经营行为而颁发的证明文件。没有相应的经营许可证或者批准文件从事经营活动就属于非法经营。

我国《矿产资源法实施细则》第六条第一款规定，“探矿权，是指在依法取得的勘查许可证规定的范围内，勘查矿产资源的权利”。第十八条规定:“探矿权人可以对符合国家边探边采规定要求的复杂类型矿床进行开采；但是，**应当向原颁发勘查许可证的机关、矿产储量审批机构和勘查项目主管部门提交论证材料，经审核同意后，按照国务院关于采矿登记管理法规的规定，办理采矿登记。**”

也就是说，对于探矿权人边探边采的权利，除了取得探矿权证后，还需要经有关部门审核同意后办理采矿登记。[①]

因此，勘查矿产，显然不是直接向他人提供商品或服务，进而获利的经营行为。探矿权证只赋予了探矿权人勘探矿产资源的权利，而这一许可不属于从事相关经营活动的许可，不符合非法经营罪列举的第二项行为。

并且，检索我国生效的刑事判决，从未见有将探矿权的转让认定为非法经营罪的先例。而就在赤峰市辖区内，根据《中国矿业报》2013 年 1 月 12 日第 04A 版的报道（见附件 P1-2），虽然在赤峰市宁城县也曾有过其他转让矿业权而被指控为非法经营罪的先例，但是该案最终被人民法院判决无罪。

此外，如果敖汉旗法院认为探矿权的转让属于《刑法》第二百二十五条第（四）项规定的“其它严重扰乱市场秩序的非法经营行为”，也应当按照《关于准确理解和适用刑法中“国家规定”的有关问题的通知》第三条之规定，“对

① 探矿权证只允许销售按照经批准工程设计回收的矿产品。《矿产资源法实施细则》第十六条规定:“探矿权人享有下列权利:（一）按照勘查许可证规定的区域、期限、工作对象进行勘查;（二）在勘查作业区及相邻区域架设供电、供水、通讯管线，但是不得影响或者损害原有的供电、供水设施和通讯管线;（三）在勘查作业区及相邻区域通行;（四）根据工程需要临时使用土地;（五）优先取得勘查作业区内新发现矿种的探矿权;（六）优先取得勘查作业区内矿产资源的采矿权;（七）自行销售勘查中按照批准的工程设计施工回收的矿产品，但是国务院规定由指定单位统一收购的矿产品除外。探矿权人行使前款所列权利时，有关法律、法规规定应当经过批准或者履行其他手续的，应当遵守有关法律、法规的规定。”

被告人的行为是否属于《刑法》第二百二十五条第（四）项规定的‘其它严重扰乱市场秩序的非法经营行为’，有关司法解释未作明确规定的，应当作为法律适用问题，逐级向最高人民法院请示。”

八、董某与刘某富之间的交易，实际是“辽宁建平县园林铁矿”的承包经营权转让

【刑事司法实践与教学不同。**教学中，我们先假定行为是确定的，然后研讨行为的法律定性。司法实践中，行为本身是待定的，需要根据在案证据来确认，此是重中之重。**绝大部分刑事案件运用不到高深的刑法理论，而是基础的事实问题。因此，辩护律师不能被起诉书指控的犯罪事实所蒙蔽或带偏，要高度警惕、抽丝剥茧，根据在案的证据，还原并确定刑法意义上的“行为”。

如本案中，我们结合在案的客观书证，论述了各被告人的行为，实际是在转让矿山企业的承包经营权。同时，我们引用了《刑事审判参考》第1451号“青岛瑞驰投资有限公司、栾钢先非法转让土地使用权案”，因公司股权转让导致的土地使用权流转，不构成非法转让土地使用权罪，类比论证了因承包经营权的变动导致探矿权证实际控制人的变动，也不应构成非法经营罪。】

董某在其第一次讯问笔录中供述：“去年11月至今……因为我也想办一个铁矿，第二天我和我儿子来到了敖汉见到了刘某富，商谈开办铁矿事宜……刘某富说：‘有一个人要开铁矿不干了，有采矿许可证，要干咱们合着干。我没钱，负责办理手续及协调敖汉方面的关系。’……”董某在第二次讯问笔录中再次明确，他是“打算开一个铁矿”。刘某富当时说，“办下来的探矿证换成你（董某）的名。”上述笔录说明，董某说计划开办铁矿，没有非法经营的故意。

刘某富与董某伟于2003年11月29日签订的《铁矿转让协议书》，也证明了这一点。双方在该协议中达成的交易，是涉案探矿权证所有人“辽宁建平县园林铁矿”的承包经营，而非买卖探矿权证。该协议的标题为“铁矿转让协议书”，说明董某与刘某富签署该协议的目的，是获取所谓“铁矿”，而非证件。协议中，董某和刘某富对涉案探矿权证的称呼分别是“采矿证”“探采证”，这充分说明二人对正在办理中的证件的法律属性并不清楚。并且，协议第四条对建平县园林铁矿的债权债务进行了约定，第五条约定签订协议后由董某“使用此企业名称。对于年检、变更由乙方自己负责”。这些条款充分说明，刘某富与董某签订该协议，实际是在对建平县园林铁矿的经营权进行交易。双方交易的对象，是企业的承包经营权，而非涉案证件。建平县园林铁矿的经营权发生

变动，必然会导致建平县园林铁矿所有的探矿证，从原经营者转至现经营者的控制之中。也即，董某持有涉案探矿权证的行为，是因双方签署该协议后，董某实际承包经营了建平县园林铁矿，从而获得了园林铁矿的公司财产——涉案探矿权证。

不仅如此，探矿权人本身可以变更，但从本案中各被告人从未对探矿权证上的“探矿权人”进行过变更，也可以看出，各方不是单纯对探矿权进行交易。如果各方是单纯对探矿权人进行交易，为了保证交易安全，防止探矿权因园林铁矿的实际控制人产生影响，则必然会对探矿权人进行变更。

与本案类似的行为，是《刑事审判参考》第 1451 号“青岛瑞驰投资有限公司、栾钢先非法转让土地使用权案”（见附件二）。该案涉及的问题，是通过股权转让以进行土地使用权流转，是否构成非法转让土地使用权罪。在该案中，人民法院认定上述行为不构成犯罪，主要理由是：“从股权转让与土地使用权转让的法律性质来看，公司股权转让并不会直接导致作为公司独立财产的土地使用权的变动……从罪刑法定和保持刑法谦抑性的角度来看，目前并无强制性规定禁止以转让公司股权形式实现土地使用权或房地产项目转让的目的，以此追究行为人的刑事责任依据不足……从优化生产要素市场化配置、促进土地流转体制机制改革等国家土地政策的发展方向来看，不宜对以股权转让形式出让土地使用权的行为入罪。”

本案与之相同，建平县园林铁矿的转让，确实会导致探矿权证的实际控制人发生变化，但并不会导致探矿权人的变动，立法也未曾禁止以承包经营权转让形式实现探矿权证转让的目的。内蒙古自治区自然资源厅 2022 年 9 月 2 日发布的内自然资发〔2022〕161 号《内蒙古自治区盘活矿业权工作方案》也明确，内蒙古自治区党委、政府在矿业权政策的发展方向，是“盘活矿业权”，“全面推进停产矿山复工复产和已设探矿权转采矿权工作，加快形成实际生产力》”，本案通过承包经营权转让盘活探矿权的行为，符合内蒙古自治区矿业权政策的发展方向。

因此，董某与刘某富之间就建平县园林铁矿的承包经营权的转让行为，不构成倒卖探矿权证的行为，不构成犯罪。

九、董某没有与刘某富合谋，董某对刘某富与王某学之间的交易毫不知情

本案中，刘某富与王某学之间的交易，董某没有参与合谋，是刘某富等人

独立实行的行为。在案证据显示，指控董某参与本起事实的是刘某富 2004 年 5 月 9 日 10 时的讯问笔录，刘某富称：“董某说咱俩合伙把证买下来合伙开选铁厂，于是董某花 2 万元钱，我们把证买下来了”（124 页）。“合作两个多月后，董某嫌投资太大，就想把探矿证转让出去。通过芦家地的刘某岭，我们认识了朝阳双塔区的王某学，于是我们将探矿证卖给了王某学……”（125 页）。但是，在刘某富同日 13 时的笔录中，其又称：“开始我俩想合作，待一段时间发现投资太大”（128 页）。“今年三月份，刘某岭找我，我认识了王某学，于是就将探矿许可证以 60 万元价格卖给他了。因为许可证没在我这，我让王某学先付 20 万元。我拿这 20 万元找到董某，给了董某 18 万元，从董某手将许可证买出来给了王某学”（128—129 页）。

而在刘某岭 2004 年 7 月 15 日的询问笔录中（107—108 页），对于上述情况是这样描述的：“刘某富说探矿证不在他那，在建平县的董某手中……我们到建平董某那，刘某富花了 19 万元将探矿证从董某那买来……”当时在场的李某杰，在 7 月 20 日的讯问笔录中（111—112 页）也称，“刘某富花 19.5 万元从董某那买的探矿证。”

刘某富的第二次供述，与刘某岭、李某杰的陈述能够互相印证，而刘某富对本起事实的第一次供述，与上述笔录有明显出入。因此可以认定，董某对刘某富与王某学之间的交易并不知情，不存在与刘某富合谋的情形。

综上所述，本案指控不能成立，希望合议庭审慎地研究本案的事实和证据，依法终止审理或宣告董某无罪。

此致

× × 中级人民法院

北京市中闻律师事务所律师：何兵　徐冯彬

二〇二三年五月八日

法庭内外齐发力

——匡晟孜涉嫌合同诈骗案辩护词

【案情回顾】

河北省大厂回族自治县公安局指控：2015 年 9 月至 2016 年 9 月期间，匡晟孜通过 QQ 邮箱，给况某多次发送他人名下的房产证复印件和抵押手续授权书，以办理抵押借款。借款金额远低于房产本身价值，骗取况某信任，致使况某按照匡晟孜要求，多次将资金转到匡晟孜母亲的银行卡上（卡由匡晟孜使用），资金总额共计人民币 3 940 万余元。在借款期间，匡晟孜给了况某 25 本客户抵押的广东省房地产权证（经珠海市不动产登记中心鉴定均为假证）。匡晟孜支付了况某以房产抵押的借款本金 800 万元和利息 1 146.75 万元，之后匡晟孜以各种理由不归还欠款，况某多次催要无果，致使况某损失 1 993.25 万余元。

案件被大厂县人民检察院移送至廊坊市人民检察院，后廊坊市人民检察院又将案件移回大厂县检察院。大厂县检察院经审查，最终认为犯罪事实不清、证据不足，不符合起诉条件，于 2019 年 6 月 14 日依法决定对匡晟孜不起诉 [大厂回族自治县人民检察院，大检公诉刑不诉〔2019〕12 号]。

【办案经过及辩护思路】

案件第一次移送审查起诉后，我和周海洋律师接受委托，经会见犯罪嫌疑人，分析资金流水等关键证据，形成针对管辖权问题、公安机关违法插手经济纠纷的控告材料，以及初步法律意见。案件移送至廊坊市人民检察院后，我们提交了调取证据申请、情况反映以及法律意见。廊坊市人民检察院审查后认为案件事实不清、证据不足，经过退回补充侦查，又移送回大厂县人民检察院。最终经过多次沟通，承办人采纳了我们的意见，大厂县人民检察院作出不起诉决定。

办案中我们发现，匡晟孜和况某系合作开展民间借贷，并就这一事实充分展开论证，以解释双方之间为何存在频繁、大额资金往来，为何出现资金缺口。在这一基础事实确定后，针对本案另一核心事实“提供伪造房本”进一步突破，我们梳理了双方之间的聊天记录等证据，从而还原出事实真相，也发现侦查人员违法办案的线索和证据。

我们还认为，侦查人员利用刑事手段帮助追债、违法插手经济纠纷，是导致本案成为冤案的重要原因，因此，对侦查人员违法行为的揭露，也是本篇法律意见的重要组成部分。

以下为辩护意见选摘。

廊坊市人民检察院：

根据当事人的委托和律师事务所的指派，北京市中闻律师事务所律师何兵、周海洋，担任涉嫌合同诈骗案中犯罪嫌疑人匡晟孜的辩护人。

经会见，辩护人于2018年10月向贵院提交了初步的法律意见。现经阅卷，辩护人坚持前期的意见，认为：匡晟孜没有实施被指控的合同诈骗行为，不涉嫌犯罪；公安机关及其办案人员，涉嫌违法办案；况某、白某、从某等人以匡晟孜及其家人的安全相威胁，暴力违法追债。事实和理由如下。

一、匡晟孜与况某之间是民间借贷的合作关系，因部分客户违约，导致匡晟孜没有按约定及时全部收回款项，和况某发生经济纠纷

【针对侦查机关的指控，首先要说清楚匡晟孜与况某之间是怎样的经济关系，二人之间为何会有频繁的、大额的资金往来，以及为什么会出现资金缺口。为此，辩护人通过会见和梳理双方的资金流水，结合侦查卷宗，判断出二人之间是合作放贷关系，因部分客户借贷资金未能收回，引发二人之间经济纠纷。】

（一）匡晟孜与况某是合作放贷关系，况某负责提供资金，匡晟孜负责将况某提供的资金借贷给他人，并赚取息差

根据匡晟孜的供述，匡晟孜和况某之间是合作放贷关系，具体情况是：2011年况某通过张某1认识了匡晟孜后，三人合作开展民间借贷。况某将资金给张某1，张某1再将资金给匡晟孜，匡晟孜负责把资金借贷给他人，按照约

定收回本息，并将本息转给张某1，再由张某1转给况某。自2015年年中起，况某绕过张某1，直接和匡晟孜合作开展民间借贷。合作中，匡晟孜给况某的月息是本金的3%，匡晟孜将资金借贷给他人时收取的月息，是3.5%～4%，其以此赚取息差。

匡晟孜的上述供述，虽然没有得到张某1在案证言的印证，况某本人也不承认和匡晟孜存在上述合作关系。但是，张某1、况某和匡晟孜之间，是否存在合作开展民间借贷的情况，还是有证可查的。

1. 况某的陈述，证明匡晟孜关于他和况某合作放贷的供述，是真实的

况某在2018年5月13日的陈述中，明确说“我与匡晟孜是通过我的一个朋友张某1介绍的”；“每个月的利息是本金的3%”；“利息还是本金的3%”；“这些借款都是匡晟孜按本金的3%给我利息”；“之后过了几天，我让匡晟孜把之前通过他借出去的到期的钱还给我一部分”。况某的上述陈述，证明匡晟孜关于“况某是通过张某1认识他的、合作开展民间借贷、月息是本金的3%”的说法，是真实的。

2. 银行转账记录、况某与张某1之间的民事诉讼，证明匡晟孜关于他和况某合作放贷的供述，是真实的

张某1、况某和匡晟孜合作开展民间借贷时，所涉及的资金都是通过银行转账的。同时，据匡晟孜所说，因合作开展民间借贷的资金问题，况某已经在北京起诉了张某1。办案机关调取2011年以来张某1、况某和匡晟孜之间的银行转账记录，以及况某起诉张某1的诉讼资料，即可证明匡晟孜在案供述的真实性。

3. 从某的证言、从某与况某之间的《合作协议》等，证明况某和从某之间是开展民间借贷的合作关系，况某以与他人合作开展民间借贷为常业，匡晟孜的供述是真实的，况某和匡晟孜之间也是民间借贷的合作关系

从某2018年8月13日的证言载明：“我是海延金融投资有限公司的法人代表，我们公司和况某签了一个合作协议，大概意思是我们两个人资源共享，共同投资项目挣钱后我们按照比例分配。”该《合作协议》第二条规定：“合作内容　乙方拥有大量资金和资金链，甲方为乙方提供需求资金、借贷资金的优质客户，甲方保证充分了解提供的客户资金来源均为合法来源。”第四条规定：“业务推荐费　甲方为乙方提供的优质客户，乙方每成交一单，客户借贷资金的0.5%作为甲方业务推荐费用，一单一结清。”况某2018年1月8日的陈述中也载明：“我和我的借款人之间都有借款协议，担保人就是海延金融有限公司。”

（二）因部分借款人违约，导致匡晟孜无法及时向况某回款，但是匡晟孜一直在积极回款、追款，没有合同诈骗的故意和行为

1. 况某和匡晟孜资金往来明细，证明匡晟孜不存在以各种理由推脱，拒不还钱的情况

虽然况某在 2018 年 5 月 13 日的陈述中说：2016 年 11 月 11 日“之后过了几天，我让匡晟孜把之前通过他借出去的到期的钱还给我一部分，他只还了一部分（具体数额记不清了）以后就以各种理由推脱”。

但是，《况某和匡晟孜资金往来明细》证明，自 2016 年 10 月 13 日起至 2016 年 12 月 1 日，况某累计给匡晟孜转款 3 次共计 640 万元，此后再没有给匡晟孜转款。自 2016 年 10 月 13 日起至 2017 年 7 月，匡晟孜累计还款 18 次共计 1 970 万元，不存在况某所说的以各种理由推脱，拒不还款的情况。

2. 因部分客户违约，导致匡晟孜不能及时向况某回款，况某明知这一情况，匡晟孜也一直在积极追款、回款

匡晟孜在 2018 年 10 月 4 日的供述中，说况某给他的钱，主要借给“陈某 1、黄某、张某 2、何某、张某 3 等人”。

黄某、张某 2 的证言，证明匡晟孜的上述供述是真实的，他们二人的确从匡晟孜那里借过钱，且至今本金和利息均未归还。

正是由于借款人的违约，导致匡晟孜无法及时向况某回款，对此，况某是明知的。况某明确说：匡晟孜还不上钱，是因为客户还没还他的钱。

针对借款人的违约行为，匡晟孜一直在积极追款、回款。匡晟孜对陈某 1 提起民事诉讼（广东省中山市第一人民法院〔2016〕粤 2071 民初 4162 号民事判决书载明，判决陈某 1 向匡晟孜等还款 1 060 万元），和借款人张某 2 签订了《借款协议之补充协议》（张某 2 欠匡晟孜借款 1 338 万元及违约金 268 万元），都予以证实。2018 年 10 月 11 日，匡晟孜还和况某签订了《债权转让协议》，将其对张某 2 的债权转让给况某。

（三）本案中，匡晟孜对张某 1 的还款，是对其和张某 1、况某三人合作开展民间贷款资金的清理

本案的资金往来，涉及匡晟孜给张某 1 还款。对此，匡晟孜在 2018 年 9 月 11 日的供述中明确说：“是况某让我把钱转给张某 1 的。况某把钱转给我，让我还我欠张某 1 的钱”。

匡晟孜所说的还他欠张某 1 的钱，是指如下情况：匡晟孜和张某 1、况某三人合作时，况某是先把钱给张某 1，张某 1 再把钱给匡晟孜，这样从资金流转看，是匡晟孜欠张某 1 的钱。但实际上，这些都是况某的钱，2015 年年中况某直接和他合作后，况某不想让张某 1 知道这一情况，所以在前期张某 1 参与的资金要到期时，况某就让匡晟孜用她转过去的钱归还张某 1。通过这种方式，逐步使张某 1 从他们三人之间的合作中退出去，并不是说匡晟孜真的欠张某 1 的钱，并骗取况某的钱来归还张某 1。

这一点，和匡晟孜关于他和张某 1、况某合作开展民间借贷的供述能够相印证。

二、匡晟孜没有伪造并向况某提供伪造的房产证原件，仅是为向况某说明拟借款客户的情况，通过电子邮件给况某发过案涉房产证复印件

【匡晟孜是否伪造房产证骗取况某提供资金，是本案另一争议核心。为此，辩护人详细梳理了在案证据，特别是微信聊天记录，就况某等人自己拿出假房本，在个别侦查人员的帮助下，逼迫匡晟孜在假房本上签上金额与日期的情况，详细说明与论证。】

匡晟孜在 2018 年 7 月 25 日的供述中说：蒋某、刘某 1 等人向银行抵押贷款，因银行审核时间太长，急用钱，就希望通过匡晟孜找到一些利息便宜的贷款，周转一下。匡晟孜就和况某联系，把情况和她说了，况某说把蒋某、刘某 1 等人的房产证复印件和房产抵押手续的授权委托书，通过 QQ 邮箱发送给况某，况某说可以做后，又把授权委托书上该她签字的地方签好字，扫描后通过电子邮箱发给匡晟孜。然后，匡晟孜就和中介（中间）的人联系，说能找到钱，月息是本金的 3.5% ～ 4%，对方蒋某、刘某 1 嫌利息太高，不做了。他把这种情况告诉况某了，但况某说这些钱她已经从几个金主（借款给况某的人）那里借到了，她已经给利息了，让匡晟孜想办法把钱放出去，匡晟孜当时也同意了，这些钱的月息也是本金的 3%。在会见中，匡晟孜进一步说，他要的月息是 3.5% ～ 4%，因为还有中介，有中间人，他们和蒋某、刘某 1 等谈的时候，还要再加，最后蒋某、刘某 1 等人嫌利息太高，没有做。

在案证据证明匡晟孜的上述供述是真实的。

（一）毛某、杨某 1 的证言，证明蒋某、刘某 1 等人确实曾因急用钱，想通过匡晟孜进行民间贷款，并通过中介等向匡晟孜提供过房产证的复印件，但最后没有谈成

毛某在 2018 年 8 月 25 日的自书证言中明确说：2016 年 5 月 30 日，他的中介朋友李某 1 说蒋某的银行贷款马上到期，其商铺评估价 26 000 元左右，现转让价在 11 000 元左右，匡晟孜认识许多银行的朋友，看看能不能在银行贷出一些款来，就不用首期款了，匡晟孜表示了解一下情况，要商铺的资料了解细节，于是他和中介李某 1、廖经理，还有业主蒋某的受托人陈先生拿了蒋某的一些房产证复印件。刚开始几家中介都在催，想收到中介费，后听业主的委托人说不要弄了，招商银行处理掉了，后来大家都放弃了。2016 年 5 月 30 日谈这个事的时候，有毛某本人、李某 1、廖经理，匡晟孜和业主蒋某的受托人陈先生在，蒋某在外地，未到现场。

毛某的上述证言，证明了四个事实。第一，蒋某确实曾委托他人，想以案涉房产作抵押，通过匡晟孜贷款，并向匡晟孜提供了相关房产证复印件。第二，蒋某没有直接和匡晟孜谈借款的事，而是委托他人通过中介李某 1 等人谈的，几家中介都想收中介费，确实存在匡晟孜所说的利息层层加码的情况。第三，最后是业主蒋某的委托人说不要弄了，匡晟孜所说的“蒋某最后嫌利息高，不做了”是真实的。第四，毛某等人当时和匡晟孜谈的，不是从银行贷款，而是民间借贷。因为当时案涉房产已经在招商银行抵押贷款了，如果再以该房产从银行抵押贷款，仍是以原产权人名义抵押贷款，即使能贷出款来，也不能办理转让事宜，更何况，最后决定是否办理贷款的还是蒋某本人。既然是他本人决定不贷款了，当然不存在案涉房产转让一说。

杨某 1 在 2018 年 8 月 26 日的自书证言中明确说：在 2015 年 7 月，其推荐匡晟孜为刘某 1 办理银行贷款，抵押物为珠海财富投资有限公司名下的案涉房产。这说明，匡晟孜关于刘某 1 借款的说法，是可信的，真实的。

（二）在案证据，不能证明匡晟孜伪造并向况某提供了伪造的案涉房产证原件

1. 匡晟孜没有接触、收到过案涉房产证原件

毛某等人的证言、匡晟孜和况某的往来邮件，证明匡晟孜通过邮件向况某提供的只是相关房产证的复印件。蒋某、刘某 1 等人的证言，证明案涉房产证

原件没有借给别人使用过，都是自己（或公司）统一保管。

2. 况某的陈述、杨某 3 的证言等，不能证明案涉房产证原件，也不能证明是匡晟孜伪造并提供给况某的

虽然况某说案涉假房本是匡晟孜给她的，并在 2018 年 1 月 28 日提交的《关于匡晟孜诈骗案补交证据清单》中明确说“2016 年 11 月 11 日，匡晟孜给我蒋某名下的 18 本房本时，我正在珠海金悦轩餐厅跟朋友徐某吃饭，席间匡晟孜给我打电话说已经到金悦轩酒店门口让我下楼取房本，然后我下楼取了 18 本房本，徐某亲眼看见了 18 本房本”。虽然徐某在 2018 年 5 月 15 日的亲笔证言中也说：2016 年 11 月 11 日，她和况某在珠海金悦轩餐厅吃饭时，况某的朋友联系她，说已经到楼下让况某下楼取东西，大概 20 分钟后，况某回到餐厅手里拿了一个红色塑料袋，后来况某打开给她看过，是 10 多本接近 20 本房本。

况某和徐某的上述说法，只能证明在 2016 年 11 月 11 日，况某在珠海从他人手里收到过房产证原件，但不能证明该房产证原件是匡晟孜给况某的，也不能证明该房产证原件就是案涉的假房本。

2016 年 11 月 11 日的通话记录，也只能证明当日匡晟孜和况某联系过。

3. 匡晟孜和况某的往来邮件，不能证明匡晟孜以房产抵押为名骗取况某的资金

虽然匡晟孜通过邮件多次给况某发案涉房产证复印件，并要求况某填写授权委托书，并在 2016 年 8 月 8 日的邮件中写明：“况，这是办抵押的 18 套商铺资料，签好名扫描给我先哈，今天搞定，我明天去办哈。”但匡晟孜所说的“明天去办”，并不是指办理房产抵押，正如况某自己所说，匡晟孜不可能不知道办理该项业务，需要办理公证手续。他所说的去办，是指拿到况某的授权后，去和借款方具体谈借款的事。这一点，匡晟孜在 2018 年 7 月 25 日的供述中明确说：况某说可以做后，况某把授权委托书上该她签字的地方签好字，将扫描件通过电子邮箱发过来。然后，他就和中介（中间）的人联系，说能找到钱。

同时，匡晟孜通过邮件多次给况某案涉房产证复印件，并要求况某填写授权委托书，是因为拟以房产抵押借款的人，不是一个人。即使是同一个人，如蒋某，其房产证复印件的提供，也不是一次完成的。这一点，杨某 1、毛某等人的证言，已经证明。

4.“有匡晟孜手写日期及金额的假房本原件”是况某自己提供，并在从某、大厂民警张某4等人的帮助下，逼迫匡晟孜在上面签的

（1）况某关于匡晟孜手写日期及金额的假房本的指控，没有证据支持。

虽然况某提交的《关于匡晟孜诈骗案补交证据清单》载明：“根据笔迹比对，匡晟孜交给况某的假房本中，其中有5本假房本上手写的日期及金额为匡晟孜本人书写，可以进行笔迹鉴定。”但是，在案证据中没有相关房产证复印证，也没有相关笔迹鉴定意见支持况某的上述主张。

（2）张某2、刘某2、彭某的证言以及报警回执等，能够证明是况某等人自己拿出假房本，并逼迫匡晟孜在假房本上签上金额与日期的。

关于手写日期及金额的假房产证原件，匡晟孜说：2017年9月22日晚，其应况某之约，在张某2的陪同下，去珠海格力香樟小区的一小酒吧和况某商谈两人之间经济纠纷解决。当晚，况某带着从某、张某4等人，其中张某4说自己是北京的警察。况某、从某、张某4等人，拿出一些房产证原件，逼迫他在上面签上金额、日期。同时，逼迫匡晟孜签订了《路虎车抵押协议》，签订了将况某对匡晟孜享有的2 100万元债权，转让给从某的《债权转让协议》，并让四名同伙挟持匡晟孜去汽车修理厂取路虎车。后经汽车修理厂老板刘某2报案，匡晟孜、张某2才得以脱身。

张某2在2018年9月25日的自书证言中，说：2017年9月22日晚，他和匡晟孜一起去珠海市格力香樟小区靠近九洲大道边上的一个小酒吧见况某，况某到后有半个小时左右，来了四五个陌生男人，其中一人自称是北京市公安局的，他们抢了匡晟孜的手机，要匡晟孜写了他不知道具体数额的还款承诺书，然后带匡晟孜去取车抵还借款。

汽车修理厂员工彭某在2018年9月3日的自书证言中，说：2017年9月23日凌晨，匡晟孜在四个身材高大的大汉的挟持下，到车行取车，他说车被老板开走了，那四个人去老板刘某2家里。

汽车修理厂老板刘某2在2018年9月3日自书证言中说：2017年9月23日凌晨，匡晟孜还有四个身材高大的陌生人，到他家问他要车，他说车不在借给朋友开走了，聊了几句后，那四个人就把匡晟孜叫走了。他感觉匡晟孜被人控制了、威胁了，就打110向翠香派出所报警了，派出所出警，把匡晟孜和那四个人一起带走了。翠香派出所的报警回执，证明刘某2确实报过警。

同时，匡晟孜说，2017年9月23日凌晨，他们被带到翠香派出所后，派出所民警到酒吧把况某、从某（张某4当晚跑了）也带过来了，并为匡晟孜等

人做了笔录，调取翠香派出所当晚的处理该起出警的资料，也能证明匡晟孜上述说法的真实性。

（3）况某和匡晟孜、从某和匡晟孜的微信聊天记录，证明案涉假房本原件和匡晟孜没有关系。

况某和匡晟孜2017年9月24日10:12的聊天记录，显示况某说："目前是初查阶段，从总的意思是只要还钱，他就不追究了，就让警察撤了，他的目的也不是要追究咱们谁的责任，他就想拿回钱。"匡晟孜回答说："而且我再声明一点，本人匡晟孜从未制假造假，这走到哪里都不怕，既然是民间借贷，那就是欠钱还钱，别想给我扣帽子，我也会起诉你诬告和故意陷害，我也想问问警察他们凭什么插手民间借贷！"况某接着说："我现在也没办法，就他现在逼得太紧，把他这个还了，他也说了，他这边还了他也不会找事。"同日15:19的聊天记录显示况某说"房本我只能按还款比例还你"时，匡晟孜说"房本不用还我，那又不是我的"。

匡晟孜和从某聊天时，也明确说："假房本的事与我无关，我和况某只是民间借贷关系，硬要栽赃也是不可能的。"

上述聊天记录证明，假房本的事是况某等人制造出来的，与匡晟孜无关。

（三）况某和匡晟孜、从某和匡晟孜的微信聊天记录，证明本案是人为制造出来的

况某和匡晟孜2017年9月24日10:12的聊天记录，显示况某说："目前是初查阶段，从总的意思是只要还钱，他就不追究了，就让警察撤了，他的目的也不是要追究咱们谁的责任，他就想拿回钱。""我现在也没办法，就他（指从某）现在逼得太紧，把他这个还了，他也说了，他这边还了他也不会找事。"聊天记录还显示况某对匡晟孜说："从总他们在北京和澳门的势力也很大，你觉得没法应对，你就说还了钱给我，他们自然也就不找你了。"

匡晟孜和从某的聊天记录，显示从某明确告诉匡晟孜："我再一次真诚希望你把握这次机会。"并说："你记住匡晟孜，这是还钱最好的时机，你把握住了，就还三千，给你打两千的折，把握不住，肯定出事，还有别人跟着你倒霉，我也算倒霉的一个，后天就是4月15号，现在绝对是最后你选择的机会了。"

上述聊天记录证明，从某在况某与匡晟孜的经济纠纷中，对是否要求匡晟孜还款以及还多少款，处于绝对的主导地位，本案是况某、从某等人人为制造出来的。

从某之所以占主导地位，并和况某一起积极制造本案，是因为况某和从某之间是合作开展民间借贷的关系。况某在 2018 年 1 月 8 日的陈述中说，“我和我的借款人之间都有借款协议，担保人就是海延金融有限公司”。而且，上述情况，也证明况某给匡晟孜的钱，绝大多数来自从某介绍的客户，否则，从某也不会说：“这是还钱最好的时机，你把握住了，就还三千，给你打两千的折，把握不住，肯定出事，还有别人跟着你倒霉，我也算倒霉的一个。”

三、况某和匡晟孜之间是普通的经济纠纷，大厂县公安局及张某 4、白某等人，不应以刑事手段，插手经济纠纷，违法办案

【上述实体问题的分析，不能展现侦查人员以刑事手段插手经济纠纷的全貌。为更充分地说明本案是人为制造的冤假错案，有必要详细说明侦查机关和部分侦查人员违法办案的情况，特别是部分侦查人员在案发前就介入案涉经济纠纷，到珠海等地帮况某违法追债的情况，进而有利于全面认识、评价本案。】

（一）本案属于普通民事经济纠纷，大厂县公安局不应以刑事手段介入

在案证据充分证明，本案只是一起普通的经济纠纷：况某和匡晟孜之间是合作开展民间借贷的关系；况某负责出借的资金；匡晟孜负责借款的客户，也即负责把钱借出去。因为部分借款人的违约，导致匡晟孜没能如约将资金及时收回，从而和况某之间发生冲突。

《公安部关于严禁公安机关插手经济纠纷违法抓人的通知》第一条规定：“各地公安机关承办经济犯罪案件，必须严格执行最高人民法院、最高人民检察院、公安部关于案件管辖的规定。要正确区分诈骗、投机倒把、走私等经济犯罪与经济合同纠纷的界限，准确定性。凡属债务、合同等经济纠纷，公安机关绝对不得介入。”据此规定，大厂县公安局不得以刑事手段介入本案。

（二）大厂县公安局对本案没有管辖权

虽然况某说从 2015 年 9 月至 2016 年 11 月，她给匡晟孜通过网上银行转账的钱，“都是在河北省大厂回族自治县夏垫镇海延金融有限公司的办公室里当着我的借款人和担保人的面给匡晟孜转账过去的”（证据卷 1P56）。虽然从某在 2018 年 8 月 13 日的证言中说“在我经营的海延金融投资有限公司办公室里，况某操作电脑通过网上银行给匡晟孜转过好多次钱”。但是，鉴于在案证据充分证明，从某和况某之间，是合作开展民间借贷的关系；从某经营的海延

金融有限公司，是况某和她的借款人之间的担保人；从某实际主导况某对匡晟孜的追债，并协调警察张某4等人违法办案，非法参与追债。因此，况某、从某上述关于在海延金融投资有限公司办公室里，况某给匡晟孜转账的说法，不具有真实性，不应采信。

况某的经常居住地在北京，匡晟孜的经常居住地在珠海，案涉资金都是通过招商银行、浦发银行等的网上银行转账，资金流转地为珠海或北京。因此，本案犯罪行为地、犯罪结果地等所有与案件管辖有关的因素，均不在大厂县。根据《刑事诉讼法》第二十五条、《公安机关办理刑事案件程序规定》第十五条的规定，对本案，大厂县公安局没有管辖权。

（三）大厂县公安局民警张某4、白某等人，违法插手经济纠纷，抓捕、收审匡晟孜作“人质”，帮助况某、从某逼债

1. 张某4冒称北京警察，违法插手经济纠纷

2017年9月22日晚，大厂县公安局民警张某4和况某、从某等人，在珠海格力香樟小区非法控制、挟持匡晟孜，当时张某4对匡晟孜说自己是北京的警察，要把匡晟孜带走。刘某2报警后，张某4逃跑，没到派出所接受处理。

对这一情况，证人张某2作为亲历者，可以辨认、指证。而且，张某2在2018年9月25日的自书证言中，也明确说：2017年9月22日晚，他和匡晟孜一起去珠海市格力香樟小区靠近九洲大道边上的一个小酒吧见况某，况某到后半个小时左右，来了四五个陌生男人，其中一人自称是北京市公安局的。

况某和匡晟孜2017年9月24日10:07的聊天记录，显示匡晟孜说：“你既然已经报案给北京市公安局，警察那天晚上也来了，那说明你是走法律途径了。”当日10:12的聊天记录，显示况某说：“目前是初查阶段，从总的意思是只要还钱，他就不追究了，就让警察撤了，他的目的也不是要追究咱们谁的责任，他就想拿回钱。”这说明，2017年9月22日晚，确实有人说自己是北京警察，并帮着况某向匡晟孜追债。

2. 张某4、白某等人违法办案，并抓捕、收审匡晟孜作“人质”，帮助况某、从某逼债

2018年1月26日，张某4和白某等人到珠海调查匡晟孜，在珠海香州分局刑警队的办公室为匡晟孜做了笔录。匡晟孜说，当时他就提出张某4前期冒称北京警察，和况某等人一起违法向其追债，要求张某4回避。但是，张某4没有回避，白某对匡晟孜提出的要求张某4的回避要求，也没有如实记录。

白某明知张某 4 曾违法插手匡晟孜和况某经济纠纷，在没有如实记录匡晟孜要求张某 4 回避的情况下，仍继续参与本案的办理，并在办案中，多次将匡晟孜外提到大厂县公安局办公室，以取保候审为条件，违法让况某、从某直接和匡晟孜面谈，帮助况某、从某逼债。

是否外提匡晟孜，只需调取匡晟孜的出入看守所记录，即可证明。

据匡晟孜说，第一次外提大概是其被批准逮捕前一天，当时警察还让其用况某的手机给其父亲（当天其父亲在大厂）打电话，让他也来参与谈判。对此，匡晟孜的父亲能够证明，也可调取况某和匡晟孜父亲的通话记录。

第二次外提是 2018 年 10 月 8 日下午。

第三次外提是 2018 年 10 月 11 日下午，从某、况某在大厂县公安局办公室，和匡晟孜签订了债权转让合同，匡晟孜说当时主要是从某和他谈的，况某基本没说什么。这次，况某不但通过电话和匡晟孜的母亲沟通，还用微信将该债权转让合同发给了匡晟孜的母亲。此部分事实，调取况某的当天下午的通话记录和微信聊天记录，即可证明。此外，当天下午，白某等人在大厂县公安局刑警大队讯问室，给匡晟孜做的讯问笔录，也证明当日白某等人确实违法将匡晟孜外提并讯问。

白某将匡晟孜外提后，让从某、况某直接和他见面追债的做法，显然是违法的。同时，白某以取保候审为条件，协助从某、况某追债的行为，也显然违背了《公安部关于严禁公安机关插手经济纠纷违法抓人的通知》第三条的规定，是明显的以强行抓捕收审经济纠纷当事人作“人质”，逼债索要款物，“以收代侦”“退款放人”的非法做法。

四、况某、白某、从某等人对匡晟孜暴力逼债，暴力骚扰、威胁匡晟孜及其家人的生命安全，社会影响极其恶劣，涉嫌违法犯罪

（一）况某雇佣白某等人暴力催收，逼迫匡晟孜签订《借款协议》，多次暴力骚扰匡晟孜，并威胁匡晟孜与家人的安全

1. 况某雇佣白某等人暴力催收，逼迫匡晟孜签订《借款协议》

2017 年 6 月 29 日晚，况某、白某带了七八个人，在珠海仁恒星园的一味茶庄将匡晟孜控制，以匡晟孜及其家人的安全相威胁，逼迫匡晟孜签订《借款协议》，逼迫匡晟孜还款。匡晟孜通过微信向朋友陈某 2 求助，请他帮忙报警。陈某 2 报警后，警察于当晚 11:40 左右到达现场，匡晟孜才得以脱身。

2017年7月3日，况某约匡晟孜到珠海柠溪小区的漫咖啡（或美咖啡，该小区就一个咖啡厅）谈还款事宜，匡晟孜在朋友谢某的陪同下到达后，白某等人又逼迫匡晟孜签订《借款协议》。迫于自身和家人的安全，匡晟孜被迫和况某签订了《借款协议》，在协议中确认“截至2017年7月1日，乙方（即匡晟孜）待偿还借款本金为人民币伍仟一百玖拾万元整”。

上述情况，有陈某2、龚某、谢某的证言、《债务催收委托代理合同》和《关于解除与白某〈债务催收委托代理合同〉的函》、2017年7月3日的《借款协议》予以证明。会见中，匡晟孜也讲述了这一情况。

陈某2在2017年7月14日的自书《情况说明书》，证明2017年6月29日，匡晟孜被况某等8人胁迫在一味茶馆，向他求助请他报警，警察出警后，匡晟孜才得以脱身。

龚某2017年7月11日的自书《说明材料》，证明2017年6月29日晚，匡晟孜和一位女士在一味茶馆包房见面，后有九、十位男士冲入包房，后来有警察出警，说有一位匡姓的男士被人威胁及禁锢，她把警察带到匡晟孜所在的包房，匡晟孜便和警察走了。

谢某2017年7月10日自书的《证明材料》，证明况某找人，以匡晟孜及其家人安全相威胁，逼迫匡晟孜鉴定新的借款协议，2017年7月3日，匡晟孜被迫和况某签订了新的协议。

况某用微信给匡晟孜发过其和白某之间的《债务催收委托代理合同》和《关于解除与白某〈债务催收委托代理合同〉的函》。这两份材料可证明况某雇佣白某等人，对匡晟孜追债。

2. 况某雇佣白某等人，多次暴力骚扰匡晟孜，并威胁匡晟孜及其家人安全

况某、白某还不断指使他人，跟踪匡晟孜，到匡晟孜家门口蹲点骚扰。他们用油漆，在匡晟孜家的楼道墙上喷“欠债还钱”，在匡晟孜妻子的白色路虎车上，用红油漆喷“欠债还钱”，贴喷有“欠债还钱”大字报，并拍照发到一些微信群里。

这一情况，有谢某、黄某的证言、楼宇监控资料、微信群聊天资料等予以证明。

谢某2017年7月10日自书的《证明材料》，证明况某找了两个黑社会人员在小区，对匡晟孜长期盯梢。

黄某2018年9月17日的自书《经过说明》，证明况某等人威逼、恐吓匡晟孜，匡晟孜担心自己的人身安全，多次要他陪着回家；匡晟孜家路虎车上被

人喷有“欠债还钱”字样的红色油漆，匡晟孜及其家人十分惊慌、恐惧。

楼宇监控资料、微信群聊天资料，证明2017年9月有多人在匡晟孜家的楼道墙上喷“欠债还钱”，在匡晟孜家的路虎车上，用红油漆喷“欠债还钱”。

（二）况某伙同从某、张某4（系大厂县公安局民警）等人，对匡晟孜违法逼债，并多次暴力骚扰、威胁匡晟孜及其家人的生命安全，社会影响极其恶劣

1. 况某伙同从某、张某4（系大厂县公安局民警）等人，逼迫匡晟孜签订《债权转让协议》《路虎车抵押协议》，并强逼匡晟孜在他们提供的《房地产权证书》原件上签上金额

2017年9月22日晚，况某伙同从某、张某4（系大厂县公安局民警）等人，逼迫匡晟孜签订《债权转让协议》《路虎车抵押协议》，并强逼匡晟孜在他们提供的《房地产权证书》原件上签上金额和日期，然后控制匡晟孜去刘某2的汽车修理厂取路虎车，经刘某2报警后，匡晟孜才得以脱身。这一情况，有张某2、刘某2、彭某的证言、报警回执、况某和匡晟孜的微信聊天记录等予以证明。前文已详述，在处不再重复。

2. 况某、从某指使李某2到匡晟孜家放火

匡晟孜说，2017年10月，况某、从某指使李某2，带着汽油到匡晟孜家（珠海市仁恒星园××栋×××房），叫嚣着要放火。据匡晟孜说，当时经物业报警，当地梅华派出所出警将李某2抓获，后该派出所将李某2行政拘留5天。调取梅华派出所出警处理该事的资料，即可证明。

匡晟孜家人提供的李某2发给匡晟孜的手机短信，也能证明上述事实。短信中，李某2威胁匡晟孜说：“会拿着汽油去你家自杀，不光你倒霉我倒霉，杨某2肯定也倒霉。”（杨某2是匡晟孜的妻子）

3. 从某带人暴力威胁、恐吓匡晟孜的妻子和岳父岳母

匡晟孜说，2017年10月16日，从某带着六七个人到湖北他岳父岳母家中，对他正在坐月子的妻子和未满月的婴儿进行骚扰、恐吓，逼得他的妻子抱着孩子要跳楼，并打电话向匡晟孜求助。匡晟孜在珠海直接打110报警，后当地石花派出所出警，从某等人才离开。但是，隔了一天后，从某等人又到他岳父岳母家中，再次进行威胁、恐吓。

上述情况，调取匡晟孜的通话记录、石花派出所的出警记录即可证明。

同时，况某的陈述，也能证明匡晟孜所说的上述情况是真实的。

况某在2018年1月15日的陈述中说："去年10月份时我的合作人海延企业信息咨询有限公司（海延金融有限公司）的从某去找他媳妇杨某2。"

综上，辩护人认为：匡晟孜和况某之间是普通的经济纠纷，匡晟孜没有以房产抵押为名、伪造房产证骗取况某资金的故意和行为，大厂县公安局及其民警张某4等人，不应以刑事手段插手经济纠纷，违法办案。恳请贵院依据事实和法律，严把审查起诉关，依法审查、监督本案。同时，根据《刑事诉讼法》第十九条第二款之规定，对大厂县公安局民警张某4、白某等人违法插手经济纠纷、损害司法公正的行为，依法立案侦查，追究他们的法律责任。

北京市中闻律师事务所律师：何兵　周海洋

二〇一八年十一月八日

深究客观证据认定是否“违背妇女意志”

——赵某涉嫌强奸罪的辩护词

【案情回顾】

有些强奸案件暴力性不明显，被害人身体没有明显伤痕，案发环境私密，如在酒店房间、当事人居所等。此类案件，常常演变成当时当下到底发生了什么，只有天知地知双方知的局面。案发后，当事人更是浑身长嘴也说不清。如何结合现有证据进行综合判断，本案可以作为一个典型来说明。

本案双方当事人 2018 年在某商务酒会认识，很快进入热恋，从 2018 年 5 月份开始在一五星酒店包房同居。案发前，被告人为被害人购买了大量奢侈品，还曾一次性给予被害人现金 40 余万元。2018 年 7 月份，二人还共同去国外旅行，共同见了被告人在国外留学的儿子。此后双方手书《承诺书》，以结婚为前提正式交往，相互承诺今后真心付出，任何一方不得以年龄、疾病、容颜为由背叛对方。双方要真心实意，相伴终生。被告人还承诺支付礼金，并在结婚登记后，将被害人名字加入自己的多套房证件中。

2018 年 7 月 20 日，被害人因出差入住南方某城市的 S 酒店，被告人按往常双方交往习惯，陪同出差，并于下午 5 点到达该酒店，入住被害人房间，直至 7 月 22 日凌晨，二人一直同住，中间发生过性关系。7 月 21 日晚，被害人与其公司一名男同事聚餐，当晚 11 时 30 分左右回酒店与被告人同住。两人洗澡后上床已是凌晨，双方又发生了性关系。7 月 22 日上午 9 时许，被害人的男同事前来敲门，被告人怀疑该男同事与被害人有染，与其争吵并厮打起来，被害人电话报警，告被告人强奸，至此案发。被害人称，与被告人相处三天中发生的多次性关系均是强奸，被告人说是被害人玩仙人跳，诬告强奸，实为赖账。

起诉书指控：2018 年 7 月 20 日至 22 日期间，被告人在南方某城市 S 酒店 29 楼 B105 房，威胁要将被害人的裸照发到网上、要伤害被害人及其父母，强行与被害人多次发生性关系，应当以强奸罪追究其刑事责任，同时还起诉被告人伪造身份证件罪。

2019 年 11 月 15 日，一审人民法院以强奸罪判处被告人有期徒刑 3 年 3 个月，同时犯伪造身份证件罪判处有期徒刑 6 个月，两罪并罚，决定执行有期徒刑 3 年 6 个月 [广东省佛山市禅城区人民法院刑事裁定书，（2020）粤 0604 刑初 754 号]。

【办案经过及辩护思路】

一审判决作出后，经一审辩护律师介绍，我与李中伟律师以及助理律师吴怡萱介入案件代理辩护，经与被告人多次会见并综合分析全案证据，辩护人认为本案是一起明显的冤案。

代理辩护期间，我们聘请了第三方司法鉴定机构，利用技术手段恢复了被告人手机中全部的电子数据信息，并结合酒店监控视频证据，抽丝剥茧寻找应对二审程序的新证据。同时，我们通过调取并分析被告人手机中的电子数据，还意外发现案件被害人向侦查机关提供了不完整的，甚至是伪造的微信聊天记录截图，因而电子数据真实性、合法性成了本案关键之争。

此外，我们还聘请了北京司法鉴定机构法医学鉴定专家，对侦查机关委托出具的被害人伤情鉴定报告进行复检，并出具了法医学书证审查意见书，证明被害人颈部二处瘀痕，是局限性类圆形皮肤瘀血青紫改变，属于典型的机械性紫斑，俗称“吻痕”。

该案二审期间，正值新冠疫情暴发，会见难、开庭难，二审承办法官更是以此为由，多次向辩护人追要辩护意见，甚至向辩护人送达了提交书面辩护意见通知书。由此可预测案件开庭审理大概率无望。为此，我们专门复函二审法院，并对其变相剥夺律师完整发表辩护意见权的行为实名控告，指出本案一审存在事实认定错误、关键证据违法，判决文书格式违法，只字不提辩方观点及证据，而二审法院也未依法回复辩护人调证申请，希望二审法院尊重律师辩护权，依法开庭审理，践行“看得见的正义”。

最终，二审中级人民法院裁定撤销原判决，发回原审人民法院重审。经过原审人民法院重新开庭审理后，检察院全案撤回起诉，被告人被羁押近两年后重获自由。

尊敬的审判长、人民陪审员：

贵院受理的被告人涉嫌伪造身份证件罪、强奸罪一案，北京市中闻律师事务所接受被告人委托，指派何兵律师担任被告人的辩护人，经过对案件的综合了解和分析，辩护人的意见如下。

第一部分　被告人不构成强奸罪

【司法实践中对于强奸罪的认定主要考量三个方面。第一，是否发生了性行为，主要通过DNA鉴定，人体鉴定等技术手段判断。第二，是否采取了能够压制妇女的暴力或胁迫手段，主要看侵害人是否采取殴打、捆绑、堵嘴、卡脖子、按倒等危害人身安全或人身自由，使妇女不能反抗的手段。威胁手段常见的就是用裸照、性行为视频在意志上压迫女性，核心就是判断能不能达到压制妇女不能反抗的程度。第三，违背妇女意志，这是判断构成强奸犯罪的难点及核心，审判实践常常主要从案发时被害妇女的认知能力、案发时被害妇女的反抗能力和被害人未做明确意思表示的客观原因等几方面进行评价。】

一、现有证据无法证明被告人采用了暴力、胁迫手段压制被害人，并与被害人发生性关系

（一）案发前，被告人一直与被害人同住S酒店的同一房间内，无客观证据显示双方存在冲突、矛盾

【判断是否存在“违背妇女意志”是强奸案件辩护核心，本案为熟人强奸类案件，双方都是成年人，男方未采取暴力手段对女方造成伤害、案发时女方也不存在醉酒、精神疾病等造成的意志不清醒状态。而被害人控告被告人强奸，通常会提出若干强奸事实，对这些强奸事实的解剖、分析，是解决这些案件的核心。本案被害人的主要理由就是双方感情已经破裂，因而其笔录陈述，也从多方面表达自己从一开始便不同意发生性关系。辩护人从所谓强奸的主要事实入手，逐一证实其是谎言，进而从根本上否定了强奸的存在。】

1. 被害人主动告诉被告人其在外地的住宿地址信息

【被害人表示违背其意志的第一个理由是，其从一开始就不想让被告人知道她的行踪，因此并未告知其酒店信息。而辩护人通过分析双方微信聊天记录互相发出的显示时间，结合腾讯公司的《微信聊天消息时间显示说明》，证明被害人居住的酒店信息是被害人主动发微信给被告人的。】

被害人在2018年7月22日的笔录中称，2018年7月16日其因工作原因到外地出差；7月17日的时候被告人就想过来找她，被害人表示不愿意，微信告诉被告人她想安静一下。因其订房时，被告人就在旁边，所以才知道被害人居住的酒店信息，但被害人没有告诉被告人房间号。

被告人称，被害人在案发地工作期间，想让被告人去找她，并主动告知住宿信息及房间号，被告人才前往外地找被害人。

根据被害人提供的聊天记录，其在7月20日13:51称，晚点过去找被告人，并预定在宾馆见面。

被告人提供的微信聊天记录截图显示：被害人于“星期二下午3:00”将其居住的S酒店信息主动发送给被告人。

腾讯客服提供的《微信聊天消息时间显示说明》:（1）当天的消息，以每5分钟为一个跨度的显示时间;（2）消息超过1天、小于1周，显示星期+收发消息的时间;（3）消息大于1周，显示手机收发时间的日期。

根据该《说明》可以看出，在该照片被拍摄的时候，消息时间超过一天且小于一周，故只显示了星期，未显示日期。

2018年7月3日、10日、17日、24日均为周二，而案发日期是2018年7月22日，从案发日往前数一星期来推算，被害人发送给被告人的住宿信息应当是在2018年7月17日的周二（如果是在2018年7月10日发送住宿信息，因拍摄照片已超过一周，其聊天信息中的时间应当显示为2018年7月10日，而非“星期二”)。因此，可以得出2018年7月17日下午3点，是被害人主动将其在案发地的住宿信息发给被告人。

双方在此前交往过程中，被害人因出差的差旅费标准较低，所住酒店条件一般，因此，被告人通常会前往被害人出差所在地，预定豪华酒店，接被害人同住。被告人此次出行，也是应被害人要求前往，并预定了当地的C酒店准备二人同住。

2. 监控录像显示，被告人并未向前台大厅查询被害人的住宿信息

【被害人主张违背其意志的第二个理由是，被告人属于强行进入被害人所住的酒店房间。双方在笔录中各执一词，被害人提出，被告人应该是通过在酒店前台打听到被害人的房间信息；而被告人的说法是，被害人在此前已经告知其房间号，他在前台仅仅是让酒店工作人员帮忙去电梯刷卡上楼。

我们通过查看酒店监控视频，发现被告人与前台工作人员有效交流时间仅有三秒，显然被告人的说法更符合逻辑和常识。像这段酒店监控视频，时长只

有 1 分 15 秒，堆在浩如烟海的案卷证据中很容易被草草略过。刑事辩护，非常考验律师金针探底、一眼识珠的能力。我时常说关键证据反复看，而这一前提首先是能够发掘关键证据，这并无其他捷径可言，唯有不遗余力的对案卷反复研读，在证据间反复穿梭，阅卷百遍，其意自见。】

办案机关提供的 S 酒店的监控录像显示，录像时间 17:40:40，被告人第一次出现在酒店大堂，未接触前台工作人员；录像时间 17:41:36，被告人折返回酒店大堂，同时有女客户在前台办理手续，该女客户已经掏出钱包；录像时间 17:41:42，被告人与前台工作人员沟通，女客户手续尚未办完；录像时间 17:41:45，被告人与前台工作人员一同离开前台，女客户手续仍未办完。

被告人到达 S 酒店后，在前台总共就停留了 9 秒钟（17:41:36—17:41:46）。检察机关曾多次要求公安机关调查被告人在这近 10 秒钟里面干了什么，但公安机关并未取得相关证人证言。监控显示，被告人在前台的 9 秒钟里，有 5 秒钟在远处等候别的客人处理事务，两三秒时间在走路，和前台交流的时间仅为 3 秒左右，这 3 秒的时间根本不可能打听到被害人的房间号。

结合警方出警视频可以看出，酒店需要刷卡才能到达所要前往的楼层。而被告人在前台停留并与前台工作人员简短交流，就是为了让前台工作人员给被告人刷卡到被害人所居住的 29 楼。而被告人事先并不知道上楼需要刷卡，所以才会在录像时间 17:40:40 第一次出现在大堂，并直接走向电梯间；而后在录像时间 17:41:36 折返回大堂，并急切地要求正在为其他客户办理手续的前台工作人员去帮自己刷卡上楼；之后，前台工作人员与被告人一同离开前台，让办理手续的客户等待，并为被告人刷卡上楼。

由此可以推断，被害人事先就已经告诉了被告人所居住的房间号，被告人并未向前台大厅查询被害人的住宿信息，而仅仅要求前台帮他刷卡开电梯。

3. 被告人与被害人同住在 S 酒店的同一房间期间，两人相处状态和谐，与被害人所述情况存在明显矛盾

【辩护人在论述被告人并非强行进入被害人入住的酒店房间后，进而继续论证，双方在酒店期间相处和谐，证明被害人证词存在矛盾，违背大众一般认识，可采信度低。强奸案件的判断要根据当时环境，二者事先、事后的相处状态等客观证据进行综合判断。我们认为，过于偏信被害人证言，变相降低强奸犯罪的构成标准，实际并不利于构建两性和谐关系，往往使社会生活中的饮食男女陷入不必要的恐慌。】

（1）2018 年 7 月 20 日两人的相处情况——根据被害人的说法，仅当天下

午，被害人便经历了“被威胁、被强迫拍裸照、被拉到房间二楼强奸”，但监控中显示两人相处神态自若，同出同入，饭后一同回到酒店房间过夜，熟睡至第二天中午才离开房间。

监控录像显示，录像时间 7 月 20 日 17:30:20，被告人到达了被害人居住的房间门口，并按了门铃，被告人在到达时还在与他人用手机通话，直到 17:31:44 才结束；录像时间 17:32:32，被告人进入被害人所居住的房间。被告人总共只敲了八次门，被害人便开门了。

被害人在 2018 年 7 月 22 日的笔录中称，被告人进入房间后就脱掉了被害人的衣服，并用手机拍摄了裸照，被告人以裸照和被害人家人相威胁，与被害人发生了关系。后来二人关系缓和了，在被害人要求下，被告人删掉了部分裸照。之后，双方在一张床上过夜，被害人未表示反对。

据被告人所述，其 7 月 20 日下午 5 时进入房间后，被害人因收到前女友发送信息而生气。被告人安慰了被害人，二人没有发生关系。之后，二人晚上一起出门吃饭，晚饭回来后被告人才与被害人发生了性关系。

监控录像显示，被告人进入被害人房间后至 20:40:51，被告人与被害人一同出门，离开酒店客房。期间，因为房间门锁的问题，被害人还和被告人进行了交流。

监控录像显示，二人外出直至 21:00:50 才回到酒店，在外时长约 1 小时 40 分钟，二人回到了房间时，被告人手中还提着供两人饮用的两瓶矿泉水，此时被害人神态没有任何异常。

被害人在 2018 年 7 月 22 日笔录中称，20 日下午被告人来到其房间，与其发生关系后，二人之间的关系缓和。当晚，二人在同一张床上过夜。

（2）2018 年 7 月 21 日两人相处情况——根据被害人说法，被害人经历了“前一天被威胁、拍裸照、被强奸”，“当日中午又被强奸”，但其晚上正常外出与同事聚餐到深夜，并再次返回其与被告人同住的房间。

被害人在 2018 年 7 月 22 日笔录中称，7 月 20 日下午被告人来到其房间，与其发生关系后，二人之间的关系缓和。当晚，二人在同一张床上过夜。到了 21 日早上的时候，被告人起得比她早，她当时还在床上睡觉，被告人突然就压在被害人身上，发生了关系。被害人当时特别难受，就让被告人不要这样，被告人还是继续抽插，大约十来分钟。到了中午的时候，被害人想到被告人拿裸照来威胁她，还拿结婚这事情来威胁她，所以当时她就跟被告人提出分手。被告人问为何这样，被害人的理由是不想跟威胁她的人在一起，她会很害怕。之后，被告人就把之前订的C酒店的房间退掉，拉着被害人回到了S酒店。

但是，根据酒店监控录像显示，2018年7月21日，两人在酒店房间一直待到下午1:07才出门，出门时被告人左手挽着被害人，右手提着钱包；录像时间15:07:24，被告人带着行李箱和背包和被害人一起回到了一楼电梯间；录像时间14:52:34，二人一同回到S酒店房间。全程被害人主动为被告人按电梯，并提前走到房间门前为被告人开门，二人同出同进，神态自若，没有发生争执、冲突。

然而，根据被害人提供的截图显示，在上述同一时间（2018年7月21日14:46），被害人还向被告人微信转账了8万元，用以明确表示其分手的决心。这一情形与上述双方在监控视频中表现出的相处状态存在非常诡异的矛盾。

被害人声称通过微信转账表示分手决心，但既没有在微信留言说要分手，也没有在此时与被告人当面表示分手，反而让被告人带着全部行李从被告人原本预定的酒店退房回到自己的房间，为其按电梯、开门。根据被告人的陈述，其自始至终不知道被害人曾给他转账过8万元钱，更不知道被害人在此时跟他提过分手。而从双方在监控视频中的相处状态来看，双方情绪平稳，相处状态与正常情侣无异，根本不是正在闹分手时应有的状态。因此可以判断，此时被害人“不声不响”转账8万元钱所表示的意思只能是被害人一人的不为人知的“内心戏”，其从未明确告知被告人。从腾讯公司调取的被害人的转账记录也无法显示其给被告人转了钱。

据被告人所述，7月21日下午返回S酒店后，被害人还为其多办了一张房卡，供被告人出入。下午5点左右两人还在酒店大堂咖啡厅一同喝咖啡。从腾讯公司调取的被告人的转账记录显示，其在当时下午4:21给禅城区一半一伴咖啡馆支付了费用。

之后，被害人和同事（男）一同外出聚餐直至深夜。根据被告人与被害人的微信聊天内容，当晚，被告人见被害人深夜未归，表示担心。被害人给被告人发微信称：“我在路上了，马上回到，不好意思。”晚上11:30，被害人自行回到了酒店房间，与被告人同住。

（二）现有证据无法证明，2018年7月22日凌晨期间，被告人以暴力手段强迫与被害人发生性关系

【司法实践中，对于熟人强奸案件，会更偏重被害人陈述，这也是本案一审时，在缺少核心客观证据的情况下，被告人仍被判处有期徒刑3年3个月的

原因。判决文书论理部分主要依据的就是被害人的陈述，被告人“浑身长嘴说不清”，甚至一审判决文书中根本未提及任何辩方的观点及提交的证据。辩护人介入二审时，重点分析被害人陈述内容存在的明显矛盾，证明被害人陈述不具有真实性。】

1. 被害人对于当晚二人发生性关系情形的描述存在明显矛盾

根据被告人的供述内容，其称7月21日晚23点30分后，被害人回到酒店，两人自愿发生了性关系，睡到凌晨4点，双方企图再次发生性关系，但因被害人在“前戏”过程中谈论到双方婚后的财产分配问题，使被告人失去兴趣，生理上未能与其发生性关系。上述内容的几次供述笔录内容均保持一致，没有矛盾（见表14-1）。

表14-1　被害人关于7月21日晚至7月22日凌晨的两次笔录

第一次	第二次
晚23点后，凌晨4点前	凌晨4点
发生了性行为	性功能障碍未发生
—	造成被害人颈皮肤挫伤

而被害人几次笔录内容，在性关系的发生的时间、次数及具体情节上的说法均存在明显矛盾，具体见表14-2。

表14-2　被害人四次笔录的矛盾之处

	第一次	第二次	第三次	第四次
07.22笔录	未提及	晚23点后被害人刚回酒店洗澡后，持续20分钟，并造成了皮肤挫伤	持续10分钟	持续10分钟（凌晨4点前发生）
07.25笔录	凌晨1点，被告人使用手指插入，并在脖子上吸咬	持续十几分钟	持续十几分钟	被告人性功能障碍未发生关系
10.10笔录	被告人使用手指插入	发生了关系	被告人性功能障碍未发生关系	发生了关系

被告人与被害人关于被害人颈部皮肤挫伤产生的时间及原因说法分歧较大。被告人认为皮肤挫伤属于“吻痕”且发生在凌晨4点，那次两人并没有发生性行为。

2018年7月22日早上九点半民警出警录像显示：民警问被害人，前一晚上发生关系是否有纸巾、避孕套等物品在现场，被害人明确回答，昨晚被告人“没有射出来”。这与被告人所说的凌晨 4 点双方发生性交时，被告人因性功能障碍最后没有与被害人发生性关系的情况一致。

而被害人关于皮肤挫伤的说法是被告人“咬伤”所致，发生时间为凌晨 1 点被告人强行与其发生性关系时。而对于接近凌晨 4 点最后一次的性行为是否发生，被害人未置可否，并出现了完全相反的说法。强奸的犯罪行为没发生和发生并持续了十多分钟有明显区别，辩护人认为现有证据不排除被害人存在虚构事实行为的合理怀疑。同时提请注意被害人 7 月 25 日笔录中的内容，7 月 22 日凌晨，被害人陈述其一直在反抗强奸行为，两手在被告人脸上抓。紧接提到突然认为自己手重了，收了点力。这并不符合一个正在遭受犯罪行为侵犯的被害人的正常反应。

同时，根据现场勘验情况可知，酒店房间为上下楼复式结构，浴室在楼下，床在楼上，现场浴室还留有被害人一条内裤，即当晚脱下来的。根据被告人陈述，当晚被害人上楼睡觉时并没有穿内裤。因此，被害人是在 21 日晚 11 点半回到房间后，洗了澡，换了睡衣，未穿内衣的情况下上楼与被告人同睡，而被害人称，这是她被“强奸”了。

2. 被告人与被害人发生性关系时，不存在暴力、胁迫行为

本案原一审认定被告人使用暴力手段强行与被害人发生性关系的证据除了被害人的陈述，还有法医损伤检验证明及伤情照片证明。但法医损伤检验证明并未给出伤情产生的时间及原因，仅根据伤痕面积大小认定损害程度为轻微伤。因此无法据此判断该损伤属于为压制被害人并与被害人发生性关系所采取的暴力手段的结果。而被害人的伤情照片所呈现的情况，其更接近于被告人的说法属于“吻痕”。

辩方聘请法医对被害人伤情进行重新鉴定。法医认为，被害人颈部颈前部和右侧颈部分别可见局限性类圆形皮肤瘀血青紫改变，无明显表皮剥脱、抓、擦、咬、挫伤痕改变，系机械性紫斑（吻痕），不属于违反妇女意志的暴力行为所致，不应认定构成轻微伤。法医学损伤程度鉴定应当首先分析损伤的形成机制，还要准确判定损伤性质是擦、挫、咬、抓，还是亲吻所致的吻痕。只有充分的医学依据和事实证据证明确实是故意伤害行为直接导致了具体的损害后果，才可以依据《人体损伤程度鉴定标准》的条款认定损伤程度。

被害人也自知颈部的吻痕不属于暴力所致，因此在案发后，伤情鉴定已完成之后，又进行了自残行为，并向侦查机关提供了显示自己的肩部、背部存在

大面积瘀青的照片，企图诬告陷害被告人，这些伤情均未被伤情鉴定机构及原一审法庭认定。

被害人在报案时一直称被告人通过拍其裸照的方式，胁迫与其发生性关系，然而根据鉴定机构对被告人手机数据进行恢复，并未发现任何被害人的裸照，原一审法院也未认定被告人利用裸照作为胁迫手段。

被告人不仅自始否认其在 7 月 20 日拍摄过被害人的裸照，且被告人手机被出警民警带走后扣押至今。而且，进行数据恢复之后，被害人及其同事所声称的“裸照”自始至终不存在。而被告人在 7 月 22 日录音中声称“要放到网上传播的事情”，其实指的是被害人与其同事之间可能存在的不正当关系，而非二人所认为的被害人的裸照。

事实上，被告人没有拍摄被害人裸照来威胁被害人的必要。根据被害人的陈述，“20 日他冲进来把我的衣服脱掉，接着就把我拉到二楼，我当时就半推半就地被他拉到了床上，把我拉到床上后他就用他的苹果手机进行拍裸照”。如果被告人拍摄裸照是为了达到强奸的目的，那么在一楼沙发上就可以拍摄，而被害人根本不可能在没遭遇暴力和威胁的情况下被半推半就上了楼梯，并与被告人发生性关系。此外，被害人在 2018 年 7 月 22 日的笔录中也称，20 日被告人使用裸照胁迫发生关系后，双方的态度反而出现了缓和，这也是完全不合理的。

此外，被害人在原一审中向法庭提交了一张她与被告人在另一酒店同居时候的裸照，想证明被告人有使用裸照威胁女性的习惯。对此，被告人声称，不认识被害人所说的“前女友”，而未将被害人手机进行司法鉴定的情况下，该聊天记录的真实性存疑。即便假设被害人所述是真的，如果被告人保存有被害人的裸照，则被告人根本就没有必要在 20 日再拍摄裸照来威胁被害人。因此，被告人根本不存在使用裸照威胁被害人的行为。

据此，辩护人认为，现有证据不能证明被告人存在采用暴力、胁迫手段以压制被害人发生性关系的情形。

二、现有证据证实，被告人没有违背被害人意志强行发生性关系，与被害人发生性关系时双方还未结束恋爱关系，被告人没有强奸被害人的故意

【本案论证的另一难点，是被害人称双方当时已经分手，感情出现问题，一审法院据此推定，双方当事人此后发生的所有性关系，均是违反女方意志的强奸行为。事实上，这一推定采信了被害人的一面之词，没有注意到被害人心

理的复杂和反复变化。我们注意到，被害人与被告人交往期间，至少提过三次分手，事后又和好如初，甚至一同出国旅行。案发当天上午，被害人的男同事来到案发酒店房间，敲开房门，开启手机录音，大声质问被告人是不是强奸了被害人。被告人转而问被害人：“你到底想怎么样，你想我们的关系怎么样？”被害人说：“现在结束了。”算起来，这是被害人第四次提出“分手”。

随后，被害人男同事与被告人发生口角，扭打起来，被害人随即报警。处警视频中，办案民警问被害人：“（被告人）是不是男朋友？”被害人说：“算是吧。”这证明截至案发，被害人都不认为双方关系彻底破裂，关于“分手”的说法，反复无常。而对于指控被告人强奸的次数，被害人在笔录中说四次，庭审时又说被强奸了七次，食言而肥。这也是为什么我们强调，不能仅因一方言辞随意定论，强奸罪认定必须更重客观证据。】

被害人提供的微信聊天记录截图用以主张，被害人已经分别于2018年6月12日、2018年6月27日、2018年7月17日明确向被告人提出分手；被害人提供的2018年7月21日下午转账8万元给被告人的微信转账记录截图证明，被害人分手的心意已决；被害人同事的证人证言和个人陈述证明，被害人预感到有危险，曾向张某某求救。

（一）被害人与被告人的交往过程

2018年4月，被告人在某精英酒会上认识了被害人。被告人称，认识当晚被害人即去被告人家里聊天并同床。双方开始交往后，被害人以各种名义索要财物，被告人都一一满足。2018年7月6日，被害人发微信表示：“感情是在逐渐确定。”

2018年6月，双方确立了男女朋友关系。2018年6月8日，被告人和被害人签订了《结婚承诺书》，承诺书约定“双方以结婚为前提正式交往”，“任何一方不得以年龄、疾病、容颜、体型等理由背叛对方，双方认真负责，相伴终生”。“被告人将支付礼金，并在结婚登记后将被害人名字加入某某房屋（价值2 000多万元）和某某商铺（每月租金10万元）中，以表真意。”

被告人提供的信用卡消费记录、公安机关调取到的S酒店开房记录显示：2018年5月31日 至2018年6月8日，2018年6月16日 至2018年7月1日期间，被告人包下上述酒店行政套房与被害人同居，期间双方自愿发生性关系。对此，被害人在2018年10月10日的笔录中也予以承认，其称裸照系2018年6月15日，其生病的时候，被告人在酒店拍的。而直至案发，被害人还有两大箱衣物和生活用品遗留在S酒店的房间内。

2018年7月1日，被告人在Q市的某酒店接被害人，二人此后在Q市居住，同住期间二人发生了性关系；2018年7月10日至7月14日，被告人和被害人在日本同住，同住期间二人发生了性关系，被害人还用被告人的卡在日本购买了奢侈品。

据被告人统计，交往的三个月里，被告人为被害人共计花费了478 812.16元。

（二）对于被害人微信聊天记录截图中三次“分手”的认定

1. 被害人第一次提“分手”

被害人提供的聊天记录截图显示，被害人在2018年6月11日发微信给被告人称：“真的不好意思，我想把卡和钱先还给你，因为昨天和爸爸聊了，我感觉他可能不会接受。”

然而，被害人在发出“分手”消息后，就与被告人在酒店行政套房同居，并自愿发生性关系；此后，还继续收取了被告人4.8万元的转账，并用被告人的信用卡购买奢侈品、电脑等。

2. 被害人第二次提“分手”

被害人在2018年10月10日的笔录中称，6月中旬其曾向被告人提出分手，并要将30万彩礼返还给被告人。被害人提供的聊天记录截图显示，其在2018年6月27日发微信给被告人称：“亲爱的，把你的账号给我。”而被告人以“亲爱的”回应被害人，并收取了被害人的1万元转账，被害人未表示任何的反对。这也充分说明，被害人笔录中所称希望要到被告人的银行卡，并将彩礼返还再分手一事，并不属实。

事实上，在被害人这次提出“分手”之后，她依然和被告人保持着密切的联系。

根据被害人提供的微信聊天记录截图显示，被害人称：“亲爱的，今天要记得把储蓄卡号码告诉我哦。”称被告人为“亲爱的”明显表明被害人未提出分手，反而表示双方关系继续维持。双方聊天记录中关于“亲爱的”的称谓也能证实，在这次“分手”之后，双方之间互相用“亲爱的”称呼对方，关心对方。如果被害人真的想将钱还给被告人，彻底终结二人之间的关系，其大可以用微信转账的方式将钱还给被告人，上述微信聊天截图也显示，被告人也收取了被害人的1万元转账，被害人根本没有必要非得通过储蓄卡的方式把钱还给被告人。此外，前述已经表明，在被害人提出“分手”之后，双方仍继续同居，并保持性关系，被害人也仍然接受被告人的转账，并使用被告人的卡购买奢侈品。

即便在被害人 6 月 27 日向被告人索要储蓄卡账户，准备分手的当天，二人依然保持密切的联系。公安提取的被告人手机聊天记录及照片显示：2018 年 6 月 27 日，被害人在某学校门口等着被告人来接，二人一同回到宾馆；2018 年 6 月 28 日，两人见面；2018 年 6 月 29 日中午，被害人主动与被告人见面；2018 年 6 月 30 日，被害人邀请被告人观看了自己的表演；2018 年 7 月 1 日，被告人在 Q 市的某酒店接被害人，二人此后在 Q 市居住。此外，2018 年 6 月 25 日至 2018 年 7 月 3 日，被害人接收了被告人 13 次共计 4.8 万元的微信转账。

3. 被害人第三次提“分手”

被害人在 2018 年 7 月 25 日的笔录中称，其在 2018 年 7 月 17 日向被告人提出了分手。所附的微信截图显示，被害人一方面称“其实我这两天也一直在想，我觉得还是没什么信心继续下去”，另一方面又称“其实不用这么着急，或者让我再待几天？我们都考虑一下”？被害人在微信聊天中，并没有明确提出要和被告人分手。同时，根据被害人提供的聊天记录，7 月 17 日下午，被告人告诉被害人他已经到案发地了，被害人说自己正在写稿，晚一点去见被告人，并约定在宾馆见面。此后，被告人与被害人同住一间房，于 7 月 20 日、7 月 21 日发生关系，被害人也未拒绝。

被害人对被告人的感情应当是比较复杂的，态度也是反复变化的，其提出分手并不意味着真的要分手。一方面，被害人作为工薪阶层，月工资 1 万多元，房租就需要 8 000 元，入不敷出；其既让被告人购买奢侈品，又以住宿条件不好为由让被告人订更好的酒店陪她，由此来看，被害人有极强的虚荣心，对金钱和物质的欲望使她存在想要与被告人结婚的冲动。另一方面，她也有很多担心。她虽然未婚，但已交往多位男友，想要“傍大款”本身不具有太多年龄资本。而被告人当时已经 53 岁，与自己有 23 岁的年龄之差，且身体有病，已有孩子，也会有来自亲属、朋友的阻力和众人的非议。同时，作为女性，被害人也有可能想通过“闹分手”引起被告人的关注，让被告人对自己更好。

被害人在三次提出“分手”后，仍然接受被告人的财物，与被告人保持密切的联系，同住并发生性关系。这充分说明，原一审判决采信被害人的一面之词，孤立地分析聊天截图，没有注意到其心理的复杂和反复变化，对被害人决意分手作出了片面认定。

实际上，从张某某提供的录音内容及态度可以看出，被告人直至7月22日早晨，才得知被害人与他“分手”了。被告人在听到被害人“结束了”之后，显示出对被害人的话很吃惊的态度，被告人质问被害人，并表示“我不会走的，我要和她讲话”。此后，被告人才暗示会公开被害人与张某某的不正当关系。

三、证明被害人分手意图的微信聊天记录截图、微信退款8万元的退款记录截图，以及被害人向张某某求救的聊天记录截图等证据，依法不能作为定案依据

【被害人在侦查期间，提供了大量微信聊天记录截图，被一审法院作为书证予以采信。我们认为，聊天记录截图打印件，其证明力只类似于书证的复印件，必须找到电子数据本身，也就是手机这一原始介质，从而印证打印件是否真实。除非该等电子数据由于客观原因无法或者不宜取得原始介质，才可以采取打印、拍照或者录像等方式固定相关证据，同时也须在笔录中说明原因。】

（一）被害人所提供的上述证据的证据类型是电子数据，而非书证

最高人民法院、最高人民检察院、公安部印发《关于办理刑事案件收集提取和审查判断电子数据若干问题的规定》（以下简称《电子数据规定》）第一条第二项规定，“电子数据包括但不限于下列信息、电子文件：……（二）手机短信、电子邮件、即时通信、通讯群组等网络应用服务的通信信息”。

被害人所提供的微信聊天记录、转账记录均属于即时通信软件形成的通信信息，故被害人所提供的聊天记录并非书证，而系电子数据。

原一审判决认为微信打印截图属于书证，故未按照《电子数据规定》的标准对被害人提供的微信聊天记录、转账记录进行审查，实际是犯了证据法常识错误。

电子数据属于刑事诉讼法明确规定的证据类型，打印截图并不仅仅是电子数据的传来证据形式，打印截图也并不是独立的证据。也就是说，真正起到证明作用的是保存在腾讯服务器中的电子数据，而截图仅是这些电子数据的载体，而无论电子数据的载体为何，其都应该符合刑事诉讼法关于电子数据的规定。

陈瑞华教授在《刑事证据法学》一书中明确指出：“视听资料、电子数据是以高科技手段所记录的声音、图像或者连续的行为动作。这类证据尽管也以其内容和思想来证明案件事实，但由于其记录的方式是借助高科技手段进行

的，并且记录的内容往往不是文字或图形，而是声音或者动态的画面，因此，我们将其视为一种独立的证据，而不再归入书证之列。”（陈瑞华著:《刑事证据法学》（第三版），第 248 页）

“从形式上看，电子数据的存储载体一般是存储磁盘、存储光盘等可移动存储介质，也有可能是从这些存储介质中复制出来的书面材料或者照片，但是，这类证据所记载的并不是一般的声音、图像或者带有立体化、连续性的画面，而是那些曾经存在于网络世界里的电子邮件、电子数据交换、网络聊天记录、网络博客、微博、手机短信、电子签名或域名等。换言之，电子数据属于一种形成于互联网络和通信网络中的交换信息。而这些信息恰恰与案件事实具有了一定形式的相关性。”（陈瑞华著:《刑事证据法学》（第三版），第 262 页）

（二）公安机关对电子证据的提取、收集程序违法，且公安机关未履行对上述证据的法定验证义务，相关材料不具备证据“三性”、缺乏完整性，依法不能作为定案依据

《电子数据规定》第二条规定：侦查机关应当遵守法定程序，遵循有关技术标准，全面、客观、及时地收集、提取电子数据；人民检察院、人民法院应当围绕真实性、合法性、关联性审查判断电子数据。

从《电子数据规定》关于对电子数据的审查标准来看，被害人所提供的聊天记录、转账记录根本不符合电子数据的三性要求。

1. 被害人所提供的聊天记录、转账记录不具备合法性

根据《公安机关办理刑事案件电子数据取证规则》《关于办理刑事案件收集提取和审查判断电子数据若干问题的规定》等规则（以下统称“电子数据取证规则”）之规定，辩护人认为本案中被害人与被告人的微信聊天记录、微信退款 8 万元的退款记录，以及被害人向张某某求救的聊天记录的图片复印件等证据，存在提取主体、提取及保存程序不合法，且公安机关未履行对上述证据的法定验证义务，结合案件其他证据无法排除合理怀疑，因此依法不能作为定案依据。

（1）证据提取主体错误。

根据“电子数据取证规则”，收集、提取电子数据，应当由二名以上侦查人员进行，而上述证据均为被害人本人自行提供，且对作为电子数据原始存储介质的被害人手机未依法扣押封存，未制作封存笔录并说明被害人手机的存放地点等情况。

（2）证据提取方式错误。

根据电子数据取证规则，现场提取电子数据应及时将犯罪嫌疑人或者其他相关人员与电子设备分离；应当根据《刑事诉讼法》的规定，由符合条件的人员担任见证人。本案公安机关未让被害人与其手机设备分离、提取过程无见证人。

（3）根据《公安机关办理刑事案件电子数据取证规则》第九条的规定，采取打印、拍照或者录像方式固定相关证据的，应当清晰反映电子数据的内容，并在相关笔录中注明采取打印、拍照或者录像等方式固定相关证据的原因，电子数据的存储位置、原始存储介质特征和所在位置等情况，由侦查人员、电子数据持有人（提供人）签名或者盖章；电子数据持有人（提供人）无法签名或者拒绝签名的，应当在笔录中注明，由见证人签名或者盖章。

本案的微信电子数据的制作过程未附笔录、未说明采取拍照方式固定证据的原因、未说明电子数据的存储位置、原始存储介质特征和所在位置等情况；无侦查人员签名，也无见证人签名。

（4）根据《电子数据规定》第十八条的规定，收集、提取的原始存储介质或者电子数据，应当以封存状态随案移送，并制作电子数据的备份一并移送。

根据广州市南沙区人民法院《互联网电子数据证据举证、认证规程（试行）》第三条的规定，当事人应当在法庭上出示电子证据的原始载体，包括储存有电子证据的手机、计算机或者其他电子设备；该规程第十五条规定，当事人提供的电子证据属于对话记录的（包括文字、音频、视频），应当完整地反映对话过程。有证据证明当事人选择性提供，且影响案件事实认定的，可以要求当事人补充提供指定期间内的完整对话记录。

而本案中，被害人手机未封存随案移送，未当庭出示其手机，微信证据也未能完整反映与被告人、张某某的对话过程及转账记录内容。强奸罪是公诉案件，而非自诉案件。被害人虽然是本案的受害人，也不能自行搜集证据。而办案机关需要将被害人收集的证据按照《刑事诉讼法》及相关规定进行合法性转换后，才能作为定案依据来使用。

2. 被害人所提供的聊天记录、转账记录不具备真实性

《电子数据规定》第二十二条规定：对电子数据是否真实，应当着重审查以下内容：（一）是否移送原始存储介质；在原始存储介质无法封存、不便移动时，有无说明原因，并注明收集、提取过程及原始存储介质的存放地点或者电子数据的来源等情况；（二）电子数据是否具有数字签名、数字证书等特殊标识；（三）电子数据的收集、提取过程是否可以重现；（四）电子数据如有增

加、删除、修改等情形的，是否附有说明；（五）电子数据的完整性是否可以保证。

本案中的聊天记录、转账记录均系被害人自行以手机截图的方式提供，被害人未向办案机关移送原始的存储介质，且也不存在原始存储介质存在不便提取的情况。而经仔细对比被害人提交的微信聊天记录，聊天记录的内容不真实，不排除被害人提供的聊天记录、转账记录截图被篡改的可能性。

（1）被害人提供的微信聊天记录，虽然不是在同一时间截取，但是前后截取的微信聊天记录的时间显示存在明显的差别，存在伪造嫌疑。

被害人提供的两张聊天记录截图虽然内容相同，但是相比而言，其中一张图少了“2018 年 7 月 17 日下午 3:45”的字样。两段文字排版格式也完全不一致。

腾讯客服《微信聊天消息时间显示说明》：①当天的消息，以每 5 分钟为一个跨度的显示时间；②消息超过 1 天，小于 1 周，显示星期 + 收发消息的时间；③消息大于 1 周，显示手机收发时间的日期。

根据上述《说明》，微信的聊天信息会按照 5 分钟为一个时间跨度来显示，而微信显示被害人输入的“其实我这两天也一直在想，我觉得还是没什么信心继续下去”应该是被害人在 2018 年 7 月 17 日下午 3:45 发送的信息，而在另外一张图的聊天中却无聊天时间的信息。如果该消息真的是被害人在下午 3:45 发送的，因该消息的发送时间与上一次显示的时间“2018 年 7 月 17 日 15:40 相距超 5 分钟，故应该显示相应的聊天时间，其未能显示相应的聊天时间，充分说明聊天记录截图系伪造产生。

（2）被害人提供的微信聊天记录中，被害人的头像也存在明显的区别。

本案中，被害人提供的聊天记录中，共有其四种不同类型的头像，微信头像的变更会引起微信聊天记录中头像的变更。然而，这些头像的变更不仅能说明被害人提供聊天记录给办案机关的过程中极其随意，也能充分说明被害人所提供的聊天记录有伪造的可能。

（3）微信聊天记录的截图其实是可以被轻易伪造的。

辩护人在网上搜索了“微信对话生成器”，发现了多家大量提供伪造微信聊天记录服务的平台。而且这样的平台不仅能伪造微信聊天记录内容，还能伪造聊天的时间、转账记录、语音信息，等等。这样的伪造成本非常低，而且可以通过后期修改图片进行调整、完善。

被害人提供的聊天记录中出现了聊天时间的显示不一致的情况、头像的显示不一致的情况、截图时间显示不一致的情况，在未对被害人手机中聊天记录进行勘验的情况下，根本不能证明被害人提供的这些打印的聊天记录就是真实的。

3. 被害人所提供的聊天记录、转账记录不具备关联性

《电子数据规定》第二十五条规定：认定犯罪嫌疑人、被告人的网络身份与现实身份的同一性，可以通过核查相关 IP 地址、网络活动记录、上网终端归属、相关证人证言以及犯罪嫌疑人、被告人供述和辩解等进行综合判断。

认定犯罪嫌疑人、被告人与存储介质的关联性，可以通过核查相关证人证言以及犯罪嫌疑人、被告人供述和辩解等进行综合判断。

本案中，被害人所提供的聊天记录截图不能证明该截图中的内容系被害人与被告人、张某某、其同事、“被告人前女友”的聊天内容。

首先，微信聊天的姓名、备注与头像是可以随意更改的，而微信聊天的页面只会显示更改后的头像、昵称，等等。

其次，被告人共有三部手机，分别是 iPhoneX、华为 P20 以及一款非全面屏的 iPhone。前述两台手机均被办案机关扣押，相应的聊天记录也已经以勘验、提取。华为 P20 的电子数据尚未提交给辩护人，从提取的 iPhoneX 的电子数据来看，被告人共有三个微信账号。

虽然，形成的电子数据中有被告人使用其中两个微信账号与被害人的聊天记录，但是相应的聊天记录并不完整，与被害人所提供的其与被告人聊天的截图无法一一对应。

被害人还提供了一张其与被告人的聊天记录截图，证明其已明确与被告人分手，希望退还钱款。但现有 iPhone X 的电子数据中完全查找不到相应的聊天记录。

综上所述，即便假设被害人提供的聊天记录截图真实，也无法判断与被害人聊天，昵称为“某某某”“某某某 2”的人是被告人。对此，需要对被害人的手机进行电子数据检查，以核实显示为该昵称的聊天对象是否与被告人所使用的微信账号一致。

4. 被害人所提供的聊天记录不具备完整性，存在断章取义的嫌疑

《电子数据规定》第二十三条规定：对电子数据是否完整，应当根据保护电子数据完整性的相应方法进行验证：（一）审查原始存储介质的扣押、封存状态；（二）审查电子数据的收集、提取过程，查看录像；（三）比对电子数据完整性校验值；（四）与备份的电子数据进行比较；（五）审查冻结后的访问操作日志；（六）其他方法。

本案中被害人所提供的聊天记录截图并不完整，被害人只是按照自己的理解提供了部分其认为能证明其主张的截图。截图中的绝大部分内容不仅与办案机关对被告人手机进行电子数据检查后提取的内容无法对应，还存在断章取义的嫌疑。

如被害人提供了两张聊天记录截图证明其下决心与被告人分手，并主动返还礼金。然而，其提供的聊天记录一份是其与“某某某”的聊天截图、一份是其与“某某某 2”的聊天截图。时间不清晰，无法辨识聊天的时间，而第二张图显示的时间是 2018 年 6 月 2× 日。事实上，被害人索要储蓄卡的时候，二人尚未分手。被告人的 iPhone X 勘验报告中显示：2018 年 6 月 30 日，被告人应被害人邀请去观看了被害人的演出；2018 年 7 月 13 日，被害人还和被告人一同前往日本旅游。

需要说明的是，对于聊天记录内容的理解应该结合上下文来综合认定，在被害人提供片面聊天记录的情况下，不能径行认定被害人的主张。

综上所述，被害人所提供的其与被告人的微信聊天记录、转账记录截图系电子证据，而非书证。一审判决采信不符合证据三性且被断章取义的微信聊天截图，属认定事实错误。

（三）被害人提供的聊天记录、转账记录截图也不符合《刑事诉讼法》关于书证的基本规定

《最高人民法院关于适用〈中华人民共和国刑事诉讼法〉的解释》第六十九条规定：对物证、书证应当着重审查以下内容：

（1）物证、书证是否为原物、原件，是否经过辨认、鉴定；物证的照片、录像、复制品或者书证的副本、复制件是否与原物、原件相符，**是否由二人以上制作**，有无制作人关于制作过程以及原物、原件存放于何处的文字说明和签名；

（2）物证、书证的收集程序、方式是否符合法律、有关规定；经勘验、检查、搜查提取、扣押的物证、书证，**是否附有相关笔录、清单**，笔录、清单是否经侦查人员、物品持有人、见证人签名，没有物品持有人签名的，是否注明原因；物品的名称、特征、数量、质量等是否注明清楚；

（3）物证、书证在收集、保管、鉴定过程中**是否受损或者改变**；

（4）物证、书证**与案件事实有无关联**；对现场遗留与犯罪有关的具备鉴定条件的血迹、体液、毛发、指纹等生物样本、痕迹、物品，是否已作 DNA 鉴定、指纹鉴定等，并与被告人或者被害人的相应生物检材、生物特征、物品等

比对；

（5）与案件事实有关联的物证、书证**是否全面收集**。

承前所述，被害人在提供截图时非常随意，其提供的相同聊天内容的截图，截图时间、聊天时间、聊天头像等内容均存在不一致，且可以在网上自行制作，截图的来源与真实性存疑；截图系无取证权的被害人自行制作，违反书证的提取程序，无侦查人员、见证人签名，也无侦查人员关于原物、原件存放何处的文字说明及签名，现该手机仍由被害人自行保存；截图的内容不完整，无法结合上下文进行详细审查。

另外，截图大部分系打印件、复印件，而截图中非常重要的聊天时间一项并不清晰，部分截图中的聊天时间无法辨识。

综上，即便认为被害人提供的截图系书证，被害人所提供的截图也完全不符合书证的取证规范，依法不能作为定案依据。

四、本案存在大量的疑点无法合理排除

（一）案发时的报警录音缺失，无法证明系被害人主动、自愿报警

【该部分旨在论证，被害人面对强奸这类极端犯罪案件，却缺乏基本的自救意图。如其所述，被告人侵害行为持续了三天，但期间被害人曾独自外出与同事开会、聚餐，依常理可以报警自救。被告人从未限制被害人人身自由，其在酒店也可自救。反向论证，本案在案证据不足以证明存在“违背妇女意志”的情形。】

1. 在案证据无法证明被害人系主动报警

《受理报警登记表》记载，案发时间为7月22日9点21分，证明此时已有报警行为。而在简要情况栏中记载：①“×× 市公安局一钟某某 18/07/22 09:25:58，内容：事主报：昨晚被一名不认识的人在上址被人强行发生性关系，并被拍裸照，对方在现场，没有受伤，需警察到场处理”；②“×× 市公安局一钟 ×× 18/07/22 09:29:12，内容：更正：认识的人。”

从该表可以看出，疑似有三次报警。第一次为9点21分，该派出所接到电话；第二次为9点25分，有人报警称被拍摄裸照；第三次为9点29分，报警人称与其发生性关系的人是认识的人。

被害人同事2018年7月22日笔录称，“我一个人上去了S酒店29楼B015敲门，当时开门的是个男子，我知道这个男子就是被告人。这时被害人就跑出来说被告人强奸了她，并且拍了她的裸照威胁她，我当时见到被害人的

脖子上有伤痕，当时被告人对被害人说“你这样子对我，我就让你在S市无法待”，被告人还威胁我让我在电视台无法待下去，还扬言将被害人的裸照传到网上去。这时我就打电话给酒店前台让他们帮忙报警。被告人见我报警之后就连衣服都没换，穿着睡衣拿起包就想跑，我不让他跑，后来我们两个人纠缠在一起。”

前述监控录像显示，张某某和被告人扭打在一起时，被害人在一旁围观，在张某某让被害人报警后，被害人才离开。根据张某某的笔录，报警的应当是酒店的服务员，而非被害人。

辩护人反复听了办案机关提供的报警录音，在这份1分零7秒长的录音中，一位自称罗姓的女性报警称被强奸拍裸照，对方在现场，自己被抓伤，不需要救护车。

从张某某的笔录、监控录像、报警录音、《受案登记表》可以推断：被害人不可能在9点21分报警；在9点29分电话通知派出所更正信息的报警人也不是被害人。

因为，如果9点21分报警的是被害人本人，其与派出所通话仅1分零7秒，《受案登记表》不可能记载9点25分58秒接到事主报警；而这份报警录音中，报警人始终未提及《受案登记表》中所注明的“认识的人”的内容。

因此，本案中缺失两份关键的报警录音，无法证实被害人在9点21分主动报警，也无法证明9点29分的补充内容是被害人所说，故无法认定被害人系主动报警。

2. 在案证据不能证实被害人系自愿报警

被害人在2018年7月22日的笔录中称，22日凌晨，被告人强迫其发生了三次性关系；在办案人员问被害人，“你被侵害之后，你本有时间自救的，为何你不做”时，被害人回答称:“我没有办法，我当时因为被侵害后肚子很痛，且我们的房间离电梯很远，所以无法逃出他的范围。”而被害人多次笔录称，22日凌晨被强奸后，她躲在卫生间哭了几个小时，餐巾纸也湿了一大篓。

被害人所述完全不符合常理。被害人称其在20日就受到被告人威胁，并被强迫发生了性关系。此后，其在多次有机会单独外出的情况下不仅不逃跑，反而在21日主动邀请被告人退掉C酒店的客房，二人在S酒店同房居住。按照被害人的说法，22日凌晨，被告人作为一个年近54岁且已经进行了多次性生活的男性，根本不可能整晚不睡觉监视被害人，更何况卫生间在一楼，卧室在二楼，被害人完全可以在第一次受害后，利用去卫生间哭泣的机会逃跑。

证人张某某的笔录称，其在收到被害人发送“张老师（同事），救我”的微信后，给被害人打了电话，询问被害人是否要其上楼，在得到被害人肯定性答复后，张某某上楼并出现在被害人的房间门口。

监控录像显示，录像时间09:05:57，张某某出现在29楼，张某某一开始找错了房间；录像时间09:06:16，张某某按房间的门铃；录像时间09:08:19，被害人开门穿着睡衣与张某某交谈，情绪稳定；录像时间09:09:12，张某某进房间与被告人交谈；录像时间09:17:56，被告人欲离开房间，与张某某扭打在一起，被害人在一旁观看二人扭打近1分钟，未采取任何动作；录像时间09:18:38，在张某某拉住被告人，并呼喊被害人“快报警”后，被害人才急匆匆地离开报警。

另外，通过对比张某某提供的手机录音与监控录像可以发现，手机录音系监控时间09:10:28分录制（监控录像中，张某某有明显的操作手机录音的动作，且手机录音8:04处，张某某呼喊被害人快报警，被害人穿着拖鞋离开的声音与监控录像09:18:39的动作吻合）。

从监控录像及张某某提供的录音可以看出，如果被害人是真的是自愿报警，其完全可以在22日凌晨摆脱被告人的控制，离开房间并报警，其也可以在第一时间发微信、打电话给张某某，让张某某帮助其报警；也可以在和张某某交谈后，在确保自己自身安全的情况下报警。

此外，不排除被害人临时起意报警的可能性。

S酒店客房部服务员黎某兰在2018年8月31日的笔录中称，2018年7月22日9时许，其在S酒店29楼的走廊打扫卫生，看见张某某走到B015房间门口敲门，之后有被害人开门，在门口和张某某聊天，聊了十几分钟，被告人走到门口，三人就在B015房间门口聊天，之后三人就进了房间。过了没多久，其就听见两名男子就在房间内争吵，之后两名男子就在B015房间门外的走廊拉扯。

据被告人所说，因被害人与张某某一直联系密切，也一同去看电影，案发前一晚两人又单独相处到半夜才回酒店，其又看到被害人仅穿着睡衣就在房门口长时间和张某某说话，就不免怀疑张某某与受害人存在不正当暧昧关系。其当时产生嫉妒心，指责被害人与张某某存在不当关系，并表示要举报二人。因此，被告人才与张某某发生了争吵，而张某某一直质问被告人昨晚是如何进入的房间，言词非常激烈，双方才发生了扭打。被告人的手机聊天记录中，确实也存在被害人主动提及张某某的内容，这样证实被告人对张某某与被害人的关系是知情的，产生嫉妒怀疑张某某和被害人存在不正当关系是完全合理的。

（二）被害人向张某某的“求救行为”及报警行为存在诸多疑点，不能排除被害人通过上述行为，避免自己社会评价降低及逃避对被告人的债务的合理怀疑

1. 现有证据无法排除被害人是为了避免自己的社会评价降低，而利用张某某自导自演了“求救”行为

被害人在 7 月 22 日笔录中称：“晚上我和张老师吃饭，我就把被告人让我没有安全感的事情说了，他提议我大胆做自己。我当时害怕出现危害人身安全的事情，我们就约定，如果我出事，我们的电话就拨通 1 至 2 声”。

提请法庭注意，张某某在 7 月 22 日笔录中称：“我一直以为她是自己一个人住的。”同时，张某某在 2018 年 10 月 8 日书写的情况介绍中称：在被害人发来求救微信后，“我当时没有意识到事情的严重性，独自一人上楼去敲门，没想到里面应声的是个男的，我非常震惊，那时才感觉被害人可能出事了”。张某某在笔录及其自书的情况说明中自始至终未提及知道被害人与被告人正在酒店同居并在此情况下与其约定求救计划。

辩护人认为现有证据并不排除不存在所谓求救计划的可能。如果真有此计划，张某某会时刻关注电话响铃情况，以便接听，更不会在回拨电话感到被害人“语气惶恐”后不持续再次回电，而直接去酒店办理退房手续准备离开。被害人在凌晨 4 点 38 分给张某某打电话未果后隔了将近四个小时才再次给张某某打电话，上述行为不符合被害人的迫切的求救心态及求救应有的行为模式。

根据在案证据，被害人与张某某一直联系密切，案发前一晚两人又单独相处到半夜才回酒店，因此凌晨 4 点被害人给张某某打电话的行为可能是希望用电话铃把张某某叫醒进行微信聊天。

同时，被害人向张某某隐瞒了与被告人同住这个关键事实。因被害人担心无法对自己工作上的领导张某某进行合理解释，产生张某某对其社会评价降低的影响，故而犹豫再三，才在此后又发出了所谓的“求救”微信。

2. 现有证据无法排除被害人通过上述手段，逃避对被告人的债务的合理怀疑

根据在案证据，被告人与被害人曾签订《结婚承诺书》，被告人包下酒店行政套房，与被害人开始同居，直至案发。

两人同居过程中，被告人将 47 多万元分几次转给被害人，购买奢侈品或贵重物品共计约 10 多万元（手镯、项链、苹果电脑、名牌服装、化妆品，等等）。

被告人一直坚持称被害人是因为金钱问题未与其达成一致，产生了纠纷。当询问人提问被害人为什么要跟被告人分手时，被害人称“我发现他向我承诺的一些东西都没有实现，他答应给我在S市和伦敦买房，给我提供私人保姆，但是这些承诺都没有实现。”该陈述也与被告人的说法相印证。即使被害人提出分手，其也了解无法避免对被告人为她付出的大量金钱、财物问题有所交代。因此通过利用张某某求救，并报警的行为，除了避免降低其社会评价，还能以此逃避对被告人的债务。而现有证据，均无法排除被害人存在这一行为的合理怀疑。

（三）被告人是否有强奸能力存疑

被害人2018年7月22日笔录（卷1-34）称，被告人在7月22日凌晨与其发生了四次性关系。

一审中，被告人提供了大量的医疗报告、用药记录，以证明其睾酮低于正常值、患有前列腺增大伴钙化问题，具有性功能障碍。被告人在笔录及陈述中也反复提及，其有性功能障碍，不吃任何的药物，所以每次与被害人进行性生活，都需要被害人长时间……主动调情与配合，才能进行，其根本无法在被害人拒绝的情况下，与被害人在同一天内发生多次性行为。而7月22日凌晨发生关系系被害人主动挑逗，且被害人还采取了主动的方式。

而被害人每次笔录都说到被告人的男性器官有勃起障碍，也佐证了被告人的说法。被害人2018年7月22日的笔录中称：“他……一开始没有硬起来……当时我们关系就缓和了，没有发生性关系。”被害人2018年9月7日笔录中称：“因为被告人性功能障碍问题，没有发生性行为。”被害人2018年7月25日笔录称：“他企图和我再次发生性关系，但他……没有硬起来，于是没有发生。”被害人2018年10月10日的笔录中称：“他想和我发生性关系，但始终硬不起来，没有成功。”“在S市，是想和我发生性关系，我没有主动迎合他，他……就没有硬起来，最后我们没有发生性关系。”

因此，被告人是否有强奸的能力存疑。

（四）被告人从未威胁过被害人父母

被害人主张被告人欲威胁其父母，故其不得已与被告人发生关系。具体而言，被告人在20日敲门时发送微信“大禹治水”给被害人，代表被告人已知晓其父亲的微信名；被告人在被害人拒绝发生关系时，告诉被害人，他不会让被害人父母与被害人在S市好过。原一审判决对此未予以认定。

据被告人陈述，其虽然发送“大禹治水”给被害人，但毫无威胁之意。因被告人的姓和“禹”谐音，水代表女人，暗指受害人，这个词汇仅仅是他们两个人之间的调情语言。

被告人在检察院的笔录称，“因为我和被害人本来是约好去见她父亲罗某某，‘大禹治水’是罗某某的微信名称，是被害人之前告诉我她父亲的微信名称，我发给她‘大禹治水’是提醒她我们一起去见她父亲的事情。见她父亲的事情是我们在国外面谈好的，没有通过微信聊这个事情，我们还没有买好去她老家的机票，我觉得这些她会安排好的”。

被告人当庭陈述称，在被告人进入房间后被害人还和其打招呼，说开门前在睡觉，听到被告人的敲门后就前去开门，开门过程中没有看微信。

即便退一万步说，被告人在房间门口即使称呼对方父母微信名，也不能直接认定被告人存在威胁行为。

（五）本案系“一对一”证据的典型强奸案，且被害人笔录前后不一，无法自圆其说，被害人完全有可能谎报强奸

（1）承上所述，被害人在笔录中伪造了被告人用发裸照、威胁其父母，来威胁其发生性关系的事实。

（2）被害人称，从未告诉被告人居住酒店信息及房间号码。但是，从被害人与被告人的微信可以看出，被害人在2018年7月17日告诉了被告人其住在S酒店。而酒店的监控可以证明，被告人当时是去让前台帮忙刷卡到29楼，而非向前台询问被害人的房间信息。

（3）被害人称，自己和被告人交往不是为了钱，也不是为了物质，《结婚承诺书》系被告人提出。对此，被害人举出部分的微信聊天记录。然而，被害人所举出的聊天记录恰好能证实其在说谎。被害人在2018年6月13日的聊天记录中声称自己不需要项链，却收受了被告人在国外购买的Chanel挂件（价值3 560.7元）、卡地亚手镯（价值25 963.44元）；被害人在2018年6月11日的聊天记录中声称自己不需要衣服，却用被告人的信用卡购买了久光的鞋子（价值1 780元）、高岛屋的衣服（价值5 600元）、伊势丹的服装（价值4 777元）……

而从被告人提供的消费记录来看，被害人在前一天表示不需要礼物，而后一天自己购买了大量奢侈品，逻辑不能自洽。此外，被害人在2018年9月7日的笔录里称：被告人给她一张信用卡，但她只用了700元。但实际上，该张

信用卡有50万元额度，被害人消费了10多万元，均用这张信用卡支付，辩护人已在原一审庭审时提交账单记录。

被告人称，被害人与其交往恰好是为了钱，《结婚承诺书》系被害人主动提出。被害人表示父亲需要钱，才要求在《结婚承诺书》中约定30万元礼金，而被害人在收到30万元礼金之后就消失不见。

（4）被害人在2018年9月7日故意编造、篡改的笔录内容，恰是其真实意思反映。被划去原文为："我发现他向我承诺的一些东西都没有实现，他答应给我在S市和伦敦买房，给我提供私人保姆，但是这些承诺都没有实现。"原说法印证了被告的说法，被害人是因为金钱问题未与被告达成一致而发生矛盾。而其中修改后的说法为，"我知道他前女友怀了他的孩子，还听说他经常滥交"等内容，按照被害人提供的微信聊天记录截图，这些都是被害人在案发后的7月23日与被告人"前女友"微信聊天中才得知的，其在7月22日案发前，根本无法知晓这些信息。

（5）被害人涉嫌伪造伤情，被害人谎称其除了脖子处的两处痕迹之外，肩部还有其他伤痕。

被害人报案后，有两位民警出警前往现场，当时被害人穿的是无袖裙。在两位民警的询问笔录中，他们都称：7月22日出警当天，未发现被害人有脖子以外的伤情；7月22日，法医在伤情鉴定过程中也未发现被害人有脖子以外的伤情，甚至被害人在2018年7月22日的笔录中也未提及其有脖子以外部位有伤情。

从被害人提供的伤情图片来看，被害人脖子以外的伤情为毛糙物形成的挫伤和击打伤。但被告人与被害人发生性关系时候并未使用其他工具，二人均是裸体，被害人也称并未遭到殴打，不可能产生照片上的伤情。因此被害人对被告人存在诬告陷害情形，被告人保留对被害人的刑事控告权。

综上，辩护人认为被告人不构成强奸罪。

此致

某某市某某区人民法院

北京市中闻律师事务所律师：何兵

助理律师：吴怡萱

二〇二〇年八月十八日

半山亭

永不松懈①

给新生做报告，是件极荣耀的事。通常应由本院最具学术权威、最具学术声望、最体面的先生担当此任。卖西瓜的人，总要挑一个又大又甜，又红又脆的西瓜，剖开来，摆在最显眼的位置。我显然不是那只西瓜。那么，法学院为什么将我首先剖开来，摆在诸君面前呢？我想，他们希望我尽快成为那只最能招徕客户的西瓜。虽然我难以实现他们的厚望，但仍然真心地感谢法学院领导和诸位同仁的厚爱。

一、法律人的光荣使命

前不久，我在国家科技部旁听了一个会，一群科学家在议论科技发展。一位科学家报告说，他们考察了国外许多著名的科研所，奇怪的是，这些自然科学研究所里，不仅有科学家，还莫明其妙地有 2% 的社会学家——不知道他们在里面干什么？我听了以后，心里暗笑："有么子奇怪的嘛。这 2% 的社会学家在搞科学管理。"只有自负的科学家才会认为，自己既然懂得科学，也一定懂得科学管理！很多科学家、政治家向来不认为国家管理、社会管理、科学管理也是一门专业性技术。大家都知道，治病要找医生，架桥要找工程师，因为他们有专业知识。奇怪的是，大家似乎从来没想到，齐家、治国、平天下也是专业性技术。我们的古人甚至相信，半部《论语》足以治天下！

一个民族在强敌入侵，风雨飘摇之际，将官和士兵成了民族的脊梁；但是，马上得来的天下，不能在马上治之。在和平年代，一个民族如若图谋长治久安，法律人必将肩负兴国安邦的重担——当然，其他行业的人也一样重要，不过责任和分工不同。大家知道，英国首相布莱尔是法律人；美国总统克林顿是法律人——一个浪漫的法律人；俄罗斯总统普京是法律人——一个严肃的法律人。据说，俄罗斯一首流行的歌曲是："嫁人就嫁普京这样的人。"这是偶然的巧合吗？不是。普遍存在的事实不应被认为是偶然的事实。要知道，美国有一百多万的律师活跃在社会各个阶层，治理着公司、社区和国家。我当然不认为只有法律家才能当总统、做主席，但既然国家提倡依法治国，当然要倚重法律人来治国。如果管理我们的那些人，大多数是法盲，那还依什么法、治什么国？我很欣慰地看到，在我们的国家，法律人的声音越来越强，法律人的地位

① 本文为作者在 2003 年中国政法大学法学院新生欢迎会上的致词。

越来越高，这是社会发展的必然。法律学术是一门社会和国家治理术，法律人的责任就是治理社会，治理国家。孔子在《礼记·大学》中说："古之欲明明德于天下者，先治其国；欲治其国者，先齐其家；欲齐其家者，先修其身；欲修其身者，先正其心……心正而后身修，身修而后家齐，家齐而后国治，国治而后天下平。"修身、齐家、治国、平天下，这是法律人的责任所在，光荣所在，也是法律人的利益所在。

二、不要错过你人生的季节

法律人手无寸铁，却意欲肩负天下的兴亡，他们凭借什么？他们凭什么让芸芸众生信任他们，钦佩他们，听从他们的召唤？他们凭借的是知识和智慧。培根说："知识就是力量。"哈耶克说："知识使人自由。"法律人凭借自己渊博的知识和深刻的洞见获得公众的信赖，使公众信服他们，听从他们。

在众人皆曰"可杀"之时，律师为被告——那个千夫所指的罪人——提出了无罪的辩解，请求刀下留人。有人口蜜腹剑，打着"公众利益"的幌子，图谋一己私利时，法律人凛然而起，高呼"我们反对！"当好友亲朋陷入纷争，难以自拔之时，法律人提出了"合理主张"。当我们作为出庭律师，口若悬河地在法庭上发表庭辩意见时；当我们作为法官，在公众出现重大争议，必须依赖我们主持正义时；当我们作为人民的代表，表达他们的意愿时，都必须求助于渊博的知识和深刻的智慧。我们不仅要有热情、眼泪和汗水，更重要的，我们要有知识，我们要有智慧，我们要有理性，我们必须有让人信服的力量，而知识和智慧是我们不竭的力量源泉。

"既然知识这么重要，老师，我们需要哪些知识呢？请告诉我，应当读哪几本书？请您具体点，再具体一点……"每当学生睁大天真的眼睛这样问我时，我就额头冒汗，支支吾吾："这个，这个……"

说真话，我没有大家想要的那个准确答案。依我的见解，这些问题没有准确答案。鲁迅曾经讥笑过那些梦想借助"作文秘籍"，一夜之间成为作家的人。他的大意是，如果真有这样的祖传秘方，作家们一定会秘藏起来，只传儿子和儿媳——女儿是传授不得的，因为她是"别人家的人"。我没有秘籍，我只有一些零碎的想法。我就说说，我都读了些什么书吧——当然，我不足为范。

我大学不是学法律的，我甚至没读过本科，我读的是专科，物理专科。所以，我读了点理科的书，如《高等物理》《电动力学》《热力学》等，"后来大半忘却了，但自己也不以为可惜”（鲁迅语）。虽然我有硕士和博士学位，但我没有学士学位。我承认，这件事曾经让我很自卑。但自从我考上北京大学以后，自从我知道，丹宁勋爵原本是学数学的以后，我就不再自卑了，一点儿也不自卑了。我甚至相信，理科的训练使人更严谨，更有逻辑——这也许没道理。我最初从理科转向文科时，最大感受是，文科人“不讲道理”。文科人讲的道理，在理科人看来，根本不成道理——逻辑上讲不通。现在，我也靠讲授这些“不通”的道理谋生了。

后来，我到北京大学读民事诉讼法的硕士，读了些诉讼法的书。再后来，为了报考北京大学的民法博士，我又读了些民法的书。我的成绩合格了，但因为某种原因，转到了行政法专业，我又读了些行政法的书。我觉得，自己像武侠小说里一位懵懵懂懂的青年。今天，长髯飘飘的漠北豪客，授我以飞刀；明天，喜怒无常的岭南怪婆，授我以邪剑。我都习了点皮毛，我成了杂家。我什么都懂，又什么都不懂。一位同事曾笑嘻嘻地对我说：“何兵，你是个怪才。”我笑了笑，心里暗想：“我有什么办法呢？我的历史决定了，我只能成为这样的人。”画家黄永玉说，他有不少的尊敬的前辈和兄长，一生成就总有点文不对题。学问渊博、人格高尚的聂绀弩先生，最后以新式旧诗传世，简直是笑话。沈从文先生生前最后一部作品是服饰史图录，让人哭笑不得。[①]我想说的是，如果我将来能有所成就，我要感谢历史；如果我将来一无所成，我不埋怨自己。因为，我无法选择历史；因为，我确实努力过。

一位伟人在离开人世时曾经说过：“那美好的仗我已经打过了，当跑的路我已经跑尽了，所有的道口我已经守住了。”我不敢夸口：“所有道口我已经守住了。”我只能说：“我曾经打过美好的仗，我曾经跑过曲折的路。而且，我会一直跑下去——永不松懈！”毛主席在《纪念白求恩》一文的结尾中写道：“一个人的能力有大小，但只要有这点精神，就是一个高尚的人，一个纯粹的人，一个有道德的人，一个脱离了低级趣味的人，一个有益于人民的人。”[②]我希望自己成为一个有用的人。

除了法律的书，我还读了一些经济学的书——读的不多；读了一些历史方面的书，一些哲学方面的书……我还读了许许多多其他的杂书。如果将我的读书时间进行划分，我大约用百分之四十的时间读杂书。除了在外奔波谋生——赚钱，只要可能，我就一卷在手。这没有什么高大的。鲁迅说，文人读书一如

① 黄永玉：《比我老的老头》，25页，北京，作家出版社，2003。

② 《毛泽东选集》第二卷，660页，北京，人民出版社，1991。

匠人磨刀，不过是工作需要而已。

博览群书使我们襟怀开阔，思想深邃。《增广贤文》中说：“观今宜鉴古，无古不成今。”博古通今，你就可以“古为今用，洋为中用”，旁征博引，口若悬河，使你的论据更具说服力，更震撼人心。然而，我要提醒你们的是，要把握其间的“度”。读书太杂——尤其是本科生——会使你失去法律的根基或弱化你的法律基础。你可能成为思想家，但不是法律家。同样，如果你心无旁骛，一心只读法律书，也许你会陷于法条的泥淖。

文学家汪曾祺总结杂览的好处：第一，这是很好的休息。泡一杯茶，懒懒地靠在沙发里，看杂书一册，这比打扑克要舒服得多。第二，可以增长知识，认识世界。他从法布尔的书里知道，“知了”原来是个聋子。从吴其浚的书里知道古诗里的“葵”就是湖南、四川人现在还吃的冬苋菜。第三，可以学习语言。杂书的文字都写得比较随便，比较自然，不是正襟危坐，刻意为文，但自有情致，而且接近口语。从杂书里，可以悟出一些写小说、散文的道理。①

我要补充一句，杂览还有助于悟会人生的道理和法律的道理。

有人赞许鲁迅是个伟大的天才，而鲁迅自己说：我哪里是什么天才？我不过是把别人喝咖啡的时间都用来工作而已。鲁迅还说过：有时间，看点专业以外的书，看看别个在干什么（大意如此）。鲁迅是我们的好榜样。如果你们想有惊人的成就，也许你确实要在别人喝咖啡时工作。

作家柳青说过：人生的路看起来很漫长，但关键的也就那么几步，尤其是年青时的几步。人生的青壮年时期，是发奋和积累的最佳时期。年轻时，你不断努力，别人会赞许你是个“上进的青年”。相反，如果等到满脸褶皱、两鬓苍苍之时，你还在那里“奋斗”，大家对你，除了敬佩，还会有怜悯。

一次，我给律考补习班上课，发现一位长者端坐在下面，非常用功地记录着。他的眼睛已经昏花了，他的头发已经谢顶了，我对他油然生出一种怜悯。我想，他错过了人生的季节。在人生的暮年，在应当享受的季节，他还在以衰弱之躯与青年人——那些风华正茂的青年人——进行生的搏斗、格杀。当然，这也许不是他的错，也许是命运的错。我谨希望同学们记住我的话：不要错过人生的季节。花开花落自有时，人生又何尝不是如此？在播种的季节，你要播种；在收获的季节，你当收获。

让我们重温一下《汉乐府》：

青青园中葵，朝露待日晞。

① 汪曾祺：《晚翠文谈新编》，78页，北京，生活·读书·新知三联书店，2002。

阳春布德泽，万物生光辉。
常恐秋节至，焜黄华叶衰。
百川东到海，何时复西归？
少壮不努力，老大徒伤悲。

三、清洗谎言，寻找真相

卢梭说：“人是生而自由的，却无往不在枷锁之中。”他这是什么意思？

从你睁开幼稚的双眼，父母就开始教育你——不管你懂不懂；后来，小学教师教育你；后来，中学教师教育你；再后来，大学老师——包括今天的我，一位接一位地在教育你。每一位教育者都希望你“永远牢记”他们的教导。这些教导可能是养分，也可能是枷锁——思想的枷锁。用思想的枷锁束缚人民，麻痹人民，是一切别有用心的人们的祖方。治人之术莫过于治心。你的父母，你的老师很可能牢牢地被套在枷锁之中而浑然不觉。他们无意地、友爱地给你们套上了枷锁。

孔子在《论语·泰伯》中也表达过这层意思。他说：“民可使由之，不可使知之。”一句话道出了千百年来的治术之本。谭嗣同曾一针见血地指出：“二千年之政，秦政也。二千年之学，荀学也。”

用思想的枷锁愚民、治民是专制者们、阴谋家们的共策。俄皇卡捷林娜深谙此道。她曾忧心忡忡地对莫斯科总督说：“当我们的农民要教育的日子到来时，你我的地位就保不住了。”① 不要以为君王都是笨伯。那些皓首穷经，失去思想能力的所谓学者，倒可能是真正的笨伯。钱穆先生断言，孔子他们这一般圣贤的思想，我们难以超越。而现实怎么样呢？儒家思想现在还是我们治国的指导思想吗？早就不是了。

王亚南先生在《中国官僚政治研究》一书中分析道：“中国专制的官僚政治自始就动员了或利用了各种社会文化的因素以扩大其影响。故官僚政治的支配的、贯彻的作用，就逐渐把它自己造成一种思想上的、生活上的天罗地网，使全体生息在这种政治局面下的官吏与人民，支配者与被支配者都不知不觉地把这种政治形态看为最自然最合理的政治形态。在一般无知无识的人民固不必说，就是自认为穷则‘寓治于教’，达则‘寓教于治’的士大夫阶层，也从来很少有人想超脱到这种政治形态以外去。”② 对于中国二千年的礼教，还是鲁说

① 王亚南：《中国官僚政治研究》，44 页，北京，中国社会科学出版社，1981。

② 王亚南：《中国官僚政治研究》，38 ～ 46 页，北京，中国社会科学出版社，1981。

批得更痛快，他从古史每一页中看出“吃人”二字。

礼教可以成为枷锁，理论可以成为枷锁。如果我们失去思考的能力，一切的理论都可能成为我们的枷锁，正所谓“人人生而自由，却无往不在枷锁之中”——这就是卢梭格言的本意和由来。

我们如何从这些思想的枷锁中解放自己？我们如何读书又不为本本所困？我以为，解决这个问题的有效方法是:“走万里路，读万卷书。”

读万卷书，不信一家之言，不从一家之说。我们应当从对立的思想中，进行比较、印证，并汲取我们所需要的养分——鲁迅称之为“拿来主义”。

道德思想、学术理论可能成为枷锁，历史也可能被篡改，成为遮蔽我们慧眼的尘沙。中国历史上最著名的清官莫过于包拯。但包拯最为人乐道的两件事——“斩驸马，斩包勉”——却是假的，是后人附会出来的。千百年来，包拯的壮举代代传唱，感动多少中华儿女？然而，历史的真相是，包拯虽曾四弹皇戚、六弹国戚、七弹酷吏、杖挞从舅，但“双斩”的壮举不曾发生。据学者考证，包拯一生中有确切资料证实的著名断狱事例只有三件，分别是“割牛舌”案，“盗金”案、“浮江尸”案。[1]据说，真实的陈世美，是清顺治八年的进士，被点为七品知县，后任陕西学道。[2]包拯则是北宋时的名臣，两人“风马牛，不相及”，陈世美真是千古沉冤。至于斩包勉，不仅历史上没有记载，而且按照宋朝的法律，也不大可能发生。宋朝即有完备的回避制度，怎么可能让包公审理他的侄子呢？然而，千年的故事代代传，以至于人们连怀疑它的念头都没有，几乎所有的人都失去了怀疑的能力，相信了这一“历史”。陷入思想的枷锁，丧失思考的能力，这是法律人最为忌讳的事。时刻保持清醒的头脑和独立思考的能力，“重估一切价值”（尼采语），这是法律人必备的基本素质。

我这么说不过是提醒大家，法律人经常要做的一份工作是：清洗谎言，寻找真相。

曹聚仁先生原本是枯坐书斋的学者。抗战期间，因为家仇国难，步上了“一蓑风雨任平生”的行旅生涯，写出了不朽的名著《万里行记》。作为一名记者和学人，他最反对“客里空”式言论。这种言论的特点是捕风捉影、凭空臆造，抓住一点点事迹，便加油添醋，片面夸张。他认为，作为一名记者，必须

---

① 汪汉卿:《包拯法律思想与实践》，184～195页，合肥，安徽大学出版社，2000。

② 王吉成:《陈世美蒙冤记》，载《每周文摘》，1995年5月28日。按：我不是研究陈世美的专家，这篇文章是否可靠，有兴趣的同学自己核实。

实地考察。坐井观天，单凭自己的想象力是不够的。[①] 同样，作为一名法律人，如果只从书本到书本，难免成为“客里空”式的人物——法学界不乏这样的人物。法律实务界的人士对法学界某些人的这种“客里空”式的研究思路很为不满。“客里空”式的学者就是人们常言的“空头理论家”，满腹文章，一无是处。俗话说，“十里不同风，百里不同俗”。为了体察各地的风土人情，开阔胸襟，法律人在可能的情况下，应当各处走走。江南的烟雨，大漠的孤烟，不仅给人以美的享受，更可能使你对生活以及法律有更深切的体悟。

英国的上诉审判权由 123 名法官控制着。这 123 名法官日常集中在伦敦，有案件就到外地巡审。这种制度带来诸如组织、费用和诉讼迟延方面问题，有人提出质疑，但英国一个皇家委员会调查后认为：在巡回区，法官们能够完全摆脱地方性的偏见实施正义，同时了解全国各地的风俗习惯，从而使他们形成更开阔的视野以更好地胜任工作。高等法院法官享有特权，这可能导致其脱离世事，眼界变得狭隘、专横，但通过不断的环境改变和刑事、民事工作结合所强加的灵活性，这种危险就会消失。法官的巡回办案能避免其久居一地而导致性格上的怪癖，因为这些缺点会随着法官住址的改变而消失，不会成为在其他地区发怒或娱乐的源泉。[②]

四、训练语言

丹宁勋爵是英国近代史上备受尊重的法官，他的六本书是我枕边读物。每遇疑难，我就要翻翻丹宁。毛泽东在《吊罗荣桓》诗中说：“君今不幸离人世，国有疑难可问谁？”[③] 这就是我读丹宁时的感受。他在八十岁高龄时，从上诉法院院长位子上退了下来。在他退休的时候，《星期日泰晤士报》这样评价道：“丹宁的伟大功绩将永远长存。对任何一个相信法律应该是解放人而不是奴役人的人来说，他是一座灯塔。”[④] 英国律师公会马克斯·威廉姆斯先生在丹宁退休的欢送仪式上，发表致辞：“看到懒人的权利成了积极人的战利品，这是懒人的共同灾难。上帝给人自由所依据的条件是永不松懈。如果用一个词来概括丹

① 曹聚仁：《北行小语》，6～7页，北京，生活·读书·新知三联书店，2002。

② ［英］杰弗里·P. 威尔逊：《英国的法律制度和法官造法》，载［日］小岛武司著、汪祖兴译：《司法制度的历史与未来》，164～165页，北京，法律出版社，2000。

③ 诗的全文是：“记得当年草上飞，红军队里每相违。长征不是难堪日，战锦方为大问题。斥（宴鸟）每闻欺大鸟，昆鸡长笑老鹰非。君今不幸离人世，国有疑难可问谁？”见武俊平等编著：《毛泽东诗词品读》，294页，乌鲁木齐，新疆人民出版社，2003。

④ 丹宁：《最后的篇章》，14页，北京，法律出版社，2000。

宁勋爵的伟大，那么这个词就是‘永不松懈’——在坚持他的标准和信念方面永不松懈。”①

在《法律的训诫》一书中，他告诫法律人，要想在与法律有关的职业中取得成功，你必须培养自己掌握语言的能力。语言是律师的职业工具。当人家求你给法官写信时，最要紧的就是你的语言。你希望法官相信你的理由正确，所依靠的也正是你的语言。当你必须解释成文法的某一条款或规章的某一节时，你必须研究的还是语言……使用语言要有说服力，要简洁、明确。他说，思想模糊必导致语言含混。他说，我在写的时候，我逐句推敲、反复修改。要不惜一切代价使你的意见明确；使观点确实和确切，不要模糊或模棱两可。他援引别人话说："我的意见可能是错误的，并且有时确实是错误的，但是，我决不会让人拿不准。"②

文学家孙犁建议道："从事写作的人，应当像追求真理一样去追求语言，应当把语言大量贮积起来。应当经常把你的语言放在纸上，放在你的心里，用纸的砧，心的锤来锤炼它们。要熟悉你的语言，就像熟悉你的军队，一旦用兵，你就知道谁可以担任什么角色，连战连捷。写作，实际就是检阅你的军队，把那些无用的、在战场上不活跃的分子，当场抹去他的名字，叫能行的来代替吧。……好的语言，都不是奇里古怪的语言，不是鲁迅所说的‘谁也不懂的形容词之类’，都只是平常普通的语言，只是在平常语中注入新意，写出了‘人人心中所有，而笔下所无’的‘未经人道语’。"③

法律语言要简洁、准确、平淡，但平淡不是一淡如水。汪曾祺评论说，这样的语言不是平淡，而是"寡"。平淡而有味，材料、功夫都要到家。四川菜里的"开水白菜"，汤清可以注视，但是并不真是开水煮的白菜，用的是鸡汤。④汪曾祺是一位美食家，他很会做菜。

让我们阅读一段丹宁的判词，感受一下他的语言魅力表达吧。一位法官在诉讼中，喋喋不休，导致当事人双方上诉，理由是，由于法官的干预，律师不能正常发挥作用。丹宁的判词是这样的。

的确，法官应力求自己的视线不被遮蔽。蒙住双眼不偏不倚固然不坏，但是如果不用纱布缠住公正的慧眼，情况就会更好。对于偏见和先入之见，公正的慧眼必须闭而不视。但是公正的慧眼必须能够一眼看到真实情况的所在，挡

① 丹宁:《最后的篇章》，21 页，北京，法律出版社，2000。

② 丹宁:《法律的训诫》，3～5 页，北京，法律出版社，1999。

③ 《孙犁文集》卷四，56～57 页，天津，百花文艺出版社，1991。

④ 汪曾祺:《晚翠文谈新编》，98 页，北京，生活·读书·新知三联书店，2002。

住他视线的灰尘越少越好。让律师们一个接一个地在天平上加码——精确地计算利弊得失——但最终还是由法官决定天秤的倾斜方向，尽管倾斜度常常十分微小。因此，在民事诉讼中不允许法官传唤他认为可以使事实得到澄清的证人，这在我国的法律中规定得相当死。法官只能传唤诉讼双方请来的证人。同样，要由律师来轮流质询证人，而不是同由法官来质询，以免显得法官有所偏袒。而且要由律师尽可能完整有力地阐明案情，不要粗暴地打断律师的话头，以免影响他辩护的效果。法官的事情就是听取证词。只有在需要澄清任何被忽略的或不清楚的问题时，在需要促使律师行为得体以符合法律规范时，在需要排除与案情无关的事情和制止重复时，在需要通过巧妙的插话以确保法官明白律师阐述的问题以便作出估价时，以及最后在需要断定真情所在时，法官才能亲自询问证人。假如他超越此限，就等于自卸法官责任，改演律师角色。但是这种改变对法官并没有好处。大法官培根说得很对，他说："耐性及慎重听讼是法官的基本功之一，而一名哓哓多言的法官则不是一件和谐的乐器。

这就是我们的标准，这些标准定得很高，不能指望我们始终都能达到。在追求司法公正时，我们可能会过于热心，以致不够稳重，于是就会出差错、栽跟斗。[①]

那么，我们如何训练自己的语言？我不是语言大师，我差得远。我只能将自己的点滴感受告诉大家。

首先，语言的能力是多年涵养的结果，不要指望短期内可以速成。我们需要终生磨砺我们的语言。唐朝诗人贾岛在一首在自况诗《剑客》中吟唱道："十年磨一剑，霜寒未曾试。今日把问君，谁有不平事？"

我们要十年磨剑，我们要终生磨剑，我们要磨出一把寒光彻骨的语言利剑。我承认，确实有些语言天才，他们在年青时就才华毕现。我还要承认，年青人尤其对语言有感受力，他们有一颗年轻、敏感的心。美好的语言就像春雨，在不经意间，就渗入了他们生机勃勃的青春心田。但我们不能指望，自己就是那个天才。我更愿意奉行鲁迅的名言：将别人喝咖啡的时间用来工作。

其次，要经典常读。经典文献尤其是古典的诗词曲赋，是先人留给我们的无尽语言宝库，我们不要宝山空回。董桥有专文论及于此。

最后，还要经常练习。不仅要训练书面语言，还要训练口头表达。不要模仿领导作报告："嗯"一句，"呀"一句；不要重言滥语。思维要清晰，逻辑要清晰，不要说了半天，让人不知所云。

---

① 丹宁：《法律的正当程序》，66～67页，北京，法律出版社，1999。

五、狮子就怕自己身上长虱子

你们现在什么都不是，你们现在什么都没有。但你们有大把的青春在手，你们有无穷的精力在身。你们是狮子，我们要将你们培养成狮子，将你们培养成一群有坚牙利爪的狮子，一群有良知的狮子，有社会责任感的狮子，一群不仅自己会找食，而且会带领大家找食的狮子。

董桥在他的一本书里告诉我们一段轶事。一九五六年，毛泽东在中南海宴请一位贤达人士。临走送他上车时，毛泽东停步请老先生临别赠言。老先生引用佛经故事说：狮子是百兽之王，什么猛兽都不怕，只怕自己身上长虱子。毛泽东闻后连声说道："老先生高论极是！老先生高论极是！"①

你们青年人是狮子，你们什么都不怕，怕就怕自己身上长虱子。如果你们不努力，你们什么都不是！

同学们，我在这里给大家提出了很高的要求，定下了很高的标准。我们不能指望，我们都能达到这个标准——我自己就远远没有达到这个标准。但我愿意与同学们一道：追求知识，永不松懈；追求公正，永不松懈。

四年之后，你们就要进入战场——人才市场。你们的对手是非常强悍的。作为老师，我衷心地希望，在毕业离校的那一天，你们能够士气昂扬地齐声高唱：

"军号已吹响，钢枪已擦亮，行装已背好，部队要出发……"

① 董桥：《老先生高论极是》，载《品味历程》，356 页，北京，生活·读书·新知三联书店，2002。

风物长宜放眼量[①]

一、失意时，要耐得住寂寞

1975 年 12 月，我 11 岁，小学四年级。老师忽然带领我们“反击右倾翻案风”，批邓小平，说他“翻案不得人心”。小学生，连左右都不太明白，知道什么“右倾”和左倾？“案件”是什么东西？他为什么要翻案？我们只明白一条，他不是好人，不得人心。一天放学回家，忽见住房的墙上，刷上醒目的标语：“将反击右倾翻案风运动进行到底”。我当时想，这底有多深？像旁边的河沟那么深，还是像水井那么深？想了一分钟，想不明白，我就去玩了。1977 年 7 月，邓小平复出，任国家副主席，国务院副总理，主管并开始了教育改革。而我们曾经批判过他，当时真是吓死了。原来这“底”只有一年半深，而且，他很得人心。

我对邓小平同志，极为佩服。“文革”期间三起三落，曾经下放到江西工厂劳动。他经常散步，锻炼身体，静待世变。等到复出的时候，他 73 岁，神采奕奕，红光满面。如果他没有健康的体魄，就不可能领导中国改革开放。这说的是大人物。

下面说我这个小人物。1984 年，我在县城的机关工作。因为年轻，不明世事，很快就让一位领导不高兴。现在想来，他其实也没大毛病，只不过染有小官僚的恶习——阿谀奉承，拍上压下……

得罪领导，是官场大忌，他不让我入党。在机关工作，不能入党，意味着不能进步。有一次，我和他单独谈话，问他凭什么？他说了一些官话，我年轻气盛，说了一句大话：“是金子总要闪光的！”

大话说出去了，但有什么用呢？领导不久采取行动了。县里成立一个临时性机构，叫“党的组织史办公室”，编写我县党的组织发展史。那时我才 24 岁。有一天，偶然听说国家有律师资格考试，没学过法律的人，也可以考。我觉得机会来了。

我找来几本复习资料，别人喝茶我看书，复习三个月，考取律师资格，后来又考上北京大学研究生。我们“党的组织史办公室”在年终工作总结中，特地写了一条：去年，我办还为国家培养了一位人才。

① 本文为作者在中国政法大学法学院 2017 届研究生毕业典礼上的致辞。

我回家乡，合肥著名的刑辩律师王亚林请吃饭，他是安徽刑辩界的头牌，一年的刑辩业务做到 1 000 多万元。席间闲谈，发现我俩原来是同一年参加律师考试。他自豪地说，那年他考了第一名，我笑着说，第二名在此。而我的那位领导，现在应该还在监狱里。

大家即将踏上事业的征途，临别之际，我告诉大家我个人的第一个人生经验：人生总有失意的时候。好景不常在，好花不常开。失意时，你要耐得住寂寞。不放弃，不懈怠，寻找你的机会。“牢骚太盛防肠断，风物长宜放眼量。”

二、得意时，要经得住浮华

我考大学时，因为护士笔误，将身高填错了，身高 1.67 米写成 1.47 米，我只好读了物理专科，巢湖师专。地方师范专科学校的学生，发展空间总是受限的。同学里发展最好的，做到了我们合肥市某区一把手。同学聚会时，他总是众星捧月，指点江山，意气凌云，不知收敛。前年，他跳楼自杀了，传闻涉及经济问题。

我还有一位最好的同学，官场上春风得意。三十出头，做了副县长，后来做了更大的官。他是个重旧情的人，对我很好。我回乡他时常张罗一桌饭。他好客善饮，风趣幽默，酒过三巡，妙语连珠，满桌生风。有几次，他找我喝酒。结局总是这样：他问：你服不服？我说：我服，我服。他笑眯眯地放过我，征服别人去了。

我们家乡的习俗是，请客一定要让客人喝好。一段时间，酒风盛行，他大约难以免俗。前几年去世了，刚满五十，肝癌。直到如今，我常常忆起他，我在蓟门桥还请过他吃饭。他的音容笑貌，宛在眼前。每每想起他，我就想到鲁迅的诗：“此别成终古，从兹绝绪言。故人云散尽，我亦等轻尘。”

我博士同学中，两位做了大官，一位正部级，一位副部级，如今也都“进去”了。大到国家，小到个人，都有可能一时失准，陷入整体无意识。当社会整体混沌时，多数人随波逐流，主动地迎合或消极地被挟持，一时间泥沙俱下。此时，我们要保持清醒的头脑——不畏浮云遮望眼。人在得意时，总有人阿谀奉承你，精神贿赂你。开始，你可能有所警觉，时间一久，习以为常，忘乎所以，以为自己才华盖世，可以左右乾坤。其实，在茫茫人海中，我们每个人，只是微尘。暴风雨会在不经意间，忽然降临。

我的一名研究生，今年毕业去了某国家机关，他就坐在你们中间。几天前，同学们请我吃饭——“谢师宴”。我送了他一饼茶，一本书。书上面题了一行字："常在海边走，就是不湿鞋。"我也将这句话，送给所有进入国家机关工作的同学。白居易有首诗，题目叫做《轻肥》，专门描写官场得意之人：意气骄满路，鞍马光照尘。借问何为者，人称是内臣……食饱心自若，酒酣气益振。是岁江南旱，衢州人食人。

我的人生第二个经验是：人在得意时，要经得住浮华。

三、保持你的赤子之心

大家年轻，虽然身上不免落上世俗的尘埃，但总体上心地纯洁，单纯善良，有着治国平天下的雄心和抱负。但慢慢地，一些人就世俗化了，放弃了对国家和社会的责任，只追求自身的幸福。可怕的是，最后将追逐权力和财富作为生活的目的。我在其他大学带过一届学生。三年前，他们将我拉到班里的微信群，后来我退出来了。因为个别当官的同学，眼界狭窄，俗不可耐。有同学劝我说："老师，您别和他们生气。眼界所限，没有办法。"

身处官场，容易产生官僚主义和职业麻木，这就需要警惕了。几天前，我在微博上放了篇小文章《法官为什么心狠》，文中说道：

两年多前，我到外地，一群学生请我吃饭谈天。一位在刑庭工作的女生对我说：老师，我怎么觉得自己的心，越来越狠呢？我说：是啊，当年上课时我就提醒过你们。长期从事司法这种职业，会使人形成职业麻木，心越来越狠。说实话，我对自己多年来的这一判断，并无内心确信。但屡屡发生的事实，又一再印证了我的判断。这是为什么？

我想到了以下原因。公检法人员，大多来自升斗小民之家。入职之初，仍然记忆着普通人民的失败和困苦，弱小和无奈，努力和希望……点点滴滴，仍在心头。但入职时间越长，他们与普通人民交往渐少，检法人员相互交往日多，互相发酵和激励。他们看到的，更多是卷宗里一份份冷冰冰的证据，一条条干枯的法律。天长日久，他们变了。他们更相信惩罚和报复。他们相信，刑罚会保护秩序，会保护更大的社会利益。他们忘记了，刑罚同样会破坏社会秩序。刑罚导致家庭破碎，子女失教，夫妻离异，父母失侍……在他们心目中，这些无足轻重，这都是罪有应得。他们忘记了，天生犯罪人其实很少，大多数犯罪都有社会原因。他们见多了，他们麻木了，他们听不见了。

同学们，你们来自人民，希望你们将来即使深居九重，富可敌国，也永怀赤子之心，不要忘记普通人民的挣扎与辛酸，不要放弃对国家和社会的责任。

中国政法大学，在我国法学教育界，名列前茅。你们是国家的精英，你们将要掌握国家的权柄，决定当事人的命运乃至国家政策走向。无论你们意识到了，还是没有意识到，国家和人民，对你们寄予厚望，在你们的身上，寄托着中国的未来。希望大家永远铭记入学时的誓言：“挥法律之利剑，持正义之天平。除人间之邪恶，守政法之圣洁。”

中央正在推进全面依法治国的国家战略。在一个有着几千年人治传统的社会，实现法治化转型，需要数代人为之奋斗几十年甚至上百年。这是全民的任务。我们法律人，不仅自身要努力，在自己的岗位上为法治建设添砖加瓦，而且要唤起全体人民，共同努力，从而建设一个富强、民主、自由、法治的国家。如果你们放弃了对国家和社会的责任，那我们的教育，就彻底失败了。

四、追寻你真实的幸福

我有时想，人为什么会迷失自己？我从托克维尔的《旧制度与大革命》一书中找到部分答案。他描述法国大革命前的巴黎：“不惜一切代价发财致富的欲望、对商业的嗜好、对物质利益和享受的追求，便成为最普遍的感情。这种感情轻而易举地散布在所有阶级之中，甚至深入到一向与此无缘的阶级中，如果不加以阻止，它很快便会使整个民族萎靡堕落。”我们古人用四个字概括这一现象，叫做“利欲熏心”。

我希望大家不要放弃对国家和社会的责任，不是要求大家做苦行僧。每个人都有追求幸福的权利，但不要因为权力和财富而迷失本心。权力和财富，并不必然带来幸福。多年以前，我和一个县委书记谈天。他说，每天晚上都有两三桌的应酬，苦不堪言。我还认识一个地产商，他说经常在晚上十一点多拖着疲惫的身体准备上床休息时，忽然接到某个官员的电话，让他去喝酒，其实是让他买单，他恨得要命又不能哭。

人的禀赋、志趣和才能，千差万别。花有千种，人有百样。并不是每个人都善于控制权力和财富。多少人因为权力和财富而身陷囹圄？大家要认清自己，认清自己的才能和志趣，追逐属于自己的幸福生活，而不是别人认为的幸福生活。我认识一些权贵，我认为他们并不幸福，只不过陷入权力和财富的罗网无力自拔。归根结底，财富不是硬道理，权力不是硬道理，幸福才是硬道理。

半个多月前，我到丽江，在玉龙雪山下一个纳西人的村庄里，拜访一位朋友。他租下一个古木参天的大院子，住在那里，看闲书，喝普洱。我问他，以前做什么工作？他说在上海做证券。三十多岁，辞了工作，远离繁华的都市，到了古城丽江。起初，他只是想试试换一种活法，后来再也不想回去了。我的朋友野夫，因为某种原因，曾经生活很落魄，而今已是世界著名作家，他现在也住在大理。

曾子说："吾日三省吾身，为人谋而不忠乎？与朋友交而不信乎？传不习乎？"每天反省三次，这是圣人做的事，容易失眠，常人做不到，但每隔一年半载，反省下自己，寻回迷失的本真。这是必要和可能的。

同学们，江山代有人才出，各领风骚数百年。你们的时代开始了，你们重任在肩。但无论你们成功还是失败，母校都会张开双臂，欢迎你们的归来。

最后赠诗一首，给诸君送行：

仗剑

蓟门桥头听雨声，阳关唱罢举离樽。

堂上不闻庭上见，法律人要仗剑行。

沉稳与坚毅，刑辩律师的两个基本品格①

沉稳与坚毅，是刑辩律师的两个基本品格。

为什么要沉稳？刑事案子律师介入时往往形势危急，当事人乱，律师不能乱，章法一乱，方向一错，就要出大问题。案子一波三折，不可能一蹴而就，律师一定要稳住阵脚。

为什么要坚毅？因为刑事案子办案压力确实大，最后比拼的可能就是毅力。当你要崩溃时，其实对手已然倒下。因此，坚韧不拔是刑事辩护律师的必备品格。

下面，我结合三个案件进一步分享心得体会。

一、谢某某案：发现问题，深入细节

第一个是发生在安徽芜湖的谢某某案。2018 年 8 月，芜湖市繁昌县检察院指控销售收藏品的谢某某等人涉嫌犯诈骗罪。这个案子有 63 名被告人，108 名律师参与辩护，备受社会关注。

检方基于两点判断指控谢某某等人诈骗。一是说他们卖的是假藏品，二是说这些藏品卖得太贵。那么藏品的真伪和价格高低就成了本案的核心争议点，也是律师的核心辩点。怎么判断藏品真伪？必然要看鉴定意见，但值得警惕的是，近年来有的地方出现了黑鉴定市场，办案机关想要什么报告，就能出什么报告。谢某某案正是出现了这种情况。

辩护律师李中伟、王兴、张磊等研究发现，谢案中的鉴定机构是非法机构，于是立即向民政部门反映。对方一看，鉴定机构确实是非法的，就把鉴定机构给撤了，鉴定机构一撤，相当于釜底抽薪，检方的指控自然站不住脚。

借这个案子，我跟大家分享一个体会，就是律师办案要脑洞大开，按照胡适的说法是“大胆假设，小心求证”。年轻律师得动起来，像李中伟、王兴、张磊等律师那样，发现问题，立即行动。我最近在温习《道德经》，里面说“大辩若讷”。的确，真正善于辩论的人不会一味喋喋不休，律师在证据上多下功夫，庭审时直接把证据亮出来，对方自然就没话说了。

---

① 2022 年 10 月，我应邀在法度研究院“新锐律师计划”一期学员培训班上发表演讲，本文系根据现场发言整理而成。

回到谢某某案，鉴定机构撤销后，法院又开了一次庭。那可以说是一场激战，场面壮观。辩护律师人数众多，但庭审时，法院提供的桌子不够，很多律师只有一把椅子，带的电脑和纸笔没地方放，非常狼狈。徐昕老师在法庭上站着，王兴、周海洋等律师也都站着，应该说一审法院的做法是非常不妥的。只有让律师有尊严地工作，律师才能更尊重法庭，你视律师如草芥，律师视你如寇仇。

这个案子，一审法院判了 42 名被告人无罪。检察院不服，我们辩护律师也不服。二审阶段，安徽省检察院从全省调集了最优秀的检察官，好些都是辩论赛的获奖选手。我向来不认为打辩论赛是培训检察官的好方法，检察官也好，律师也好，办案能只靠动动嘴辩论吗？真正踏踏实实地扎到案卷里才是正道。律师更不能试图狡辩，狡辩不可能成功，只是让当事人听得舒服，对结果并没有什么益处。

安徽省检察院任意调派检察官的做法对吗？我们在法庭上提出，这完全违反了我国的《宪法》和《检察院组织法》。这些检察官出庭，究竟是以什么名义？是芜湖市检察院的检察员，还是什么人？为此，控辩双方似乎辩论了一个星期。检察院说这是检察一体化，我们辩护律师认为，这么做是错误的，违法的，甚至是危险的，《检察院组织法》没有这般规定。我们向全国人大提交了备案审查建议。我们的制度设计为何要由各级人大来监督和任命各级检察院？这背后的权力制约道理，我们要研究透、讲透。诸位，最深度的辩论，是法理辩论。

二审开庭历时 50 多天。这个案子，有几百本卷，我们做了将近 100 份 PPT，大概几千张。在这里我想说，年轻律师们确实能拼，所有的 PPT 都是我和年轻律师们一张一张过的。我与周海洋律师一起做辩护人，有时周律师盯在法院，我就在台下“磨刀”。我们团队辩护案件，一般做两套 PPT：一套质证 PPT，一套辩论 PPT。质证 PPT 是基础，说的是事实问题，辩论 PPT 是关于案件的法律问题。我们先制定好 PPT 的基本格式，然后把指控的主要犯罪事实列出来，律师们分工去做，完成后我们一张一张过，一同核实线索。

回到谢案，检方的指控逻辑是什么呢？说白了就三点。第一，你的营销方式有问题；第二，你说的大师不是大师，你骗人了；第三，你说大师亲制，那不是亲制，是别人做好后，大师去修修而已。

法庭辩论阶段，我举了做 PPT 的例子。我说请看，这种庭审 PPT 是助理们分工完成的，但署名是我，你不能说我骗人。不要认为助理不如律师本人，江山代有才人出，各领风骚数百年，怎么就说干了三五年的律师助理做的工作就一定比律师本人差呢？不是那样的。对于新技术的运用，对于新的法律知识的掌握，他们可能比我们厉害。所以，助理来做这些工作，我再“修修”，不属于骗人。事实上，反倒是法庭对 PPT 非常感兴趣，PPT 连到大屏上以后，案子基本上就清楚了。在很多案件中，法官都主动问：“何老师，您的 PPT 能给我们吗？”

为了证明艺术品创作者的资历，我们还搜集了不少证据。比如，案涉玉器是小作坊生产的，作者是河南一个镇上的。检方说，这是诈骗。而我们调查了解到，这个地方做玉，有几千年的传统，并且行业里做玉的还都是小作坊，不少有名的玉雕大师出自这个地方。我们在法庭上把这些展示出来，检察院又说稀缺性和流通性决定了市场的价格，你的东西没有稀缺性，所以是诈骗。

这里就要注意了，辩护律师一定要跳出检方的思维。检方上来就说稀缺性和流通性，一听，还挺有道理。但仔细想想，不是这样的，稀缺性并不影响最终的价格，在艺术品行业，参与群体少的作品，价格反而上不去。另外，检方说流通性决定价格，我说，请法院看看芜湖的司法拍卖网，法院拍卖的房子，有几百套没成交，流通性较差。没成交的原因，恰恰在于价格标高了。收藏品市场不能完全以价格判定价值，买收藏品，就是考你的眼力。有时说你能捡漏，我也能捡漏，就这个道理。

回到案子本身，涉案的产品到底是什么？看法律条文，艺术品是指绘画作品、书法篆刻作品、雕刻雕塑作品、艺术摄影作品、装置艺术作品、工艺美术作品等及以上作品的有限复制品。请注意，有限复制品属于艺术品。检方的逻辑是，你那个“奥运瑰宝”发行了几万套，是骗人的，你这些不是收藏品，就是工艺品。但其实，大家知道，很多邮票在当年发行的时候，就是很普通的商品，是随着时间的推移变成收藏品的。另外，还有叫艺术授权产品。国家主席习近平说要“发挥美术在服务经济社会发展中的重要作用”，“把美术成果更好服务于人民群众的高品质生活需求”。实际上，好多人不懂我们国家的宏观政策、法律规定，我们说，文化部要求培育小微文化企业和个人工作室，检察院却说这是小作坊里都是骗子。如果是大工厂生产，检察院就说这个是机械化、不是工艺品，还是骗子，听上去怎么都有罪。

我们当庭还举证表示，个人情感也影响着收藏品的价格。当年，我在北京大学读博，帮助没有拿到学位的刘燕文起诉学校。开庭前，导师姜明安给我们写了封信，他跟我们说，“下次开庭要好好准备，与两个院长对阵，要打出水平来，发言要和缓，但要有力，依法以理服人。姜明安。”这封信，抬头写的是“海波、何兵”，信现在在何海波手里，再也不会给我了。举这个例子想说明什么？收藏品的价格不完全是用商品来定的，其中也蕴含着个人情感，收藏者偏偏喜欢这个东西，就要买下来。所以我们说，藏品的价格不能用所谓的流通性、稀缺性衡量。

检察院还指控说，被告人谢某某在“包装大师”。具体模式是，某个作者书法挺好，但目前无人知晓，而公司有资金，就一年给作者 200 万元，而后用很便宜的价格买下作者的作品，之后再用很高价的价格卖出去。检察院说这种模式是诈骗。殊不知，艺术品行业不就是这样的吗？资方一年给作者 200 万元，推出去就赚了，推不出去就赔了。实际上，检方是不了解艺术品市场的规律。庭审中，我们还拿巴黎的一位大师举例，他以前过得很惨，他的画当时在巴黎市场是批发卖的，但经过专业画廊运营后，有一幅画看上去他就画了几条线，结果拍卖了 1.98 亿港元。

谢案中，年轻律师们付出大量汗水。全案还有几百个 G 的电子数据，我们从中找出了不少有利于被告的聊天记录。曾薪燚律师就非常棒，他是第二被告的辩护人，对案子特别熟。还有其他几位律师对案卷也都很熟。比如周海洋在法庭上说，“我现在把电脑合起来，我不看卷，也能给你辩”。确实，熟悉案卷是办案的前提。

在这个案子中，几十名律师乘坐法院统一安排的大巴车前往繁昌市物证保管处，对千余份涉案物证进行比对核实。

说到这里，我再跟大家分享一个观点，就是资深律师一定要善待年轻律师，尤其是善待年轻的律师助理，这样才能让他们踏踏实实工作。他们对案件的投入，会大于你对他的投入。年轻助理也要多参与，几个大案做下来，基本上就练出来了。

还有，律师在办案过程中也要注意向同行学习。我和罗翔教授合作办案，发现他对法条特别熟，能游刃有余穿梭其间，法庭辩论富有美感。我跟团队律师讲，大家要跟罗老师学习，要知道，并不是所有教授都有出庭辩论的能力。但现实中，有的律师只看到同行这不行那不行，忘了最关键的是提升自己。

二、张某某案：到田间地头去

第二个是湖北张某某涉黑案。张某某的公司是“中国民营企业 500 强”，湖北养猪业龙头，案发前正准备上市，结果实际控制人张某某被抓。在起诉张某某前，公司的其余几位高管已经被以涉黑罪起诉了。可以说张某某的公司当时危在旦夕，因为一旦法院认定涉黑，最终就要没收全部财产，而且有关部门已经通过所谓招商引资的方式，找了另一家养殖企业，准备接管张某某的公司了。

辩护一场涉黑案件，就跟打一场仗差不多。这个案子，我要强调四点：第一，律师办案要到田间地头去、到工厂车间去；第二，从细节中挖掘真相；第三，争议疑点应认真研判；第四，关键问题需敏锐洞察。

我与罗翔教授共同为张某某辩护。2021 年年底，我们一起到检察院，对方告知过完年就起诉张某某。时间紧急，于是我与李中伟律师、张磊律师、王兴律师、徐冯彬律师以及周海洋律师，年底就都“扑”过去了，大家到田间，去养殖户家里，去工厂里，去调查取证，拍视频，以便发现问题并在极短的时间内引起办案机关重视。

事实真相一定要到现场才能查明。光看起诉书，会觉得犯罪嫌疑人真不是个好人。比如，起诉书说，张某某吸纳“两劳人员”到公司去。而事实是，养猪比较容易遇到技术难题，张某某公司的经营模式是，养殖户负责建猪舍和养猪，猪苗、饲料还有消毒都由公司提供。养猪户中有两劳人员，办案机关认为这是涉黑的表现。

为了弄清楚真相，我走访了一位“两劳人员”。他说:“我确实因故意伤害被判了十几年，出狱以后什么技术都没有，完全不理解这个社会是怎么运作的。政府想帮扶我，但也不知道该怎么帮，后来政府找到了张某某帮忙。张某某说，行，然后就带着我们搞养殖。”实际上，张某某是在帮政府解决困难。而且，中央政法委也有文件要求企业帮扶“两劳人员”，让他们回归社会，这本身是一件非常正能量的事情。

到了田间地头才知道，中国新农村的未来在哪里。有一位我走访的养殖户，他本人是个听障人士，爸爸 70 多岁了，妈妈是个盲人，当地的民政部门找张某某帮忙扶贫，于是他家就开始养猪。你会发现，他的妈妈虽然眼睛不好，但她在家里的院子摸来摸去摸熟了，也可以在家里做饭。他的父亲，虽然年老了，但他可以天天照看猪，帮忙开个窗户，通通风，放放水。他本人虽是听障人士，但他养猪不需要跟很多人交流。这样下来，他们家竟然一年也能赚到 20 多万元，还在小院子里盖了一座楼。

中国新农村发展的希望在哪里？就是企业 + 农户。要建设社会主义新农村，一方面就是政府资金下去，另一方面就是企业资金下去。政府资金下去，去修路、修池塘、搞水利，但持续的生产活动只有企业资金才能实现。这种企业是我们国家应该大力扶持的企业。企业的作用，不仅仅是帮助这几家养殖户脱贫，还要帮助他们实现自己的价值。人接受救济是一种感觉，而他使自己成为对社会有贡献的人，并且自己赚钱，又是完全不一样的感觉。我去的时候，有养殖户还对我说："何老师，现在这个猪苗啊，都在排队，你能不能跟他说一下，给我优先安排。"他们在主动寻找致富的出路。

我们律师团队还参加了企业的晨会。如果不是参加了晨会，很难想象，在那样一个小县城，能有这么现代化的公司。他们公司天天 7 点准时开晨会，会上，他们讨论今天猪是什么情况，明天价格是什么状况，你说这样的企业怎么会是黑社会呢？黑社会比较多地搞黄赌毒，哪有养猪的呢？这些事情不到现场了解是不会知道的。我一直有个观点，律师办案子不能太多，因为案件需要考虑的因素太多了，案子一多，律师忙不过来。

参加晨会后，律师们组建了大概十多人的工作班子，驻扎在企业收集证据。像这样的案子，一定要扎在那里：既可以调查取证，又可以到现场，还可以和委托人面对面交流。经过紧锣密鼓的辩护工作后，该案张某某没有被指控组织、领导黑社会性质组织犯罪。原先被分案起诉的公司高管涉黑社会罪，也被撤回起诉。

我们团队还有一个工作习惯，就是集体开会讨论案情，通过开会，交流思想，互相学习。我常跟年轻律师说，不要有"跑龙套"的想法。团队里所有人都在努力，但有些律师平时不努力，开会就只是听大家发言，美其名曰"汲取经验"，实际上，就是偷人家的知识成果。律师们谁不是人精啊？你说你老不发言，老不发表意见，脑子不转，只是在那听，时间长了，我就把这种律师定位于"跑龙套"。下一次合作，我们基本上就不考虑这种人，我们要请的是真正的律师。你不努力，就是别人努力。你不奋斗，就是别人奋斗。

办案还要挖细节。比如说，公安机关委托出具了一个价格认定书，其中认为所有物品的损毁率都是 100%。结果，我们把现场视频找出来了，一帧一帧地看，发现根本就没有 100% 损毁。说电话坏了，但在视频里，还有人在打电话；说椅子坏了，我们看到，只有一颗螺丝松了，而且另一把椅子就放在那，没人动过；等等。这就从根本上动摇了价格认定。

作为律师，一定不要把别人的功劳变成你的功劳。是你的，当然可以说，但是你最好还是把别人的功劳说清楚。

争议疑点也要不断深挖。张某某案中有一起指控是聚众冲击国家机关，说的是他的员工围堵法院。而事实上，那是上访。为此，年轻律师们把法院的监控视频找出来，慢慢数，从六点半到九点半有多少人进出，几分几秒进个人，几分几秒走个人。你不说围堵吗？那么，我们发现从六点半到九点半，有上百个人刷卡通过，八点十分左右，高管还组织员工让出中间的电动拉门，九点十分，市领导和中院领导陪同高管、员工代表进入法院谈判。根据统计，至少112 人次、18 辆车进出，这说明没有围堵的行为。我们还把法院当天的排班表找出来，在员工上访的那个时间段，法院是没有安排开庭的。这说明，法院工作没有受到员工上访的影响。

罗翔教授当庭发挥了很大的作用。关于聚众冲击国家机关罪，什么是冲击，什么是围堵，《辞海》里是怎么定义的，其他的法律法规是怎么规定的，他讲得非常清楚，在不同的法条间穿梭自如。

关键问题更是要敏锐洞察。张某某案真正的转折点是一个“案中案”。检察院说张某某 20 年前已经判决部分无罪的案子判错了，要求法院再审。团队讨论的时候，有的律师觉得，这个案子不能给开了，要从程序上挡一下。我倒是觉得，狭路相逢，而且这个案子在法律上没有问题，我们有充分的理由把这个判决保住。

这个案子，我、罗翔教授、徐冯彬律师和杜华程律师出庭辩护。我跟罗老师学到不少。有一个妨害公务的罪名，说的是检疫人员到张某某的养鸡场去收取检疫费，张某某方面和检疫人员发生了争执，当年的判决是没有认定构成妨害公务罪。罗老师当庭指出，刑法上的公务是指法律法规授权的公务。我确实一开始没有想过，因为，在我们行政法上，规章授权的也是公务。我们就查找这个收取检疫费究竟是按照法律法规收的，还是按照规章收的。结果，抗诉书说依据的是《关于畜禽检疫工作的规定》第七条第一款第二项收取的。我们找来法条原文，发现这一条只规定，“家畜检疫”可以收费，“家畜”就是猪马牛，而鸡鸭鹅是“家禽”。因此，国务院的行政法规没有给“家禽”检疫收费的授权。但检察院抗诉时把法条的“家畜”直接改成了“家禽”，偷换了条文。因此，检疫人员的行为也就不属于妨害公务罪的保护对象。罗老师把这些概念当庭谈得非常清楚。

最终我们保住了这个“案中案”的原有判决。我们胜利了。客观来讲，庭开得不错，当地政法委、中院、检察院全部派人到现场旁听。

三、西北百商集团案：到群众中间去

百商集团是西北知名的企业，最主要的产品是电线电缆，不仅在国内销售，还出口到俄罗斯、吉尔吉斯斯坦、塔吉克斯坦等国家。企业负责人王某和他妻子被“打”成恶势力，大量员工流失，律师去都无人接待，政府甚至连接管企业的公司都准备好了。

我们介入案件后，首先让公司组织开一个会，我很明确地说，根据律师判断，企业是没有问题的。开完这个会，在一定程度上缓解了员工心中的不安。王某后来知道了这事，也对律师表示感谢。所以大家要知道，有时候做案子不能只做法律工作。

看一大堆文件，有时不一定有用，但到了工厂，一下子就明白了。我们到工厂的时候，崭新的生产线上堆满了灰尘，员工们也在搬离，整个工厂停了。这让我非常痛心。后来，我们在下雪天走访企业，在餐厅吃饭、开座谈会，一个一个与工人聊天。他们讲的话很质朴。有一个工人说他今年50多了，现在要下岗了，也找不到活儿了，不知道怎么办好，家里还有两个孩子要读大学。还有个员工说，还有一个房子要还月供，现在真不知道怎么办好。

为什么马锡五会受人民群众欢迎？他深入田间地头，他知道人民群众的看法。王某是不是个坏人？检察院说他颇有恶名，但恶名体现在什么地方呢？他们不去问王某的朋友，不去工厂考察到底有没有恶名的存在。其实，王某这个人非常谦和。比如有一位员工说：“没听说王某有为非作歹的行为，也没有见过他为非作歹……这个厂子是我的家一样。没活儿干感觉不踏实。”还有一位员工说：“王某是非常低调谦和的人，在生活上很简朴，不管离得多远，都会主动和你打招呼，非常的平易近人，在政府开会的时候有什么样的会议纪要都会再补会议，或者请人来给我们讲，一直都在强调要合法守法经营，没有像其他人的欺压百姓的情况，平时有党的会议，都会和我们传达精神。”百商集团的员工都对王某组织的“结对子”下乡帮扶有深刻印象。王某本人就结了五六个对子，进行具体帮扶，帮助解决生活、工作困难，给找不到工作的年轻人提供工作机会。这些不到一线是没办法了解的。而且，这样质朴的话语才能打动人。

调研结束，我专门给检察院、法院写了封信，题目就叫《办案人员要走进人民群众中去》。内容如下：

尊敬的合议庭成员并检察人员：

12月30日，我利用休庭的时间到涉案的百商线缆厂和百商集团。在工厂，我与一线工作人员和管理人员进行了访谈，并录下视频。

我曾经向尊敬的法官反映，百商集团和线缆厂已经极度困难。法官说，社区有报告，说百商集团经营正常。为什么对这些极易查明的事实，我们的认识有天壤之别？我认为，根本的问题是，办案人员埋头在卷宗里，埋头在法庭中，没有深入人民之中，没有深入企业里去。本本主义和官僚主义作风，严重地影响了我们对案件真情的判断。

百商集团是不是涉恶企业，王某是不是涉恶人员，你们一旦走入人民之中，一切真相大白。

我们不能将为人民服务挂在口头上，不落实到行动中。我们不能将中央的“六稳”“六保”的政治要求挂在口头上，不落实到行动中。对党的忠诚，必须要落实到我们日常具体的工作中。

我敬请各位尊敬的法官和检察官认真阅读我们的访谈记，并认真观看视频，了解人民的艰辛和企业的困难。我希望合议庭成员和检察官，发扬人民司法在延安时期形成的优良传统，到人民中去，到线缆厂去。只有坚持以人民为中心，才可能杜绝案牍主义，让人民群众真实的、亲身感受到党的政策的温暖。

此信及附件敬请转给贵单位领导。

我们说，写信要有尺度，有温度。批评办案机关不到人民中去，这个就是尺度；还要有温度，比如称呼为“尊敬的法官”。

同时，我们律师也在证据源头寻找答案，通过细致阅卷，戳破了指控谎言。例如，该案中公诉机关指控王某为了对被害人王某甲强迫交易，通过下属李某当面威胁他的儿子齐某。为坐实罪名，办案人员找到下属李某、被害人王某甲的儿子齐某、负责照顾齐某的小姨与齐某的老师分别做了笔录。结果，我们反复阅卷、推敲，发现对于威胁发生的地点与在场人员，李某与齐某本人、齐某老师所说均不一致，同时齐某小姨证称，那段时间齐某并未上学。证言间相互矛盾，是否发生了威胁，根本无法查明。

律师们狠抓案件中存在的问题，同时与检、法进行有效沟通，最终抓住案件核心问题，最大化了当事人的利益。经过审查起诉及审判阶段与检察院、法院反复沟通，在庭审过程中，各方达成了一致的量刑意见。王某原来可能被建议量刑 15 年以上，最终仅被量刑 7 年。

温和而有力的庭辩①

各位同学晚上好。我很有幸和易延友老师在法庭上同台辩护，也很有幸和罗翔老师在法庭上同台辩护，他们二位都是巨人。

易延友老师的辩风很有特色，我一直没有找到一个准确的词来形容。今天晚上我找到了，叫“笑里藏刀”。易延友老师在法庭上总是面带微笑，但刀刀见血，很厉害，这是易延友老师的风格。罗翔老师的辩风，相对易延友老师，更加激情四射。

我今天讲的题目叫“温和而有力的庭辩”。

二十多年前，我和现任清华大学法学院教授何海波，代理刘燕文告北京大学，我们跟北京大学对庭。开庭前一天，导师姜明安教授给我们写了一封信，上面是这么说的：“下次开庭要好好准备，与两个院长对阵，要打出水平来，发言要和缓但要有力，依法以理服人。”我导师基本上没出过庭，但他讲得非常有道理，要“温和而有力”。

今天讲座的主题“庭辩的理性与激情”是我提出的。前两天，著名的青年律师王飞，发了一条微博，说他在上海嘉定法院辩了一个半小时，审判长最后总结说：“不希望表演性或煽动性发表自己的观点。”律师肯定认为，自己是激情地辩护，但是在审判长看来，却是表演性或煽动性的。

大概一个星期前，我和易延友老师在安徽滁州琅琊法院开一个庭前会议。我在会上说：“你们滁州市检察院和法院，竟然不复核被告无罪的证据，就判人有罪，真是骇人听闻。”结果一位年轻的检察官说我发言“不理性”。被一个检察官这样批评，我心里还是挺受挫的。我就在那儿反思，反思了半天，我觉得还是“骇人听闻”。

庭辩的理性，我觉得来源于对事实的还原，对证据的大量搜集，对法律条文和案例的准确把握，从而能够产生说服力。所以真正的力量来自理性。

刚才赵宏老师说，我们上一次合作开课挺好，我也觉得跟赵宏老师合作非常好。赵老师讲课有一个特点，她有激情。同学们评价老师上课有一个标准——“老师是不是有激情”，从而决定是否选他的课。老师除了有知识，还

① 2023年4月7日晚，我在中国政法大学参加蓟门决策论坛第124期“庭辩的理性与激情”，与易延友教授、罗翔教授及周海洋律师探讨庭辩之道，本文系根据现场发言的整理。

要有激情。赵宏老师的课，学生很多。

庭辩上的激情，来自什么地方？我觉得来自对司法公正的追求，来自对法律的信仰，来自对社会的关切和对当事人命运的同情。这个我跟易延友老师的观点是一致的。只有对当事人命运有真切的同情，对社会有真挚的关切（比如罗老师），对法律有真诚的信仰，我们才有激情。

一、正直和正义的事业

这个时代缺的不是完美的人，缺的是从自己心底给出真心、正义、无畏和同情的人。我办的案子里面，有些冤案，从来都不是案子本身不清楚，而是办案人员不想弄清楚。没有一个冤案是单纯因为法律太复杂，或者证据太复杂而导致的，而是有关人员缺乏敬畏和同情。

英国近代著名的法官丹宁勋爵论述的非常好。他说："（律师）不仅要对委托人负责，而且要对至高无上的法庭负责，那种认为出庭律师只是委托人的传声筒，或者是受委托人指挥的工具的想法是错误的，他既不是传声筒也不是工具，他只忠于高尚的事业，这是正直和正义的事业。"我国法律规定律师独立辩护，也是这个道理。不能把律师以及律师的辩护，当成商业行为，刑事辩护是正直和正义的事业。

一个法律人如果丧失正直和正义，对法律没有敬畏，那么基本上就没有激情了。那些办冤案的检察官和法官，那些配合办冤案的律师，那些不负责的律师，不会有激情，因为他们丧失了从事法律这个高尚事业应当具备的信仰。刚刚易延友老师给大家推荐书，我也给大家推荐一本书，书名叫《法律的训诫》，这本书我经常翻。

我给大家讲一个案例，我和易延友老师、罗翔老师已经共同介入这个案子。这就是安徽肥西原县委书记金某某受贿案。金某某是全国优秀县委书记候选人，在中组部公示后忽然被"拿掉"了。检察院指控他受贿 900 多万元。2022 年 12 月，滁州中院对金某某以受贿罪判 10 年 6 个月，以滥用职权罪判 6 年 6 个月，合并执行 14 年，这是网上公开的信息。

检察院指控行贿单位（我们是单位辩护人）给金某某行贿了 500 万元。公司高管在检察院卷宗里面承认行贿了，金某某也承认受贿了。这个案件看起来天衣无缝。但律师介入以后，公司高管说："是老板逼我从公司的长远战略考虑，配合办案，其实没有送。"起诉书指控 2017—2021 年，公司高管沈某请托金某某在土地竞拍、土地供应等方面提供帮助，给他送了 500 万元。

在行贿和受贿案子里，行贿的钱从哪里来？这是一定要查出来的。受贿的钱，去了哪儿？也要查出来。结果这两方面的证据都出了问题。

我没介入之前，易延友老师他们做了证据调查。检察院提供了若干份领款单，指控沈某某 2017 年至 2021 年，共从公司领取了 500 万元送给了金某某。但这个所谓“客观证据”，我们调查发现是 2022 年在滁州一个打印店打印的，还把落款时间倒签成 2017 年至 2021 年。易老师他们请公证员到场，把打印店电脑上的微信数据提取了出来。这些款项，公司账上是有原始领款单的。我们把原始领款单调过来，证实这些钱，根本就没有送给金某某。我讲这些是什么意思呢？庭辩的理性，来源于庭外大量调取证据。庭上 10 分钟，但庭下你得花很多功夫。

庭辩不是嘴上功夫。

庭辩中，经常是检察官说半天，你扔给他一份证据——你看这个吧。检察官再说半天，你再扔一个证据——你看这个吧。我很不赞成现在鼓励检察官、法官跟律师搞辩论赛。法官、检察官应当多去查证据。包括现在大学里的模拟法庭辩论赛，我劝大家少按那个模式来。真实的法庭上，不是这样的。看看我们的模拟法庭辩论赛，正方四个人，反方四个人，一个人三分钟，就像打机关枪一样。如果在法庭上，审判长早就把你制止了。

再说这个案子。我们还调取了当事人的行程轨迹，证明在指控行贿的时间和地点，有关当事人没有在一起。我们把无罪证据提交以后，比较奇怪的是，法院把受贿人的案件，先给判了，在滁州中院先给他判了受贿成立。

行贿受贿本来应该是一个案子，却分成两个案子，我们被分成另外一个案件。我们作为行贿人一方，找到了法律依据，《刑事诉讼法》第五十二条规定：“必须保证一切与案件有关或者了解案情的公民，有客观地充分地提供证据的条件，除特殊情况外，可以吸收他们协助调查。”这意味着，只要知道案情的人，都有权利向法院提供证据，不管他是不是本案的被告人、辩护人或者证人。

我们虽然不是金某某受贿案的辩护人，但我们依据上面说的法条，把关于金某某无罪的 30 多份证据，寄给了滁州中院，还当面交了一套证据给滁州中院。为了防止法院说没收到，我们在北京寄证据的时候，还请了公证员现场公证，把信发给滁州中院。

后来我们才知道，这些无罪证据，全部没有出示给金某某看，然后法院以金某某认罪认罚为由，直接判了十四年半。我为什么说“骇人听闻”？我们把无罪证据给了检察院、给了法院，法院、检察院就一定要去复核，必须把无罪的证据给被告人看。结果这些证据被隐匿了，金某某根本不知道有这些证据。

二、功夫在庭外

庭辩的理性来自什么？来自庭前大量的调查和研究。律师们在芜湖辩护谢留卿案时，法庭上展示了上千页质证 PPT，另外还有几百张辩论 PPT。这个案子被告 63 个人，一审宣判 42 个人无罪。

另一起案件，是安徽高院目前正在二审的郭某诈骗案，我和周海洋律师、杜华程律师等几十位同行，同庭辩护。本案也被分成两个案件，一共一百多名被告。我为此写过一篇文章，叫做《被法律人耽误的人生》。文中谈到一种现象：有些被告是无罪的，但被律师耽误了，律师劝他们认罪认罚。为什么劝他认罪认罚？因为这样律师就不用看卷。开庭的前一天晚上，还有律师在群里说“谁有电子卷给我一下”。案卷有几百本，他开庭前一晚才来要电子卷，还辩什么？他不用辩，因为他已经让他的被告人认罪了。所以认罪认罚制度存在很大问题。真正的庭辩，功夫在庭外。很多同学将来要做检察官、法官，我提醒大家，要深入一线取证，功夫在庭外。

还有新疆百商案。百商是一个上百亿的集团，负责人被指控恶势力，建议量刑 15 至 20 年。我们辩护后，判了 7 年。我们跟法庭说，现在这样办案，把企业搞垮了。法院说，社区给我们出了证明，说企业生产正常。我们就到了工厂车间。结果机器全部停在那儿，工人没有活干。工人的工资，都是基本工资 + 计件。没活的话，一个月只有一千多块钱。一线工人讲得很朴素：“我还有个孩子要供上大学，没供出来。我都 50 多岁了，厂子倒了，我到哪儿找工作？”这是非常朴实的。所以我经常说，马锡五的审判方式，很值得借鉴。法官、检察官、律师，要到群众中去，到案件现场中去，不要只坐在法庭上。

在湖北襄大案中，有个养殖户，我们到他家去调查。他爸爸 70 多岁，身体不好，他妈妈是个盲人，他自己是听障，这是一个特困家庭。襄大集团让他养猪，猪苗公司提供，饲料公司提供，消杀公司提供，养户只负责养猪。这样的企业 + 农户的方式，很能解决农业和农村问题。他在家里搞小养猪场，妈妈可以做饭，父亲可以把把门，放放风。他是听障，但不影响养猪，各尽其能，家庭兴旺起来。襄大为地方经济作出重大贡献，最初指控襄大是黑社会集团，是很不慎重的。

检察院开始指控襄大集团招纳“两劳人员”。听上去，有点像黑社会，招“两劳人员”到公司干什么呢？我到现场调查了一位“两劳人员”，他被判了十几年，后来刑满出狱了。他对社会一点儿不了解，不知道干什么，也干不了。政府要帮“两劳人员”回归社会，希望襄大支持。襄大让他养猪，一年能挣个十几二十万元。这时候我才知道，我国政府是有政策的，鼓励企业帮助“两劳人员”回归社会。实际上，招聘这些人，是襄大帮助政府解决困难的。

现在有一个问题，律师不敢取证。有的“资深”律师教导年轻律师，说刑事案件不要取证了，风险大。可不取证，案子怎么办？问题在什么地方？如果律师不能放开手来取证，检察官偏重从有罪方面取证，而法官通常又很少取证，这被告人不是要冤死吗？

检察官的职责是指控犯罪，虽然法律上也要求他们收集无罪证据，但实际上不收集或很少收集，甚至把无罪证据藏在抽屉里，不拿出来。我和徐冯彬律师在芜湖办过一个案子。我们到检察院，看见检察官桌子上有一本卷宗。我问，这是什么？她说，是这个案子的。我说，我们怎么没有呢？我的卷宗跟你看的卷宗怎么不一样呢？她说，过几天给你。因为那个东西能证明我们的当事人是无罪的，但她放在抽屉里，不给我们看。

肥西金某某那个案子，我问检察官，我给了你几十份无罪证据，你提交到法院没有啊？他说，没有，因为你给我的是复印件。我说，我给你看了原件，留下的是复印件，你要核查证据啊。无罪的证据，检察院有时就不交到法院去。检察院总是偏重于证明被告是有罪、罪重的，法官又很少在刑事案件里面取证，那就必须让律师去取证，这个问题，必须得到解决，建议在刑事诉讼中全面启动律师申请法官发调查令制度，这对律师是个保护，对案件公正审理也有重要的促进作用。

三、必须把事情讲得简单、明确

丹宁勋爵说：“你必须把事情讲得简单、明确。”

大家要注意，在法庭上不要绕来绕去。法官经常提醒律师“说证据、说观点”，当然有些法官太过分。在法庭上不要啰唆，你要简单，你要明确。你要在最短的时间内，把证据和观点，送到法官脑子里去——法官的注意力是有限的。

辩论时，看到法官有点走神，怎么办呢？喊他一声“审判长！”他一愣，心里想“啥事啊”？其实没事，但他注意力回来了。当然不要总是喊他，老喊他，像唐僧念紧箍咒一样，他会烦你。你有重要观点要发表，而审判长没注意，你就喊一声“审判长”。人的精力是有限的，所以你要简单，要明确，要抑扬顿挫，要和缓而有力，千万不要那么快。

丹宁勋爵说：“声音要悦耳，不能刺耳，不能不和谐；声调要掌握得使每个人都听着很自然，咬字要清晰，不要吐字含混，讲得不要太快也不要太慢，所有这些虽然都是老生常谈，但它经常为人们所忽视，所以我不得不提出告诫，使你们避免出现失误，而这种失误我每天都能看到。”

法庭上，我们也都能看到这种失误。

我曾经在庭上遇到位律师，辩得挺好，但声调太高亢。他的声音如果打一个七折，就更好。声调太尖、太高，听上去像是一种斥责，不好。辩驳绝不是斥责，以免效果适得其反。

在阜阳的一次庭审中，有位律师声音特别小，大家提醒他，还是不行。法官说，给他加个话筒。给他加个话筒，还是听不清。如果再加一个，就有点羞辱人了。我与其他律师闲谈时说，这个律师，这一场辩论结束后，恐怕没有什么案子可做了。一些大案，律师们在一起辩护，暗地里互相也在较劲儿，家属在下面，也暗中较劲儿：“看看我家的律师！”

大家在法庭上，一定要注意学习其他律师。我跟易延友老师、罗翔老师开庭，真学到不少东西。易延友老师证据法、诉讼法特别精深，把深刻的道理，讲得非常简明，而且总是面带微笑。罗翔老师法条掌握非常娴熟，在法条之间来回穿梭，游刃有余。

易延友老师是很好的人，我们合作多次。法庭上，几个人合作，一定要有感觉。关键的时候，身边的伙伴能撑起来，这就是战友。我和易延友老师在山西辩一个案子，我们自我感觉“辩得太好了”，但最后还是输了。为什么呢？类似的案件，这个法官以前一直是这么判的。他如果采纳我们的观点，他以前判的案子，就全错了。所以，律师辩得再好，也得碰到一个对的法官才行。

四、喋喋不休的法官和喋喋不休的律师

我跟大家讲一讲，丹宁勋爵是怎么评价法官工作的，他说：“耐性及慎重听讼是法官的基本功。”

作为一个法官，他得有耐性，不能变成喋喋不休的法官。英国发生过一起案件，判决后双方都上诉，双方上诉的理由，有一个是共同的——法官在法庭上咻咻不休。这个案件的判决，被丹宁撤销了，法官因此辞了职。

我碰到过喋喋不休的法官。被告人刚开始说几句话，法官就说“你是不是这个意思？”“你是这个意思吗？”这个法官头脑真的挺好使，讲的都对，使

得被告没有什么好说的。但是，这样的法官逾越了自己的权限。

我在法庭上还碰到过喋喋不休的律师。这个喋喋不休的律师，运气好，碰到了一个非常有耐性的法官，搞得我没脾气了，轮到我的时候十一点半了，要吃饭了。在法庭上，喋喋不休的法官和喋喋不休的律师，都是大忌。

法官要做到公正，最好尊重双方，保持平衡，而不要介入争论。现在律师时常和法官而不是检察官，干起来了。多数是因为法官没有站在中间，有意无意地更偏向检察官，有时是因为律师咻咻不休，说话过头。

我还碰到一个死磕的检察官。审判长在程序上是违法的，这种违法其实是为了照顾检察院。结果检察官在法庭上死活要和审判长对着干，说他程序不对。审判长眼一瞪一瞪，检察官不搭理他，法官也没办法。法官没有权力将检察官请出法庭清醒，但检察官也可能不理性啊。

我们在哪里碰到过这样慎重和耐心听讼的法官呢？在芜湖。二审案件开了四十几天，108 位律师。审判长宣布闭庭时，律师们集体鼓掌，向法庭致敬。你们知道，在开庭过程中，是不允许鼓掌的。他一说闭庭，律师集体鼓掌向法庭致敬，这不违法。不管你判得如何，这几十天的坐功，让律师们心生敬意。耐性及慎重听讼是法官的基本功。

丹宁勋爵还说："要由律师来轮流质询证人，而不是由法官来质询，以免显得法官有所偏袒。而且要由律师尽可能完整有力地阐明案情，不要粗暴地打断律师的话头，以免影响他辩护的效果。"

我在广州碰到一位法官，死刑案件，一审判死刑立即执行，二审我去了。法庭调查时，我还没说几句话，法官就说："这个问题你不要问了，另一个律师已经问过了。"

我说："审判长，第一，这个问题另一位辩护人没问；第二，即使他问过以后，不妨碍我问。我才刚刚开始说话，我的话还没有完，您怎么知道我的问题是重合的？"他不吭声了。

我在发表辩论意见的时候，他又说："你这个辩论意见和本案无关。"我说："审判长，辩论的相关性是辩护人判断的，不是法官判断的，你怎么写判决书是你的权力，我怎么辩护是我的权利。审判权不能干涉辩护权。"他不吭声了。

后来整个庭审很正常。开完庭以后，广州的律师跟我说："何老师，也只有你们北京律师敢这么干，我们不敢这么干。"他反映了一个制度问题。有些案件，本地律师不敢辩，为什么？律师得罪了这个法官，他在那个地方，将来就麻烦了。那北京律师为什么敢辩？因为北京律师接全国的案子，得罪了广东法官，可以一辈子不去广东办案。得罪了广西法官可以去海南办案，得罪了海南法官再去陕西办案，全国的法官得罪完了，退休。

所以要从制度上解决这个问题，怎么解决？法官要全国转起来。我一直在提，把中级、高级法院收归中央，这个问题不解决，所谓趋利性执法根本解决不了。如果法官全国巡回，所有律师就都能站起来了。我一直说:“法官转起来，律师站起来，中国的司法才能取得更大的进步。”

五、不作口舌之争，不作意气之辩

好的辩护，往往需要借助临场发挥。律师要有基础，要有稿子，但一定不能念稿子。一念稿子，就乏味，就乏善可陈。所以当律师在那儿现场创作，法官说“停一会儿”，当律师激情四射的时候，法官说“你缓一缓”，这律师就泄气了。

对于法官频繁打断律师的话头，我有一个方法，就是看着法官，不吭声。在法庭上，一般不要当面顶撞法官。法官有一些程序瑕疵或程序失当，要忍一忍。为了你的当事人，要忍一忍。而且不是什么东西都值得辩。比如我说“骇人听闻”，那个检察官说“你不理性”，我就没吭声。我要是跟他说“我是理性的”。他说“你不理性”。我们辩个什么意思呢？这就把庭辩，变成口舌之争了。所以不作口舌之争，不作意气之辩，只作事实和法律之争。当然如果过分地侵害辩护权，那不行，不让我辩，是不行的。至于时间长一点、短一点，只要是合理范围，我觉得律师是有容忍的义务的，毕竟人家是法官。

说到辩论赛模式和真实的法庭，我一再地说这个故事。我和李中伟律师、吴怡萱律师碰到过这样的律师。两位律师是被害人的代理人，声音非常激烈、高亢，但没有证据支持。我就问李中伟律师，这是什么辩风？他说这就是辩论赛律师，模拟法庭辩论赛培养出来的，滔滔不绝，但离题万里。

真实的庭辩不是演讲，你可以激情四射但一定要有理据。你要掌握度，你要表达自己的情感，愤怒也好，欢乐也好，哀愁也好，你要控制。一般我自己感觉，表达情感，如果一个词语是 10 分，你选择一个 7 分或者 6 分的词语，这时候差不多，就可以达到一种激情和理性的平衡。一说过头的话，效果就不好了。

我要讲的主要内容，就是这些。我提的标准有点高，我自己也达不到。我们大家共同努力。

庭辩三十年

我于 1988 年考取律师资格，不久就到安徽省肥东县法律顾问处从事专职律师工作。此后在不同的大学读书、教书，一直兼职从事律师业务，至今已有三十四年。

几十年来，我在祖国各级各地法院出庭，远到新疆，近在北京，我都出过庭。律师工作虽然压力大，但也很诱人。你可以领略祖国的山川，体察各地的风俗，感受人民的欢乐与哀愁。

我亲身体验了国家法律的进步，也感受到法律的诸多弊端。这些从法庭上获得的经验和感悟，是书本和课堂上难以学习和传授的。结合我的学术研究和法庭经验，我对于国家法律的发展，有一些见解。对于国家法律的未来，也有一些隐忧和设想。我希望静静地把他们写出来。为了行文方便，我用四舍五入办法，将这个系列的文章命名为“庭辩三十年”。

我的同事罗翔教授，是位令人尊敬的刑法专家。他是北京大学刑法专业的博士，比我低几届。他出名以后，我经常自豪地说，那是我师弟。这个师弟虽然名满天下，但仍然是个谦和的人，一个真诚的人。我们曾经共同在法庭上辩护，他的辩风沉稳、精细，声音宏亮但语气温和，观点犀利又恪守法庭礼仪。法庭上，他是个好搭档。

一次庭辩之后，他酒后向我吐真言：“何老师，我知道，学者们看不起讲司法考试的老师，但这难道不是一项有意义的普法工作吗？”他是司法考试教学名家，所以有这样的困惑。他微侧着身体，自问自答。他说话的语气和姿态，时时在我脑海里浮现。我后来想，他是对的。

在大学里，大家认为教学之外，写文章才是令人尊敬的工作。给司法考试培训班讲课，隐隐感觉比较低端，不务正业。我确实没有想到，极为枯燥的司法考试培训，被他讲得出神入化。他通过一个又一个令人困惑而又风趣的案例，让干枯的法律条文，生机勃勃。他将正确的法律理念，传播给了千千万万的普通人民。这也是课堂，这是在大学高墙之外，听众更多的课堂。他们的教学，对法律的普及和深入生活，对于提升我国人民的法律意识和守法观念，起到了重要作用。所谓春风化雨，润物无声，就是指这样的工作吧！

因为他的启发，我想到另一项有意义的工作，这就是律师工作。我国的法律，允许教授们从事兼职律师，这对于学者了解法律的实际运行，丰富课堂教学，具有重要的意义。在课堂上，教员可以对着法官、检察官高谈阔论，而在实务中，律师面对法官和检察官，是卑微的，金刚怒目只能在万不得已时，偶尔为之。时常你要放下身段，为了你的当事人，恳求人家。大约因为这个原因，法学院的教授们，更愿意在课堂上传授法律，而不是在实务中落实法律。由此导致的问题是，法学院的课堂教学，学者们的理论研究，与生活很隔膜，理论和实践两张皮。

我真心以为，教授们很有必要到法庭上坐坐。唯有坐在法庭上，参与真实的纠纷处理，才能领略到司法过程中的刀光剑影。那些让你痛彻心扉的判决，促你反复思量，我国的法律，在何处出了偏差？我将参与庭审辩论，看作对中国法律发展的田野调查。法条是枯燥的，而法庭之树长青。

促使我来写庭辩经验的另一个动力，来自庭审。两年前，我和尊敬的李中伟律师在广东开庭。他属于那种住在五星级宾馆，都要出去找馒头的人。他是山东人，每天六只馒头，就能精力充沛地和人讨论复杂的案件。

这个案件，检察院显然起诉错了——后来他们撤诉了。出庭的两位检察官，基于职业身份，发表了支持公诉的意见，但两位年轻的检察官，对于无法回答的问题，并不狡辩，体现了法律人应有的稳重。反倒是所谓“被害人”的两位代理人，虽然理屈，但词不穷。声音高亢，语速极快。她们长篇大论，但明显没有吃透案情。她们发言结束完后，我低声对李中伟律师评论说：“她俩这是天马行空啊。”李中伟律师说：“这就是辩论赛律师。”我问他：“此话怎讲？”他说：“就是自说自话，不讲理啊。”

他的评价使我想起法学院的辩论赛。各地的法学院，都会举办辩论赛，这是法律院校的盛事。我曾经几次被邀请作为评委，但我确实不欣赏他们的辩论模式。设定一个是非不定的辩题，正方四人，反方四人。因为要给评委留出时间，留给辩手的时间极为有限。通常一辩只有三分钟，其余辩手时间更短。由于辩题并不依据真实的案件，而是选择社会热点话题，没有证据可供展示，也很少有法律条文可供援引，辩论赛时常沦落成书本知识的展示和演讲口才的表演。辩手们语速极快，旁听的人稍微走神就很难跟上节奏。往往台上热火朝天，台下的人却不知其所以然。又因为辩论赛通常不归纳辩论要点，正反双方，各说各话，令听者一头雾水。

有一次，我作为嘉宾，发表评论说：我确实没听明白大家在辩什么，可能我反应慢。真实的法庭，不是这样的。法庭的语言，是沉稳而缓慢的，方便书记员记录。重要的是，要方便旁听的人——要假定他们对案情一点不了解，明白事理并支持你。法庭辩论不是演讲，激情四射而无理据。法庭要围绕着证据和法律说话。与其话语滔滔地说上半天，不如直接上证据和法条，堵住对方的嘴巴。这样的辩论赛会误导大家。我评论之后，台下掌声如潮。看来，我说到大家的心坎上了。

法学院举办辩论赛，当然是必要的，但我认为，模拟法庭更重要。我的建议是，最好找到真实的案卷，并请资深法官主持辩论，而不是请明星或者没有司法经验的学生或老师主持。时间虽然可能更长久，但会更真实，更有益。

能言善辩，在庭辩时占了上风，甚至一时误导了法官，但法官庭后一思索，不对，道理不是这样的，他想骗我。无论是辩护律师还是检察官，如果法官感觉你想误导甚至欺骗他，他就从心里不尊重你，这对你和当事人有什么好处呢？

我认为，理想的辩护是这样的：你勤勤恳恳地工作，将证据找出来给法官，将条文找出来给法官，将道理说给法官听，并且尊重法官的审理，遵守法庭礼仪，给法官以好印象。我一直坚持并多次向同行强调这样的观念，律师其实是法官助理。他来到法庭，是帮助法官查明案件，分析案件的，不是来包打天下的，更不是来把水搅混。当法官尊重并认同你，在可能的情形下，在法律允许的裁量范围内，你向法官求求情——律师经常帮人求情，请他法内施恩，帮帮你的当事人，法官往往会暗暗地帮你。社会上一直流传一个错误的说法，叫做“法不容情”。有过司法经验的人都知道，法律是有温度的，法官是有情感的，在法律限度之内，法律是容情的。

十几年前，胶东的一位法官和我闲谈。那时候，司法风气出了较大偏差，律师经常和法官吃吃喝喝，不清不楚。他说，我们这里有一位律师，从来不和法官吃饭，也不搞其他歪门邪道，但我们都尊敬他，因为他认真。

在法庭是公正时，在法官、检察官通情达理时，这样的辩护方法通常会起到效果，我遇到过许多这样的法官和检察官。但偶尔也会遇到不讲理的法官和检察官，甚至胡作非为的法官和检察官。这时，律师就困难了。律师可能的方法是向有关部门投诉和控告。有时候这个方法很起作用，有时候不起作用。律师无法包打官司，讲的就是这个道理。

在安徽，我们遇到几位好的检察官。公安的起诉意见书认定，被告人诈骗1亿多元，此外，非国家工作人员受贿1 400多万元。我们把证据和法律分析给检察官听，商量说，诈骗罪肯定不构成，1 400多万元受贿款，其中有300

多元万定不了。如果你们不起诉，我们做被告的工作，认罪认罚。检察官说，你们的意见我们会认真研究，并报检委会讨论。不久，检察官再次约见我们，告诉说，我们的意见，检察院接受了。案件最终得到妥善的处理。

除非有案外因素，检察官一般是通情达理的。

我问书记员：“那案件质量能保证吗？”她笑了笑，没有回答。发达地区的法官基本都在拼体力，而不是拼智力。这不仅是他们个人的危机，更是国家司法的危机。

因为少数法官，行为举止令人不可思议，在社会广为传播，败坏了司法的威信。大量日常被正确处理的琐碎案件，因为没有新闻价值，法官们的辛勤劳动，无人知晓。他们的功绩，被埋没了。

律师们处在市场竞争中，总会在有意无意间，自我宣传。对于胜诉的案件，好比父母对待成功的儿孙，常常挂在嘴边念叨。对于败诉案件，好比父母对于不才的子女，羞于提及。这是律师职业使然。在律政剧里面，律师们鲜衣怒马，光彩照人。他们总是能力挽狂澜，恢复正义于人间。但事实不是这样的。

有一次，我请尊敬的田文昌律师——他是全国律协刑事辩护委员会主任，到中国政法大学开讲座。他说了一段真心话，给我留下不灭的印象。他语气沉重地说：“许多人说，田老师你救了许多家庭，救了许多人。每当人们这么表扬我的时候，我脑子里出现的是那些我应该救出来，却没能救出来的被告人。”

田老师是位诚实的人，是位令人尊敬的长者和前辈。我也救过许多家庭，我也救过许多人，但时常在深夜，那些我没能救出的被告绝望的面孔，在我脑海里滑过，让我痛心，促我自省。

近年来，律师队伍急速膨胀，难免鱼龙混杂，泥沙俱下。不负责任的律师，所在多有。我遇到过一位律师，案件已经起诉到法院一周了，他竟然告诉我说：“不着急，案子还在检察院，还没有分配到具体检察官手上。”他竟然连案卷还没看。一个几十名被告的大案子，卷宗数百本。开庭的前一天，竟然有律师在律师群里问，谁有电子卷宗？给他发一份。他连卷宗都没看，就劝被告认罪认罚。被告听了他的话，认罪认罚，他更加理所当然地不看卷。有一家企业，咨询律师事务所，某项业务能否开展？律师事务所出具书面意见，说是合法合规。而这项业务，其实涉嫌开设赌场，企业负责人陷入牢狱之灾，企业倒闭。

律师好比医生，能救人于生死，也能致人以生死。常规性案件，律师并无太大的精神压力。一旦遇上复杂的疑难大案，律师必须谨小慎微，如履薄冰。

毕竟当事人的身家性命，全部托付给你了。

律师究竟是种什么职业，国家应当如何给律师定位？我曾经开玩笑说，我国的律师，实际上被看作社会闲散人员。考过法律职业资格，找到一家律师事务所，挂个牌照，就自生自灭地开展业务了。一些地方为了拉动经济，解决就业，大量地增加律师。律师事务所正在参照企业集团的发展模式，不断地扩展规模，集团化、商业化地发展，逐利压倒了公正。

国家正在加大对律师行业的管理，这是完全正确和必要的。但与此同时，律师队伍正在急速膨胀。律师行业的商业化导向，律师职业的市场化定位，将严重地侵蚀国家的司法甚至政治环境，对此，学界和实务界，无人警觉。我忧心忡忡，有人却说，你是杞人忧天。

“文革”后，国家重兴法治，已有四十余年，面对司法的种种困境，确实到了全面总结和反省的关键时刻了。我愿意不揣浅薄，贡献自己的经验和感悟。

二〇二二年四月一日

被法律人耽误的人生

一、律师说，交易合法

前几天，到安徽高院出庭。本案27名被告，还有七十余名被告另案待审。一审判决被告人犯诈骗罪。主犯系兄弟两人，分别被量刑15年和14年，一家全毁了。

这是一起被律师误导的犯罪。

被告是厦门人，2017年5月，他看见有人搞网络有奖销售，很赚钱，就起意模仿。销售模式是这样的：从正规厂家购入价格较低的茶叶、红酒等，在网站上标价出售。此类产品，市场共同特点是进价低，售价高。一般的商家，通过给中间商较高差价来促进销售。被告采用一种新的模式，去掉中间商，搞直销，将通常给销售商的差价，拿出来摸奖。客户购买商品时，在获得商品的同时，还有一次摸奖的机会。一旦中奖，不仅可以提货，还可以获得购物价格160%的现金。如果没中奖，则只能提货。

被告对交易的合法性心存疑虑，委托一家著名的律师事务所进行论证。律师先是组织了退休法官、检察官和律师，开了场专家论证会。专家们结论是：这是“黑彩”——指非法经营的彩票买卖。在这个基础上，律师出具了书面意见，说这种交易，是一种民法上的“射幸”行为，不违法。“射幸”是一种法律专用名词，民间叫做“碰运气”。街头的“打气球”“套娃”，保险人到保险公司投保，都属此类行为。

在得到律师的书面意见后，被告大张旗鼓地干起来，经营额有2亿多元。2018年4月，软件上线不到一年，安徽省肥西县公安局以诈骗为由，将公司上上下下一百来人抓捕归案。一审审查起诉期间，合肥市检察院办案人员问被告，是否就诈骗罪认罪认罚？被告说，我不认。办案人员又问，是否就开设赌场罪认罪认罚？被告也不认。此时他的刑事律师，还是当初出具法律意见的律师，告诉被告，你是无罪的。被告当然坚信，自己是无罪的。

二、你是有罪的

我接手案件，分析材料后，认为被告是有罪的，是开设赌场罪。如果定诈骗罪，由于数额巨大，依法在10年以上有期徒刑，甚至无期。如果定开设赌场罪，情节严重的，按《刑法修正案（十一）》之前的法律规定，法定刑在3年以上，10年以下。如果被告认罪认罚，刑期可以在7年以下。

第一次会见时，被告不明白“射幸行为”与“开设赌场”的区别。我举了个例子，他马上明白了。

我说：市场进价20元的商品，如果你标价200元，并拿出其中的5元用来摸奖，这是有奖销售。客户来购物，以买东西为主，中奖只是附带性的，这叫“以赌促销”，重点在“销”，不在“赌”，这是“射幸行为”。如果市场进价20元的商品，你标价200元，拿出其中的100元用来摸奖。此时，客户参与购物主要目的，不是购物，而是摸奖。这叫“以销促赌”，重点在“赌”不在“销”，这是“开设赌场”。

我问他：你的客户中，是否有很多人，不提货，不要商品？

他说：有。

我继续问：这些不提货的客户，为什么参与购物，又不提商品？他们为何而来？

被告是个聪明的人，一下子明白。他说，我认开设赌场罪。

我将被告认罪态度的转变，告诉了检察官，希望就开设赌场罪达成认罪认罚协议。但检察官说：我们诈骗罪的起诉书，已经到法院了，不可能变更，被告只能就诈骗罪认罪认罚。其实，检察院完全可以变更起诉为开设赌场罪，从而与被告达成认罪认罚的协议。我不知道，检察官为何一意孤行。以前只听说“官无悔判”，现在经常见识到“官无悔诉”。

三、救了百余家

对于此类案件，究竟构成开设赌场，还是诈骗，此前实务中，各地判决不一。我的分析，还可以理解为一种学理判断。然而，案件尚在一审期间，最高人民法院发布的指导性案例和最高检察院发布的典型案例，明确此类案件，应定为开设赌场罪。按两高的规定，开设赌场与诈骗的根本区别在于，被告是否控制了赌局的结果。如果被告能够控制赌局的输赢，则设赌只是诈骗的工具，应定为诈骗。反之，则定为开设赌场。本案电子数据清晰地证明，被告根本没有控制输赢。在案十几位被告，自己也参加过所谓“有奖销售”，他们输赢的概率，与其他客户一模一样。在“两高”分别发布案例后，与本案被告使用同一软件，在网络上进行有奖销售的，皆定为开设赌场罪。

最高人民法院规定，如果判决没有参照指导性案例的，应当在判决中释明理由。一审法院在没有释明理由的情况下，判决诈骗罪成立。此案尚在二审期间。

一审、二审开庭时，我看见许多被告，年龄只有二十多岁，已经被关押三五年不等。他们根本不知道什么叫犯罪，更不懂开设赌场与诈骗的区别，却口口声声地“认罪认罚”。他们在公司只是打一份工，养家糊口。有一名被告，在公司工作不到两个月，才拿1000多元的工资，被判了6年。还有一名被告，入职只有一个月，没拿到一分钱工资，竟然也被判了6年。有一名被告说，“我大学刚毕业，出了校门就进了看守所。希望法官看在我年幼无知，不懂法的份上，从轻处罚”。还有一名女性被告说，“抓紧判了吧，我在看守所，都5年了。你们判了，我到监狱还可以减刑。我男朋友等我结婚，已经5年了，我实在受不了……”

这些被告的律师，也认为他们构成犯罪，希望从轻处罚。个别律师甚至没有看卷，就成功地劝被告认罪了。因为我不是他们的律师，无法为他们辩护。但我心里想，他们是无罪的啊。

我国《刑法》明确规定，情节显著轻微，危害不大的，不认为是犯罪。人民司法的优良传统之一是：“首恶必究，胁从不问。”这些年轻人到公司上班，根本不知道这是犯罪行为。很多人在公司只干了几个月，拿着菲薄的工资，显然符合“情节显著轻微，危害不大”，完全不应该定罪。对于他们，可以依《治安管理处罚法》，予以罚款或者拘留。犯罪分子的帽子一戴上，终生毁了。将来的就业、结婚，甚至他们的孩子，都会受到严重影响。

去年，我在襄阳办理一起刑案时，一名被释放的被告人给我开车。我和他闲谈，我问他明年准备干什么？他说，我准备回家帮老父亲种地。我诧异地问，种田能赚钱吗？他说，有什么办法？我被判了刑，打工没人要，干什么都不行。

这些年轻力壮的人，本来是社会发展的新生力量，却成了另类，被迫进入人生的低谷，从社会的动力，变成社会的负担。这样的执法，对于个人、家庭、社会，有什么好处？

由于犯罪扩大化并非偶尔发生，几成全国性普遍现象，我将自己的疑惑，提交给法官、检察官和社会各界讨论。

眼含热泪认了罪

一、你咋不去北京开会呢?

老王是东北人。前两天我给他打电话说:“老王,我准备把你的故事写一写。不过你放心,不用实名。”老王说:“不用,我要实名的。”案件已经十多年了,我不想再起波澜,还是隐其姓名吧。具体的办案单位,也匿而不提。

2003 年,老王承包了一片荒山,造林。签订有承包合同,期限 30 年,一切手续合法。老王的林子,属于“自费营造民有林”。依照法律,林子由老王种植,归老王所有。2009 年,政府因为建设,征用了老王 900 多亩林地,合同约定补偿款 500 多万元,老王只拿到手 483 万元。2012 年,他被抓了,检察院指控他诈骗。人被抓,房产、现金全部冻结,老王全家,面临着灭顶之灾。

因为是东北的案件,我请齐齐哈尔市尊敬的迟夙生律师和我搭档。她当时还是全国人大代表,在东北和全国,都有影响力。

为了把老王的案件做成,检察院还将林业部门的几个官员给起诉了,罪名是玩忽职守。这几个官员的案件,先行开庭。迟夙生律师知道后,立即去旁听审判。

她旁听不久,检察官发现,庭下坐着的这位律师,是老王的辩护人,就告诉了法官。

法官核实道:“你是不是王某某的辩护人?”

迟律师:“是啊,有什么问题吗?”

法官:“你不能旁听,因为是你王某某的辩护人,和本案相关。”

迟律师:“你这个是公开审理的案件,只要是中华人民共和国的公民,都可以旁听啊。”

法官:“不行,你必须退出法庭。”

迟律师:“你这是违法的,我不退。”

迟律师是对的。公开审理的案件,公民凭身份证,验证后就能旁听。现在许多法院,将旁听变成许可。未经法庭许可,不准旁听,而法庭又经常以旁听席已满为由,不许旁听,虽然旁听的人,时常寥寥无几。我在香港地区、日本和瑞典,没有任何证件,就进入法庭旁听。香港地区唯一的要求是,从后门进入,然后悄悄地面对法庭,弯个腰,行个礼。瑞典和日本,连这个都不要。

回到东北的案子。法官叫来了几位法警。法警进入法庭，要将迟律师强制带出法庭。法警准备采取强制措施时，迟律师说："你们不能对我采取强制措施，我是全国人大代表。"当时，正在开中国共产党全国代表大会。警察分不清两个会议的区别，嘲笑说："你是全国人大代表？北京正在开会，你咋不去北京开会呢？"迟律师说："我是全国人大代表，不是党代表。"

警察不由分说，将迟律师强行带出法庭。正在此时，我电话迟律师，问案件情况。迟律师说："你抓紧发条消息，他们正在拉扯我，不让我旁听。"我发了条消息，很快有了效果。上级法院的领导专程赶来，并向迟律师道歉。事件平息了。

几个林业局的官员先被判刑了。判决生效后，检察院将老王的起诉书，送到了法院，指控他诈骗国家财产 483 万元，建议量刑 11 至 13 年！

二、一会儿你就知道，谁不懂

起诉书大意是：政府征了你 900 多亩林地，补偿你 483 万元。但实际政府只用了不到 500 亩，余下的林地，政府没用。你拿了政府 483 万元补偿款，属于诈骗。我看了起诉书，难以置信，但起诉书就是这样的。

检察官宣读完起诉书后，开始发问和质证。涉及所占林地究竟有多少林木的证据。山地上的林木，大小不等，密度不一，树种树龄不一，确实需要专业机构评估。我刚就鉴定意见发表质证意见，检察官来了一句："这是专业问题，你不懂，不要瞎说。"

法庭是一个严肃的场所，控辩审三方都要尊敬法庭。有些法官认为，尊重法庭是指尊重法官，是控辩双方和当事人的义务。其实，法官自身也要尊重法庭。三位法官所坐的席位，是审判席。检察官的坐席，称为公诉席。律师的坐席，称为辩护席。旁听公民所坐的，称为旁听席。四个席位，共同组成了法庭。尊重法庭是指尊重整个法庭空间里所有的人，不仅仅只尊重审判席上的人。

对法庭的尊重首先表现在，各方都必须严格按照法律的规定，进行庭审。一旦产生分歧，应按照法律规定，解决分歧。法律有不明之处，难以判断的，各方按礼让原则，尽可能协商解决，以便庭审平稳地推进。确实当庭解决不了的，休庭解决。

法庭的礼让原则，要求各方在发言时，不得攻击对方人身，不得讥讽、嘲笑、挖苦对方。我的导师姜明安教授，似乎没参加过庭审，但他在刘燕文告北京大学案件开庭之前，给我和何海波——他现在是清华大学的教授，著名的行政法学专家——写了一封信，要求我们和北大对庭时，发言要“温和而有力”。他说得很对，我时常提醒自己。

检察官这句话，确实让我生气。等到我发言时，我说：“一会儿让你知道，谁不懂！”当时，我正值盛年，放在今天，我可能不会说这话。

三、眼含热泪认了罪

法庭辩论开始了。

我说：“尊敬的审判长、审判员，仅仅从这份起诉书本身来看，指控就不能成立。你征了我们900多亩林地，我们也交给你900多亩林地。至于政府用不用地，用多少地，是政府的事，和我们有什么关系？好比你买了我二十斤大米，你只吃了十斤，总不能说我诈骗了你十斤大米的钱吧？大米吃不了，你退我大米，我退你钱，也行。你大米不退，还说我诈骗，天下有这个道理吗？你们政府把我们的林地拿走了，没用完的也不退，还说我们诈骗？”

庭开不下去了，休庭。

检察院和法院现在面临的难题是，为了将老王的诈骗罪定上，先行判决了四个官员玩忽职守，判决已经生效，两家都没了退路。近年来，这种情况时常发生。检察院将本应一案起诉的被告，强行分案起诉。等到前面的被告判决生效后，再起诉后面的被告。后面的庭审一旦发现，前案判决是错误的，法院和检察院都难以处置。虽然法律规定有纠偏程序，但实务中，法检通常是将错就错。

过了两个月，检察院换了个理由，又起诉了，这次诈骗金额变成了200多万元。这次的理由是，林业勘测人员所测得的林木蓄积量，是错的。被告多领了补偿款，属诈骗。我和迟律师辩护说：勘测机构是你们政府请的，又不是被告请的。如果确实发生错误，最多是退赔，怎么能是诈骗？你自己算错账，怎么能说别人诈骗？

其实，测量没有问题。

案件显然办不下去了，但是法院就是不同意取保。被告在看守所，两次脑出血，到医院抢救。我们一再申请取保候审，法院就是不同意。检察院找到我，希望我说服被告认罪。承诺说，被告如果认罪，可以实报实销——就是在里面待多少天，判多少天，判完人就出来了。

我到看守所会见老王，将检察院的意见，转告给他。老王沉默良久，问我:“何老师，您的意见呢？我就相信您！”我说:“老王，你确实是无罪的，我愿意继续帮你往下打。但是如果法院强判，我们还要上诉……，就你这个身体，可能官司没打完，人就没了。胜诉对你有什么意义呢？”

老王眼眶红了，热泪在眼眶内打转说:“何老师，我一生清白啊，就这样不明不白地被定了罪……”

最后，老王眼含热泪认了罪。

老王夫妻是重感情的人。出来后对我千恩万谢，说我救了他们全家。但我面对老王，内心总是有一些惭愧。十几年过去了，老王眼含热泪签字的场面，时常浮现在我脑海。我不知道，我是救了他，还是害了他？